Thomas J. Peters
Robert H. Waterman Jun.

Auf der Suche nach Spitzenleistungen

THOMAS J. PETERS
ROBERT H. WATERMAN JUN.

AUF DER SUCHE NACH SPITZENLEISTUNGEN

WAS MAN VON DEN BESTGEFÜHRTEN US-UNTERNEHMEN LERNEN KANN

15. Auflage

mi Business

Die Deutsche Bibliothek – CIP-Einheitsaufnahme

Peters, Thomas J.:
Auf der Suche nach Spitzenleistungen: Was man von den bestgeführten US-Unternehmen lernen kann. Thomas J. Peters; Robert H. Waterman, Jr., 15. Auflage (Aus d. Amerikan. übers. von Hartmut Reddmann unter Mitwirkung von Gabriele E. Schlichting).
Landsberg/Lech: Verl. Moderne Industrie 1993
Einheitssacht.: In search of excellence «dt.»
ISBN 3-478-32975-2
NE: Waterman, Robert H.:

15. Auflage Januar 1993
14. Auflage November 1991
13. Auflage Januar 1991
12. Auflage September 1989
3. unveränderter Nachdruck Oktober 1989
2. unveränderter Nachdruck April 1988
1. unveränderter Nachdruck Oktober 1986
11. Auflage Januar 1986
10. Auflage September 1984
9. Auflage Juli 1984
8. Auflage Mai 1984
7. Auflage März 1984
6. Auflage Februar 1984
5. Auflage Januar 1984
4. Auflage Dezember 1983
3. Auflage November 1983
2. Auflage November 1983

 Titel der Originalausgabe: In Search of Excellence – Lessons from America's Best-Run Companies. Aus dem Amerikanischen übersetzt von Hartmut Reddmann unter Mitwirkung von Gabriele E. Schlichting

Umschlaggestaltung: Hendrik van Gemert, 8915 Leeder
Satz: Limburger Vereinsdruckerei, 6250 Limburg 4
Druck und Bindearbeiten: Überreuter, A-2100 Kornenburg
Printed in Austria 320 975/0193502
ISBN 3-478-32975-2

Inhaltsverzeichnis

Vorwort zur amerikanischen Ausgabe

Mit ein paar Vorbemerkungen zum Inhalt möchten wir dem Leser den Einstieg in dieses Buch erleichtern.

Aus einer umfangreichen Datensammlung haben wir acht Attribute abgeleitet, die hervorragend geführte und erfolgreiche Unternehmen – »excellent companies« – auszeichnen. Mancher Leser wird diese Erkenntnisse vielleicht als Binsenweisheiten abtun. Und jede einzelne dieser formelhaft verkürzten Aussagen (Nähe zum Kunden, Produktivität durch Mitarbeiter) wirkt tatsächlich leicht als Platitüde, doch die Konsequenz, mit der die erfolgreichen Unternehmen die acht Grundtugenden in die Praxis umsetzen, ist so ungewöhnlich wie ein Smog-freier Tag in Los Angeles.

Bei Kapitel 3 und 4 sehen wir die Gefahr, daß sich der Leser vielleicht abschrecken läßt, weil sie ihm zuviel Theorie enthalten. Dieser Teil kann übersprungen (oder zuletzt gelesen) werden, doch sollte ihn der Leser *unbedingt* wenigstens überfliegen und sehen, ob er sich nicht doch eingehender damit auseinandersetzen will. Wir halten das für wichtig, weil die acht Grundtugenden exzellenter Unternehmensführung nicht einfach deshalb so wirksam sind, weil nun einmal »nichts so erfolgreich ist wie der Erfolg«. In Wirklichkeit können sie nur so wirksam sein, weil sie durch und durch logisch und vernünftig sind. Die erfolgreichen Unternehmen sprechen die ureigensten Wünsche von Hunderttausenden von Menschen an – nutzen sie vielleicht auch aus –, und ihr Erfolg dabei beruht, auch wenn sie es manchmal selbst nicht wissen, auf einer soliden theoretischen Grundlage. Wir sind sicher, viele Leser werden angenehm überrascht sein, wie interessant diese theoretischen Zusammenhänge sind. Im übrigen ist die Theorie weder neu noch unerprobt; sie hat in weiten Bereichen ihre wissenschaftliche Bewährungsprobe gegen alle Widerlegungsversuche bestanden. Nur haben Manager und Managementliteratur kaum davon Kenntnis genommen.

Vorwort zur deutschen Ausgabe

Die Frage nach Erfolgskonzepten ist so alt wie die Geschichte industrieller Unternehmen. In der Zeit vor dem Zweiten Weltkrieg zum Beispiel sah man als ausschlaggebende Ursachen für nachhaltigen Unternehmenserfolg häufig den innovativen Unternehmertypus (Schumpeter), das Beherrschen einer Produkt- und/oder Fertigungstechnologie (Patentrechte) und/oder eine breite Eigenkapitalbasis. Mit zunehmender Größe und Komplexität der Unternehmen wurden diese monokausalen Erklärungsmodelle allerdings immer weniger haltbar.
Nach dem Kriege kam – von den USA ausgehend und von unserem Hause stark mitgestaltet – eine Denkrichtung auf, die professionelles Management und Managementtechniken als wesentliche Erfolgsmerkmale ins Zentrum der Überlegungen stellte. Je internationaler und differenzierter die Unternehmensaktivitäten wurden, um so mehr zeigte sich jedoch, daß auch diese Managementkonzepte allein keine Garantie für unternehmerischen Erfolg bieten konnten. Heute beobachten wir deutliche Unterschiede in der Leistungsfähigkeit auch bei Unternehmen mit ganz ähnlichen Strukturen (z. B. divisionalen Organisationsformen), ähnlichen Strategien (z. B. nach einer Portfoliomethodik entwickelt) und ähnlichen Systemen für Steuerung und Kontrolle.
Nicht zuletzt aus gründlicher Kenntnis dieser Entwicklungen und Zusammenhänge heraus haben die Autoren des vorliegenden Buches der Versuchung widerstanden, eine neue, bessere Managementlehre zu entwickeln. Tom Peters und Bob Waterman, als damalige Leiter einer internen McKinsey-Forschungsgruppe, wählten statt dessen einen umfassenden empirischen Ansatz, um herauszuarbeiten, was »exzellente« Unternehmen so erfolgreich macht.
Die hier dargestellten Forschungsergebnisse zeigen, daß es bei aller Verschiedenheit doch eine Reihe gemeinsamer Merkmale gibt, die ein

»exzellentes« Unternehmen von weniger guten Wettbewerbern unterscheiden. Quelle dieser erfolgsbestimmenden Grundtugenden sind vorwiegend die »weichen« Elemente (Stil der Führung, Spezialkenntnisse, Qualifikation des Stammpersonals, Selbstverständnis) der Unternehmenskultur. Wenn in einem Unternehmen Risikofreude gefördert und belohnt wird, wenn Mitarbeiter als die entscheidende Ressource gesehen werden, wenn Impulse vom Kunden spontane Reaktionen auslösen, wenn man sich, auch bei Akquisitionen, auf das angestammte Geschäft konzentriert, so geht dieses Verhalten selten aus der Organisationsstruktur, der Strategie oder den Führungssystemen eines Unternehmens hervor. Derartige erfolgsbestimmende Merkmale sind vielmehr Ausdruck einer Unternehmenskultur, bei der alle Elemente im Führungsmodell aufeinander abgestimmt sind.

Zwischen den beobachteten acht Merkmalen »exzellenter« Unternehmensführung und dem nachhaltigen Unternehmenserfolg soll gewiß kein mathematisch stringenter Zusammenhang hergeleitet werden. Aber die Unternehmen mit diesen »Grundtugenden« sind nun einmal sehr viel innovativer, sehr viel flexibler und auch als Arbeitgeber sehr viel attraktiver als das Gros ihrer Branche. Allgemeine Strukturkrisen und firmenspezifische Probleme werden von »exzellenten« Unternehmen besser gemeistert als vom großen Rest der anderen. Notorische Subventionsbittsteller und Protektionskinder (zu beiden Seiten des Atlantiks) lassen die Merkmale »exzellenten« Managements meist vollständig vermissen. Die Besessenheit, mit der ständig zugehört und weiter gelernt wird, das Vertrauen auf bewährte Stärken, gepaart mit dem unternehmensweit spürbaren Willen, sich kontinuierlich auf veränderte Marktbedingungen auszurichten, differenzieren eben das »exzellente« Unternehmen vom Durchschnitt.

Wir sind überzeugt, daß die wesentlichen Erkenntnisse, die das vorliegende Buch zu vermitteln sucht – so ausgeprägt ihr »amerikanischer« Hintergrund ist – auch für deutsche Unternehmen in hohem Maße gelten.

In der Tat haben wir die empirische Untersuchung anfangs auch auf Europa ausgedehnt und dabei festgestellt, daß beispielsweise Unternehmen wie Daimler-Benz, die Deutsche Bank und Siemens viele Merkmale der »exzellent« geführten Unternehmen aufweisen. Sie würden zusammen mit 15 bis 20 weiteren deutschen Großunternehmen (meist den Branchenersten) gut in die Liga der »excellent companies« passen. Wir glauben auch, daß insbesondere viele deutsche innovative Klein- und Mittelunternehmen »exzellent« sind; Namen wie Stihl, Festo, Kärcher, König, Mahle, Bizerba, Pegulan, Rosenthal und Loewe Opta mögen hier stellvertretend für mindestens 200 weitere Spitzenunternehmen stehen. Ebenso glauben wir, daß die Erkenntnisse sowohl auf privatwirtschaftliche als auch auf öffentlich-rechtliche Unternehmen anwendbar sind. Davon hat uns die bisherige Erfahrung mit dem deskriptiven 7S-Modell zur ganzheitlichen Erfassung der Unternehmenskultur und zur schrittweisen Annäherung an das »excellent company»-Profil überzeugt. Solche Anpassungsprozesse sind zwar sehr zeitaufwendig und für viele »Traditionalisten« im Unternehmen schmerzhaft. Es ist jedoch erwiesen, daß auch in unserem heutigen wirtschafts- und sozialpolitischen Umfeld noch vieles »angepackt« und in dem hier beschriebenen Sinn konstruktiv verändert werden kann.

Oktober 1983

Dr. Helmut Hagemann
Dr. Herbert Henzler
Directors, McKinsey & Company, Inc.

Einführung

Nach dem Abendessen hatten wir beschlossen, noch eine zweite Nacht in Washington zu bleiben. Den letzten Rückflug hatten wir wegen eines Geschäftstermins verpaßt. Wir hatten keine Hotelreservierung, waren aber in der Nähe des neuen »Four Seasons«, in dem wir schon einmal abgestiegen waren und das uns gefallen hatte. Während wir durch die Empfangshalle gingen und überlegten, wie wir unseren Zimmerwunsch wohl am besten vorbringen sollten, stellten wir uns innerlich schon auf die übliche kühle Behandlung für späte Gäste ein. Da blickte zu unserer Verblüffung die Dame an der Rezeption auf, lächelte und fragte, wie es uns ginge. Sie wußte unsere Namen noch! In dem Moment begriffen wir, weshalb das »Four Seasons« innerhalb eines kurzen Jahres zu »dem« Hotel Washingtons geworden war und sich gleich im ersten Jahr mit den begehrten vier Sternen schmücken durfte.

Gut und schön, denken Sie vielleicht, aber was soll's? Nun, diese kleine Episode ließ uns aufhorchen, weil wir seit mehreren Jahren der Frage nachgingen, was denn nun ein Unternehmen besonders erfolgreich macht: Gerade solche »Extraleistungen« scheinbar ganz gewöhnlicher Mitarbeiter gaben entscheidende Hinweise auf unternehmerische Spitzenleistung. Immer wenn sich solche Beispiele häuften, konnten wir ziemlich sicher sein, daß wir auf ein exzellentes Unternehmen gestoßen waren. Und fast regelmäßig erwies sich dann auch das finanzielle Ergebnis als genauso außergewöhnlich wie die Leistung der Mitarbeiter.

Andere Bilder drängen sich auf. Wir waren in einem anderen Washington, dem Bundesstaat, und sprachen mit mehreren leitenden Boeing-Mitarbeitern über unsere Untersuchung; dabei wiesen wir darauf hin, daß sich erfolgreiche Unternehmen anscheinend besondere Mühe geben, »Produkt-Champions« zu hegen und zu pflegen, Mitarbeiter also, die so felsenfest von ihren Ideen überzeugt sind, daß sie sich um die Firmenbürokratie den Teufel scheren und auf eigene Faust versuchen, ihre Projekte über alle Systemhürden hinweg an den Kunden zu bringen. »Champions!« stöhnte einer der Gesprächspartner auf, »Leider sind sie wirklich nicht auszurotten.« Aber dann erzählte Boeing-Veteran Bob Withington aus seiner eigenen Erfahrung, wie Boeing seinerzeit *wirklich* zum Bau der B-47 gekommen war, die mit ihren pfeilförmigen Flügeln später als B-707 neue Maßstäbe setzen sollte. Und er erzählte auch die *wahre* Geschichte des Auftrags für die B-52, die als Turboprop-Flugzeug geplant gewesen war, bis Boeing schließlich ihre Vorzüge als Düsenflugzeug nachweisen konnte.

An der ersten Geschichte beeindruckte uns besonders das Häuflein Boeing-Ingenieure, die in deutschen Archivunterlagen nach dem Krieg ihre eigenen Vorstellungen von den enormen Vorteilen der Pfeilflügel-Konstruktion bestätigt fanden. Sie veranlaßten, daß daheim in Seattle die Pfeilflügel-Konstruktion in aller Eile im Windkanal erprobt wurde. Dabei stellte sich dann zur allgemeinen Überraschung heraus, daß das Triebwerk, wenn es nicht am Flugzeugrumpf sein konnte, am besten vor den Flügeln aufgehängt würde. In der zweiten Geschichte war von einem langen, schlaflosen Wochenende in einem Hotel in Dayton die Rede, wo ein kleines Team von Ingenieuren in 72 Stunden die B-52 völlig neu entwarf und ein 33 Seiten starkes, fertig gebundenes Angebot erstellte, das es dann am Montag der Luftwaffe unterbreitete. (Dieses kleine Team echter »Champions« fügte dem Vorschlag sogar noch ein sorgsam geschnitztes, maßstabgetreues Modell in Balsaholz bei, für das es sich das Material am Wochenende für 15 Dollar in einem örtlichen Bastelgeschäft gekauft hatte.)

In beiden Erzählungen ging es um kleine Gruppen von Mitarbeitern, die sich mit außerordentlichem Einsatz für ein ausgesprochen ungewöhnliches Unternehmen engagierten. Und dieses Boeing-Phänomen trafen wir auch bei so unterschiedlichen Firmen wie 3M und IBM als Regelfall an: kleine, zielstrebige Teams pragmatischer Antibürokraten als wichtige Innovatoren.

Ein weiteres Beispiel: Wir wollten neulich in einem kleinen Bürotechnik- und Elektronikgeschäft einen programmierbaren Taschenrechner kaufen. Die auffallende Produktkenntnis, die Begeisterung und das Interesse des Verkäufers machten uns neugierig. Wie sich herausstellte, war er überhaupt kein Verkäufer, sondern ein 28jähriger Entwicklungsingenieur von Hewlett-Packard (HP), der die Reaktion der Benutzer auf die HP-Produktpalette aus erster Hand erfahren wollte. Wir hatten schon gehört, daß HP stolz auf seine Kundennähe ist und daß zum Einsatz eines frischgebackenen MBA oder Elektroingenieurs immer auch eine Tätigkeit an der »Marktfront« gehört. Und tatsächlich! Hier legte ein HP-Ingenieur eine Begeisterung an den Tag, die jedem Star-Verkäufer Ehre gemacht hätte.

Überall auf der Welt, in Australien, Europa oder Japan, waren wir beeindruckt von dem hohen Standard an Sauberkeit und gleichbleibend guter Bedienung, den jedes beliebige Hamburger-Restaurant von McDonald's bietet. Mit dem Produkt oder auch dem Konzept, McDonald's als Ausdruck amerikanischer Kultur zu präsentieren, kann sich zweifellos nicht jeder anfreunden, aber das gleichmäßige Qualitätsniveau, das McDonald's in einem Dienstleistungssektor weltweit hält, ist *wirklich* außerordentlich. (Bekanntlich ist gerade im Dienstleistungsbereich Qualitätskontrolle besonders schwierig. Während in der Industrie die Endprodukte geprüft und Ausschuß ausgesondert werden kann, finden in Dienstleistungsunternehmen Produktion und Konsum gleichzeitig und am selben Ort statt. Zehntausende von Mitarbeitern in dem ganzen Unternehmen müssen etwa den gleichen hohen Standard einhalten und sich allesamt die Qualitätsvorstellung und das Qualitätsbewußtsein des Unternehmens zu eigen machen.)

In diesem Zusammenhang fiel uns neulich ein Gespräch wieder ein, das wir an einem stillen, sonnigen Frühlingstag in einem Paddelboot auf dem spiegelglatten Wasser des Genfer Sees führten, Jahre bevor wir an diese Untersuchung dachten. Mit von der Partie war ein früherer Kollege, dessen ständige Geschäftsreisen seiner Frau ein Dorn im Auge gewesen waren und der daraufhin mit der Eröffnung einer Schweizer McDonald's-Kette »seßhaft« wurde. (Damit stürzte er zwar seine Frau, eine gebürtige Genferin, in Überfremdungsängste – sie kam aber darüber hinweg, sobald die Schweizer treue McDonald's-Kunden geworden waren.) Er berichtete über seine ersten Eindrücke von McDonald's: »Weißt Du, was mir bei McDonald's mit am meisten auffällt, ist die Mitarbeiter-Orientierung. Während meiner sieben Jahre bei McKinsey habe ich nie einen Klienten erlebt, der sich so um seine Mitarbeiter kümmerte.«

Ein anderer Freund erzählte uns, weshalb er sich beim Kauf einer Krankenhaus-Großrechenanlage für International Business Machines entschieden hatte. »Viele andere hatten IBM an technologischer Raffinesse einiges voraus,« stellte er fest. »Und ihre Software ist nun wirklich einfacher. Aber nur IBM machte sich die Mühe, uns kennenzulernen. Sie fragten sich bei uns eingehend von oben bis unten durch. Sie sprachen unsere Sprache und kein Computer-Chinesisch. Ihr Preis lag sage und schreibe 25 Prozent höher. Aber in puncto Zuverlässigkeit und Service boten sie unvergleichlich mehr. Sie beschafften uns sogar eine Ausweichverbindung mit einer Stahlfirma am Ort, für den Fall, daß unser System einmal zusammenbrechen sollte. Ihre Präsentationen trafen genau ins Schwarze. Alles an ihnen strahlte Selbstvertrauen und Erfolg aus. Trotz unserer angespannten Finanzlage fiel uns die Entscheidung wirklich leicht.

Tag um Tag hören wir Geschichten über die japanischen Unternehmen, ihre einzigartige Firmenkultur und ihre Vorliebe für Zusammenkünfte und Firmenlieder. All dies wird gewöhnlich als unamerikanisch abgetan – denn wer von uns könnte sich schon bei US-Firmen einen solchen Sippenkult vorstellen? Es gibt auch amerikanische Beispiele. Wer noch nie dabei war, kann sich kaum vorstellen, mit welchem Hallo die Verkäufer von Tupperware-Plastikschüsseln ihr allwöchentliches Montagabendtreffen begehen. Und bei HP ist der gemeinsame Kneipenbummel sämtlicher Mitarbeiter ein normaler Bestandteil der internen Kontaktpflege in jeder Division. Von IBM schließlich berichtet ein Kollege, der zu Beginn seiner Laufbahn dort eine Verkäuferschulung mitgemacht hat: »Wir sangen jeden Morgen Lieder und konnten uns dabei fast genauso begeistern wie die Arbeiter in einem japanischen Unternehmen.«

Bei Seminaren für Klienten oder Studenten verwenden wir häufig ein Fallbeispiel, das den einzigartigen Führungsstil von Delta-Airlines illustriert. Als Vielflieger können wir einiges darüber erzählen, wie das Delta-Bodenpersonal hilft, im letzten Augenblick noch einen Anschluß zu schaffen. Letztes Mal aber meldete sich ein Teilnehmer und sagte: »Jetzt will ich Ihnen mal erzählen, wie es bei Delta wirklich ist.« Wir machten uns gerade darauf gefaßt, unsere These widerlegt zu sehen, da berichtete er uns über eine so außergewöhnliche Serviceleistung von Delta, daß unsere Beispiele dagegen verblaßten: Seine Frau hatte einen Flug zum Superspartarif nicht wahrnehmen können, weil die Familie umgezogen war, und nun war der Flugpreis aufgrund irgendeiner Bestimmung nicht mehr gültig. Sie rief an und beschwerte sich. Der Präsident von Delta schaltete sich persönlich ein und kam ihr, weil er zufällig gerade dort war, am Flugsteig entgegen, um ihr das neue Ticket zu übergeben.

Wer einmal bei Procter & Gamble im Brand Management beschäftigt war, glaubt fest daran, daß P & G seinen Erfolg mehr seinem außerordentlichen Engagement für Produktqualität verdankt als seinen legendären Marketingfähigkeiten. Eines unserer Lieblingsbeispiele ist ein leitender Mitarbeiter von P & G, der den Teilnehmern eines Sommerkurses für Führungskräfte in Stanford wütend und mit hochrotem Gesicht entgegenschleuderte, daß P & G »auch das beste Toilettenpapier auf dem Markt herstellt; nur weil das Produkt Toilettenpapier oder meinetwegen auch Seife ist, heißt das noch lange nicht, daß P & G es nicht ein ganzes Stück besser macht als irgend jemand sonst.« (Wie bei den meisten erfolgreichen Unternehmen sind diese Grundwerte tief verankert. So lehnte P & G es einmal ab, in seine Seife einen minderwertigen Bestandteil aufzunehmen, obwohl dies bedeutete, daß der dringende Bedarf der Armee nicht gedeckt wurde – das war im Sezessionskrieg).

Schließlich hören wir auch über Frito-Lay immer wieder Geschichten – vielleicht erfundene, vielleicht auch wahre, aber darauf kommt es gar nicht an – Geschichten über Leute, die sich unverdrossen durch Sturm, Schnee und Regen kämpfen. Das sind keine Briefträger, es sind Kartoffelchips-Verkäufer im Dienst der »99,5%-Servicequote«*, die der Stolz der gesamten Frito-Organisation ist – und zweifellos die Ursache ihres unvergleichlichen Erfolges.

Je mehr wir bei unserer Untersuchung über erfolgreiche Unternehmensführung nachfaßten, um so mehr erwiesen sich die überragenden Unternehmen als wahre Fundgrube für solche Geschichten und Beispiele. Uns wurde klar, daß diese Unternehmen mit ihrer ausgeprägten »Kultur« keinem japanischen Unternehmen nachstanden. Und die äußeren Merkmale einer solchen besonderen Firmenkultur ließen sich unabhängig von der Branche deutlich ausmachen. Im großen und ganzen bedienten sich alle Unternehmen der gleichen – bisweilen trivialen, immer aber nachdrücklich und konsequent eingesetzten – Mittel, um immer dasselbe zu erreichen: daß alle Mitarbeiter voll in die Kultur einstiegen oder ausschieden.

Uns überraschte zunächst, daß sich der Inhalt der Unternehmenskul-

---

* Bei Frito wird ein Tante-Emma-Laden in Missoula, Montana, ebenso mit einer Wahrscheinlichkeit von 99,5% täglich von einem Frito-Lieferfahrer besucht wie das »Flaggschiff« *Safeway* im kalifornischen Oakland.

tur stets auf eine Handvoll Themen beschränkte. Ob sie nun Blech bogen, Hamburger bereiteten oder Zimmer vermieteten, praktisch alle überragenden Unternehmen sahen sich offenbar de facto als Dienstleistungseinrichtungen. Der Kunde ist uneingeschränkt König. Ihm werden weder eine unerprobte Technologie noch unnötige Chromstreifen zugemutet. Er bekommt zuverlässige Produkte und wird prompt bedient.

Qualität und Service sind also die ständig wiederkehrenden Merkmale. Das setzt natürlich die Mitarbeit aller voraus, nicht nur einen Kraftakt der oberen 200. Die erfolgreichen Unternehmen sind auf überdurchschnittliche Leistungen ihrer durchschnittlichen Mitarbeiter angewiesen und verlangen diese auch. (René McPherson, der frühere Präsident von Dana, erklärt, es komme in Wirklichkeit weder auf die paar unvermeidlichen Nörgler und Faulenzer an noch auf die Handvoll Überflieger. Entscheidend und unerläßlich sei es dagegen, den durchschnittlichen Mitarbeiter zu betreuen, zu fördern und zur Entfaltung zu bringen.) Wir haben für diese Einstellung den Begriff »Produktivität durch Menschen« geprägt. Alle Firmen legen dazu Lippenbekenntnisse ab. Wenige machen Ernst damit.

Nach und nach dämmerte es uns also, daß wir nicht im fernen Japan nach Modellen suchen mußten, um gegen die Leistungsschwäche anzugehen, die unsere Unternehmen scheinbar unausweichlich gefangen hält. Es gibt eine Reihe amerikanischer Großunternehmen, die genau richtig liegen – und zwar aus Sicht aller, die mit ihnen zu tun haben – Kunden, Mitarbeiter, Aktionäre oder breite Öffentlichkeit. Sie liegen seit Jahren richtig. Nur haben wir ihrem Beispiel nicht genügend Aufmerksamkeit geschenkt. Ebensowenig haben wir zu analysieren versucht, inwieweit ihr instinktives Vorgehen auch theoretisch schlüssig ist.

Die Diskussion über Managementpsychologie legt seit langem den Akzent abwechselnd auf Theorie X oder Y, den Wert des Job Enrichment und neuerdings die Qualitätszirkel. Damit ist das Geheimnis der motivierten Arbeitnehmer in Japan oder in den erfolgreichen amerikanischen Unternehmen sicher nicht zu erklären, aber das heißt nicht, daß uns hier jede Theorie im Stich läßt. Der Psychologe Ernest Becker zum Beispiel hat wichtige theoretische Schützenhilfe geliefert, an der die meisten Managementforscher allerdings achtlos vorbeigehen. Er argumentiert, die Triebkraft des Menschen sei ein wesensimmanenter »Dualismus«: er habe das Bedürfnis, Teil eines Ganzen zu sein und zugleich aus der Masse herauszuragen. Er müsse ein angepaßter Mitspieler in einer siegreichen Mannschaft sein und sich gleichzeitig als Star profilieren können.

Über die siegreiche Mannschaft schreibt Becker: »Die Gesellschaft ... ist ein Träger irdischen Heldentums ... Der Mensch überwindet den Tod, indem er seinem Leben einen Sinn gibt ... Jedes Geschöpf hat den brennenden Wunsch, etwas zu bedeuten ... Nicht das Sterben fürchtet der Mensch wirklich, sondern das Vergehen in Bedeutungslosigkeit ... Rituale spenden Leben. Das Selbstwertgefühl des Menschen erwächst aus Symbolen, sein sorgsam gehegter Narzismuß lebt von Symbolen, von einer abstrakten Vorstellung seines eigenen Wertes. Das natürliche Sehnen (des Menschen) findet im Reich der Symbole unerschöpfliche Nahrung.« Er setzt hinzu: *»Durch Unfreiheit* (ein hohes Maß an Konformität) *wollen sich die Menschen ihr eigenes Fortbestehen erkaufen«.* Anders ausgedrückt, die Menschen legen sich bereitwillig die Ketten des Acht-Stunden-Tages an, wenn es nur aus ihrer Sicht um eine irgendwie bedeutsame Sache geht. Das Unternehmen kann in der Tat dieselbe Art Bestätigung vermitteln wie der exklusive Club oder das Ehrenamt in einem Verein.

Gleichzeitig will jedoch jeder von uns auch aus der Masse herausragen – auch, und vielleicht gerade, in einer erfolgreichen Institution. So haben wir immer wieder beobachtet, daß Mitarbeiter (in Produktion, Verkauf oder Verwaltung) sich über jede Verpflichtung hinaus einsetzen, wenn sie auch nur ein bißchen den Eindruck haben, ihr eigenes Geschick beeinflussen zu können. Das wurde in einem psychologischen Experiment nachdrücklich bestätigt: Erwachsene Versuchspersonen sollten einige schwierige Rätsel lösen und einen Text Korrektur lesen. Im Hintergrund war ein lautes, unregelmäßiges und stark ablenkendes Geräusch zu hören – genauer gesagt, »zwei Stimmen, eine, die Spanisch, und eine, die Armenisch sprach, ein laufendes Kopiergerät, ein Tischrechner, eine Schreibmaschine und Straßenlärm, die zusammen ein undefinierbares Getöse abgaben.« Die Versuchspersonen wurden in zwei Gruppen aufgeteilt. Der einen Gruppe wurde nur gesagt, sie solle die Aufgaben lösen. Die Mitglieder der anderen bekamen einen Knopf, mit dem sie den Lärm abstellen konnten, »eine moderne Variante von Kontrolle – der Aus-Schalter«. Die Gruppe mit dem Aus-Schalter löste fünfmal so viele Rätsel wie die Mitglieder der anderen Gruppe und übersah beim Korrekturlesen weitaus weniger Fehler Und nun kommt die Pointe: »... Keine der Versuchspersonen in der Gruppe mit Aus-Schalter benutzte den Schalter auch nur ein einziges Mal. Das bloße Wissen um die Kontrollmöglichkeit hatte genügt«.

Die bestgeführten Unternehmen und einige wenige andere handeln nach diesen Theorien. So mietete zum Beispiel der Leiter einer Verkaufsniederlassung mit einhundert Mitarbeitern für einen Abend das Meadowlands-Stadion in New Jersey. Nach der Arbeit liefen seine Verkäufer durch den Spielertunnel in das Stadion ein. Immer wenn einer von ihnen hervorkam, leuchtete vor den Augen der versammelten Zuschauermenge auf der elektronischen Anzeigetafel sein Name auf. Führungskräfte aus der Unternehmungszentrale, Angestellte aus anderen Niederlassungen, Angehörige und Freunde saßen applaudierend auf den Rängen.

Das Unternehmen war IBM. Mit einem einzigen Einfall (den die meistens weniger erfolgreichen Unternehmen als zu abgeschmackt, zu aufwendig oder beides abtun würden) bewies IBM gleichzeitig seine eigene »heroische Dimension« (als bedeutsames Ganzes, an dem der einzelne Teil hat) und sein Verständis für individuelle Selbstdarstellung (das Bedürfnis, sich von der Masse abzuheben). IBM überbrückt damit einen scheinbaren Widerspruch. Und wenn die erfolgreichen Unternehmen ein wirklich auffallendes Merkmal besitzen, dann diese Fähigkeit, Zwiespältiges und Widersprüchliches konstruktiv zu bewältigen. Was nach Meinung unserer rational denkenden Wirtschaftswissenschaftler gar nicht möglich sein dürfte, ist für die erfolgreichen Unternehmen Routinesache.

Frito-Kartoffelchips und Maytag-Waschmaschinen müßten an sich undifferenzierte Massenartikel sein; eine Servicequote von 99,5% für Tante-Emma-Läden ist unsinnig – bis man dann die Spannen sieht und den Marktanteil. Wir in Amerika sind so beschäftigt mit den *Instrumenten* des Management, daß wir gar nicht merken, wie wenig wir von der *Kunst* der Unternehmensführung verstehen. Da liegt unser Problem. Unsere Instrumente verleiten uns zum Messen und Analysieren. Kosten zu berechnen, verstehen wir. Doch diese Hilfsmittel allein sagen uns ebensowenig über den Wert hoch motivierter Mitarbeiter von Maytag oder Caterpillar, die am laufenden Band Qualitätsprodukte herstellen, wie über den Beitrag des Frito-Lay-Verkäufers, der einem ganz gewöhnlichen Kunden zuliebe die eine Meile mehr zurücklegt.

Schlimmer noch: Unsere Instrumente zwingen uns in eine rationale Sichtweise, die uns gerade das suspekt macht, was die erfolgreichen Unternehmen als ihre wichtigsten Innovationsquellen pflegen: besessene Produkt-Champions bei 3M, Produktvielfalt und -überlappung bei Digital Equipment, schärfster interner Wettbewerb unter den Markenbetreuern von P & G. Alfred Sloan führte die Produktüberlappung bei General Motors schon in den zwanziger Jahren dieses Jahrhunderts mit Erfolg ein; schon fast ebenso lange gibt es zwischen den Produktlinien der einzelnen Geschäftsbereiche von IBM weitreichende und wohlüberlegte Überschneidungen, die den unternehmensinternen Wettbewerb anheizen sollen. Doch die Rationalisten scheinen immer noch kaum überzeugt. Überschneidungen gefallen ihnen nicht; sie wollen alles säuberlich geordnet. Sie mögen auch keine Fehler; sie sind für präzise Planung. Es paßt ihnen nicht, wenn sie nicht wissen, was jeder einzelne vorhat; sie sind für Kontrolle. Sie bauen große Stäbe auf. In der Zwischenzeit haben Wang Labs oder 3M oder Bloomingdale's zehn neue Produkte und viele Monate Vorsprung.

Wir haben also einige Vorbehalte gegen die überkommene Theorie: Was wir über menschliches Verhalten wissen – als einzelner oder in großen Gruppen – veranlaßt uns, eine Reihe wirtschaftswissenschaftlicher Lehrmeinungen zu revidieren, so zu den Themen Unternehmungsgröße (Kostendegression), Genauigkeit (Grenzen der Analyse) und Fähigkeit, mit ganz durchschnittlichen Mitarbeitern außerordentliche Ergebnisse (insbesondere bei der Qualität) zu erzielen.

Die Erfahrung der erfolgreichen Unternehmen stimmt zuversichtlich. Aus Amerika kommt eine frohe Botschaft. Gute Unternehmensführung gibt es heute nicht nur in Japan. Wichtiger noch, die frohe Botschaft erklärt sich damit, daß man Mitarbeiter anständig behandelt, ihnen Gelegenheit gibt, sich hervorzutun, und daß man brauchbare, solide Produkte herstellt. Effizienzgewinne durch Rationalisierung sind oft weniger wichtig als kleine Einheiten mit motivierten Mitarbeitern. An die Stelle minutiöser F & E-Planung für den großen Wurf treten nun Heerscharen engagierter »Champions«. Lähmende Kostenorientierung macht einer belebenden Qualitätsorientierung Platz. Hierarchie und Formalität räumen das Feld zugunsten von zwanglosem Umgang, guter Laune und beweglicher Projektarbeit. Statt dickleibigen Vorschriftensammlungen zu folgen, leistet jeder seinen persönlichen Beitrag.

Selbst die Managementarbeit macht mehr Spaß. Statt im Elfenbeinturm sterile Planspiele zu betreiben, macht die Unternehmensleitung sich auf, Wertvorstellungen zu prägen und sie durch Schulung und innerbetriebliche »Feldgottesdienste« zu festigen und zu fördern – zusammen mit den Mitarbeitern und zum Wohle des Produkts, von dem man voll überzeugt ist.

Die Ideen, die wir bisher skizziert haben, führen wir in dem vorliegenden Buch weiter aus. Wir definieren, was wir als unternehmerische Spitzenleistung verstehen. Dabei versuchen wir zu verallgemeinern: festzuhalten, was die besonders erfolgreichen Unternehmen – die »excellent companies« aus unserer Untersuchung – regelmäßig anders machen als der Rest. Und wir versuchen, unsere Beobachtungen bei den erfolgreichen Unternehmen zu untermauern mit den Erkenntnissen der modernen sozial- und wirtschaftswissenschaftlichen Theorie. Unsere Ausgangsbasis sind die Primärdaten, die in Managementbüchern, wie wir meinen, allzuoft zu kurz kommen: konkrete Einzelbeispiele aus der Unternehmenspraxis.

Erster Teil

Grund zur Hoffnung

1. Erfolgreiche amerikanische Unternehmen

Der belgische Surrealist René Magritte gab seinen berühmten Pfeifenbildern den Titel *Ceci n'est pas une pipe (Dies ist keine Pfeife).* Das Abbild des Gegenstandes ist nicht der Gegenstand. So ist auch ein Organigramm nicht das Unternehmen, das es darstellt, und eine neue Strategie ist nicht automatisch die Lösung für Managementprobleme. Das wissen wir alle, und trotzdem – sobald es schwierig wird, rufen wir meist zunächst einmal nach einer neuen Strategie. Wahrscheinlich reorganisieren wir auch, und bei dieser Neuordnung begnügen wir uns dann gewöhnlich damit, die Kästchen im Organigramm umzustellen. Wirklich ändern wird sich dabei kaum etwas. Wir bekommen ein Chaos, eine Zeitlang sogar nützliches Chaos, doch letzten Endes bleibt alles beim alten. Eingefahrene Verhaltensweisen sind zählebig.

Im Grunde spüren wir alle, daß zur Erhaltung der Lebens- und Handlungsfähigkeit einer großen Organisation viel mehr gehört als in Grundsatzerklärungen, neuen Strategien, Plänen, Budgets und Organigrammen dargestellt werden kann. Und doch tun wir nur allzu oft so, als wüßten wir das nicht. Wenn wir etwas ändern wollen, basteln wir an der Strategie herum. Oder wir verändern die Struktur. Vielleicht wäre es Zeit, einmal unser Verhalten zu ändern.

Solche und ähnliche Überlegungen zum Problem wirksamer Unternehmensführung und insbesondere zu den Wechselbeziehungen zwischen Strategie, Unternehmensstruktur und Qualität der Führung veranlaßte uns bei McKinsey Anfang 1977, zwei interne Arbeitsgruppen einzusetzen. Die eine sollte unser Konzept der strategischen Planung überprüfen, die andere die Frage organisatorischer Leistungsfähigkeit von Grund auf neu beleuchten. Also angewandte Forschung von McKinsey. Wir (die Verfasser) leiteten das Projekt »Leistungsfähigkeit von Organisationen«.

Als erster Schritt boten sich natürlich eingehende Gespräche auf der ganzen Welt mit Führungspersönlichkeiten an, die als Kenner und Könner der Unternehmensorganisation bekannt waren. Auch sie, so stellten wir fest, teilten unser Unbehagen über die traditionellen Ansätze. Alle bemängelten die Unzulänglichkeiten der üblichen Strukturmodelle und vor allem der neuesten Verirrung, der komplexen Matrix. Aber ihre Skepsis erstreckte sich auch auf alle anderen bekannten Führungsinstrumente – sie mochten ihnen nicht zutrauen, daß sie einem Milliardenunternehmen wirklich die nötige neue Richtung und neuen Schwung geben könnten.

Die nützlichsten Anregungen kamen schließlich aus ganz unvermuteten Quellen. Schon 1962 hatte der Wirtschaftshistoriker Alfred Chandler sein Werk *Strategy and Structure* geschrieben, in dem er mit Nachdruck die These verfocht, die Struktur folge der Strategie. Und 1977, als wir mit unserer Arbeit begannen, galt Chandlers Diktum als allgemeingültige Wahrheit. Man bringe nur den strategischen Plan zu Papier, und schon wird die richtige Unternehmensstruktur wie von selbst in voller Schönheit sichtbar werden. Ganz zweifellos war Chandler mit seinen Vorstellungen ein Durchbruch gelungen. Doch als er sein Konzept entwickelte, war alle Welt dabei zu diversifizieren, und Chandlers wesentliche Erkenntnis war, daß eine breit angelegte Diversifikationsstrategie eine dezentrale Struktur verlangt. Die Form folgt der Funktion. In der Zeit nach dem Zweiten Weltkrieg bis ungefähr 1970 wirkten Chandlers Ratschläge als Auslöser (oder Motor) einer Revolution der Managementpraxis, die zumindest in der Grundrichtung stimmte.

Als wir uns mit diesem Thema näher beschäftigten, stellten wir jedoch fest, daß eine Unternehmensstrategie nur selten ein einziges, ganz bestimmtes Strukturmodell vorschreibt. Auch lag das Hauptproblem bei einer Strategie zumeist mehr in der Umsetzung und der ständigen Neuanpassung: realisieren und gleichzeitig flexibel bleiben. Das aber führte weit über die reine Strategie hinaus zu organisatorischen Fragen – über Strukturen, Mitarbeiter und so weiter. So liefen wir Gefahr, uns bei dem Problem wirksamer Unternehmensführung hoffnungslos im Kreise zu drehen. Ganz offensichtlich hatten sich die alten Denkmodelle nicht mit den Erfordernissen der Führungspraxis weiterentwickelt. Nie wurde dies so deutlich wie 1980, als stagnationsbedrängte US-Manager ihr Heil in japanischen Managementmethoden suchten – und dabei geflissentlich übersahen, daß sie von der dazugehörigen Kultur durch mehr als die Weite des Pazifiks getrennt waren.

In unserem nächsten Schritt sahen wir uns 1977 auch außerhalb des Kreises der Wirtschaftspraktiker nach Hilfe um. Wir besuchten ein Dutzend Business Schools in den Vereinigten Staaten und Europa (Japan hat keine Business Schools). Die Theoretiker aus Forschung und Lehre, so stellten wir fest, schlugen sich mit den gleichen Problemen herum. Wir kamen zur rechten Zeit. In der Theorie herrscht kreative Unordnung, die jedoch auf einen neuen Konsens zusteuert. Zwar schreiben einige wenige Forscher weiterhin über Strukturfragen, vor allem über die neueste und modischste Variante, die Matrix. Der Gärungsprozeß vollzieht sich aber in erster Linie in einer anderen geistigen Strömung, die von einigen aufsehenerregenden Gedanken ausgeht: Danach sind Entscheidungsträger nur begrenzt in der Lage, Informationen zu verarbeiten und daraus im landläufigen Sinne »rationale« Entscheidungen abzuleiten; und noch weniger wahrscheinlich ist es, daß große organisatorische Gebilde das komplexe, strategische Kalkül der Rationalisten auch ausführen.

Die Quelle, aus der die heutigen Forscher schöpfen, ist nicht neu; sie geht auf die Arbeiten der Harvard-Professoren Elton Mayo und Chester Barnard in den späten dreißiger Jahren dieses Jahrhunderts zurück. In verschiedener Hinsicht stellen beide zwei Autoritäten der Organisationslehre in Frage: Max Weber, der den Primat der bürokratischen Organisationsform definierte, und Frederick Taylor, der Unternehmensführung als exakte Wissenschaft etablieren wollte und Zeit- und Bewegungsstudien als Mittel der Effizienzsteigerung propagierte: wenn sich nur die Arbeit in ausreichend viele separate, vorprogrammierte Teilschritte zergliedern läßt, die danach wieder wirklich optimal zusammengefügt werden, dann erhalten wir eine organisatorische Einheit mit echter Höchstleistung.

Mayo begann als Anhänger der Hauptströmung der rationalistischen Schule, stellte sie jedoch schließlich de facto über weite Strecken in Frage. In den Hawthorne-Werken von Western Electric versuchte er nachzuweisen, daß sich eine Verbesserung der Arbeitsbedingungen unmittelbar positiv auf die Arbeitsproduktivität auswirkt. Er ließ darum die Beleuchtung heller stellen. Ganz wie vorhergesagt stieg die Produktivität an. Als er sich dann einem anderen Faktor zuwenden wollte, ließ er ganz routinemäßig die Beleuchtung wieder dämpfen. Erneut stieg die

Produktivität. Aus der Forschungsarbeit, zu der diese Erfahrung den Anstoß gab, ziehen wir eine wichtige Lehre, die auch ein Leitmotiv des vorliegenden Buches ist: Die Produktivität hängt vor allem davon ab, daß *die Beschäftigten sich be- und geachtet fühlen* – nicht von den Arbeitsbedingungen an sich. (Viele unserer besten Unternehmen, erklärte uns ein Freund, scheinen ihre Führungstätigkeit darauf zu beschränken, »eine endlose Kette von Hawthorne-Effekten« zu erzeugen.) Allerdings, in die rationalistische Vorstellungswelt paßt das nicht.

Chester Barnard erklärte einmal aus der Sicht des Unternehmensleiters (er war President von New Jersey Bell gewesen), die Aufgabe einer Führungspersönlichkeit bestehe darin, die sozialen Kräfte im Unternehmen in positive Energie umzusetzen, Wertvorstellungen zu formen und in die gewünschten Bahnen zu lenken. Gute Manager, wie er sie verstand, prägen das Wertsystem durch ihr Verständnis der informellen sozialen Komponente der Organisation. Ihnen stellte er den Manager gegenüber, der sich darauf beschränkt, über formale Belohnungen und Systeme kurzfristige Effizienzsteigerungen zu erzielen.

Barnards Vorstellungen wurden zwar schnell von Herbert Simon aufgegriffen (der später für seine Arbeiten den Nobelpreis erhielt), lagen aber ansonsten in einem dreißigjährigen Dornröschenschlaf. Die Diskussion der Managementtheorie konzentrierte sich damals vorwiegend auf das aktuelle Anliegen – Strukturen zur Bewältigung des Nachkriegswachstums zu schaffen.

Als sich dann aber die erste Dezentralisierungswelle keineswegs als Allheilmittel erwies und ihr Nachfolger, die Matrix, wegen ihrer Komplexität zu endlosen Schwierigkeiten führte, lösten die Ideen von Barnard und Simon vielbeachtete Denkanstöße aus. Die richtungweisenden Theoretiker waren Karl Weick von der Cornell University und James March von Stanford, die das rationale Modell heftig attackierten.

Weick zufolge laufen Lern- und Anpassungsprozesse in organisatorischen Gebilden sehr, sehr langsam ab. Geradezu zwanghaft wird an überkommenen Routinen festgehalten, selbst wenn sie für die Praxis längst jeden Sinn verloren haben. Wichtige Grundpositionen der Geschäftsstrategie (z. B. vorsichtige oder risikofreudige Entscheidungspolitik) sind tief in Managementsystemen und Standardabläufen verankert, deren Ursprung seit langem vergessen ist. Unser Lieblingsbeispiel hierfür lieferte uns ein Freund, der zu Beginn seiner Laufbahn als Bankkassierer ausgebildet wurde. Ein Arbeitsvorgang bestand darin, achtzigspaltige Lochkarten von Hand zu sortieren, und die Frau, die es ihm beibringen sollte, machte das schnell wie der Blitz. Der Stoß Karten in ihren Händen machte nur »Bssssst«, und alles war sortiert und säuberlich gestapelt. Unser Freund hatte zwei linke Daumen.

»Machen Sie das schon lange?« fragte er sie.

»Vielleicht zehn Jahre,« meinte sie.

»Und wozu ist das gut?« fragte er wißbegierig.

»Offengestanden« – bssssst, wieder ein Stapel sortiert – »das weiß ich wirklich nicht.«

Weick nimmt an, daß diese Unbeweglichkeit von unserem allzu schematischen Unternehmensbild herrührt; so sagt er z. B.: »Die ständige Verwendung militärischer Metaphern verstellt uns den Blick für eine andere Art Organisation, für Unternehmen nämlich, in denen Improvisation höher im Kurs steht als Vorausplanung, die Gelegenheiten nutzen, statt sich von Sachzwängen einengen zu lassen, die neue Handlungsmöglichkeit aufspüren, statt alte Handlungsweisen zu rechtfertigen, die Auseinandersetzungen höher bewerten als Ruhe und die Zweifel und Widerspruch fördern, statt kritisches Festhalten an traditionellen Vorstellungen zu verlangen.«

March geht noch weiter als Weick. Er hat – und er meint das fast gar nicht scherzhaft – das Durcheinander des Mülleimers als Organisationssymbol eingeführt. Die Lern- und Endscheidungsprozesse im Unternehmen stellt March als einen Strom von Problemen, Lösungen, Akteuren und günstigen Gelegenheiten dar, die in ihrer fast zufälligen Wechselwirkung die Zukunft des Unternehmens bestimmen. Seine Bemerkungen über Großunternehmen erinnern an Präsident Truman, der mit mitleidigem Spott beschrieb, welchen Verdruß er auf seinen Nachfolger zukommen sah, wie Richard E. Neutstadt zu berichten weiß. »Hier wird er sitzen,« sagte Truman (und klopfte nachdrücklich auf seinen Schreibtisch), »und sagen, ›Machen Sie dies, machen Sie das‹! Und nichts wird geschehen. Armer Ike – wie bei der Armee wird es bestimmt nicht sein. Es wird ihn zur Verzweiflung treiben.«

Andere Wissenschaftler haben in jüngster Zeit begonnen, derart unkonventionelle Auffassungen mit empirischen Daten zu untermauern. So hat Henry Mintzberg von der kanadischen McGill University eine der wenigen exakten Untersuchungen über die Zeiteinteilung effizienter Manager durchgeführt. Danach reservieren sich diese Führungskräfte keineswegs regelmäßig längere Zeiten für Planung, Organisation, Motivation und Kontrolle, wie die meisten Lehrbücher empfehlen. Ihre Arbeitszeit ist ganz im Gegenteil stark aufgesplittert; der durchschnittliche Zeitaufwand für ein Thema beträgt *neun Minuten.* Andrew Pettigrew, ein britischer Wissenschaftler, untersuchte Methoden strategischer Entscheidungsfindung und war fasziniert von dem Beharrungsvermögen von Organisationen. Er wies nach, daß Unternehmen oft zehn Jahre lang an geradezu himmelschreiend falschen Vorstellungen von ihrer eigenen Welt festhalten, obwohl es erdrückende Beweise gibt, daß sich diese Welt geändert hat und sie das wohl auch tun sollten. (Eine Fülle neuer Beispiele für Pettigrews These liefern mehrere amerikanische Wirtschaftszweige, die zur Zeit aus staatlicher Reglementierung entlassen werden – Fluggesellschaften, Speditionsunternehmen, Banken, Spar- und Darlehnskassen, Fernmeldegesellschaften.)

Zu unseren Gesprächspartnern am Anfang unserer Studie gehörten Führungskräfte erfolgsgewohnter Unternehmen: IBM, 3M, Procter & Gamble, Delta Airlines. Als wir ihre Aussagen in unsere Überlegungen über die neue Schule der Managementtheorie einbrachten, begann es uns zu dämmern, daß die so wenig faßbaren Faktoren, auf die diese Manager immer wieder zurückkamen, viel eher mit Weick und March in Einklang zu bringen waren als mit Taylor oder Chandler. Sie sprachen von Unternehmenskultur und Zusammengehörigkeitsgefühl, sangen das Lob der Kleinheit (»small is beautiful«), priesen Einfachheit statt Komplexität und berichteten von Begeisterungsstürmen über die Qualität von Produkten. Kurzum, wir fanden bei Ihnen, was eigentlich selbstverständlich ist: daß der Einzelne zählt. Im Aufbau ihrer Organisation den Schwächen und Stärken ihrer Mitarbeiter gerecht zu werden (z. B. der begrenzten Fähigkeit, Informationen zu verarbeiten, bzw. der Leistungsfähigkeit durch Engagement und Begeisterung), war das tägliche Brot dieser Manager.

Erfolgskriterien

Die ersten beiden Jahre arbeiteten wir hauptsächlich daran, unser diagnostisches und therapeutisches Instrumentarium über die damals stark strategie- und strukturbezogenen Hilfsmittel hinaus zu erweitern.

Viele Kollegen außerhalb unserer Arbeitsgruppe meinten denn auch, wir sollten ganz einfach die Frage der Unternehmensstruktur von einer neuen Warte aus betrachten: Nach der Dezentralisierung der 50er und

60er Jahre und nach dem Experiment der 70er Jahre mit der modischen, aber offensichtlich unwirksamen Matrix-Struktur – wie würde die Strukturlösung für die 80er Jahre aussehen? Wir entschieden uns für einen anderen Weg. Bei aller unbestrittenen Bedeutung der Strukturfrage kamen wir schnell zu dem Schluß, daß diese nur einen kleinen Teil des Gesamtproblems wirksamer Unternehmensführung ausmacht. Schon das Wort »Organisation« läßt von vornherein die Frage offen: »Organisieren wofür?« Bei den uns interessierenden Großunternehmen lautete die Antwort fast immer, daß irgendeine wichtige neue Fähigkeit im Unternehmen aufgebaut werden sollte – in der Innovationsrate, im Marketing, im Verhältnis zu den Mitarbeitern oder in anderen Bereichen, in denen das Unternehmen Schwächen hatte.

Ein ausgezeichnetes Beispiel ist McDonald's. Bei allem Erfolg dieses Unternehmens in den Vereinigten Staaten – gutes Abschneiden im Ausland verlangte mehr als nur die Gründung eines »McDonald's International«. Unter anderem mußte man den Deutschen erst einmal beibringen, was ein »Hamburger« ist. Oder Boeing: um weniger abhängig von Regierungsaufträgen zu werden, mußte das Unternehmen lernen, seine Produkte an kommerzielle Abnehmer zu verkaufen, ein Kunststück, das die meisten Konkurrenten niemals fertigbrachten. Der Erwerb solcher Spezialkenntnisse, die Entwicklung neuer Stärken, das Ablegen alter Gewohnheiten, das Hervorbringen von Spitzenleistungen in Bereichen außerhalb der gewohnten Firmenkultur, das alles ist äußerst schwierig. Dabei geht es ohne jeden Zweifel um weit mehr als Strukturfragen.

Neue Strukturideen waren für uns also keine ausreichende Arbeitsgrundlage. Worum es uns ging, kommt gut in einer Bemerkung von Fletcher Byrom zum Ausdruck: »Ein starres Organigramm, das davon ausgeht, jeder werde in seiner jeweiligen Stellung genauso arbeiten wie sein Vorgänger, finde ich lächerlich. Das stimmt einfach nicht. Die Organisation sollte sich darum entsprechend ändern und sich darauf einstellen, daß an dem jeweiligen Platz jetzt jemand Neues sitzt.« Eine gute Struktur, die den »menschlichen Faktor« unberücksichtigt läßt, gibt es einfach nicht. Aber wir gingen noch weiter. Unsere Vorarbeiten hatten uns gezeigt, daß jede intelligente Behandlung des Organisationsproblems wenigstens sieben Variablen einbeziehen und als voneinander abhängig betrachten muß: die Struktur, die Strategie, die Menschen, den Führungsstil, die Systeme und Verfahren, die Leitmotive und das Wertsystem (d. h. die Firmenkultur) sowie die vorhandenen oder angestrebten Stärken oder Spezialkenntnisse des Unternehmens. Wir präzisierten diese Vorstellungen und entwickelten daraus das McKinsey-7S-Modell. Mit etwas Nachhelfen erreichten wir, daß alle sieben Variablen mit dem Buchstaben S begannen, und dachten uns ein graphisches Symbol dafür aus (siehe untenstehende Abbildung). Zu diesem Kunstgriff ermutigte uns Anthony Athos von der Harvard Business School; er fand, ohne die Gedächtnisstütze der Alliteration sei unser Modell zu schwer zu erklären und zu behalten.

Das McKinsey-7S-Modell

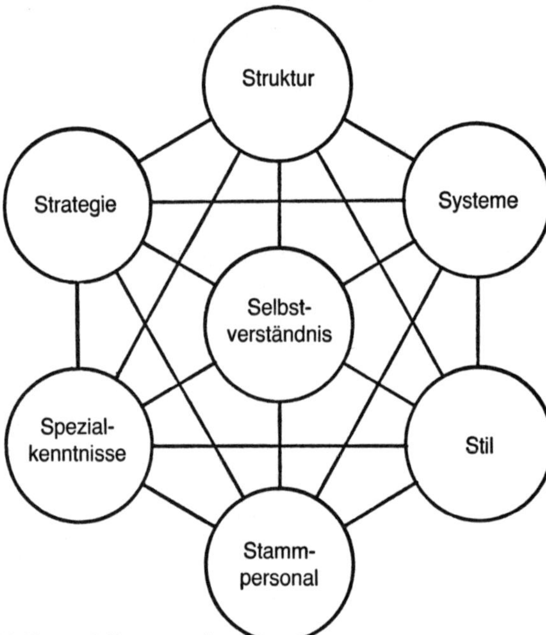

Zuerst kam uns die Alliteration zwar etwas an den Haaren herbeigezogen vor, doch haben vier Jahre Erfahrung in aller Welt uns bestätigt, daß das Modell einen äußerst wirksamen Anreiz bietet, systematisch nicht nur über die organisatorische Hardware – Strategie und Struktur – nachzudenken, sondern auch über die entsprechende Software – Stil, Systeme, Stammpersonal und Selbstverständnis. Das Modell, das einige unserer spottlustigen Kollegen das »glückliche Atom« getauft haben, hat mittlerweile offenbar weltweit Anklang gefunden als sinnvoller Rahmen für das Durchdenken von Organisationsproblemen*. Richard Pascale und Anthony Athos, die uns bei der Entwicklung unseres Konzepts unterstützten, haben das Modell für ihr Buch *The Art of Japanese Management* als konzeptionelle Grundlage verwendet. Unser Freund Harvey Wagner, bekannter Entscheidungstheoretiker an der University of North Carolina, verwendet das Modell in seinen Lehrveranstaltungen über Unternehmenspolitik. Vor kurzem beklagte er sich: »Ihr Burschen habt meiner Vorlesung wirklich jedes Geheimnis genommen. Die (seine Studenten) nehmen euer Modell, und alle entscheidenen Fragen in einem Fallbeispiel kommen ganz wie von selbst zum Vorschein.«

Fest steht inzwischen, unser Modell hat der Gemeinde der professionellen Manager die Erkenntnis »Weich ist hart« ins Gedächtnis zurückgerufen. Wir können jetzt praktisch sagen: »All das, was Sie so lange als nicht beeinflußbare, irrationale, intuitive oder informelle Elemente der Organisation abgetan haben, kann *doch* durch Führungsmaßnahmen gesteuert werden. Und diese Faktoren haben mit Sicherheit genausoviel oder noch mehr mit dem Erfolg (oder Mißerfolg) Ihres Unternehmens zu tun wie die formalen Strukturen und Strategien. Es wäre unklug, das nicht zur Kenntnis zu nehmen, denn hier haben wir den Rahmen und die Instrumente, um es zu durchdenken und zu managen. Hier können Sie wirklich eine entscheidende neue Stärke aufbauen.«

Aber selbst als dieser Punkt erreicht war, spürten wir, daß noch etwas fehlte. Sicher, wir hatten unser diagnostisches Rüstzeug gewaltig erwei-

---

* Wir haben sicherlich nicht als erste ein Modell mit mehreren Variablen ersonnen. Zum Beispiel hat Harold Leavitts »Diamant« (Aufgabe, Struktur, Menschen, Information und Kontrolle, Umwelt) inzwischen schon ganze Managergenerationen beeinflußt. Wir hatten Glück mit unserem Timing. Angesichts scheinbar unlösbarer Probleme und nach Jahren fruchtloser Versuche mit Strategie- und Strukturveränderungen waren die Unternehmensleitungen 1980 bereit zu einer neuen Sichtweise. Starthilfe bekam das neue Modell natürlich auch durch das Gütesiegel des Namens McKinsey, der seit langem für fundierte Problemlösungen im Management stand.

tert. Sicher, wir hatten Manager erlebt, die ganz offensichtlich mehr leisteten, weil sie ihre Aufmerksamkeit auf sieben »S« statt nur zwei richten konnten. Sicher, die Erkenntnis, daß wirklicher Wandel in großen Organisationen durch wenigstens sieben komplexe Größen bestimmt wird, ließ uns selbst mit sehr viel mehr Respekt an die grundlegende Veränderung großer Organisationen herangehen. Gleichzeitig fehlte es uns aber an Ideen für die praktische Umsetzung, insbesondere bei den »weichen S«. Für den Aufbau einer neuen Stärke in einem Unternehmen reicht es nun einmal nicht aus, dessen Schwächen zu kennen – genau wie es für die Konstruktion einer Brücke nicht damit getan ist, daß man versteht, weshalb manche Brücken einstürzen. Wir waren nun geistig viel besser gerüstet, um die Ursache der Leistungsschwäche eines Unternehmens aufzudecken, und das war gut so. Außerdem hatten wir unseren Blick geschärft für das, was trotz unzulänglicher Struktur funktionierte und bestehen bleiben sollte, und das war noch wichtiger. Aber wir mußten noch unser Repertoire an Gestaltungsmustern und -ideen erweitern.

Darum beschlossen wir, die unternehmerische Spitzenleistung direkt unter die Lupe zu nehmen. Auf unserem Projektplan hatte dieser Punkt schon von Anfang an gestanden, der eigentliche Anstoß kam jedoch, als die Royal Dutch/Shell-Gruppe uns einlud, ein eintägiges Innovationsseminar durchzuführen. Um das, was wir anzubieten hatten, mit dem Wunsch von Shell in Einklang zu bringen, gaben wir dem Wort »Innovation« einen Doppelsinn. Zusätzlich zur landläufigen Bedeutung – kreative Mitarbeiter entwickeln marktfähige neue Produkte und Dienstleistungen – gaben wir dem Wort einen Beiklang, der in unserem Denken über Wandel in großen Institutionen eine zentrale Rolle spielt. Wir stellten die These auf, innovative Unternehmen seien nicht nur ungewöhnlich leistungsfähig beim Hervorbringen wirtschaftlich erfolgreicher neuer Produktideen, sondern: *innovative Unternehmen verstünden es besonders gut, sich laufend an jede Veränderung ihrer Umweltbedingungen anzupassen.* Im Gegensatz zu Andrew Pettigrews beharrenden Unternehmen ändern sich diese Firmen, sobald sich die Umwelt verändert. Wenn die Bedürfnisse ihrer Kunden sich verlagern, die Wettbewerber leistungsfähiger werden, die öffentliche Meinung umschlägt, das Kräfteverhältnis im Welthandel sich verschiebt und staatliche Auflagen geändert werden, dann gehen diese Unternehmen mit – sie wechseln den Kurs und ihr Image, stellen sich auf die neuen Verhältnisse ein, wandeln sich und passen sich an. Kurz, sie innovieren ihre gesamte Firmenkultur.

Dieser Innovationsbegriff schien uns die Aufgabe eines wirklich erstklassigen Managers oder Führungsteams genau zu umreißen. Die Unternehmen, die nach unserer Einschätzung diesen Innovationsstand erreicht hatten, bezeichneten wir als »excellent companies«*.

Wir hielten unseren Vortrag bei Royal Dutch/Shell am 4. Juli 1979, und wenn unsere Studie einen Geburtstag hat, dann war es jener Tag. Noch viel nachhaltiger als die Veranstaltung in den Niederlanden, wirkte auf uns jedoch die Reaktion einiger Unternehmen wie HP und 3M, mit denen wir während der Vorbereitung unseres Shell-Seminars Kontakt aufgenommen hatten. Sie zeigten sich von unserem Thema fasziniert und drängten uns weiterzumachen.

Vor allem diese Erfahrung gab den Ausschlag dafür, daß wir einige Monate später ein Team zusammenstellten für ein eigenständiges Projekt über erfolgreiche Unternehmen im Sinne unserer Definition – ständig innovierende Großunternehmen. Die Mittel dafür kamen hauptsächlich von McKinsey, und einige interessierte Klienten unterstützten uns ebenfalls. Wir wählten damals 75 hochangesehene Unternehmen aus und führten im Winter 1979/80 bei rund der Hälfte dieser Firmen gründliche, strukturierte Interviews durch. Die übrigen analysierten wir anfänglich anhand von Sekundärmaterial, vor allem Pressemeldungen und Geschäftsberichten der letzten 25 Jahre; mittlerweile haben wir auch noch bei mehr als zwanzig dieser Unternehmen mit ausführlichen Interviews nachgefaßt. (Zu Vergleichszwecken untersuchten wir auch einige leistungsschwächere Unternehmen, doch legten wir darauf nicht sehr viel Gewicht, da wir meinten, angesichts unserer zusammen 24 Jahre als Unternehmensberater über Leistungsmängel genügend im Bilde zu sein.)

Unsere Ergebnisse waren eine angenehme Überraschung. Deutlicher, als zu hoffen gewesen war, zeigte die Untersuchung, daß die besonders erfolgreichen Unternehmen sich vor allem in einfachen Grundtugenden unternehmerischen Handelns auszeichneten. Bei ihnen waren Management-Instrumente kein Ersatz für Denken. Der Intellekt machte nicht die Klugheit mundtot. Analyse blockierte nicht das Handeln. Statt des-

* Im Deutschen hier u.a. wiedergegeben als »exzellente«, »erstklassige«, »hervorragend geführte« oder auch »(besonders) erfolgreiche« Unternehmen.

sen taten diese Unternehmen ihr Bestes, in einer komplizierten Welt möglichst vieles einfach zu halten. Sie waren beharrlich. Sie bestanden auf höchster Qualität. Sie verwöhnten ihre Kunden. Sie hörten auf ihre Mitarbeiter und behandelten sie wie Erwachsene. Sie führten ihre »Champions« für innovative Produkte und Serviceleistungen an langer Leine. Sie ließen ein gewisses Maß an Chaos zu, wenn nur schnell gehandelt und laufend etwas Neues ausprobiert wurde.

Auf einen gemeinsamen Nenner gebracht, kommt das wirklich Besondere an den besonders erfolgreichen, innovativen Unternehmen nach unserer Erfahrung in den folgenden acht Merkmalen zum Ausdruck:

1. *Primat des Handelns:*
»Probieren geht über Studieren«. Zwar gehen auch diese Unternehmen in ihrer Entscheidungsfindung analytisch vor, im Gegensatz zu so vielen anderen lassen sie sich dadurch aber nicht lahmlegen. Ihre gängige Verfahrensweise ist: »Do it, try it, fix it«. So sagt ein leitender Angestellter der Digital Equipment Corporation: »Wenn wir bei uns ein großes Problem haben, dann schnappen wir uns zehn erfahrene Mitarbeiter und stecken sie für eine Woche zusammen in einen Raum. Die finden eine Lösung und setzen sie auch um.« Darüber hinaus sind diese Unternehmen von nicht zu bremsender Experimentierfreude. Statt 250 Ingenieure und Marketingleute in fünfzehnmonatiger Isolation über einem neuen Produkt brüten zu lassen, bilden sie Teams von fünf bis 25 Mitarbeitern, die neue Ideen häufig innerhalb weniger Wochen bei einem Kunden erproben, oft mit billigen Prototypen. Auffällig ist auch die große Zahl praktischer Hilfsmittel, mit denen die überragenden Unternehmen sich ihre Beweglichkeit erhalten und gegen größenbedingte Trägheit angehen.

2. *Nähe zum Kunden:*
»Der Kunde ist König«. Diese besten Unternehmen lernen von ihren Kunden. Sie bieten unvergleichliche Qualität, Serviceleistungen und Zuverlässigkeit – haltbare, gut funktionierende Produkte. Sie schaffen es, selbst dem gängigsten Massenartikel den Anstrich des Besonderen zu geben – so Frito Lay (Kartoffelchips), Maytag (Waschmaschinen) oder Tupperware (Geschirr). Der Marketingchef von IBM, Francis G. (Buck) Rodgers sagt dazu: »Es ist eine Schande, daß wirklich guter Service bei so vielen Unternehmen die Ausnahme ist.«

Anders bei den Spitzenunternehmen. Da zieht jeder mit. Viele der innovativen Unternehmen verdanken ihre besten Produktideen ihren Kunden. Das ist der Lohn für ständiges, aufmerksames Zuhören.

3. *Freiraum für Unternehmertum:*
»Wir wollen lauter Unternehmer.« Die innovativen Unternehmen fördern in all ihren Bereichen möglichst viele Führungstalente und Neuerer. In ihnen wimmelt es von »Champions«; von 3M heißt es, man sei dort »so innovationsbesessen, daß die allgemeine Atmosphäre nicht so sehr an ein Großunternehmen erinnert wie vielmehr an ein Gewirr von Labors und Kabäuschen, in denen eifrige Erfinder und kühne Unternehmer ihrer Phantasie freien Lauf lassen.« Sie versuchen nicht, jeden an so kurzem Zügel zu führen, daß er nicht mehr kreativ sein kann. Sie fördern praktische Risikobereitschaft und halten auch fehlgeschlagene Versuche für der Mühe wert. Sie folgen Fletcher Byroms neuntem Gebot: »Sieh zu, daß du genügend Fehler machst.«

4. *Produktivität durch Menschen:*
»Auf den Mitarbeiter kommt es an«. Die exzellenten Unternehmen betrachten ihre Mitarbeiter als eigentliche Quelle der Qualitäts- und Produktivitätssteigerung. Sie schotten sich nicht gegen ihr »Fußvolk« ab, und ebenso wenig betrachten sie Kapitalanlagen als das wichtigste Mittel zur Effizienzsteigerung. Wie Thomas J. Watson Jr. über sein Unternehmen sagte: »Die IBM-Philosophie besteht im wesentlichen aus drei einfachen Überzeugungen. Ich möchte mit der beginnen, die ich für die wichtigste halte: *unsere Achtung vor dem einzelnen.* Das ist ein sehr einfacher Grundsatz, doch bei IBM verwendet das Management darauf einen großen Teil seiner Zeit.« Mark Shepherd, Chairman von Texas Instruments, bemerkt dazu, jeder Mitarbeiter werde »als Quelle für Ideen, nicht nur als zwei arbeitende Hände angesehen«; jedes seiner über 9.000 PIP-Teams (People Involvement Program, die Qualitätszirkel von TI) trägt zu der glänzenden Produktivitätsbilanz des Unternehmens bei.

5. *Sichtbar gelebtes Wertsystem:*
»Wir meinen, was wir sagen – und tun es auch«. Thomas Watson Jr. erklärte einmal: »Die Grundphilosophie eines Unternehmens hat

weit mehr Einfluß auf seine Leistungsfähigkeit als technologische oder finanzielle Ressourcen, Organisationsstruktur, Innovationsrate oder Timing.» Watson und William Hewlett von HP sind berühmt für ihre Werksrundgänge. Ray Kroc von McDonald's inspiziert regelmäßig die Restaurants seiner Kette und beurteilt sie nach den Werten, die dem Unternehmen am Herzen liegen: Qualität, gute Bedienung, Sauberkeit und Preiswürdigkeit.

6. *Bindung an das angestammte Geschäft:*
»Schuster, bleib bei deinem Leisten«. Robert W. Johnson, der ehemalige Chairman von Johnson & Johnson, formulierte es so: »Kaufe nie eine Firma, die du nicht zu führen verstehst.« Oder, wie Edward G. Harness, ehemaliger Procter & Gamble-Chef, es ausdrückte: »Unser Unternehmen ist stets seinen Ursprüngen treu geblieben. Wir wollen um keinen Preis zum Mischkonzern werden.« Zwar hat es einige Ausnahmen gegeben, doch scheinen überragende Leistungen am ehesten den Unternehmen zu gelingen, die sich nicht allzuweit von ihrem vertrauten Tätigkeitsgebiet entfernen.

7. *Einfacher, flexibler Aufbau:*
»Kampf der Bürokratie!« Trotz beachtlicher Größe wurde keines der von uns untersuchten Unternehmen bei näherer Betrachtung nach einer regelrechten Matrixstruktur geführt; die es mit dieser Form versucht hatten, waren wieder davon abgekommen. In den exzellenten Unternehmen sind die grundlegenden Strukturen und Systeme von eleganter Einfachheit. Die oberste Führungsebene ist knapp besetzt; nicht selten führt eine weniger als 100köpfige Zentrale ein Milliarden-Unternehmen.

8. *Straff-lockere Führung.*
»Soviel Führung wie nötig, so wenig Kontrolle wie möglich«. Die überragenden Unternehmen sind zentralistisch und dezentralisiert zugleich. Zumeist haben sie, wie schon gezeigt, bis in die Werkshallen oder die Produktentwicklung hinein Freiräume für Unternehmergeist geschaffen. Andererseits sind sie bei den wenigen Grundwerten, die ihnen wirklich am Herzen liegen, fanatische Zentralisten. Die »Produkt-Champions« von 3M umgibt ein höchstens in Ansätzen organisiertes Chaos. Und doch meint ein Beobachter: »Selbst Mitglie-

der einer politischen Sekte nach einer Gehirnwäsche könnten in ihren Grundüberzeugungen nicht konformistischer sein.« Bei Digital sind die Zustände so chaotisch, daß ein Manager meinte: »Kaum einer weiß, für wen er eigentlich arbeitet.« Und doch wird Digitals oberstes Gebot der Zuverlässigkeit von allen strikter eingehalten, als sich irgend ein Außenstehender vorstellen kann.

Die meisten dieser acht Merkmale sind alles andere als sensationell. Einige von ihnen, vielleicht sogar die meisten, sind Binsenweisheiten. Doch wie René McPherson sagt: »Praktisch jeder würde zustimmen, daß die Mitarbeiter unser wertvollstes Kapital' sind. Nur verhält sich fast niemand danach.« Die erfolgreichen Unternehmen machen mit ihrer Mitarbeiterorientierung Ernst, ebenso wie mit ihrem Grundsatz, daß Aktion – jede beliebige Aktion – mehr wert ist als zahllose Ausschüsse und umfangreiche Studien. Sie leben ihr fanatisches Bekenntnis zu Qualitäts- und Servicestandards, die andere, optimierungsgläubige Unternehmen als Wahnwitz abtun würden; und das gleiche gilt für den Nachdruck, mit dem sie Zehntausenden von Mitarbeitern, also nicht nur 200 hochbezahlten Berufsdenkern, regelmäßig Eigeninitiative (angewandtes Unternehmertum) abverlangen.

Das überragende Kennzeichen dieser Unternehmen ist die aus festgefügten Überzeugungen erwachsende *Intensität der Firmenkultur.* Während unserer ersten Interviewreihe konnten wir sie fast mit Händen greifen. Über Menschen wurde in einer ganz anderen Sprache gesprochen. In bezug auf regelmäßige, eigenständige Mitarbeit bestanden ganz andere Erwartungen. Die Liebe zum Produkt und zum Kunden war spürbar. Und wenn wir bei einem Rundgang durch ein Werk von HP oder 3M den Gruppen von Mitarbeitern bei der Arbeit oder in den Pausen zusahen, dann weckte das auch in uns ganz andere Empfindungen als in den meisten bürokratischer geführten Firmen, mit denen wir zu tun gehabt hatten. Das galt für die geschäftige Gruppe von Ingenieuren, Verkäufern und Fertigungstechnikern, die wir in einem Konferenzraum beim ebenso zwangslosen wie intensiven Problemlösen antrafen; sogar ein Kunde war dabei. Und so ging es uns auch, als wir das Büro eines HP-Unternehmensbereichsleiters (Umsatz 100 Millionen Dollar) zu Gesicht bekamen, ein offenes Stück Werkhalle, das er sich mit einer Sekretärin teilte. Wir sahen auch den neuen Vorstandsvorsitzenden von Dana, Gerald Mitchell, wie er nach dem Mittagessen in der Vorhalle der

Unternehmenszentrale in Toledo stürmisch einen Kollegen umarmte. Welten lagen zwischen dieser Atmosphäre und den üblichen vornehmsteifen Sitzungssälen mit ihrer gedämpften Beleuchtung, den Reihen Taschenrechner-bewehrter Stabsleute und dem endlosen Klicken des Diaprojektors zu feierlichen Präsentationen, die eine Analyse nach der anderen auf der Leinwand abspulen.

Wir sollten darauf hinweisen, daß nicht alle acht Merkmale bei allen von uns untersuchten erfolgreichen Unternehmen gleichermaßen vorhanden waren oder besonders auffielen. Doch jedesmal war ihr Einfluß klar und deutlich zu erkennen. Dagegen sind wir überzeugt, daß bei den meisten Großunternehmen diese acht Merkmale heute eindeutig fehlen. Und wo sie nicht fehlen, sind sie so gut verborgen, daß man sie kaum bermerkt, geschweige denn als besonderes Kennzeichen ausmachen würde. Allzu viele Manager haben nach unserer Meinung die Grundtugenden aus den Augen verloren: schnelles Handeln, Dienst am Kunden, praxisnahe Innovation sowie die Erkenntnis, daß all dies unerreichbar bleiben muß, wenn sich nicht so gut wie jeder voll dafür einsetzt.

Auf der einen Seite sind also die Merkmale der Besten eine Selbstverständlichkeit. Und wer das Material vor Studenten ohne praktische Unternehmenserfahrung vorträgt, erntet dann auch leicht ein Gähnen. »Zuerst kommt der Kunde, dann der Kunde, dann noch einmal der Kunde«, sagen wir. »Weiß denn das nicht sowieso *jeder*?« lautet dann die stillschweigende (oder auch ausgesprochene) Antwort. Erfahrene Praktiker hingegen reagieren gewöhnlich begeistert. Sie wissen, daß diese Aussagen wichtig sind und daß Buck Rodgers recht hatte, als er guten Service die Ausnahme nannte. Und sie fühlen sich ermutigt, daß das »Geheimnis« von P & G und IBM ganz einfach in der Beherrschung einiger Grundtugenden liegt und nicht in einem 20 Punkte höheren Intelligenzquotienten aller Mitarbeiter. (Manchmal warnen wir allerdings vor übereiltem Optimismus. Die Aneignung der Grundtugenden oder ihre Verfeinerung bis zu dem Perfektionismus der exzellenten Unternehmen ist nämlich weitaus schwieriger als ein zündende Idee auf dem Papier.)

Als Klotz am Bein vieler amerikanischer Unternehmen erweisen sich nicht nur aufgeblähte Stäbe (dazu unten mehr), sondern auch aktionshemmende Strukturen und Systeme. Eines unserer liebsten Beispiele ist das Diagramm auf der nächsten Seite; es stammt von dem Manager eines geplanten neuen Projekts in einem technologieintensiven Unternehmen.

Genehmigung eines neuen Produkts

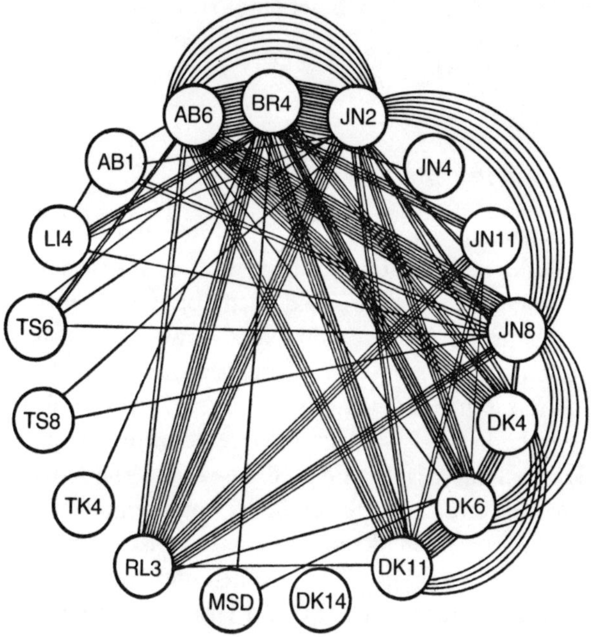

Die Kreise des Diagramms bezeichnen organisatorische Einheiten, und die Verbindungslinien geben die formalen Beziehungen (ständige Ausschüsse) wieder, die bei der Einführung eines neuen Produkts eine Rolle spielen . Es gibt 223 derartige formale Verbindungen. Daß dieses Unternehmen kaum jemals als erstes mit einem neuen Produkt auf dem Markt ist, versteht sich von selbst. Trotzdem hat, für sich allein genommen, jede der 223 Verbindungen durchaus Sinn. Völlig rational denkende Leute haben irgendwann in bester Absicht jede einzelne Verbindung aus einem damals vernünftigen Grund geschaffen – so wurde z. B. ein Ausschuß gebildet, um dafür zu sorgen, daß Reibereien zwischen Verkauf und Marketing, die es bei einer Produkteinführung gegeben hatte, sich nicht wiederholen würden. Nur ist dabei leider insgesamt ein Gefüge entstanden, an dem zwar Professor Parkinson seine Freude hätte, das aber jegliche Tatkraft wie eine Fliege im Spinnennetz gefangen nimmt und lähmt. Ebenso betrüblich ist es, daß wir mit diesem Diagramm bei Vorträgen nicht etwa auf Protest und Empörung stoßen. Stattdessen ernten wir verständnisvolle Seufzer und nervöses Lachen, und bisweilen wirft ein Teilnehmer ein: »Sie müßten erst mal sehen, wie das bei uns läuft!«

Die Untersuchungsmethode

Unser Untersuchungsumfang von 62 Unternehmen* war nie darauf ausgelegt, völlig repäsentativ für die gesamte Industrie der USA zu sein, obwohl wir glauben, daß wir ein recht breites Spektrum abdecken. Ebensowenig haben wir versucht, von vornherein genau festzulegen, was wir unter exzellenter Unternehmensführung oder Innovation verstanden. Wir fürchteten, daß wir bei übertriebener Genauigkeit vielleicht die wesentlichen Erkenntnisse verfehlen würden, ganz wie in E.B. Whites Darstellung des Humors, der »seziert werden kann wie ein Frosch, nur daß er dabei stirbt und das, was übrigbleibt, höchstens für den reinen Wissenschaftler keine Enttäuschung ist.« Was wir mit unserer ursprünglichen Auswahl erreichen wollten und auch bekamen, war eine Liste von Unternehmen, die nach dem Urteil sachkundiger Beobachter des Wirtschaftsgeschehens – Geschäftsleute, Unternehmensberater, Wirtschaftsjournalisten und Wirtschaftswissenschaftler – besonders innovativ und erfolgreich waren. Um sicherzustellen, daß jeder der uns interessierenden Industriezweige ausreichend vertreten war, bildeten wir Unternehmenskategorien (s. Tabelle auf Seite 44), wie sie im folgenden beispielhaft (aber nicht vollständig) skizziert sind:

1. Unternehmen der Spitzentechnologie, wie Digital Equipment, Hewlett-Packard (HP), Intel und Texas Instruments (TI):

2. Konsumgüterhersteller, wie Procter & Gamble (P & G), Chesebrough-Pond's und Johnson & Johnson (J & J)

* Ursprünglich waren es 75 Unternehmen, darunter 13 europäische. Letztere wurden aber aus der Untersuchung herausgenommen, weil sie keinen sinnvollen Querschnitt darstellten.

3. Allgemein interessante Investitions- und Gebrauchsgüterhersteller (natürlich ein bewußt sehr weit gefaßter Sammelbegriff), darunter Caterpillar, Dana und 3M (Minnesota Mining and Manufacturing).

4. Dienstleistungsunternehmen, wie Delta Airlines, Marriott, McDonald's und Disney Productions.

5. Engineering-Firmen wie Bechtel und Fluor.

6. Unternehmen in rohstoffabhängigen Prozeßindustrien, wie Atlantic-Richfield (Arco), Dow Chemical und Exxon.

Auffallend ist das Fehlen einiger Industriezweige, die später noch eingehender untersucht werden sollen. So hatten wir etwa im Bereich der Finanzdienstleistungen, insbesondere bei Großbanken, umfassende Erfahrung, aber wir hielten diesen Sektor (damals) für zu stark von gesetzlichen Auflagen und Schutzvorschriften bestimmt, als daß er für die Studie hätte interessieren können. Andererseits blieben die meisten Chemie- und Pharma-Unternehmen ganz einfach deshalb unberücksichtigt, weil wir nicht soweit kamen. Und schließlich haben wir uns auch mit Kleinunternehmen nicht eingehend beschäftigt; unser Hauptinteresse galt und gilt der Frage, wie sich Großunternehmen lebendig, gesund und innovativ erhalten. Deshalb hatten nur wenige der untersuchten Firmen einen Umsatz von unter einer Milliarde Dollar oder bestanden seit weniger als zwanzig Jahren.

Unsere vorletzte Überlegung zur Auswahl der näher zu untersuchenden Gesellschaften veränderte dann den Blickwinkel: bei allem Ansehen bei der übrigen Geschäftswelt konnte ein Unternehmen nur dann wirklich erstklassig sein, wenn auch das wirtschaftliche Ergebnis den guten Ruf rechtfertigte. Darum legten wir noch sechs Kriterien für langfristigen Geschäftserfolg fest. Drei davon messen Wachstum und Vermögensbildung über einen Zeitraum von 20 Jahren. Die drei anderen erfassen Kapital- und Umsatzrendite. Diese Kriterien haben wir wie folgt definiert:

1. Kumulierter Vermögenszuwachs von 1961 bis 1980.

2. Kumuliertes Eigenkapitalwachstum von 1961 bis 1980.

Untersuchung über unternehmerische Spitzenleistung

Spitzentechnologie	*Konsumgüter*	*Investitions- u. Gebrauchsgüter*	*Dienstleistungssektor*	*Projektmanagement*	*Prozeßindustrien*
Strukturierte Interviews und 25-Jahres-Quellenstudium					
Allen-Bradley** Amdahl* Digital Equipment* Emerson Electric* Gould Hewlett-Packard* International Business Machines* NCR Rockwell Schlumberger* Texas Instruments* United Technologies Western Electric Westinghouse Xerox	Blue Bell Eastman Kodak* Frito-Lay (PepsiCo)** General Foods Johnson & Johnson* Procter & Gamble*	Caterpillar Tractor* Dana Corporation* Ingersoll-Rand McDermott Minnesota Mining & Manufacturing*	Delta Airlines* Marriott* McDonald's*	Bechtel** Boeing* Fluor*	Exxon
Begrenzte Interviews und 25-Jahres-Quellenstudium					
Data General* General Electric Hughes Aircraft** Intel* Lockheed National Semiconductor* Raychem* TRW Wang Labs*	Atari (Warner Communications)** Avon* Bristol-Myers* Chesebrough-Pond's* Levi Strauss* Mars** Maytag* Merck* Polaroid Revlon* Tupperware (Dart & Kraft)**	General Motors	American Airlines Disney Productions* K mart* Wal-Mart*		Arco Dow Chemical* Du Pont* Standard Oil (Indiana)/Amoco*

* Erfüllt alle Kriterien für „Spitzenleistung", 1961–1980
** In Privatbesitz oder Tochtergesellschaft; keine umfassenden Daten veröffentlicht, erfüllt aber vermutlich alle Kriterien für „Spitzenleistungen"

3. Durchschnittliches Verhältnis zwischen Marktwert und Buchwert. »Markt zu Buch« ist angesichts der funktionierenden US-Kapitalmärkte ein gängiger Näherungsbegriff für das, was die amerikanische Fachliteratur »wealth creation« nennt (Marktwert: Schlußkurs der Aktie mal Anzahl ausgegebene Stammaktien, geteilt durch den Buchwert der Stammaktien per 31. Dezember, für die Jahre 1961 bis 1980).

4. Durchschnittliche Gesamtkapitalrendite von 1961 bis 1980 (Jahresüberschuß, geteilt durch das gesamte Anlagekapital, definiert als langfristige Verbindlichkeiten, unkündbare Vorzugsaktien, Stammaktien und Anteile der Minderheitsaktionäre).

5. Durchschnittliche Eigenkapitalrendite von 1961 bis 1980

6. Durchschnittliche Umsatzredite von 1961 bis 1980.

Für das Prädikat »exzellent« mußte ein Unternehmen nach wenigstens vier dieser sechs Kriterien während des ganzen 20-Jahres-Zeitraums in der oberen Hälfte seines Industriezweigs* gelegen haben. (Tatsächlich gehörten von den 36 Firmen, die ganz zum Schluß übrigblieben, 17 bei allen sechs Kriterien zur oberen Hälfte; sechs weitere lagen bei fünf Kriterien in der oberen Hälfte). Jedes Spitzenunternehmen mußte also sowohl nach Wachstumskriterien als auch nach absoluten Meßgrößen für wirtschaftliche Gesundheit langfristig gut abgeschnitten haben.

Als letztes Kriterium schließlich wählten wir die reine Innovationskraft. Wir baten ausgewählte Branchenkenner (z. B. Unternehmer desselben Industriezweigs), die Innovationsleistung des Unternehmens für die letzten 20 Jahre zu bewerten. Dabei definierten wir Innovation als kontinuierlichen Strom richtungweisender Produkte und Dienstleistungen sowie als insgesamt schnelle Reaktion auf veränderte Marktverhältnisse oder sonstige Umweltveränderungen.

Als diese Kriterien angewandt wurden, schieden 19 Unternehmen aus unserer ursprünglichen Liste von 62 Firmen aus. Mit 21 der verbliebenen 43 führten wir daraufhin eingehende Interviews.** Auch die übrigen 22

---

* »Industriezweige« sind die sechs oben genannten Kategorien (z. B. Unternehmen der Spitzentechnologie). Die Vergleichsgrundlage für jeden Industriezweig ist eine statistisch einwandfreie Stichprobe aus den Firmen dieses Industriezweiges in der Fortune-500er-Liste.

** Zu den 43 gehören die 36 oben erwähnten Unternehmen sowie sieben in Privatbesitz befindliche Gesellschaften (z. B. Mars) oder Tochtergesellschaften (z. B. Frito-Lay), von denen wir annehmen, daß sie unsere Finanzkriterien erfüllen, was sich jedoch mangels veröffentlichter Daten nicht genau nachweisen läßt.

Firmen interviewten wir, allerdings weniger ausführlich. Sehr gründliche Gespräche führten wir außerdem in zwölf Unternehmen, die wir mit einem Fragezeichen versehen hatten; sie hatten nicht alle Kriterien erfüllt, waren aber nur knapp gescheitert. Zu allen 62 Unternehmen studierten wir zudem ausführlich veröffentlichte Quellen aus den 25 Jahren vor Beginn unserer Studie.

Schließlich legten wir noch einen ganz anderen Schnitt. Zwar halten wir uns mit unseren Schlußfolgerungen am liebsten an eindeutige Beweise aus genau bezeichneten Unternehmen; bisweilen sagen wir aber auch: »Die machen es so und so.« Mit »die« ist dann eine Gruppe beispielhafter Unternehmen gemeint, die unabhängig von ihrer Branchenzugehörigkeit in besonderem Maße sowohl eine gute finanzielle Leistung als auch die von uns ermittelten acht Merkmale aufzuweisen scheinen. Das sind: Bechtel, Boeing, Caterpillar Tractor, Dana, Delta Airlines, Digital Equipment, Emerson Electric, Fluor, Hewlett-Packard, IBM, Johnson & Johnson, McDonald's, Procter & Gamble und 3M. Auf den ersten Blick gibt es kaum Gemeinsamkeiten zwischen ihnen; ihre Produkte haben nichts miteinander zu tun. Drei produzieren Spitzentechnologie, ein Unternehmen kurzlebige Verbrauchsgüter, eines stellt im wesentlichen medizinische Erzeugnisse her, zwei sind Dienstleistungsunternehmen, zwei betreiben Projektmanagement und fünf stellen allgemeine Investitionsgüter her. Alle sind jedoch direkt in ihrem Markt tätig, also weder eine Holdinggesellschaft noch ein Mischkonzern. Und sie haben noch etwas gemeinsam: selbst wenn nicht alle Blütenträume immer reifen, in ihrem ganz normalen Tagesgeschäft erleben diese Unternehmen viel mehr Erfolge als Fehlschläge.

Rund sechs Monate nach dem Beginn unserer Untersuchung waren die Interviews und Ermittlungen abgeschlossen, und wir begannen, unsere Ergebnisse zu sichten und auszuwerten. Dabei kamen wir zu den Schlüssen, die den Kern dieses Buches bilden. Ein paar Unvollkommenheiten machten uns allerdings noch erheblich zu schaffen: Wir hatten das 7S-Modell zur Strukturierung unserer Interviews benutzt und wählten deshalb dieselbe Struktur, um unsere Schlußfolgerungen darzustellen – was uns nicht weniger als 22 Merkmale erfolgreicher Unternehmensführung bescherte. Das Ganze war viel zu verworren, und wir liefen Gefahr, die von uns anfangs angeprangerte Komplexität noch weiter zu steigern. Mehrere unser ersten Testleser nahmen dann auch darüber kein Blatt vor den Mund, und so gingen wir erneut an die Arbeit. Es kam darauf an, das, was wir zu sagen hatten, auf einen einfacheren Nenner zu bringen. Das Ergebnis – bei dem nichts von der ursprünglichen Substanz der Aussage verlorenging – sind unsere acht Merkmale erfolgreicher Unternehmensführung.

Bei Diskussionen über unsere Ergebnisse kehren einige Fragen regelmäßig wieder. Zuerst einmal äußern manche Gesprächspartner aufgrund eigener Erfahrungen Zweifel an einigen der von uns ausgewählten Unternehmen. Alle Großunternehmen haben ihre Schönheitsfehler; so überragend einige dieser Unternehmen nach unserer Auffassung auch sein mögen, auch sie sind nicht vollkommen, und sie haben eine Reihe schlagzeilenträchtiger Fehler gemacht. Außerdem – das »exzellente« Unternehmen des einen kann durchaus das Börsenfiasko des anderen sein. Wir nehmen nicht für uns in Anspruch, die Tücken des Marktes oder die Launen der Anleger erklären zu können. Die Unternehmen haben *wirklich* über eine lange Zeit hinweg gute Leistungen vollbracht, und das genügt uns.

Zum zweiten werden wir gefragt, woher wir wissen wollen, daß die Unternehmen, denen wir eine innovative Firmenkultur zugesprochen haben, auch so innovativ bleiben werden. Wir wissen es nicht. General Motors stand zur Zeit unserer Untersuchung ausgezeichnet da und ist seitdem in große Schwierigkeiten geraten. Doch wird GM diese Schwierigkeiten wohl besser überstehen als die übrige amerikanische Autoindustrie. Darüber hinaus hat das Unternehmen so lange so viel geleistet, daß man ganz einfach beeindruckt sein muß. Ähnlich denken wir über viele der erstklassigen Unternehmen.

Zum dritten: weshalb haben wir (wie der Leser bald feststellen wird) Unternehmen als Beispiele aufgenommen, die ursprünglich nicht auf der Liste standen, und auch solche Firmen, die nicht unserer ursprünglichen Definition erfolgreicher Unternehmensführung entsprechen? Der Grund liegt ganz einfach darin, daß unsere Untersuchung unternehmerischer Innovation und Spitzenleistung kontinuierlich weitergeht und daß seit 1979 noch viel daran gearbeitet worden ist. So hat zum Beispiel eine andere Arbeitsgruppe bei McKinsey eine Sonderstudie über erfolgreiche Unternehmen der amerikanischen Konsumgüterindustrie durchgeführt; ein weiteres Team hat vor kurzem ein Projekt über erfolgreiche kanadische Unternehmen abgeschlossen. Eine dritte Gruppe geht zur Zeit der Frage von Spitzenleistung in mittleren Firmen nach, jenen »Schwellenunternehmen«, bei denen noch nicht sicher ist, ob sie beim Hineinwachsen in eine neue Größenordnung ihre bisherige Leitungsfähigkeit aufrechterhalten können. Außerdem forscht auch das ursprüngliche »Excellence«-Team weiter, und dabei finden wir neue Bestätigung und neue Beispiele.

Unsere Arbeit hat größere Kreise gezogen, als wir uns jemals vorzustellen wagten. Seit der ersten Veröffentlichung unserer Ergebnisse in *Business Week* im Juli 1980 haben wir mehr als 200 Vorträge gehalten, über 50 Workshops geleitet – und sehr viel Zeit im Flugzeug zugebracht. Kaum ein Tag vergeht, an dem wir nicht früheren oder jetzigen Mitarbeitern der von uns untersuchten Unternehmen begegnen. Bei Memorex traf einer von uns vor kurzem auf einen Mann, der jahrelang bei IBM unmittelbar mit Watson Senior zusammengearbeitet hatte. Unsere Liste von Freunden und Bekannten aus dem Grand Management von P & G und dem Verkauf von IBM ist ellenlang. Ein Bekannter aus der Zeit unserer 3M-Interviews hält heute noch Kontakt: mehrfach haben wir seither mit ihm lange Diskussionstage zum Thema Innovation verbracht. Manchmal ist die Bestätigung unserer Thesen erstaunlich nuanciert. Zum Beispiel loben wir bekanntlich die zwangslose Atmosphäre bei HP. Aber ein Kollege, der gerade die Erfolgsfirma Tandem analysiert (eine Gründung ehemaliger HP-Leute), erzählt uns, bei Tandem sei der »Kneipenbummel am Freitag lustiger als bei HP.« Wir lernen ständig dazu, und die Bestätigungen oder auch Korrekturen sind so detailliert, daß sie unser eigenes Zutrauen in die Ergebnisse noch erheblich festigen.

Schließlich werden wir gefragt, wie es mit Evolution und Veränderung aussehe. Wie sind diese Unternehmen so geworden, wie sie heute sind? Hat da immer eine starke Führungspersönlichkeit das Ruder geführt? Wir müssen gestehen, daß wir anfangs der Rolle des Führers sehr wenig Gewicht gaben – allein schon deshalb, weil auf die Frage, warum es irgendeinem Unternehmen schlecht geht (oder gut) als Standardantwort gewöhnlich der Hinweis auf den Mann an der Spitze kommt. Wir waren felsenfest überzeugt, daß die erfolgreichen Unternehmen so geworden sind, weil eine einmalige Kombination kultureller Merkmale sie von allen übrigen unterscheidet; wenn wir diese Merkmale ausreichend verstünden, so dachten wir, dann brauchten wir auf Fragen wie »Warum ist J & J so gut?« nicht mehr nur »gute Führung« zu murmeln. Aber dann stießen wir in fast jedem erstklassigen Unternehmen auf eine (oder zwei) starke Führungspersönlichkeiten, die offenbar wesentlich dazu beitgetragen hatten, daß das Unternehmen überhaupt so erfolgreich werden konnte. Viele diese Unternehmen – z. B. IBM, P & G, Emerson, J & J und Dana – scheinen ihre entscheidende Prägung von einem außergewöhnlichen Menschen erhalten zu haben, und zwar in einer recht frühen Phase ihrer Entwicklung.

Trotzdem gelten gewisse Einschränkungen. Die Spitzenunternehmen haben die Wertvorstellungen und Vorgehensweisen ihrer großen Führer in bleibende Firmenkulturen umgesetzt, so daß dieses Selbstverständnis den großen Guru selbst um Jahrzehnte überdauern kann. Zweitens scheint es – um wieder zu unserem Ausgangspunkt bei Chester Barnard zurückzukehren–, daß die eigentliche Rolle des Unternehmensleiters darin besteht, das *Wertsystem* des Unternehmens zu formen und zu pflegen. Wir hoffen, daß wir im folgenden erhellen können, welches die Werte sind, die geformt und gepflegt werden sollten, und daß wir dadurch helfen, dem Führungsdilemma ein Ende zu bereiten.

Zweiter Teil

Aufbruch zu neuer Theorie

2. Das rationale Modell

Modernes, professionelles Management gilt in der Regel als gleichbedeutend mit nüchterner Rationalität. ITT demonstrierte es mit Harold Geneens Suche nach den »unerschütterlichen Fakten«. Und zur vollen Blüte kam diese Einstellung in Vietnam, wo der Erfolg an der Zahl der getöteten Gegner gemessen wurde. Die zahlengläubige, rationalistische Managementlehre beherrscht die Business Schools. Sie lehrt uns, daß gut ausgebildete professionelle Manager alles managen können. Sie verlangt für jede Entscheidung eine abgeklärte, analytische Rechtfertigung. An ihr ist soviel richtig, daß sie gefährlich falsch sein kann, und sie hat uns auf einen bedenklichen Irrweg geführt.

Sie sagt uns nicht, was die erfolgreichen Unternehmen anscheinend gelernt haben. Sie lehrt uns nicht die Hinwendung zum Kunden. Sie vermittelt unseren Unternehmensführern nicht die elementare Erkenntnis, daß sich jeder gewöhnliche Mitarbeiter als Held und Gewinner fühlen muß. Sie zeigt nicht, wie stark sich die Beschäftigten mit ihrer Arbeit identifizieren können, wenn wir ihnen nicht ein wenig Mitspracherecht einräumen. Sie erklärt nicht, warum selbst durchgeführte Qualitätskontrolle soviel wirksamer ist als die der Inspektoren. Sie legt uns nicht ans Herz, Produkt-Champions zu hegen wie zarte Frühlingsknospen. Sie drängt uns nicht, im Unternehmen Wettbewerb zwischen Produktlinien, Doppelarbeit oder gar Produkt-»Kannibalisierung« zu erlauben – oder zu fördern, wie dies bei P & G der Fall ist. Sie gebietet uns nicht, Qualität und Kundendienst zu übertreiben und dauerhafte, funktionstaugliche Produkte herzustellen. Sie zeigt nicht, wie Anthony Athos es formuliert, daß »gute Manager nicht nur Geld machen, sondern auch Menschenwürde.« Die rationale Managementlehre läßt vieles aus.

Als wir beide die Business School besuchten, war die stärkste Fakultät das Finanz- und Rechnungswesen; die meisten Studenten (wir auch) hatten ein Ingenieurexamen in der Tasche, Vorlesungen über quantitative Methoden standen hoch im Kurs, und nur bezifferbare Fakten waren für viele von uns »echte Daten«. Das ist lange her, aber viel hat sich seitdem nicht geändert. Während unserer Business-School-Zeit in den sechziger Jahren konnten sich immer noch ein paar Studenten mit Hilfe ihres Naturtalents als Schaumschläger durchmogeln. Heute bleiben sie besser gleich dem Unterricht fern, wenn sie nicht »ihre Zahlen kennen« (d. h. irgendeine Art quantitativer Analyse betrieben haben). Viele Business-School-Studenten haben solche Angst, während des Examens könne ihr Taschenrechner ausfallen, daß sie nur mit Ersatzbatterien, einem zweiten Rechner oder beidem überhaupt antreten. Das Wort »Strategie«, früher verwendet für einen guten Einfall, wie man der Konkurrenz Saures geben konnte, ist heute oft heruntergekommen zum Synonym für den quantitativen Durchbruch, die analytische Glanzleistung, Marktanteilszahlen, Lernkurventheorie und Positionierung des Unternehmens in einer Matrix mit vier, neun oder 24 Feldern – und natürlich alles per Computer.

Und doch gibt es einen schwachen Hoffnungsschimmer. In den Strategielehrgängen beginnt man das Problem der Umsetzung zu erkennen und sich damit zu beschäftigen. Kurse für Produktionspolitik tauchen (wenn auch mit stark quantitativer Schlagseite) wenigstens allmählich wieder in den Lehrplänen auf. Doch die »Zahlenfritzen«, wie ein Kollege mit Betriebsleiter-Erfahrung sie nennt, sind in Amerika immer noch eine vorherrschende Kraft im unternehmerischen Denken. Die Abteilungen für Finanz- und Rechnungswesen haben an den Business Schools nichts von ihrer starken Stellung eingebüßt. Talentierte Lehrer und begabte Studenten für Verkauf und Fertigung – immerhin die Kernbereiche der meisten Unternehmen – sind nach wie vor so selten (und ebenso erfrischend) wie ein Regenschauer in der Wüste.

Verstehen Sie uns nicht falsch. Wir sind natürlich nicht gegen quantitative Analyse an sich. Unsere besten Konsumgüterunternehmen, wie P & G, Chesebrough Pond's und Ore-Ida, machen mit ihren schnellen, treffsicheren Analysen der Konkurrenz das Leben ganz schön schwer. In der Tat, unsere »excellent companies« gehören zu den Besten, wenn es darum geht, die richtigen Zahlen zu finden, zu analysieren und zur Problemlösung zu nutzen.

In jedem Unternehmen ohne solide Faktenbasis – ohne eine gute quantitative Vorstellung von seinen Kunden, Märkten und Konkurrenten – kann man sicher sein, daß die Prioritäten im Zuge verschlungener politischer Manöver gesetzt werden.

Was wir ablehnen, ist eine falsch aufgezäumte Analyse, die zu komplex ist, um noch zu nützen, und zu unhandlich, um flexibel zu sein, eine Analye, die erfassen will (und obendrein zum falschen Zeitpunkt), was nun einmal nicht erfaßbar ist – wenn zum Beispiel detaillierte Absatzprognosen über ein neues Produkt gemacht werden, dessen genaue Verwendung noch unklar ist (man denke nur an die frühen Schätzungen, die den Markt für Computer zumeist auf 50 bis 100 Stück veranschlagten). Das passiert besonders dann, wenn kontrollorientierte, praxisferne Stäbe Analysen für Linienleute machen. Nicht umsonst bestand Patrick Haggerty von TI darauf: »Wer die Pläne *durchführen* soll, der muß die Pläne auch *machen«;* sein berühmtes strategisches Planungssystem wurde von nur drei Stabsleuten betreut, die alle nur vorübergehend aus Linienstellen abgezogen worden waren, um später dorthin zurückzukehren.

Wir sind auch dagegen, daß alles ruht, weil zunächst einmal geplant werden muß – das verbreitete »Analyse-Paralyse«-Syndrom. Wir kennen zu viele Linienmanager, die ganz einfach ihre Arbeit tun wollen, denen aber die zentralen Stabsstellen in den Arm fallen, weil sie ständig »beweisen«, daß etwas nicht geht – weshalb es vielleicht doch gehen könnte, läßt sich offenbar nie quantifizieren. Zentrale Stäbe gehen auf Nummer sicher und nehmen zunächst einmal »das Schlimmste» an; und wenn dann ihr Einfluß steigt, erstirbt im Unternehmen jeder Schwung, jede Lebendigkeit und jede Initiative.

Vor allem bedauern wir den unglückseligen falschen Gebrauch des Wortes »rational«. Rational heißt vernünftig, logisch, einleuchtend, schlüssig gefolgert aus einer zutreffenden Darlegung eines Problems. Doch was rational bedeutet, wird in der Betriebswirtschaft mittlerweile sehr eng definiert. Die rationale Lösung ist die »richtige« Lösung, aber bereinigt um all die störenden menschlichen Faktoren; so entstehen zum Beispiel perfekte Strategien, die alte Gewohnheiten, praktische Hindernisse und ganz einfache menschliche Inkonsequenz außer acht lassen. Nehmen wir die Kostendegression. *Wenn* die Prozeßeffizienz maximiert werden *könnte*, *wenn alle* Lieferanten einwandfreies Material produzierten, und zwar termingerecht; *wenn* es keine Fehlzeiten gäbe und *wenn* der Mensch nicht nachlässig wäre, dann würden die großen Fabriken die kleinen *wirklich* in Grund und Boden produzieren. Aber: In einer der wenigen quantitativen Darstellungen zu diesem Thema weist John Child darauf hin, daß Betriebe mit 10 bis 25 Beschäftigten im Durchschnitt 15 Arbeitstage je 1000 Beschäftigte und Jahr durch Arbeitskonflikte verlieren, Werke mit 1000 oder mehr Beschäftigten aber im Durchschnitt 2000 Tage, also 133mal soviel. Oder nehmen wir die Innovation. Ein Forscher kam vor kurzem zu dem Schluß, die Effizienz der Forschungstätigkeit sei umgekehrt proportional zur Teamgröße: wenn mehr als sieben Leute zusammen sind, nimmt die Effizienz der Forschung ab. Unsere Fallbeispiele von Genieschuppen mit zehn Leuten, die mehr erfinden als hundertköpfige Abteilungen, sprechen da Bände.

Wir wenden uns auch gegen jene, die all das (die ansteckende Einsatzfreude kleiner Teams, Größe als Konfliktursache) in den unwägbaren Bereich der »Kunst« in der Unternehmensführung abschieben wollen. Sicherlich ist die Quantifizierung derartiger Faktoren schwierig, vielleicht nicht einmal nützlich. Doch diese Faktoren können auf jeden Fall anhand leidlich gut belegter früherer Erfahrungen vernünftig, logisch und einigermaßen genau untersucht werden. Ist es nur »Kunstverständnis«, was John Mitchell, President von Motorola und durch und durch nüchterner Ingenieur, erklären läßt, Betriebe mit viel mehr als 1000 Mitarbeitern wolle er nicht haben, vor allem »weil irgendwie immer etwas schief zu gehen scheint, sobald man mehr Leute unter einem Dach hat«? Oder ist es einfach eine höhere Form vernünftiger Überlegung – zu Ende gedachte Erinnerung an Erlebtes? Wir würden darauf wetten!

Warum war dann der enge Rationalitätsbegriff – die Einstellung »Maschinen ohne lästige menschliche Schwächen« – so lange scheinbar gut genug? Warum wurden damit, vor allem nach dem Zweiten Weltkrieg, noch nie gekannte Produktivitätssteigerungen erzielt? Nun, zum Teil war es damals eben einfacher: der Nachholbedarf nach dem Krieg; das Fehlen scharfer internationaler Konkurrenz; Arbeitskräfte, die nach soeben überstandener Wirtschaftskrise glücklich waren, überhaupt eine Stelle zu haben; und das Hochgefühl, ein amerikanischer Arbeiter zu sein, der die besten und blitzendsten Auto-Heckflossen für eine auf Heckflossen versessene Welt herstellte – alle diese Faktoren spielten mit.

Es gibt noch einen weiteren entscheidenden Grund. Die Managementtechniken der letzten 25 Jahre sind in der Tat nötig gewesen. Wie schon gesagt, wir sind ganz und gar für fundierte Analyse. Die besten Unternehmen auf unserer Liste verbinden einen Teelöffel voll Analyse mit einem Eimer voll Liebe zum »Hamburger«; beides ist unverzichtbar. Vor dem Aufkommen des analytischen Modells gab es nur den unternehmerischen »Blindflug«. In einer komplizierten Welt war diese Technik völlig unzureichend. Seither sind Marktsegmentierung, Inflationsbereinigung und fundierte Cash-flow-Projektionen längst zu entscheidenden Hilfen für geschäftliches Überleben geworden. Schwierig wurde es, als diese Techniken eimerweise serviert wurden und die Liebe zum Produkt nur teelöffelweise hinzukam. Die Analyse-Instrumente sollen Hilfestellung geben – und das können sie hervorragend – aber Produkte herstellen oder verkaufen können sie bis heute nicht.

Was immer die Ursachen sind – die Vereinigten Staaten hatten wirklich eine beherrschende Stellung errungen; und, wie Georg Gilder es in seinem Buch *Wealth and Poverty* ausdrückte, »die säkulare rationalistische Mythologie« hatte sich durchgesetzt. Diese Tatsache war so offenkundig, daß Steve Lohr vor kurzem in einer Titelgeschichte des *New York Times Magazine* darauf hinwies, noch vor einem Jahrzehnt habe die Welt Angst gehabt, von den Amerikanern untergebuttert zu werden, und zwar wegen unserer Managementtechniken, nicht wegen unserer Labors, Fabriken oder einfach aufgrund unserer Größe. »Diese amerikanischen Invasoren waren überlegen,« wie Jean-Jacques Servan-Schreiber meinte, »nicht wegen ihrer finanziellen Ressourcen oder ihrer Technologie, sondern aufgrund ihrer organisatorischen Leistungsfähigkeit – und das Genie hinter all dem war der amerikanische Manager.«

Doch in den dreizehn Jahren seit dem ersten Erscheinen von Servan-Schreibers *Die amerikanische Herausforderung* ist einiges geschehen. Die amerikanischen Unternehmen sind in einen Sumpf wirtschaftlicher und politischer Nöte hineingeraten, vor allem in Form von Reglementierung durch OPEC-Auflagen und zunehmenden staatlichen Eingriffen in den USA selbst. Aber diese Probleme bestehen auch in vielen anderen Ländern, von denen einige trotzdem wie Inseln der Seligkeit wirken. Die Leistung vieler japanischer und westdeutscher Unternehmen liefert den oft zitierten Beweis, daß »es doch zu schaffen ist«. Und natürlich hat die OPEC diese Firma mehr eingeengt als uns. Außerdem arbeiten sie in stärker reglementierten Volkswirtschaften als wir. Viel mehr als die amerikanischen Manager müssen sich deutsche Unternehmensleistungen ständig mit den Gewerkschaften auseinandersetzen. Und wirtschaftliche

Anreize für den einzelnen sind in Japan und Deutschland relativ schwächer ausgebildet als bei uns.

Ebensowenig haben die Konkurrenten (der Vereinigten Staaten) durch Steigerung der Einkommensunterschiede den Leistungswillen und die Spartätigkeit gefördert. Genau das Gegenteil ist geschehen. Wenn man sich den Abstand zwischen den Einkommen der oberen und unteren zehn Prozent der Bevölkerung ansieht, dann arbeiten die Westdeutschen hart bei 36% weniger Ungleichheit, als wir sie kennen, und die Japaner noch härter bei 50% weniger Ungleichheit. Wenn Einkommensunterschiede die Initiative des einzelnen fördern, dann müßten wir voller Eigeninitiative stecken, da uns von allen Industrienationen nur die Franzosen an Ungleichheit überbieten.

In *Die amerikanische Herausforderung* erklärte Servan-Schreiber, einst – noch vor kurzem – hätten wir unser Managementtalent höher bewertet als unsere technischen Spitzenleistungen. Aber interessant ist, wo Steve Lohrs Servan-Schreiber-Zitat erschienen ist. Es stammt aus einem Artikel mit dem Titel »Overhauling America's Business Management« (Generalüberholung der amerikanischen Unternehmensführung«), einem Frontalangriff auf die amerikanische Managementleistung. Lohr schießt folgende Breitseite ab: »Wie schnell sich die Dinge ändern! Wenn ausländische Manager heute von ihren amerikanischen Kollegen sprechen, dann eher verächtlich als ehrfürchtig, und in der Tat scheinen die Vereinigten Staaten mit Beispielen von Managementfehlern förmlich übersät zu sein.«

Ende 1980 brachten *Newsweek, Time, The Atlantic Monthly, Dun's Review* (zweimal) und sogar *Esquire* innerhalb weniger Wochen Titelgeschichten über dasselbe Generalthema: an dem traurigen Zustand der amerikanischen Wirtschaft seien die Manager schuld – nicht die OPEC, nicht einengende Eingriffe und Auflagen, nicht irgendwelche finanziellen Anreize, ja nicht einmal unsere völlig unzureichenden Investitionsaufwendungen. *Fortune* zitierte folgende Worte eines geschäftsführenden Vizepräsidenten von Honda:

Das Investitionsvolumen (der amerikanischen Autofirmen) macht mir wirklich keine Sorgen. Bitte verstehen Sie mich nicht falsch. Die Vereinigten Staaten sind das technologisch fortschrittlichste Land und das wohlhabendste obendrein. Doch Kapitalinvestitionen allein werden nicht den Ausschlag geben. In jedem Land hängen die Qualität der Produkte und die Arbeitsproduktivität von der Unternehmensführung ab. Erst wenn Detroit sein Managementsystem ändert, werden wir stärkere amerikanische Konkurrenz erleben.*

Nur wenige Wochen später schickte *Fortune* dem Honda-Bericht einen Artikel hinterher, der überschrieben war »Europe Outgrows American Management Style« (»Europa entwächst dem amerikanischen Managementstil«); es ist eine Salve gegen unsere Kurzsichtigkeit, unseren Hang, Manager auszutauschen, statt stabile Institutionen aufzubauen, und unsere Gleichgültigkeit gegenüber unseren Produkten.

Die Klagen über das amerikanische Management scheinen sich auf fünf Hauptpunkte zu konzentrieren: 1. Die Business Schools richten uns zugrunde; 2. den sogenannten professionellen Managern fehlt die richtige Perspektive; 3. die Manager identifizieren sich nicht mit der Tätigkeit ihrer Unternehmen; 4. die Manager sind nicht genug an ihren Mitarbeitern interessiert, und 5. die Spitzenmanager und ihre Stäbe isolieren sich im Elfenbeinturm ihrer Analysen.

Die Attacke auf die Business School scheint den meisten Staub aufgewirbelt zu haben, weil diese Schulen anscheinend als Symbol alles übrige mit abdecken und leicht zu kritisieren sind. H. Edward Wrapp, der angesehene Professor für Unternehmenspolitik an der University of Chicago, meint dazu: »Wir haben ein Monstrum geschaffen. Ich stimme dem Kollegen zu, der behauptet hat, die Business Schools hätten mehr als jeder andere dazu beigetragen, der japanischen und westdeutschen Invasion in Amerika zum Erfolg zu verhelfen.« Dann beklagt Wrapp die Überbetonung quantitativer Methoden an den Business Schools, ein Urteil, das in unserer eigenen Untersuchung ein vielfaches Echo findet. Steve Lohr sieht es anscheinend auch so, denn er gelangt in seinem Artikel in der *New York Times* zu dem Schluß, es gebe jetzt »die weitverbreitete Auffassung, der MBA (Master of Business Administration) sei unter Umständen ein Teil unseres heutigen Problems.« Ein anderer Kritiker empfahl ein einfaches Rezept, um das Problem zu

---

* Die erste Angriffswelle schien auf die bedrängte Autoindustrie gerichtet, doch Mitte 1981 war klar zu erkennen, daß nicht nur reife Industrien in Schwierigkeiten waren. Die Japaner eroberten einen Marktanteil von 70% bei 64K RAM-Chips, wahrscheinlich das Schlüsselprodukt der industriellen Spitzentechnologie. Die meisten Beobachter räumten ein (heimlich, wenn nicht öffentlich), daß der Grund dafür schlicht und einfach Qualität war, nicht ein konzentrierter Investitionsschub.

kurieren – und wir geben ihm da nicht ganz unrecht: Michael Thomas, ehemals erfolgreicher Banker und seit kurzem vielversprechender Autor, meint, »(Ihnen) fehlt die geisteswissenschaftliche Belesenheit – (sie) brauchen einen weiteren Horizont, Geschichtsbewußtsein, Einsichten aus Literatur und Kunst ... Ich würde jede dieser Graduate Business Schools zumachen ...«. Beobachter aus der Praxis machen ähnliche Bemerkungen. Bei National Semiconductor sagte uns jemand dazu: »Leute mit Abschlüssen wie einem B.A. aus Harvard oder einem MBA aus Stanford halten es hier im Durchschnitt 17 Monate aus. Sie kommen ganz einfach nicht zurecht (mit der Flexiblität und Unstrukturiertheit)«!

Vor kurzem bekamen wir eine sehr persönlich gefärbte Version des Klageliedes über die Business Schools zu hören. René McPherson von Dana, der sich mit glänzendem Erfolg auf den schwierigsten aller Gebiete geschlagen hatte – Produktivitätssteigerung in einer stagnierenden Industrie mit starkem Gewerkschaftseinfluß – war soeben Dean der Stanford Graduate School of Business geworden. Da nahm uns einer unserer Kollegen, der auch gerade in den Fakultätsvorstand aufgenommen worden war, besorgt beiseite. »Ich muß mit euch reden«, sagte er. »Ich habe gerade meine erste lange Unterredung mit Ren gehabt. Er hat mir über seine Erfahrung bei Dana berichtet. Wißt ihr, daß nichts von dem, was er dort getan hat, im MBA-Lehrplan auch nur erwähnt wird?«

Die fehlende Perspektive

Nun führen ja in Wirklichkeit nicht die Business Schools die Wirtschaft des Landes, sondern die Manager. Und das Gesamtproblem wird möglicherweise dadurch verschärft, daß dem sogenannten professionellen Manager die Perspektive fehlt, daß ihm jedes Gefühl für das Ganze abgeht. Auch hier argumentiert Ed Wrapp besonders eindringlich:

Das System produziert eine ganze Schar von Managern mit unbestreitbaren Fähigkeiten, aber Fähigkeiten, die nicht den Grundbedürfnissen des Unternehmens entsprechen. Professionelle Manager sind bereit, Probleme zu prüfen, zu analysieren und zu definieren. Sie sind voll von Spezialisierung, Standardisierung, Effizienz, Produktivität und Quantifizierung. Sie sind überaus rational und analytisch. Sie bestehen auf objektiven Zielen. ... In einigen Unternehmen haben sie Erfolg, wenn sie sich nur gut darauf verstehen, Vorstandsvorlagen auszuarbeiten oder

Strategien und Pläne zu Papier zu bringen. Die Crux ist, diese Talente verdecken echte Schwächen in den allgemeinen Managementfähigkeiten. So gekonnt diese Manager aufzutreten verstehen, so schnell gehen sie in Deckung, wenn handfeste geschäftliche Entscheidungen zu treffen sind; und häufig scheitern sie kläglich, wenn von ihnen verlangt wird, Gewinne zu erwirtschaften, konkrete Maßnahmen durchzusetzen und ein Unternehmen voranzubringen.

Andere Beobachter berichten über dasselbe Phänomen. In einer mit viel Beifall bedachten Schwerpunktausgabe von *Business Week* zum Thema Reinindustrialisierung hat ein Autor das Problem prägnant formuliert: den meisten Top-Managern »fehlt das innere Gespür für das Wesen ihres Unternehmens«. Einen Erklärungsversuch machen Robert Hayes und William Abernathy in einem vor kurzem in *Harvard Business Review* erschienenen Artikel mit dem Titel »Managing Our Way to Economic Decline« (»Wie wir uns wirtschaftlich zugrunde managen«). »Es ist nicht mehr so, daß die typische Laufbahn ... den künftigen Top-Managern unmittelbare praktische Kenntnis der Technologien, Kunden und Lieferanten ihres Unternehmens verschafft. ... Seit Mitte der 50er Jahre gibt es immer mehr neue Unternehmensleiter, deren Hauptinteresse und Sachkenntnis im finanziellen und juristischen Bereich und nicht in der Produktion liegen.« Hayes fährt fort: »Unter den Top-Managern gibt es kaum noch den Schlag Leute, die nach kurzem Hinsehen einfach sagen: »Das ist ein verdammt gutes Produkt! Das machen wir, auch wenn wir noch nicht genau wissen, ob es sich rentiert!« Frederick Herzberg, der sich seit mehr als 40 Jahren ebenfalls mit amerikanischen Managementmethoden beschäftigt, sagt dazu einfach: »Die Manager lieben ihr Produkt nicht. Sie entschuldigen sich schon fast dafür.«

Das Gegenbeispiel ist der phänomenale Erfolg Japans bei der Eroberung des Kleinwagenmarktes. Was ist das Geheimnis der Japaner? *Fortune* vermutet, daß sich nicht alles aus dem günstigen Benzinverbrauch erklärt:

Die Japaner verdienen Anerkennung für weit mehr als für ihre Leistung, einem Land (den Vereinigten Staaten) brauchbare Autos liefern zu können, das nicht genug davon hat. Sie glänzen durch ihre Fertigungsqualität: Da passen die Karosserieteile, die Türen hängen nicht durch, das Ausstattungsmaterial sieht gut aus und ist robust, und die

Lackierung ist einwandfrei. Vor allem aber haben sich japanische Autos einen Ruf für Zuverlässigkeit erworben, den die geringe Zahl von Garantiefällen laufend bestätigt. Technisch gesehen, sind die meisten japanischen Autos nichts Besonderes.

Eines unserer Lieblingsbeispiele für die Stichhaltigkeit der *Fortune*-Analyse ist eine Geschichte über einen Honda-Arbeiter: Jeden Abend auf dem Heimweg rückt er bei allen Hondas, an denen er vorbeikommt, die Scheibenwischerblätter zurecht. Einen nicht ganz perfekten Honda kann er einfach nicht mitansehen!

Weshalb ist all dies nun wichtig? Weil Spitzenleistung zu einem so großen Teil darin besteht, daß Menschen durch starke, einfache – ja sogar schöne – Wertvorstellungen motiviert werden. Robert Pirsig klagt in seinem Buch *Zen and the Art of Motorcycle Maintenance* (Zen und die Kunst, ein Motorrad zu warten):

Bei der Arbeit fiel uns auf, wie lieblos die Computer-Handbücher gemacht waren, die ich redigierte. Sie steckten voller Fehler, Unklarheiten, Auslassungen und so verquer dargebotener Informationen, daß man sie sechsmal lesen mußte, um sich einen Reim darauf machen zu können. Dabei wurde mir zum ersten Mal klar, daß diese Handbücher der »Zuschauer« – Haltung entsprachen, die ich schon im Geschäft festgestellt hatte. Es waren Handbücher für Zuschauer. Diese Grundeinstellung war ihnen einprogrammiert. Unausgesprochen steckte in jeder Zeile der Gedanke: »Hier ist die Maschine, in Zeit und Raum von dem gesamten übrigen Universum isoliert. Sie steht in keiner Beziehung zu dir, du hast keine Beziehung zu ihr, außer daß du einige Schalter betätigst, die Spannung überwachst, auf Fehlermeldungen achtest und so weiter«. Genau das ist es. Die Mechaniker waren gegenüber der Maschine (Pirsigs Motorrad) nicht anders eingestellt als das Handbuch oder ich, als ich die Maschine hinbrachte. Wir waren alle nur Zuschauer. Da wurde mir klar, daß es *kein* Handbuch für die echte Motorradwartung gibt, für das, worauf es wirklich ankommt. Das persönliche Interesse an der eigenen Tätigkeit gilt entweder als unwichtig oder als selbstverständlich.

Dann schwenkt der Angriff um: Das Management, heißt es, habe weder Verständnis noch Interesse für die Mitarbeiter, die vielleicht das Produkt durchaus lieben würden, wenn man sie nur ließe. Nach Ansicht einiger Kritiker sagt dieser Vorwurf eigentlich alles. Professor Abernathy erinnert sich, wie überrascht er war, als ihm aufging, was die japanischen Autoerfolge möglich machte: »Die Japaner haben offenbar einen gewaltigen Kostenvorteil. ... Ich war überrascht, daß die Hauptursache keineswegs die Automation ist. ... Sie haben einen Weg gefunden, die Mitarbeiter in den Mittelpunkt der Autoproduktion zu stellen: Sie haben stark motivierte, arbeitswillige Belegschaften, die mit Begeisterung Autos bauen. ... In der Produktivität haben wir in unserem Land eine ganz andere Ausgangsposition, und das liegt an einer Vielzahl von Kleinigkeiten. Durch Investitionspolitik läßt sich so etwas nicht korrigieren.«

In dieselbe Kerbe haut auch Steve Lohr. Er zitiert Akio Morita, den Vorstandsvorsitzenden von Sony: »Den amerikanischen Managern liegt zu wenig an ihren Arbeitern«. Von Morita weiß man auch, wie er in den Sony-Werken in den USA sehr durchdacht eine stille Revolution herbeigeführt hat. Lohr bemerkt dazu: »Die Werke von Sony in San Diego und Dothan haben ihre Produktivität stetig gesteigert, so daß sie jetzt fast das Niveau der japanischen Fabriken erreicht hat«.

Aber selbst Sonys aufsehenerregende Erfolge in den USA verblassen neben der Art und Weise, wie Matsushita nach dem Aufkauf von Motorola deren Fernsehgeräteproduktion wieder in Schwung brachte. Innerhalb von fünf Jahren gelang es der Handvoll japanischer Geschäftsführer ohne nennenswerte Veränderung der einheimischen Belegschaft, die Garantiekosten von 22 Millionen auf 3,5 Millionen Dollar zu senken, die Zahl der Fehler je 100 Geräte von 140 auf 6 drücken und die Anzahl der Reklamationen während der ersten 90 Tage (nach dem Verkauf) von 70% auf 7% zu verringern. Gleichzeitig ging die Fluktuationsrate des Personals von jährlich 30% auf 1% zurück.

Der Erfolg von Sony und Matsushita in den Vereinigten Staaten führt uns plastisch vor Augen, daß die erstaunlichen Produktivitätsleistungen der Japaner kaum auf irgendwelchen »fernöstlichen Geheimnissen« beruhen. Ein Kommentator meinte dazu: »Die Sache mit der Produktivität hat weniger mit rätselhaften Japanern als mit ganz einfachen menschlichen Dingen zu tun. ... Loyalität, Engagement aufgrund sinnvoller Ausbildung, persönliche Identifikation mit dem Firmenerfolg und ganz einfach die menschliche Beziehung zwischen dem Beschäftigten und seinem Vorgesetzten.« Einen entscheidenden kulturellen Unterschied, der die Produktivität durch Menschen zu begünstigen scheint, gibt es allerdings doch. Ein japanischer Top-Manager erklärte uns: »Bei uns ist das ganz anders als überall sonst auf der Welt. Unser einziger natürlich vorkommender »Rohstoff« ist die Arbeitsleistung unserer Menschen.«

Menschen – nicht Geld, Maschinen oder kluge Köpfe – als den natürlichen Reichtum anzusehen, mag in der Tat der Schlüssel sein. Kenichi Ohmae, der Leiter des Büros von McKinsey in Tokio, erklärt, in Japan seien die Wörter *Organisation* und *Mitarbeiter* (in der Organisation) gleichbedeutend. Die Mitarbeiterorientierung fördert die Liebe zum Produkt und verlangt auch von den durchschnittlichen Beschäftigten ein gewisses Maß an Risikoübernahme und Innovation. Ohmae erläutert dies folgendermaßen:

Das japanische Mangement wird nicht müde, den Mitarbeitern zu sagen, daß die Leute vor Ort den Betrieb am besten kennen. ... Ein gutgeführtes Unternehmen nutzt die Eigeninitiative des einzelnen oder der Gruppe zur Innovation und zur Freisetzung schöpferischer Energie. Dem einzelnen Mitarbeiter wird alles abverlangt, was er an kreativer und produktiver Leistung zu geben hat. ... Die gesamte Organisation – Vorschlagkästen, Qualitätszirkel und dergleichen – wirkt »organisch« und »unternehmerisch« statt »mechanisch« und »bürokratisch«.

Kimsey Mann, Chef von Blue Bell, der zweitgrößten Konfektionsfirma der Welt, erklärt zu den acht Merkmalen erfolgreicher Unternehmensführung, auf denen dieses Buch aufbaut: »Bei allen acht geht es um Menschen.«

Im Elfenbeinturm der Analyse

Wenn so viele amerikanische Unternehmen sich nicht auf das Produkt oder auf die Mitarbeiter konzentrieren, so muß der Grund wohl darin liegen, daß sie sich ganz einfach auf etwas anderes konzentrieren. Dieses »andere« ist ein übermäßiges Vertrauen in Analysen aus dem Elfenbeinturm der Unternehmensplaner, Überbewertung auch von ausgeklügelten finanziellen Schachzügen, von Hilfsmitteln, die Risikos beseitigen sollen, leider aber gleichzeitig die Tatkraft schwinden lassen.

»Viele Firmen übertreiben es«, sagt Ed Wrapp. »Planen ist für sie interessanter als ein absatzfähiges Produkt herauszubringen. ...Planen verschafft eine willkommene Atempause von Problemen des Tagesgeschäfts. Es ist geistig befriedigender und bringt nicht den Druck mit sich wie das reale betriebliche Geschehen. ...Eine formale Langfristplanung führt fast immer zu einer Überbetonung des technisch-fachlichen Aspekts.« Fletcher Byrom von Koppers sieht einen Ausweg: »Als Rahmen«, sagt er, »als Disziplin für die Arbeit einer Gruppe, ist Planung sehr wertvoll. Ich halte es so: Mache ruhig erst einmal einen Plan, aber wenn der Plan fertig ist, dann lege ihn in die Schublade. Laß dich dadurch nicht einengen. Nimm ihn nicht als wichtigen Faktor in den Entscheidungsprozeß hinein. Verwende ihn hauptsächlich zum Erkennen von Veränderungen.« In ähnlichem Tenor schrieb *Business Week* vor kurzem: »Bezeichnenderweise haben weder Johnson & Johnson, noch TRW, noch 3M – die allesamt als vorausschauend und weitsichtig gelten – irgend jemanden, der als Unternehmensplaner bezeichnet wird.«

David Ogilvy, der Gründer von Ogilvy and Mather, behauptet: »Die meisten Geschäftsleute sind zu eigenständigem Denken nicht fähig, weil sie der Tyrannei der Vernunft nicht entfliehen können.« Und der angesehene Marketingprofessor Theodore Levitt von Harvard erklärte vor kurzem: »Die Modellbauer entwerfen verzweigte Entscheidungsbäume, deren Nützlichkeitsanspruch nur noch übertroffen wird von der Ehrfurcht mancher leitender Linienmanager vor den Technokraten, die sie ersonnen haben.« Schließlich haben wir noch aus jüngster Zeit einen Bericht über eine neue Produktstrategie von Standard Brands, die ein fürchterlicher Reinfall war. Einer Titelgeschichte der *Business Week* zufolge hatte dies den Grund, daß Standard Brands eine ganze Schar von Planern von General Electric abgeworben und ihnen etwas operative Verantwortung übertragen hatte. Nachdem er sich von den meisten wieder getrennt hatte, sagte der Chairman: »Helle waren die Jungs schon, (aber sie) hatten nicht das Zeug dazu, die Programme auch umzusetzen.«

Das alles sieht auf den ersten Blick aus wie ein Schlag ins Kontor für alle, die sich Zeit ihres Arbeitslebens mit Zahlen herumschlagen mußten. Aber es geht ja keineswegs darum, daß Unternehmen nicht planen sollten. Und ob sie planen sollten! Nur leider wird das Planen zu oft zum Selbstzweck. Es wird keineswegs – im Sinne von Byroms vernünftigem Rat – nur zur Steigerung der geistigen Wachsamkeit eingesetzt. Vielmehr wird der Plan zur Wahrheit hochstilisiert, und Daten, die nicht in das vorgefaßte Bild hineinpassen (zum Beispiel die wirkliche Kundenreaktion auf einen Einführungsversuch in einem Testmarkt) werden angezweifelt oder schlankweg ignoriert. Eine Art Sportsgeist tritt an die Stelle pragmatischen Handelns. (»Haben Sie über Ihre Schätzung schon eine Umfrage bei den zentralen Stäben gemacht?« war eine häufige Frage im geschäftsführenden Ausschuß eines Unternehmens.)

Das Produktivitäts- und Qualitätsniveau der amerikanischen Wirtschaft hat zumindest im Vergleich mit Japan, und teilweise auch mit anderen Ländern, stark gelitten, und in vielen Fällen ist es sogar absolut zurückgegangen. Wir stellen nicht mehr die besten oder zuverlässigsten Produkte her und sind dabei auch nur noch selten preisgünstiger, besonders in Bereichen mit internationalem Wettbewerb (z. B. Autos, Chips).

Der erste Sturm auf die Ursachen dieses Problems richtete sich gegen die staatliche Reglementierung. Das schien jedoch eine unzureichende Antwort zu sein. Dann, so um die Jahresmitte 1980, führte die Suche nach der wirklichen Wurzel des Übels nachdenkliche Geschäftsleute, Wirtschaftsjournalisten und Wissenschaftler gleichermaßen mitten in die Praxis der Unternehmensführung. Was war dort eigentlich schiefgegangen? Nicht gerade überraschend richteten sich die Hauptvorwürfe gegen die moderne amerikanische Analysiersucht und gegen ein verengtes Rationalitätsverständnis. Beides schien das genaue Gegenteil der japanischen Einstellung zu Beschäftigten und Qualität zu sein – selbst unter Berücksichtigung kultureller Unterschiede.

Die Untersuchung stieß auf zwei gewaltige Hindernisse. Das erste war die tief verwurzelte Verteidigungshaltung. Jetzt waren endgültig Geist und Seele des Unternehmers selbst unter Beschuß. Vorher hatte ihn die Presse ermutigt, ganz einfach noch mehr als bisher mit dem Finger auf andere zu zeigen, und zwar auf die Regierung. Zum zweiten stieß der Angriff auf ein sprachliches Problem. Er wurde nicht als Angriff auf »ein verengtes Rationalitätsverständnis« gesehen – auf das »rationale Modell« also, wie wir es genannt haben – und damit als Aufforderung zu einer breiteren Sichtweise. Vielmehr wurde er mißverstanden als Angriff auf Rationalität und logisches Denken an sich – und somit als Aufforderung zur Flucht in die Irrationalität und den Mystizismus. Der Eindruck entstand, man brauche nur die Ford-Vorstandssitzungen in das örtliche Zen-Zentrum zu verlegen. Und das konnte natürlich nicht die Lösung sein.

Halten wir aber einen Augenblick inne, und fragen wir uns: Was genau meinen wir mit dem Niedergang des rationalen Modells? Wir sprechen hier von eben der Erscheinung, die Thomas Kuhn in seinem richtungweisenden Buch *The Structure of Scientific Revolutions* (Die Struktur wissenschaftlicher Revolutionen) als »paradigm shift« (Paradigmenwechsel) bezeichnet. Kuhn vertritt die Auffassung, zu jeder Zeit besäßen die Wissenschaftler jeder Disziplin eine Reihe gemeinsamer Vorstellungen über die Welt, und für die jeweilige Epoche stelle die Gesamtheit dieser Vorstellungen das vorherrschende Denkmodell dar. Die von ihm so genannte »normale Wissenschaft« geht innerhalb dieses Modells aus gemeinsamen Überzeugungen ihren geordneten Gang. Versuche werden ausschließlich innerhalb der Grenzen dieser Überzeugungen ausgeführt, und der Fortschritt erfolgt in kleinen Schritten. Ein altes, aber ausgezeichnetes Beispiel ist das ptolemäische Weltbild, (das bis zum 16. Jahrhundert Bestand hatte), demzufolge die Erde im Zentrum des Universums stand und Mond, Sonne, Planeten und Sterne sich um sie herum auf konzentrischen Bahnen befanden. Ausgeklügelte mathematische Formeln und Modelle wurden entwickelt, um astronomische Ereignisse auf der Grundlage des ptolemäischen Modells genau vorherzusagen. Erst als Kopernikus und Kepler feststellten, daß die Formel besser funktionierte, wenn die Sonne an die Stelle der Erde als Zentrum des Ganzen trat, kam es zu einem Paradigmenwechsel.

Hat ein solcher Wandel einmal begonnen, so nehmen die Dinge einen schnellen, aber spannungsgeladenen Verlauf. Die Menschen sind aufgebracht. Eine Flut neuer Entdeckungen (z. B. die von Kepler und Galilei) bestätigen das neue Denksystem, und es kommt zur wissenschaftlichen Revolution. Andere bekannte Beispiele eines derartigen Paradigmenwechsels mit anschließender wissenschaftlicher Revolution sind die Einführung des Relativitätsbegriffs in die Physik und der Plattentektonik in die Geologie. Entscheidend ist dabei in jedem Fall, daß die alte »Rationalität« schließlich durch eine neue, andere und sinnvollere ersetzt wird.

Wir drängen auf eine derartige Entwicklung in der Wirtschaft. Die alte Rationalität ist nach unserer Meinung unmittelbar aus Frederick Taylors Schule der wissenschaftlichen Unternehmensführung hervorgegangen und ist mittlerweile nicht mehr brauchbar. Nach der Handlungsweise von Managern zu urteilen, die diesem Muster zu folgen scheinen, gehören zu ihren gemeinsamen Grundüberzeugungen folgende Aussagen:

Größe ist gut, denn sie ermöglicht immer eine Kostendegression. Im Zweifelsfall bilde man größere Einheiten; Überschneidungen, Doppelarbeit und Verschwendung sind zu beseitigen. Und während des Wachstums ist in jeder Hinsicht für sorgfältige und formale Koordination zu sorgen.

- Nur wer mit niedrigen Kosten produziert, darf seines Erfolges sicher sein. Der Kunde blickt letzten Endes immer auf die Kosten. Wer überlebt, ist immer der Billigere.

- Analysiere alles. Wir haben gelernt, daß wir schwerwiegende Fehlentscheidungen durch gute Marktforschung, Cash-flow-Diskontierung und gute Finanzplanung vermeiden können. Wenn »wenig« gut ist, dann muß »mehr« besser sein, weshalb Methoden wie die diskontierte Cash-flow-Rechnung auch auf risikoreiche Investitionen, z. B. in Forschung und Entwicklung, angewandt werden sollten. Nimm die Finanzplanung als Vorbild für die Langfristplanung. Mache Prognosen. Lege anhand dieser Prognosen eindeutige quantitative Ziele fest. Produziere dickleibige Planungsunterlagen, die hauptsächlich Zahlen enthalten. (Vergiß dabei, daß die meisten Langfristprognosen schon am Tag ihrer Erstellung falsch sein müssen. Vergiß, daß der Gang erfinderischer Tätigkeit definitionsgemäß unvorsehbar ist.)

- Befreie dich von Störenfrieden – d.h. von fanatischen Champions. Schließlich haben wir ja unseren Plan. Wir brauchen eine neue Produktentwicklung, um den erforderlichen Durchbruch zu schaffen, und wir werden nötigenfalls 500 Ingenieure darauf ansetzen.

- Die Aufgabe des Managers ist die Entscheidungsfindung. Mache die richtigen Anrufe. Sei hartnäckig. Bringe das Geschäftsportfolio ins Gleichgewicht. Kaufe dich in die attraktiven Industriezweige ein. Umsetzung oder Durchführung ist von zweitrangiger Bedeutung. Tausche die gesamte Unternehmensleitung aus, wenn du die Umsetzung hinkriegen willst.

- Kontrolliere alles. Ein Manager hat dafür zu sorgen, daß alles ordentlich und reibungslos läuft. Lege die Organisationsstruktur in allen Einzelheiten fest. Verfasse lange Stellenbeschreibungen. Entwickle komplizierte Matrixorganisationen, damit für alle nur denkbaren Fälle vorgesorgt ist. Gib Anweisungen. Triff Schwarz/Weiß-Entscheidungen. Behandle die Mitarbeiter als Produktionsfaktoren.

- Gewähre die richtigen Anreize, und die Produktivität wird schon folgen. Wenn wir den Mitarbeitern offen großzügige Geldprämien dafür geben, daß sie alles richtig machen, wird das Produktivitätsproblem verschwinden. Wer Spitzenleistungen vollbringt, soll dafür im Übermaß belohnt werden. Wirf die 30 bis 40% raus, die sowieso nicht arbeiten wollen.

- Richte formale Qualitätskontrollen ein. Qualität ist eine Leistung wie jede andere; ordne sie einfach an. Vergrößere die Abteilung Qualitätskontrolle nötigenfalls auf das Dreifache (vergiß, daß die japanischen Autofirmen für die Qualitätskontrolle je Produktionseinheit nur ein Drittel unserer Mitarbeiterzahl einsetzen). Unterstelle sie direkt dem Vorstandsvorsitzenden. Wir werden denen (d.h. der Belegschaft) schon zeigen, daß wir es ernst meinen.

- Geschäft ist Geschäft ist Geschäft. Wer die Bilanz lesen kann, kann alles managen. Mitarbeiter, Produkte und Dienstleistungen sind nur dazu da, damit du gute finanzielle Ergebnisse erzielen kannst.

- Top-Manager sind schlauer als der Markt. Gibt dir Mühe mit der G+V- und Bilanzoptik und du stehst nach außen gut da. Laß vor allem nie die Vierteljahresergebnisse stagnieren.

- Wenn wir nicht mehr wachsen, ist alles vorbei. Wenn sich in unserem Industriezweig keine Gelegenheiten mehr bieten, kaufen wir uns in Branchen ein, von denen wir nichts verstehen. Immerhin können wir dann weiterwachsen.

So sehr die herkömmliche unternehmerische Rationalität heute der Motor unserer Wirtschaft zu sein scheint – das, was die besonders erfolgreichen Unternehmen zu ihrer Spitzenleistung bringt, läßt sich mit ihr einfach nicht erklären. Warum nicht? Was sind ihre Schwächen?

Zum einen birgt die quantitative, analytische Komponente von Natur aus eine konservative Grundtendenz; Kostensenkung wird zur obersten Priorität, die Ertragssteigerung tritt in den Hintergrund. Dies führt zu einer zwanghaften Fixierung auf die Kosten, nicht auf die Qualität und den Wert des Produkts. Statt sich mit etwas so Unberechenbarem wie der Entwicklung neuer Produkte oder Geschäftszweige herumzuschlagen, werden lieber alte Produkte noch einmal aufgemöbelt. Zur Produktivitätssteigerung werden Investitionen getätigt, statt die Leistungsbereitschaft der Mitarbeiter anzuregen. Eine verborgene Schwäche der analytischen Entscheidungsfindung liegt auch darin, daß man sich für die Analyse das herausgreift, was am leichtesten analysierbar ist, dafür viel Zeit aufwendet und alles übrige mehr oder weniger unter den Tisch fallen läßt.

John Steinbruner von Harvard bemerkt dazu: »Ist quantitative Genauigkeit verlangt, so wird dies beim derzeitigen Stand der Dinge nur dadurch erzielt, daß der Untersuchungsbereich eingeengt wird, bis die meisten wichtigen Fragen aus der Analyse ausgeklammert sind.« Dies führt zu einer Fixierung auf die Kostenseite der Gleichung. Dort sind die Zahlen am »härtesten«. Darüber hinaus ist die Konsequenz schön mechanistisch und leicht vorstellbar – kaufe eine neue Maschine, um 19 Arbeitsplätze einzusparen, vermindere den Verwaltungsaufwand um 25%, lege zwei Fertigungsstraßen still, und laß die letzte schneller laufen.

Die reine Zahlenanalyse führt gleichzeitig zu einer weiteren nicht beabsichtigten Abwertung der Ertragsseite. Mit Mitteln der Analyse läßt sich nicht bewerten, was es einbringt, wenn die IBM – oder Frito-Lay-Verkäufer ehrlichen Stolz auf ihr Produkt ausstrahlen und wenn sie sich dem Kunden zuliebe über das erwartete Maß hinaus einsetzen. Dagegen bekam ein Analyse-Team kürzlich aus einem ganz anderen Grund leuchtende Augen, als es von Fritos »99,5-Servicequote« hörte (ein für einen sogenannten Massenartikel »unvernünftig hohes« Serviceniveau): Sie schickten sich sofort an nachzuweisen, wieviel sich einsparen ließe, wenn Frito den Serviceaufwand vermindern würde. Diese Analytiker haben »recht«; Frito würde sofort Geld sparen. Doch die Analytiker können ganz einfach nicht messen, wie eine auch nur geringe Kundendienstschwäche auf die zehntausend engagierten Verkäufer wirken würde – ganz zu schweigen von den Frito-Produkte führenden Einzelhändlern – und wieweit Marktanteil oder Gewinnspanne darunter leiden würden. Analytisch unsinnig ist auch der »Zuverlässigkeitsfimmel« von Caterpillar (Ersatzteile innerhalb von 48 Stunden überall auf der Welt – oder Cat zahlt«) oder von Maytag (»Zehn Jahre störungsfreier Betrieb«). Aus analytischer Sicht sind bewußte Doppelarbeit in der Produktentwicklung bei IBM und 3M und die Kannibalisierung einer P & G-Marke für eine andere P & G-Marke nichts anderes als – nun ja, eben Doppelarbeit und Kannibalisierung. Sie sind nach quantitativen Maßstäben ebenso unrentabel wie etwa der »Familiensinn« bei Delta, IBMs Achtung vor dem einzelnen oder der Sauberkeitsfanatismus von McDonald's und Disney.

Der rein analytische Ansatz, sich selbst überlassen, führt zu einer abstrakten Philosophie ohne Herz. Unsere Fixierung auf die Zahl der getöteten Gegner in Vietnam und unsere Unfähigkeit, die Beharrlichkeit und die zeitliche Großräumigkeit des östlichen Denkens zu verstehen, haben uns in den katastrophalsten Fehleinsatz menschlicher, moralischer und materieller Ressourcen hineingetrieben, den die Geschichte Amerikas je gesehen hat. Dabei war McNamaras Zahlengläubigkeit nur ein Zeichen der Zeit. Einer seiner ebenso blitzgescheiten Kollegen von Ford, Roy Ash, tappte in die gleiche Falle. *Fortune* schreibt über sein Mißgeschick bei Litton: »Mit einem völlig abstrakten Bild der Wirtschaft vor Augen, bereitete es (Ash) unbändiges Vergnügen, seinen scharfen Verstand auf die Analyse der ausgeklügelsten Rechnungslegungstechniken anzusetzen. Seine glänzenden Fähigkeiten verleiteten ihn zu Plänen von geradezu königlicher Großzügigkeit: Er wollte neue Städte bauen, eine Werft errichten, die modernste Schiffe ausstoßen sollte wie Detroit Autos.« Leider hat die *Fortune-Analyse* nicht nur den Litton-Fehlschlag von Ash zu verzeichnen, sondern auch das vergleichbare Desaster zehn Jahre später, als unter seiner Führung AM International zusammenbrach.

Der rationalistische Ansatz erstickt das lebendige Element gerade in Situationen, in denen es auf nichts mehr ankommt als auf Lebendigkeit. Lewis Lapham, der Herausgeber von *Harper's*, beschreibt den Irrweg der Zahlengläubigkeit unter dem Titel »Die Geschenke der Weisen aus dem Morgenland«: »Die drei Weisen sprechen unweigerlich über Zahlen, Maße und Gewichte – Ölfördermengen, die Geldmenge –, jedenfalls immer über materielle und nur selten über menschliche Ressourcen; über Sachen also, nicht über Personen. Diese vorherrschende Denkweise entspricht unserer nationalen Vorliebe für Institutionen statt Einzelwesen.« John Steinbeck äußerte sich ähnlich über blutleere Rationalität:

»Die mexikanische Sierra hat 17 plus 15 plus 9 Strahlen in der Rückenflosse. Sie lassen sich leicht zählen. Doch wenn die Sierra wild an der Leine zerrt, daß uns die Hände verbrennen, wenn der Fisch in die Tiefe geht und fast entkommt, bis er schließlich mit schillerndem Farbenspiel und peitschendem Schwanz über die Reling kommt, dann hat eine ganz neue Gegenständlichkeit der Beziehung Gestalt angenommen – etwas, das mehr ist als die Summe aus Fisch plus Fischer. Unbeeinflußt von dieser zweiten Realität der Beziehung kann die Strahlen der Sierra nur zählen, wer sich in ein Labor setzt, ein übelriechendes Glas öffnet, einen steifen, farblosen Fisch aus der Formalinlösung herausnimmt, die Strahlen zählt und die Wahrheit schreibt. ... Dann haben Sie eine unangreifbare Realität zu Papier gebracht – wahrscheinlich die unwichtigste Realität für den Fisch wie für Sie. ... Man muß wissen, was man tut. Der Mann mit diesem konservierten Fisch hat eine Wahrheit festgehalten und dabei nach seiner praktischen Erfahrung viele Lügen niedergeschrieben. Der Fisch hat weder diese Farbe oder Textur, noch ist er so tot, noch riecht er so«.

Enge rationale Sicht heißt oft, negativ sein. Peter Drucker beschreibt anschaulich den verhängnisvollen Einfluß eines analytisch vorbelasteten Managements: »Das professionelle Management von heute sieht sich oft in der Rolle des Richters, der zu aufkommenden Ideen ja oder nein sagt. ... Eine Unternehmensleitung, die dieses Richteramt für ihre Aufgabe hält, wird die neue Idee unweigerlich ablehnen. Sie ist immer ›undurchführbar‹. John Steinbruner äußert sich ähnlich über die Rolle von Stäben im allgemeinen: »Es ist an sich leichter, eine Ablehnung zu begründen, als konstruktiv Stellung zu nehmen.« In seiner Analyse der Entscheidung über die MLF (die vorgesehene gemeinsame multilaterale Kernstreitmacht der NATO) gibt Steinbruner einen Wortwechsel zwischen einem konservativen Akademiker und einem aktiven Politiker wieder. Außenminister Dean Acheson sagt zu dem in Harvard ausgebildeten Präsidentenberater Richard Neustadt: »Sie meinen, Präsidenten müßten gewarnt werden. Da irren Sie sich. Präsidenten sollte man ermutigen.« Steinbruner analysiert dann weiter die Rolle der »Warner« und der »Mutmacher«. Trotz seines Bemühens, die Sache ausgewogen darzustellen, wird klar, daß kühl-neutrale Analyse die Waage zugunsten der Warnung, nicht der Ermutigung, senken muß.

In das gleiche Horn stieß Mobil-Chef Rawleigh Warner, Jr., als er erläuterte, weshalb sein Unternehmen beschlossen hatte, sich 1960 nicht an den Ausschreibungen für die Offshore-Bohrungen in der Prudhoe Bay zu beteiligen: »Unsere Finanzleute haben den Explorationsleuten einen Bärendienst erwiesen. ... Die armen Jungs in der Exploration wurden negativ beeinflußt von Leuten, die nichts von Öl und Gas verstanden«. Hayes und Abernathy sind bei diesem Thema von gewohnter Eloquenz: »Nach unserer Meinung haben sich die amerikanischen

Manager während der beiden letzten Jahrzehnte zunehmend auf Grundsätze gestützt, die analytische Abgeklärtheit und methodologische Eleganz über praktisch erworbene Sachkenntnis stellen. Unbeleckt von praktischer Erfahrung, drängen die analytischen Formeln der Portfolio-Theorie den Manager immer stärker in die Ecke extremer Vorsicht bei der Mittelzuteilung.« Und George Gilder schließlich erklärt in *Wealth and Poverty:* »Schöpferisches« Denken (die Vorstufe der Erfindung) verlangt einen Glaubensakt.« Zum Beweis nimmt er ein Beispiel nach dem anderen auseinander, bis zurück zum Bau der ersten Eisenbahnen, von denen er sagt, daß sie, »als sie gebaut wurden, wirtschaftlich kaum zu rechtfertigen waren.«

Die heutige Spielart der Rationalität schätzt keine Experimente; Fehler sind ihr ein Greuel. Die konservative Grundhaltung, die Untätigkeit und ewig lebende »Arbeitsgruppen« hervorbringt, beschert dem Unternehmer häufig genau das, was er vermeiden wollte – letzten Endes alles auf eine Karte setzen zu müssen. Riesige Produktentwicklungsteams analysieren und analysieren, bis sie dann nach Jahren den großen Wurf fertig haben, der bis auf das letzte Schräubchen jedem Marktsegment etwas bietet. In der Zwischenzeit haben Digital, 3M, HP und Wang in einem geistigen Treibhausklima durch »irrationale« und chaotische Experimente jeweils mindestens zehn neue Produkte entwickelt und auf den Markt geworfen. Zu Fortschritten kommt es nur, wenn wir etwas tun: bei ein oder zwei Kunden einen ersten Prototyp ausprobieren, im Schnellverfahren einen Markttest durchziehen, eine provisorische Vorrichtung auf einer laufenden Fertigungsstraße einsetzen, bei 50.000 Abonnenten eine neue Verkaufsförderungsmaßnahme testen.

Die Firmenkultur in den meisten Großunternehmen verlangt, daß Fehler – auch geringfügige, lehrreiche, folgenlose – bestraft werden. Ironischerweise trug gerade der bedeutendste Vorläufer der heutigen unternehmerischen Rationalität die Bezeichnung *wissenschaftliches* Management. Das grundlegende wissenschaftliche Erkenntnismittel aber sind Experimente. Wenn wir erfolgreich experimentieren, machen wir per definitionem viele Fehler. Übertrieben rational denkende Geschäftsleute sind hier allerdings in recht guter Gesellschaft, denn nicht einmal die Wissenschaft selbst gibt zu, auf welch verworrenden Pfaden sie dem Fortschritt entgegenstolpert. Robert Merton, ein angesehener Wissenschaftshistoriker, beschreibt eine typische wissenschaftliche Arbeit:

(Es besteht ein) himmelweiter Unterschied zwischen der gedruckten wissenschaftlichen Arbeit und der tatsächlichen Gewinnung von Erkenntnissen. .... Der Unterschied ist ähnlich wie der zwischen Lehrbüchern über wissenschaftliche Methoden und der Art, wie Wissenschaftler wirklich denken, fühlen und arbeiten. In den Methodenlehren werden Idealabläufe dargestellt, aber diese säuberlichen, normativen Schemata...geben nicht wieder, wie regellos sich die Wissenschaftler im Verlauf ihrer Arbeit zumeist drehen und wenden müssen. Die makellos wirkende wissenschaftliche Arbeit läßt kaum etwas ahnen von den plötzlichen Eingebungen, Fehlstarts, Irrtümern, ungeklärten Einzelproblemen und glücklichen Zufällen, die mit der Untersuchung einhergingen.

Sir Peter Medawar, Immunologe und Nobelpreisträger, erklärt glattweg: »Es hat gar keinen Sinn, sich wissenschaftliche »Aufsätze« vorzunehmen, denn sie verbergen nicht nur die gedanklichen Grundlagen der beschriebenen Arbeit, sondern stellen sie bewußt verzerrt dar.«

Experimentierfeindlichkeit führt uns unweigerlich zu übergroßer Kompliziertheit und Inflexibilität. Die Mentalität des »großen Wurfs« wird nirgendwo so deutlich wie in dem Streben der Militärs nach der »Superwaffe«. Ein Kommentator der *Village Voice* bemerkt dazu:

Die Furcht, die Spinney (leitender Analytiker in der Abteilung Programmanalyse und -beurteilung des Verteidigungsministeriums) im Pentagon ausgelöst hat, versteht man am schnellsten, wenn man seine Kernaussage ansieht:»Unsere Strategie immer größerer technischer Komplexität und Raffinesse hat dazu geführt, daß Spitzentechnologie und Kampfbereitschaft einander ausschließen.« Das heißt, je mehr Geld die USA jetzt für die Verteidigung aufwenden, um so weniger können sie kämpfen. ... Mit mehr Geld sind weniger, aber kompliziertere Flugzeuge gebaut worden, die den größten Teil der Zeit nicht funktionsfähig sind. Eine geringere Zahl von Flugzeugen erfordert ein aufwendigeres und empfindlicheres Kommunikationssystem, das im Kriegsfall kaum bestehen kann.

Vorsicht und Analyse-Paralyse führen zur Experimentierfeindlichkeit. Gerade diese aber führt ironischerweise wiederum zu einer letztlich riskanten Mentalität des »Alles-auf-eine-Karte-Setzens« oder des »Superwaffendenkens«. Und die Schraube dreht sich weiter. Um solche Superprodukte herzustellen, bedarf es hoffnungslos komplizierter und letzten Endes funktionsunfähiger Managementstrukturen. Ihren vollendeten Ausdruck findet diese Tendenz in der formalen Matrixorganisation. Interessanterweise zeigte der Wissenschaftler Chris Argyris schon rund 15 Jahre vor der Blütezeit der Matrix Mitte der 70er Jahre deren entscheidende Schwächen auf:

Weshalb gibt es Schwierigkeiten mit diesen neuen Strukturen und Strategien? .... Die Grundannahme bei dieser (Matrix-)Theorie ging dahin, daß die Mitarbeiter, wenn die Ziele und der kritische Pfad dorthin klar umrissen würden, zur Zusammenarbeit bereit sein würden, um diese Ziele in dem bestmöglichen Ablauf zu erreichen. In der Praxis ließ sich diese Theorie jedoch nur schwer umsetzen. .... Schon sehr bald wurde die Erledigung der Schreibarbeit zum Selbstzweck. 71 Prozent der Führungskräfte im mittleren Management berichteten, die Bewältigung der Papierflut im Zusammenhang mit Produktplanung und Programmüberprüfung sei genauso wichtig geworden wie die Erfüllung ihrer Linienverantwortung. .... Eine andere Form der Anpassung bestand im Rückzug; sollten doch die übergeordneten Führungsebenen die Verantwortung für die erfolgreiche Abwicklung des Programms übernehmen. »Das ist deren Bier - sollen die doch zusehen, daß es funktioniert.« .... Ein weiteres häufig genanntes Problem war die Lähmung der Gruppe durch zahllose Einzelentscheidungen.

Das Komplexitätssyndrom läßt sich bezwingen, doch einfach ist das nicht. Die IBM 360 ist eines der erfolgreichsten Produkte in der amerikanischen Unternehmensgeschichte, bei ihrer Entwicklung hatte es jedoch einige Schlampereien gegeben. Im Projektverlauf bat Chairman Thomas Watson, Sr., den zuständigen Vice President Frank Cary, »ein System zu entwerfen, das uns vor einer Wiederholung solcher Probleme schützt«. Cary tat, wie geheißen. Jahre später, als er selbst Chairman wurde, war eine seiner ersten Handlungen, die schwerfällige Produktentwicklungsmaschinerie wieder abzuschaffen, die er für Watson aufgebaut hatte. »Mr. Watson hatte recht«, räumte er ein. »Sie (die Produktentwicklungsstruktur) wird ein Durcheinander wie bei der Entwicklung der 360 verhindern. Leider wird sie auch dafür sorgen, daß wir nie wieder ein Produkt wie 360 erfinden werden«.

Die exzellenten Unternehmen begegnen der Kompliziertheit dadurch, daß sie den Experimentiergeist in die Verwaltung übernehmen: Alles ist im Fluß. Unablässig wird umorganisiert. »Wenn Sie ein Problem haben, dann nehmen Sie sich die Mittel dafür und bringen es in Ordnung«, sagt ein leitender Angestellter von Digital. »So einfach ist das«. Fletcher Byrom von Koppers pflichtet ihm bei: »Was mich in allen Unternehmen, die ich kenne, am meisten gestört hat, ist der Hang zur Überorganisation; er führt zu einer Starrheit, die in einer Zeit immer schnelleren Wandels einfach untragbar ist«. David Packard von HP bemerkt: »Einen zu starren Aufbau muß man vermeiden ... Wenn ein Unternehmen effizient arbeiten soll, dann sollte Kommunikation auf dem jeweils besten Weg möglich sein, ganz gleich wie das Organigramm aussieht. Bei uns kommt das oft vor. Ich habe schon manches Mal gedacht, wenn man erst einmal alles organisiert hat, sollte man das Organigramm wegwerfen«! Zum Thema organisatorischer Rationalität in amerikanischen Unternehmen sagt unser japanischer Kollege Ken Ohmae:» Die meisten japanischen Unternehmen haben nicht einmal ein brauchbares Organigramm. Niemand weiß, wie Honda organisiert ist, außer daß es eine Menge Projektteams gibt und daß man sehr flexibel ist .... Die Innovation findet typischerweise an Schnittstellen statt. Die flexible Organisationsform in Japan ist also gerade jetzt zu einem Pluspunkt geworden«.

Der rationalistische Ansatz hält nichts von Zwanglosigkeit. Analysieren, planen, anordnen, vorgeben und kontrollieren sind die Vokabeln der rationalen Vorgehensweise. Zusammenwirken, ausprobieren, versuchen, scheitern, in Kontakt bleiben, lernen, den Kurs ändern, anpassen, modifizieren und sehen sind einige der Vokabeln informeller Unternehmensführung. In unseren Interviews mit exzellenten Managern hören wir die letzteren viel häufiger. Intel richtet zusätzliche Konferenzräume ein, allein um die Wahrscheinlichkeit zu erhöhen, daß es zu informellen Gesprächen ztwischen den verschiedenen Fachbereichen kommt. 3M fördert alle möglichen Clubs, um mehr Interaktion zu bewirken. HP und Digital geben unverhältnismäßig viel Geld für eigene Flugzeuge und Autos aus, damit die Mitarbeiter sich gegenseitig besuchen. Bei TI läßt Patrick Haggertys oberster Grundsatz der »engen Kopplung« einen steten Fluß neuer Produkte entstehen. All dies bedeutet, daß Mitarbeiter miteinander sprechen, Probleme lösen und Dinge anpacken, statt sich in Szene zu setzen, zu debattieren und alles endlos vor sich herzuschieben.

Die meisten amerikanischen Manager jedoch fühlen sich wohler bei einer »Führung per Erlaß«. Sie schütteln ungläubig den Kopf über 3M,

Digital, HP, Bloomingdale's, ja sogar über IBM, weil dort das innerste Gefüge außer Kontrolle zu sein scheint. Welcher vernünftige Mensch würde schließlich Führung durch Herumwandern (»Management by Wandering Around«) zu einem der Grundpfeiler der Firmenphilosophie erheben, wie HP es tut? Es zeigt sich aber, daß die informelle Kontrolle durch regelmäßige, zwanglose Kommunikation viel wirkungsvoller ist als eine Führung durch Zahlen, die man umgehen oder der man sich entziehen kann. Doch diese Gedanken außerhalb der exzellenten Unternehmen glaubhaft zu machen, würde schwerfallen.

Das rationale Modell läßt uns das Gewicht von Wertvorstellungen unterschätzen. Wir haben kaum je erlebt, daß ein wirklich kühner Vorstoß eines Unternehmens aus genauer Zielsetzung oder rationaler Analyse entsprungen ist. Zwar haben die guten Unternehmen hervorragende analytische Fähigkeiten, jedoch glauben wir, daß ihre wichtigsten Entscheidungen mehr von ihren Wertvorstellungen als von ihrem geschicktem Umgang mit Zahlen geprägt werden. Die Spitzenunternehmen schaffen eine umfassende, beflügelnde, gemeinsam getragene Firmenkultur, ein geschlossenes Ganzes, innerhalb dessen hochmotivierte Mitarbeiter nach den richtigen Wegen suchen. Ihre Fähigkeit, einen sehr großen Mitarbeiterkreis zu außerordentlichen Leistungen zu führen, hängt von ihrer Gabe ab, das Bewußtsein eines lohnenden Ziels zu vermitteln. Ein solches Ziel ergibt sich unweigerlich aus der Liebe zum Produkt, aus höchstem Qualitätsanspruch in der Dienstleistung und aus der Anerkennung der Innovation und Leistung aller Mitarbeiter. Ein solches übergeordnetes Ziel steht natürlich in grundsätzlichem Wiederspruch zu 30 MBO-Zielen pro Quartal (MBO=Unternehmensführung durch Zielvorgabe), 25 Maßnahmen zur Kostensenkung, 100 erniedrigenden Vorschriften für Arbeiter oder einer analytisch abgeleiteten Strategie, die in dem einen Jahr den Akzent auf die Kosten legt, im nächsten auf Innovation und im Jahr danach auf sonst etwas.

In der rationalistischen Welt gibt es wenig Raum für internen Wettbewerb. Ein Unternehmen soll sich nicht selbst Konkurrenz machen. Dabei sahen wir während unserer Untersuchung über erstklassige Unternehmen Beispiele über Beispiele für derartiges Vorgehen. Darüber hinaus erlebten wir, daß das Kräftemessen mit Kollegen weit stärker motivierte als Anweisungen des Vorgesetzten. General Motors führte den Gedanken des internen Wettbewerbs vor 60 Jahren als erster ein; 3M, P & G, IBM, HP, Bloomingdale's und Tupperware sind heute Meister darin. Der Schlüssel sind Überschneidungen von Unternehmensbereichen und Produktlinien, vielfältige Entwicklungsteams für neue Produkte und ein umfassender Informationsfluß, der Produktivitätsvergleiche und -verbesserungen herausfordert. Weshalb haben das so viele noch nicht verstanden?

Einmal mehr ist die Tendenz, alles Analysierbare analysieren zu wollen, letzten Endes verhängnisvoll. Zwar lassen sich die Kosten von Produktüberlappungen und uneinheitlichen Fertigungsverfahren genau messen. Viel schwerer, wenn nicht gar unmöglich, zu fassen sind dagegen der Grenznutzen aus dem steten Fluß neuer Produkte, den eifrige »Champions« erzeugen, und der Produktivitätsgewinn durch die ständige Innovationsleistung konkurrierender Arbeitsgruppen vor Ort.

Falsche Akzente

Die wichtigste Schwäche der engen rationalen Sichtweise liegt wohl nicht darin, daß sie an sich schon falsch ist, sondern darin, daß sie bei uns zu einem erschreckend unausgewogenen Managementbild geführt hat. Die anschaulichste Erklärung hierzu stammt von Harold Leavitt von Stanford. Er sieht den Managementprozeß als Wechselwirkung zwischen drei Variablen: Erkundung, Entscheidung, Durchsetzung. Die Schwäche des rationalen Modells ist seine Beschränkung auf das mittlere Element, die Entscheidung. Wenn er die Unterschiede zwischen diesen drei Tätigkeiten erläutert, läßt Leavitt seine Studenten zuerst überlegen, welche bekannten Politiker nach der gängigen Vorstellung diese Kategorien am eindeutigsten verkörpern. So würde zum Beispiel eine typische Studentenklasse Präsident John F. Kennedy als Erkunder neuer Wege einstufen. Dem Klischeebild des Entscheiders könnte Robert McNamara in seiner Rolle als Verteidigungsminister oder Jimmy Carter als Präsident entsprechen. Für die Durchsetzung gilt allen Lyndon Johnson als Musterbeispiel (»Reden wir doch mal vernünftig miteinander« oder »Mir ist es lieber, wenn er bei uns im Zelt ist und rauspißt, als wenn er uns von draußen ins Zelt pißt«.)

Zur Vertiefung läßt Leavitt seine Studenten dann verschiedene Berufe mit seinen drei Kategorien in Verbindung bringen. Dabei fallen in die Kategorie Entscheidung unter anderem Systemanalytiker, Ingenieure, MBAs, Statistiker und professionelle Manager – sicher eine seltsame Mischung, doch dürfte bei allen eine sehr ähnliche Neigung zu rationaler Betrachtungsweise gegeben sein. Durchsetzungsberufe sind Tätigkeiten, bei denen die Erfüllung vor allem aus der Arbeit mit anderen Menschen kommt – Psychologen, Verkäufer, Lehrer, Sozialarbeiter und die meisten japanischen Manager. Die Erkundung schließlich bleibt Dichtern, Künstlern, Unternehmen und solchen Führungspersönlichkeiten überlassen, die einer Firma ihren persönlichen Stempel aufgedrückt haben.

Zwischen diesen drei Prozessen bestehen offensichtlich Wechselbeziehungen, und die Betonung eines Merkmals ohne die beiden anderen ist gefährlich. In der Geschäftswelt wimmelt es von Leuten, die gerne neue Wege erkunden möchten – Künstler, die nichts zu Ende bringen. Auch an Durchsetzern besteht kein Mangel – verbindliche Verkäufer ohne Phantasie und Weitblick. Und in welchen Fallstricken sich diejenigen verfangen, die nur Entscheidungsfindung im Sinn haben, das war Gegenstand dieses ganzen Kapitels. All das läuft darauf hinaus, daß Unternehmensführung mindestens ebensoviel mit Erkundung und mit Durchsetzung zu tun hat wie mit Entscheidung. Diese grundverschiedenen Prozesse können sich gegenseitig ergänzen und verstärken.

Die Erkundung ist im wesentlichen ein ästhetischer, intuitiver Vorgang, ein Gestaltungsprozeß. Für Gestaltungsprobleme bieten sich unendlich viele Lösungsmöglichkeiten an, ob es nun um den Entwurf eines Architekten oder die Ausarbeitung einer Unternehmenskonzeption geht. Innerhalb dieser Vielfalt gibt es auch viele unbrauchbare Ideen, und hier hilft der rationale Ansatz, die Spreu vom Weizen zu trennen. Gewöhnlich bleibt dann jedoch noch eine große Zahl guter Gestaltungsideen übrig, und keine Analyse der Welt kann uns die Auswahl abnehmen, weil die letzte Entscheidung im wesentlichen eine Frage des Geschmacks ist.

Auch die Durchsetzung wird weitgehend von persönlichen Vorstellungen geprägt. Leavitt betont: »Jeder mag die eigenen Kinder sehr, ist aber in der Regel an den Babys anderer Leute nur mäßig interessiert.« Als Unternehmensberater stellen wir immer wieder fest, daß dem Klienten nicht damit gedient ist, wenn wir »analytisch nachweisen«, daß Option A die beste ist – *und es dabei bewenden lassen.* In dieser Phase des Beratungsvorgangs ist Option A unser »Baby«, nicht das des Klienten, und keine noch so brillante Analyse wird es ansonsten unbeteiligten Leuten nahebringen. Sie müssen sich in die Überlegung hineinversetzen und sie verstehen, erst dann können sie sich die Lösung zu eigen machen.

Wie schon gesagt, wir reden keiner einschneidenden Akzentverschiebung das Wort – weder in Richtung auf Erkundung noch auf Umsetzung. Rationalität ist wichtig. Eine gute Analyse wird ein Unternehmen auf den richtigen Kurs für die Erkundung neuer Wege bringen und wird die schlechten Alternativen aussondern. Aber wenn Amerika wieder weltweit wettbewerbsfähig werden oder auch nur das Verbleibende erhalten will, dann müssen wir aufhören, die Rationalität zu übertreiben.

3. Triebfeder Motivation

Das Kernproblem des rationalistischen Organisationsmodells besteht darin, daß die Menschen nicht sehr rational sind. Um in Taylors alte Methode oder in die heutigen Organigramme hineinzupassen, ist der Mensch ganz einfach falsch konstruiert (oder natürlich umgekehrt, wie wir es sehen). Wenn wir den derzeitigen Erkenntnisstand der Psychologie auch nur einigermaßen erfaßt haben, dann ist der Mensch ein wandelnder Widerspruch und Konfliktherd. Wenn wir verstehen wollen, warum die exzellenten Unternehmen Zehntausende oder gar Hunderttausende von Menschen zu persönlichem Engagement und laufender Innovation bewegen können, dann müssen wir auch begreifen, wie sie mit folgenden Widersprüchen in der Natur des Menschen fertig werden:

1. Wir sind allesamt egozentrisch, warten auf ein bißchen Lob und sehen uns insgesamt gerne als Erfolgsmenschen. Nun sind aber in Wirklichkeit unsere Begabungen normal verteilt – keiner von uns ist tatsächlich so gut, wie er es gerne hätte; nur ist niemandem damit gedient, wenn wir tagtäglich mit der Nase auf diese Wahrheit gestossen werden.
2. Unsere für Phantasie und Symbolik zuständige rechte Großhirnhälfte ist wenigstens ebenso wichtig wie unsere rationale, deduktive linke Hirnhälfte. Beim Überlegen stützen wir uns *wenigstens* ebenso oft auf Bilder und Empfindungen wie auf gesicherte Fakten. »Gefällt mir das?« sagt uns mehr als »Ist das richtig?« oder »Kann ich das beweisen?«
3. Als Informationsverarbeiter sind wir unzulänglich und großartig zugleich. Einerseits können wir uns nur weniges wirklich genau merken – wenn es hoch kommt, vielleicht ein halbes Dutzend Fakten

auf einmal. Eine vorrangige Managementaufgabe, vor allem in komplexen Unternehmen, sollte es daher sein, für größtmögliche Einfachheit zu sorgen. Andererseits ist unser Unterbewußtsein ein riesiger, überaus leistungsfähiger Speicher. Erfahrung ist ein hervorragender Lehrer, und doch scheinen die meisten Unternehmer sie zu unterschätzen, wie wir noch ausführen werden.

4. Wir sind Geschöpfe unserer Umwelt und für Belohnungen und Strafen sehr empfänglich und empfindlich. Aber wir werden auch stark durch unseren inneren Antrieb, unsere Eigenmotivation, bestimmt.

5. Wir tun, als seien lautstark geäußerte Überzeugungen wichtig, aber Taten sagen mehr als alle Worte. Letzten Endes können wir niemandem wirklich etwas vormachen. Unsere Umwelt achtet noch bei unseren kleinsten Regungen auf Verhaltensmuster und ist klug genug, Worten zu mißtrauen, die irgendwie nicht zu unseren Taten passen.

6. Wir brauchen unbedingt einen Sinn in unserem Leben und bringen für Institutionen, die auf uns sinngebend wirken, bereitwillig große Opfer. Gleichzeitig brauchen wir Unabhängigkeit, das Gefühl, Herr unseres Geschicks zu sein und uns von der Menge abzuheben.

Wie reagieren nun die meisten Unternehmen auf diese Konflikte? Sie sind unbändig stolz auf die anspruchsvollen Ziele, die sie ihren Mitarbeitern (Produktivitätsteams, Produktentwicklungsteams, Bereichsleitern) vorgeben, und sie lassen keine Gelegenheit aus, diese Ziele noch höher zu stecken. All das ist völlig rational, aber letzten Endes dennoch ein Eigentor. Warum legen demgegenüber TI und Tupperware Wert darauf, daß jedes Team sich seine Ziele selbst setzt? Weshalb wählt IBM seine Zielvorgaben so, daß fast alle Verkäufer sie schaffen? Mit Sicherheit gibt es auch bei TI faule Mitarbeiter. Und auch IBM wird mit noch so ausgeklügelten Programmen für Einstellung, Auslese und Schulung seiner Verkäufer nie eine Verkaufsmannschaft aus lauter Superstars zusammenbekommen. Was also soll das Ganze?

Die Antwort ist überraschend einfach, wenn auch die meisten Manager keine Notiz davon nehmen. Als vor kurzem bei einer psychologischen Untersuchung eine Zufallsstichprobe erwachsener Männer gefragt wurde, wie sie ihre »Umgänglichkeit« einschätzten, rechneten sich *alle*

Probanden, 100 Prozent, zu der oberen Hälfte der Bevölkerung. 60 Prozent zählten sich zu den obersten 10 Prozent der Bevölkerung, und volle 25 Prozent meinten in aller Bescheidenheit, zu dem obersten 1 Prozent zu gehören. Bei einer Paralleluntersuchung zählten sich 70 Prozent im Hinblick auf ihre Führungsqualitäten zum obersten Quartil; nur 2 Prozent erkannten sich unterdurchschnittliche Führungseigenschaften zu. Und selbst auf einem Gebiet schließlich, auf dem Selbstbetrug schwerfallen müßte – bei der Sportlichkeit – erklärten 60 Prozent, sie gehörten zum obersten Quartil; nur 6 Prozent sahen sich unter dem Durchschnitt.

Wir halten uns alle für Spitze. Was uns selbst anbelangt, sind wir von überschwenglicher, hanebüchener Irrationalität. Und das hat weitreichende Konsequenzen für die Organisation. Dennoch sind die meisten Unternehmen ihren Mitarbeitern gegenüber negativ eingestellt. Wer schlechte Leistungen zeigt, wird energisch zurechtgewiesen. (Meistens sind die Worte härter als die Folgen, aber die harten Worte schüchtern trotzdem ein). Einerseits wird Mut zum Risiko verlangt, andererseits werden selbst kleinste Mißerfolge geahndet. Man will Innovation, nimmt aber gleichzeitig dem »Champion« jeden Schwung. Im Namen der Rationalität ersinnen diese Unternehmen Systeme, die geradezu darauf abzuzielen scheinen, das Selbstwertgefühl ihrer Mitarbeiter zu zerstören. Das mag nicht beabsichtigt sein, doch es läuft darauf hinaus.

Die eine, unmißverständliche Erkenntnis aus den von uns gesichteten Studien besagt, daß wir uns alle als Sieger verstehen wollen. Von den besonders erfolgreichen Unternehmen können wir lernen, daß man durchaus Systeme entwickeln kann, die diese Vorstellung laufend bestärken; diese Unternehmen schaffen es, den meisten ihrer Mitarbeiter das Gefühl zu vermitteln, daß sie Sieger sind. Ihre Belegschaft entspricht der Normalverteilung, genau wie jede andere große Population, doch ihre Systeme heben sich dadurch ab, daß sie den (unterschiedlich großen) Erfolg betonen, statt sich mit (unterschiedlich großen) Mißerfolgen aufzuhalten. Die Mitarbeiter dieser Unternehmen schaffen im allgemeinen ihre Zielvorgaben, weil diese Ziele so festgesetzt wurden (häufig von den Betroffenen selbst), daß dies möglich ist.

Bei den nicht so erfolgreichen Unternehmen ist das ganz anders. Während IBM es bewußt so einrichtet, daß 70 bis 80 Prozent seiner Verkäufer die Zielvorgaben erreichen, haben bei einem anderen Unternehmen (in Teilbereichen Konkurrent von IBM) in einem normalen Jahr nur 40 Prozent des Verkaufsstabes diesen Erfolg. Bei einem solchen Ansatz sehen sich 60 Prozent der Verkäufer als Verlierer. Das ärgert sie, und sie reagieren mit unzweckmäßigem, unberechenbarem, jedenfalls aber unproduktivem Verhalten. Stemple jemanden zum Verlierer, und er verhält sich auch so. Ein Manager von General Motors stellte fest: »Unsere Kontrollsysteme gehen anscheinend von der Annahme aus, daß 90 Prozent der Mitarbeiter faule Taugenichtse sind, die nur darauf warten, uns zu belügen, zu betrügen, zu bestehlen oder sonstwie übers Ohr zu hauen. Wir stoßen die 95 Prozent der Belegschaft vor den Kopf, die sich wie Erwachsene verhalten, weil wir Systeme ersinnen, um uns vor den 5 Prozent zu schützen, die wirklich Ärger machen.«

Die Systeme in den hervorragend geführten Unternehmen sind nicht nur darauf angelegt, vielen Mitarbeitern zu Erfolgserlebnissen zu verhelfen; sie sorgen auch dafür, daß Erfolge gewürdigt werden. Diese Systeme stützen sich außergewöhnlich stark auf immaterielle Anreize. Es wird viel »Tamtam gemacht.«

Gewünschte Leistung und Verhaltensweisen lassen sich auch noch auf andere Weise fördern. In der psychologischen Forschung auf dem Gebiet der »attribution theory« (Zurechnungstheorie) hat Lee Ross von Stanford den sogenannten »grundlegenden Zurechnungsfehler« definiert. Die Zurechnungstheorie versucht zu erklären, wie wir Erfolge oder Mißerfolge vor uns selbst begründen. War es Glück? War es Verstand? Haben wir es verpatzt? Waren die Verhältnisse gegen uns? Der grundlegende Zurechnungsfehler, der die Psychologen so sehr beschäftigt, besteht darin, daß wir typischerweise jeden Erfolg uns selbst und jeden Mißerfolg dem System zurechnen. Wenn etwas gut läuft, dann ist es für uns ganz klar: »Das habe ich geschafft«, »Ich kann etwas« usw. Mißlingt etwas, so heißt es: »Die sind daran schuld«, »Das liegt am System«. Auch hier liegen die Konsequenzen für die Gestaltung von Organisationen auf der Hand. Die Menschen steigen aus, wenn sie das Gefühl haben, am »System« zu scheitern. Sie steigen voll ein, wenn das System sie im Glauben an sich selbst bestärkt; sie erfahren, daß sie mit ihren Fähigkeiten etwas schaffen können, und sie werden sich weiter bemühen.

Der alte Spruch »Nichts ist erfolgreicher als der Erfolg« hat offenbar eine solide wissenschaftliche Grundlage. Motivationsforscher stellen fest, daß der wichtigste Faktor bei motivierten Personen ganz einfach ihre Wahrnehmung des eigenen Erfolges ist. Wieweit objektiv tatsächlich ein Erfolg gegeben ist, scheint dabei nicht so wichtig zu sein. Bei einem Versuch wurden Erwachsenen zehn Rätsel aufgegeben. Alle zehn waren für alle gleich. Die Versuchspersonen arbeiteten daran, gaben ihre Lösungen ab und bekamen zum Schluß Ergebnisse mitgeteilt. Diese Ergebnisse waren jedoch nicht echt: der Hälfte der Teilnehmer wurde gesagt, sie hätten mit sieben von zehn Richtigen gut abgeschnitten. Der anderen Hälfte wurde gesagt, mit sieben falschen Antworten hätten sie schlecht abgeschnitten. Dann bekamen alle noch einmal zehn (für alle Teilnehmer gleiche) Rätsel. Die Hälfte, der beim erstenmal ein »gutes« Ergebnis bescheinigt worden war, wurde beim zweiten Mal eindeutig besser, die andere Hälfte eindeutig schlechter. Allein schon die Erinnerung an frühere persönliche Erfolge führt anscheinend zu größerer Beharrlichkeit, höherer Motivation oder veranlaßt uns jedenfalls irgendwie zu besseren Leistungen. In seinem Buch *The Unconscious Conspiracy: Why Leaders Can't Lead (Die unbewußte Verschwörung: Weshalb Führer nicht führen können)* sieht Warren Bennis das ganz genauso: »Eine Untersuchung unter Lehrern ergab, daß es genügte, wenn sie viel von ihren Schülern erwarteten, um die Ergebnisse dieser Schüler bei Intelligenztests um 25% zu verbessern«.

Die Erforschung der Hirnfunktionen hat gezeigt, daß sich die linke und die rechte Großhirnhemisphäre grundlegend unterscheiden. Die linke Hemisphäre ist die denkende, folgerichtige, verbale Hälfte; sie ist die »logische« und rationale Hälfte. Die rechte Hemisphäre ist die künstlerische Hälfte; sie sieht und erinnert sich an Bilder, merkt sich Melodien, bekommt poetische Anwandlungen. Die grundlegende Verschiedenheit beider Hemisphären ist wiederholt nachgewiesen worden, zum Beispiel wenn bei Epilepsie durch einen chirurgischen Eingriff die Verbindungen zwischen den beiden Hemisphären durchtrennt wurden. Untersuchungen zeigen, daß die rechte Hirnhälfte gut visualisieren, aber nicht verbalisieren kann. Die linke Seite kann sich nicht an Bilder, zum Beispiel menschliche Gesichter, erinnern. Wer also sagt: »Ich kann keine Namen behalten, aber ein Gesicht vergesse ich nie«, hat keinen Defekt, sondern einfach ein leicht »rechtslastiges« Gehirn.

Arthur Koestler verweist darauf, daß – ob es uns gefällt oder nicht – unsere rechte Hirnhälfte eine dominierende Rolle spielt. In seinem Buch *Ghost in the Machine* (»Der Geist in der Maschine«) führt Koestler unsere niedrigsten Instinkte, unseren Hang zu Krieg und Zerstörung auf »eine unterentwickelte (rechte) Hirnhälfte« zurück. Er behauptet, daß »(unser) Verhalten nach wie vor von einem relativ groben und primitiven System beherrscht« wird. Und Ernest Becker erklärt sogar, daß »die psychoanalytische Betonung der Kreatürlichkeit (d.h. unserer grundlegenden Wesenszüge) *die* Einsicht in den menschlichen Charakter schlechthin« darstellt. Er setzt hinzu, daß wir deshalb mit aller Macht »nach Transzendenz streben«, »Isolierung meiden« und »vor allem die Hilflosigkeit fürchten«.

Für die Organisation ergeben sich aus diesen Gedankengängen unausweichliche Konsequenzen – möglicherweise nicht nur positiver Art (so würden wir z. B. fast alles tun, um Transzendenz zu erreichen). Der Wirtschaftswissenschaftler Henry Mintzberg beschäftigt sich eingehend damit:

Eine Tatsache wird in dieser Forschungsarbeit immer wieder deutlich: Die grundlegenden Managementprozesse sind überaus komplex und rätselhaft (und zwar sowohl für mich als Forscher als auch für die Manager, die sie ausführen); es werden dabei überaus unsichere Informationen herangezogen, und es laufen sehr verworrene Denkprozesse ab. Diese Prozesse scheinen eher von Beziehungen geprägt und ganzheitlich als geordnet und folgerichtig zu sein; sie wirken eher intuitiv als vom Intellekt bestimmt; sie erscheinen charakteristisch für die Aktivität der rechten Gehirnhälfte.

Insgesamt folgt aus der Links- und Rechtshirnforschung ganz einfach, daß Unternehmen voll (zu 100%) von überaus »irrationalen« (nach Linkshirnkriterien), emotionalen Menschen sind: Leute, die unbedingt im siegreichen Team mitspielen wollen (»nach Transzendenz streben«); einzelne, die im Teamgeist einer erfolgreichen Kleingruppe aufblühen (»die Isolierung meiden«); Menschen, die spüren wollen, daß sie zumindest teilweise ihr eigenes Geschick bestimmen können (»sich vor Hilflosigkeit fürchten«). Auch wir haben ernsthafte Zweifel, daß die besonders erfolgreichen Unternehmen bei der Entwicklung ihrer Führungsmethoden bewußt von Rechtshirn-Überlegungen ausgegangen sind. Trotzdem sieht es ganz danach aus, inbesondere im Vergleich mit ihren Konkurrenten. Sie lassen ganz einfach Raum für die emotionale, primitivere (im Guten wie im Schlechten) Seite der menschlichen Natur – und ziehen Nutzen daraus. Sie geben Gelegenheit, der Beste zu sein, und schaffen einen Rahmen für das Streben nach Qualität und Spitzenleistungen. Sie bieten Unterstützung, ja sogar Bewunderung; sie arbeiten in kleinen, überschaubaren Einheiten (von Abteilungen bis zu Teams der verschiedensten Art), und sie bieten die Gelegenheit, sich innerhalb eines vertrauten Kreises hervorzutun – z. B. als Mitglied eines Qualitätszirkels bei TI, wo 9.000 derartiger Gruppen bestehen.

Übrigens geht diese stillschweigende Anerkennung von Rechtshirnmerkmalen in den erfolgreichen Unternehmen unmittelbar zu Lasten der traditionellen »linkshirnlastigen« Führungsmethoden: Eine Sache, für eine die man sich einsetzt, ist etwas ganz anderes als 30 MBO-Vorgaben pro Quartal; konkurrierende Teams und kleine Abteilungen lassen der Kostendegression wenig Chancen; und »Meinungsfreiheit« für Tausende von Qualitätszirkeln ist Ketzerei gegen die Überlieferung vom »einen richtigen Weg«.

Und noch ein Wesensmerkmal unserer rechten Hirnhälfte hat gewöhnlich keinen Raum im Profil des Managers, wird aber von den besonders erfolgreichen Unternehmen eindeutig gefördert. Das ist die intuitive, die kreative Seite. Naturwissenschaft und Mathematik gelten als Inbegriff logischen Denkens, und im normalen Entwicklungsgang der Wissenschaften spielt logisches, rationales Denken mit Sicherheit eine tragende Rolle. Doch wie wir schon im Zusammenhang mit dem wissenschaftlichen Paradigmenwechsel gezeigt haben, ist die Logik nicht der wahre Motor wissenschaftlichen Fortschritts. James Watson, Mit-Entdecker der Struktur des DNS, beschrieb in der Nacht nach dem Abschluß der Forschungsarbeiten die Doppelhelix mit folgenden Worten: »Sie ist so schön, so schön!« In der Wissenschaft ist die Ästhetik, die Schönheit einer Theorie so wichtig, daß Nobelpreisträger Murray Gell-Mann sich zu der Bemerkung veranlaßt sah: »Wenn man etwas Einfaches gefunden hat, das mit der gesamten übrigen Physik übereinstimmt und wirklich zu erklären scheint, was vorgeht, dann spielen ein paar entgegengesetzte Versuchsergebnisse überhaupt keine Rolle.« Wenn Ray Kroc, der ehemalige Vorstandsvorsitzende von McDonald's, angesichts seiner Hamburger poetische Anwandlungen bekam, dann hatte er keineswegs den Verstand verloren; er hatte nur erkannt, wie wichtig Schönheit ist als Ausgangspunkt für geschäftliche Logik.

Wir »denken« mit unserer intuitiven Seite ganausoviel wie mit unserer logischen Seite, vielleicht sogar mehr. Die Psychologen Amos Tversky und Daniel Kahneman sind die führenden Forscher auf einem wichtigen neuen Gebiet der experimentellen Psychologie, das vor rund 15 Jahren entstand und »kognitive Vorurteile« zum Gegenstand hat. In immer neuen Versuchen mit gebildeten, ja sogar wissenschaftlich geschulten Probanden weisen sie unseren Hang zum Intuitiven nach. So beeinträchtigt eine von ihnen »Repräsentativität« genannte Erscheinung in hohem Maße unsere Denkfähigkeit. Einfach ausgedrückt, werden wir stärker beeinflußt von Geschichten (kleinen, abgeschlossenen Szenenbildern, die aus sich heraus einen Sinn ergeben) als von Daten (die ihrer Natur nach abstrakt sind). Bei einem typischen Experiment wird den Versuchspersonen eine Geschichte über eine bestimmte Person erzählt, zu der ihnen einige einschlägige Daten mitgeteilt werden; dann werden sie aufgefordert, den Beruf der Person zu raten. Zum Beispiel wird den Probanden gesagt: »Jack ist ein Mann von 45 Jahren. Er ist verheiratet und hat vier Kinder. Er ist konservativ, vorsichtig und ehrgeizig. Für Politik und gesellschaftliche Fragen interessiert er sich nicht; den größten Teil seiner Freizeit verbringt er mit seinen vielen Hobbys wie Tischlern, Segeln und Denksportaufgaben.« Außerdem erfahren die Versuchspersonen, daß die Beschreibung von Jack aus einem Personenkreis stammt, der sich zu 80% aus Juristen und zu 20% aus Ingenieuren zusammensetzt. Dieser Hinweis auf das zahlenmäßige Übergewicht der Juristen macht keinerlei Eindruck; die Probanden wählen den Beruf nach ihren eigenen Klischeevorstellungen aus. In diesem Fall entschieden die meisten Versuchspersonen, Jack sei Ingenieur.

Auch Gregory Bateson hat seinen eigenen Beweis für den Primat der Repräsentativität:

Es gibt eine Geschichte, die ich früher schon erzählt habe und immer wieder erzählen werde: Ein Mann wollte mehr über das Denken wissen; nicht das wirkliche, menschliche Denken, sondern den Vorgang in seinem eigenen Großrechner. Er fragte den Computer: »Rechnest du damit, daß du jemals wie ein Mensch denken wirst?« Die Maschine machte sich an die Arbeit und analysierte ihre Rechengewohnheiten. Schließlich druckte sie ihre Antwort auf einem Stück Papier aus. Der Mann lief schnell hin, um sich seine Antwort zu holen, und las die sauber gedruckten Worte: DA FÄLLT MIR EINE GESCHICHTE EIN. Eine Geschichte ist ein kleiner Knotenpunkt oder Komplex in dem Beziehungsgeflecht, das wir Relevanz nennen. Der Computer hatte recht. Geanauso denken Menschen nämlich.

Weitere Forschungsarbeiten vermitteln ähnliche Erkenntnisse:

1. Was früher war, beachten wir nicht. Vergangene Ereignisse beeinflussen uns weniger als eine gute, aktuelle Anekdote (oder wohl auch ein bißchen pikanter Klatsch). Wir denken anhand von Daten, die uns leicht einfallen (Kahneman und Tversky nennen das »Heuristik des Naheliegenden«), selbst wenn sie keinen statistischen Aussagewert besitzen. Wenn wir innerhalb einer Woche in einem Hotel in Tokio drei Freunde treffen, dann denken wir eher »Wie seltsam«, als daß wir uns überlegen, daß unser Bekanntenkreis wahrscheinlich dieselben Orte aufzusuchen pflegt wie wir.

2. Wenn zwei Ereignisse auch nur ungefähr gleichzeitig auftreten, vermuten wir vorschnell einen Kausalzusammenhang. So werden den Versuchspersonen bei einem Experiment z. B. klinische Daten bestimmter Menschen und Zeichnungen von ihnen vorlegt. Auf die spätere Frage, was sie festgestellt haben, überschätzen die Probanden dann ganz gewaltig den Zusammenhang zwischen dem Aussehen des jeweiligen Menschen und seinen wahren Merkmalen – wenn Personen von argwöhnischem Wesen waren, wurden ihnen typischerweise (und irrtümlich) seltsame Augen unterstellt.

3. Bei der Bewertung von Stichproben sind wir ein hoffnungsloser Fall. Kleine Stichproben sind für uns genauso überzeugend wie große, bisweilen sogar überzeugender. Nehmen wir zum Beispiel an, jemand greift zwei Kugeln aus einer Urne heraus und stellt fest, daß beide rot sind. Ein anderer nimmt dann 30 Kugeln heraus und findet 18 rote und zwölf weiße. Für die meisten Menschen ist die erste Stichprobe der stärkere Beweis dafür, daß die Urne mehr rote Kugeln enthält, obwohl rein statistisch gesehen das Gegenteil der Fall ist.

Und so geht es weiter mit einer ganzen Flut von Versuchsdaten aus mittlerweile Tausenden von Experimenten, die zeigen, daß der Mensch intuitiv denkt. Er denkt nach einfachen Entscheidungsregeln – eine elegante Umschreibung dafür, daß er sich in unserer komplizierten Welt auf seinen Riecher verläßt. Irgendwie müssen wir uns durch die endlos vielen Einzelheiten um uns herum hindurchfinden, und da nehmen wir zunächst einmal Zuflucht zur Heuristik – Assoziationen, Analogien, Metaphern und Methoden, die uns schon früher gute Dienste geleistet haben.

Das hat sein Gutes und sein Schlechtes, vor allem aber wohl doch sein Gutes. Das Schlechte daran ist, daß unser kollektiver Riecher, wie die Experimente beweisen, in der rätselhaften Welt der Wahrscheinlichkeiten und der Statistik nicht viel wert ist. Hier wäre etwas mehr rationale Ausbildung nicht zu verachten! Gut daran ist aber, daß uns in dieser komplexen Welt wahrscheinlich nur der intuitive Sprung überhaupt noch Problemlösungen zustande bringen läßt. Hier liegt, wie wir noch sehen werden, eine wesentliche Stärke des Menschen gegenüber dem Computer.

Einfachheit und Komplexität

Die meisten Akronyme hinken. Nicht so KISS: Keep It Simple, Stupid! (Bleib einfach, Simpel!). Die exzellenten Unternehmen haben erkannt, wie wichtig es ist, dem überwältigenden Sog zu mehr Komplexität zu widerstehen und möglichst vieles möglichst einfach zu halten. Für den Kampf um Einfachheit gibt es einen wirklich triftigen Grund, den wir von Nobelpreisträger Herbert Simon erfahren können. Simon hat sich in den letzten Jahren intensiv auf dem Gebiet der künstlichen Intelligenz betätigt und hat versucht, Computer dazu zu bringen, mehr wie Menschen zu »denken«, statt Lösungen in ineffizienten, erschöpfenden Suchroutinen herauszufiltern.

Mit zu den wichtigsten Ergebnissen Simons und seiner Kollegen gehört zum Beispiel die Feststellung, daß der Mensch große Mengen neuer Daten und Informationen nicht gut verarbeiten kann. Sie haben herausgefunden, daß wir in unserem Kurzzeitgedächtnis nur sechs bis sieben Einzeldaten speichern können, ohne etwas zu vergessen.

Erneut sehen wir uns hier einem für die Unternehmensführung wichtigen Widerspruch gegenüber, denn die Welt der Großunternehmen *ist* komplex. Wie komplex sie wirklich ist, geht aus der Tatsache hervor, daß bei linearer Zunahme der Mitarbeiterzahl in einem Unternehmen die Zahl der möglichen Beziehungen zwischen ihnen exponentiell ansteigt. Wenn unser Unternehmen zehn Mitarbeiter hat, so können wir alle miteinander Kontakt halten, weil nur 45 verschiedene Zweierkombinationen, z. B. für Einzelgespräche, möglich sind. Hat unser Unternehmen dagegen 1000 Beschäftigte, so steigt die Zahl möglicher Einzelkontakte auf rund 500.000. Bei 10.000 Beschäftigten liegt sie schon bei 50 Millionen. Um mit dem komplexen Kommunikationsbedarf fertig zu werden, der sich schon allein aus der Größe ergibt, brauchen wir entsprechend komplexe Systeme – so könnte man jedenfalls meinen.

Vor kurzem lasen wir einen ganzen Stapel von Projektvorschlägen, und keiner davon war kürzer als 50 Seiten. Anschließend gingen wir die persönlichen Entwicklungsprogramme der leitenden Angestellten eines Konsumgüterunternehmens mit 500 Millionen Dollar Umsatz durch: Selten enthielten die Programme weniger als 15 Ziele pro Jahr, und auch 30 Ziele waren nichts Ungewöhnliches. Ganz vernünftig, sagt man sich, bis man sich klarmacht, daß die Führungsspitze ja versucht, über die berufliche Entwicklung der 500 leitenden Mitarbeiter der Firma auf dem laufenden zu bleiben – das macht vielleicht 15.000 Ziele. Was ist die logische Reaktion der Top-Manager, wenn für sie alles immer komplizierter wird? Was machen sie, wenn die Ziele, die sie irgendwie verarbeiten müssen, in die Tausende gehen? Was machen sie, wenn all diese Ziele zusammen nur ein winziger Ausschnitt aus der Informationsmenge sind, die sie bewältigen sollen? Nun, sie schaffen einen Stab, der die Sache für sie vereinfachen soll.

Der Stab kann in der Tat das Leben einfacher machen – jedenfalls für die Manager. Doch gleichzeitig macht er es den Leuten an der Basis zur Hölle. Sobald Stäbe, gleich welcher Größe, ans Werk gehen, werden Anfragen, Anweisungen, Vorschriften, Richtlinien und Berichte produziert und schließlich Fragebögen darüber, »was der Stab leistet«. Irgendwann auf dem Weg zum Großunternehmen setzt die Informationsüberlastung ein. Das Kurzzeitgedächtnis kann das nicht alles verarbeiten, ja nicht einmal einen kleinen Teil davon, und das Leben wird äußerst unübersichtlich.

Doch, wie so oft, scheinen die besonders erfolgreichen Unternehmen auch hier einen Ausweg gefunden zu haben. Erstens halten sie die zentralen Stäbe bewußt klein. Dann sind einfach nicht genug Stabsleute da, um weiter unten allzuviel Verwirrung zu stiften. Emerson, Schlumberger und Dana zum Beispiel sind Spitzenunternehmen mit Umsätzen zwischen drei und sechs Milliarden Dollar; und doch wird jedes von einer Firmenzentrale mit weniger als 100 Beschäftigten geführt. Ford ist mittlerweile bei 17 Führungsebenen angelangt, während Toyota (genau wie die römisch-katholische Kirche mit ihren 800 Millionen Mitgliedern) mit fünf auskommt. Zum zweiten konzentrieren sich die erfolgreichen

Firmen auf eine geringe Anzahl unternehmerischer Grundwerte und Ziele. Bei dieser Beschränkung weiß jeder, was wichtig ist, so daß ganz einfach weniger tägliche Einzelanweisungen (d. h. eine geringere tägliche Belastung des Kurzzeitgedächtnisses) nötig sind. Als René McPherson den Vorsitz bei Dana übernahm, warf er demonstrativ einen halbmeterhohen Stapel Grundsatzpapiere und Handbücher auf den Müll und ersetzte sie durch eine »Firmenphilosophie« von einer Seite Länge mit dem Leitthema »produktive Mitarbeiter«. (Seine Revisoren waren entsetzt. »Das bedeutet, daß in 74 verschiedenen Werken 74 verschiedene Verfahrensweisen möglich sind.« McPherson erwiderte: »Ja, und das bedeutet auch, daß Ihr Burschen vielleicht jetzt endlich einmal Euer Geld verdienen müßt.«)

Viele dieser Unternehmen ersetzen Papierkrieg durch schnell handelnde »task forces«; P & G ist dabei mit dem Ein-Seiten-Memo als praktisch einzig zugelassene Form schriftlicher Kommunikation berühmt geworden. Andere »unteroptimieren«; sie widerstehen der Versuchung, durch größere Einheiten scheinbare Kostenvorteile zu erzielen, und nehmen stattdessen einiges an internen Überschneidungen, Doppelarbeit und Fehlern in Kauf, einfach um nicht das Ganze koordinieren zu müssen – was sie angesichts ihrer Größe sowieso nicht könnten. Wenn wir in späteren Kapiteln die Untersuchungsergebnisse im einzelnen durchgehen, werden wir auf Dutzende von Hilfsmitteln stoßen, mit denen sich die erfolgreichen Unternehmen ihre Einfachheit erhalten. Regelmäßig setzen sie sich über die »wirkliche Welt« der Komplexität hinweg. Sie sind im eigentlichen Sinne *simplistisch*.Natürlich ist das TI-Schlagwort »Mehr als zwei Ziele ist kein Ziel« unrealistisch; ein realistischeres Bild ergibt sich in der Tat aus 30 Zielen. Aber die Regel von TI entspricht der menschlichen Natur. Mit etwas Glück und sturer Beharrlichkeit könnte man zwei Dinge ja vielleicht wirklich in einem Jahr zustandebringen.

Simon kommt bei seinen Arbeiten über künstliche Intelligenz zu einem weiteren faszinierenden Ergebnis, das Mut macht. Bei der Untersuchung des Langzeitgedächtnisses befaßten er und seine Kollegen sich mit der Programmierung von Schachcomputern. Diese Forschungsarbeiten gaben wichtige Aufschlüsse über die Verknüpfung von Rationalität und Intuition. Simon ging zunächst von der Annahme aus, man könne Schach auf rein rationaler Grundlage spielen, den Computer also wie einen Endscheidungsbaum programmieren. Vor jedem Zug würde der Rechner alle möglichen Züge und Gegenzüge prüfen. Theoretisch ist das denkbar. Nicht jedoch in der Praxis. Denn es gibt rund 10^{120} Möglichkeiten (zum Vergleich: eine Billion ist nur 10^{12}). Die schnellsten Rechner, die wir heute haben, schaffen innerhalb eines Jahrhunderts vielleicht 10^{20} Rechenvorgänge. Unser Schachcomputer läßt sich also überhaupt nicht auf rationales Verhalten programmieren.

Von dieser Erkenntnis beeindruckt, untersuchte Simon weiter, was gute Schachspieler wirklich tun. Er bat Schachgroßmeister – die besten der Welt-, sich kurz (10 Sekunden lang) die Stellungen von schon begonnenen Partien anzusehen, als vielleicht noch 20 Figuren auf dem Brett waren. Er stellte fest, daß sich die Großmeister danach an die genaue Stellung fast aller Figuren erinnern konnten. Das paßt aber überhaupt nicht in die Theorie des Kurzzeitgedächtnisses. Als Spieler der darunterliegenden Leistungsstufe gebeten wurden, sich dem gleichen Test zu unterziehen, schnitten sie viel schlechter ab. Vielleicht haben Schachgroßmeister ja ein besseres Kurzzeitgedächtnis. Aber diese Vermutung hat einen Haken: weder die Großmeister noch die anderen Spieler konnten sich an die Stellung der Figuren erinnern, wenn diese willkürlich aufgestellt wurden, ohne daß eine Partie im Gange war. Hier mußte also noch etwas anderes mitspielen.

Dieses andere, glaubt Simon, liegt darin, daß Schachgroßmeister über ein viel höher entwickeltes Langzeit-Schachgedächtnis verfügen, das ihnen Erinnerungen in Form unterbewußt gespeicherter Muster oder, wie Simon sie nennt, einen »Schach-Wortschatz« vermittelt. Bei dem Spieler der zweitstärksten Klasse unmfaßt dieser Wortschatz rund 2.000 Stellungen, der Schachgroßmeister dagegen hat einen Wortschatz von rund 50.000 Stellungen. Schachspieler denken allem Anschein nach nur sehr begrenzt in Entscheidungsbäumen. Sie fangen bei den Stellungen an: habe ich so etwas schon einmal gesehen? Wann? Was hat früher schon einmal funktioniert?

Wenn wir nun darüber nachdenken, was alles aus Simons Forschungsarbeiten folgt, so stellen wir überrascht eine Vielzahl von Anwendungsmöglichkeiten fest. Das Merkmal jedes wirklichen Experten, gleich auf welchem Gebiet, ist ein reichhaltiger Situtations-Wortschatz, den er während der schulischen Ausbildung, vor allem aber auch während der praktischen Tätigkeit aufgebaut hat. Der erfahrene Arzt, der Künstler, der Mechaniker, alle verfügen über einen umfangreichen Situations-Wortschatz – Simon nennt dessen Elemente »alte Freunde«.

Diese Vorstellung verdient Beifall, denn sie gibt, wie wir meinen, dem Faktor Erfahrung seinen richtigen Stellenwert auch im Geschäftsleben. Sie erklärt, was »Unternehmensführung durch Herumwandern« so wichtig macht. Nicht nur tut es den Mitarbeitern gut, wenn sie Beachtung finden. Der erfahrene Chef hat ein gutes Gespür; sein Wortschatz vertrauter „alter Freunde" sagt ihm sofort, ob etwas gut oder schlecht läuft.

Der Begriff des Situations-Wortschatzes hat uns zum Thema exzellente Unternehmensführung verschiedenerlei zu sagen. Er sollte uns helfen, uns bei wichtigen Entscheidungen öfter auf unseren guten Riecher zu verlassen. Er sollte uns veranlassen, öfter Kunden und Mitarbeiter um Rat zu fragen. Und schließlich sollte er uns alle anregen, ernsthaft über die Vorteile von praktischen Experimenten gegenüber theoretischen Studien nachzudenken.

Positive Verstärkung

B. F. Skinner hat in manchen Kreisen nicht gerade den besten Ruf. Seine Techniken werden als manipulativ angesehen. Er fordert in der Tat Angriffe von den verschiedensten Seiten heraus. In seiner populären Abhandlung *Beyond Freedom and Dignity* (Jenseits von Freiheit und Würde) zum Beispiel fordert er nicht mehr und nicht weniger als eine umfassende »Verhaltenstechnologie«. Er erklärt, wir alle seien ganz einfach ein Produkt der Reize, die wir von außen empfangen. Man brauche die Umwelt nur vollständig genug zu beschreiben, dann könne man die Handlungen des einzelnen genau vorhersagen. Wir stehen hier vor dem gleichen Problem, auf das die Rationalisten mit dem »homo oeconomicus« stießen. Genau wie der »homo oeconomicus« nie genug (d. h. alles) wissen kann, um sein Nutzenpotential zu maximieren, wird es uns nie auch nur annähernd gelingen, die Umwelt so vollständig zu beschreiben, daß wir Verhalten vorhersagen können. Unglücklicherweise neigen wir jedoch dazu, das Kind mit dem Bade auszuschütten: zusammen mit Skinners hochtrabendem Anspruch und der zugrundeliegenden Ideologie verwerfen wir auch gleich einige überaus überzeugende und praktisch verwertbare Forschungsergebnisse.

Bei näherer Betrachtung zeigt sich, daß die wichtigste Lehre aus Skinners Werk die Rolle der positiven Verstärkung, der Belohnung für gute Leistung betrifft. Skinner und andere weisen hin auf die Asymmetrie zwischen positiver und negativer Verstärkung (im wesentlichen der Androhung von Strafe). Kurz gesagt, bewirkt negative Verstärkung eine Verhaltensänderung, aber oft in unberechenbarer und unerwünschter Richtung. Auch positive Verstärkung führt zu einer Verhaltensänderung, gewöhnlich aber in der gewünschten Richtung

Warum halten wir uns hierbei auf? Nun, wir glauben, daß das Herzstück aller Unternehmensführung das Verhältnis zwischen Vorgesetzten und Untergebenen ist, das Bild vom Manager als dem »Chef«, der Befehle erteilt und befolgt sehen will. Die Androhung von Strafe ist dabei das wichtigste latente Machtmittel. In dem Maße, wie dieses Mittel zum Einsatz kommt, bleibt das starke Erfolgsbedürfnis der Mitarbeiter unerfüllt. Überdies ist wiederholte negative Verstärkung, wie Skinner sagt, gewöhnlich eine unkluge Taktik. Sie funktioniert nicht, sie bewirkt meist unsinnigen, planlosen Aktivismus. Außerdem beseitigt eine Bestrafung keineswegs den Wunsch, »Böses zu tun«. Wie Skinner sagt: »Der Bestrafte ist deshalb nicht ohne weiteres weniger geneigt, sich in bestimmter Form zu verhalten; er lernt höchstens, Strafe zu vermeiden.«

Positive Verstärkung dagegen wirkt nicht nur prägend auf das Verhalten, sondern sie vermittelt auch Erkenntnis und stärkt dabei unser Selbstgefühl. Um mit einem negativen Beispiel zu beginnen: nehmen wir einmal an, wir würden bestraft, weil wir »einen Kunden nicht gut behandelt haben«. Nicht nur wissen wir daraufhin nicht, was wir im einzelnen besser machen müssen; wir könnten auch so reagieren, daß wir »lernen«, Kunden überhaupt aus dem Wege zu gehen. Wie Skinner es ausdrückt, assoziieren wir jetzt mit der Bestrafung den Begriff »Kunde« und nicht »schlechte Behandlung eines Kunden«. Wenn andererseits jemand unter Berufung auf einen »ungenannt bleiben wollenden Käufer« einem Mitarbeiter sagt, er habe geradezu in der besten Tradition der Firma XYZ gehandelt, als er auf die Reklamation von Frau Jones einging, dann ist das etwas ganz anderes. Laut Skinner und nach unserer eigenen Erfahrung dürfen wir jetzt damit rechnen, daß sich unser Mitarbeiter auf die Suche nach noch mehr Kunden wie Frau Jones machen wird, die er gut bedienen kann. Er hat gelernt, daß ein spezifisches (positives) Verhaltensmuster belohnt wird und hat gleichzeitig das menschliche Bedürfnis befriedigt, vor sich selbst gut dazustehen.

Ore-Ida, die überaus erfolgreiche Tiefkühl-Tochter von Heinz, macht gerade einen Versuch mit einer interessanten Variation zu diesem Thema, der die Lernbereitschaft und Risikofreudigkeit ihrer Forscher fördern soll. Dazu wurde genau festgelegt, was als »vollkommener Mißerfolg« gelten darf, und bei jedem derartigen Anlaß wird jetzt ein Salutschuß abgefeuert. Das Konzept des vollkommenen Mißerfolgs geht von der einfachen Erkenntnis aus, daß jede Forschungs- und Entwicklungsarbeit ihrem Wesen nach Risiken birgt, daß die einzige Erfolgschance in einer Vielzahl von Versuchen liegt, daß somit das vorrangige Ziel der Unternehmensleitung sein sollte, möglichst viele Versuche auszulösen, und daß auch ein Fehlschlag, aus dem man etwas lernt, ein Grund zum Feiern ist. Ganz nebenbei erhält so auch das Abblasen eines offensichtlich zum Scheitern verurteilten Projekts den Anstrich des Normalen oder wird sogar als positiv empfunden, statt daß man das Projekt einfach weitertreiben läßt, bis es an überhöhten Kosten und Frustration aller Beteiligten zugrunde geht.

Die positive Verstärkung hat auch noch eine andere interessante, Zen-artige Wirkung. *Unauffällig schiebt sie sinnvolle Dinge in den Vordergrund, statt einfach etwas Unerwünschtes zu verbieten.* In der Wirtschaft wie auch sonst im Leben geht es im wesentlichen darum, welchen Fragen wir Beachtung schenken und wie wir unsere Zeit einteilen. Die wichtigste Managementleistung ist es deshalb, die Aufmerksamkeit anderer in die gewünschte Richtung zu lenken (z. B. »Verbringen Sie mehr Zeit beim Kunden«). Ein solcher Richtungswechsel kann nur auf zwei Wegen erreicht werden. Entweder versuchen wir, die Mitarbeiter durch positive Verstärkung eine Zeitlang behutsam an die neue Tätigkeit heranzuführen. Das ist ein subtiler Gestaltungsprozeß. Oder aber wir »packen den Stier bei den Hörnern« und versuchen ganz einfach, unerwünschtes Verhalten abzustellen (z. B. »Sitzen Sie nicht so viel im Büro herum«). Skinner hält diesen letzten Ansatz für viel weniger wirksam, selbst wenn es für kurze Zeit anders aussehen mag. Verbote führen zu offenem oder verstecktem Widerstand: »Wenn Sie unbedingt wollen, geh ich raus aus dem Büro, aber dann geh ich eben in die Kneipe.« Das »Einschmuggeln von Erwünschtem« dagegen zieht ganz von selbst Kreise. Allmählich nimmt das positiv verstärkte Verhalten einen immer größeren Teil der Zeit und der Aufmerksamkeit ein. Ganz zwangsläufig fällt dabei irgend etwas weniger Erwünschtes weg (ganz gleich, was). In jedem Fall ist diese Gewichtsverlagerung von uns programmiert. Es fällt das weg, was wir weghaben wollen, um Platz für die erwünschten Tätigkeiten zu schaffen. Das ist ein wesentlich anderer

Ansatz. Wenn jemand einfach aus Zeitmangel *selbst* beschließt, eine weniger wichtige Aufgabe zu streichen, dann ist es äußerst unwahrscheinlich, daß er versucht zu mogeln und für die weniger gute (gerade gestrichene) Aufgabe doch mehr Zeit aufzubringen. Zurück zum Zen: die positive Verstärkung wirkt mit dem Strom und nicht gegen ihn.

Ganz allgemein scheinen die meisten Manager wenig über den Wert positiver Verstärkung zu wissen. Viele halten entweder gar nichts davon oder meinen, sie sei unter ihrer Würde, unrühmlich oder nicht gerade sehr männlich. Die Erkenntnisse aus den exzellenten Unternehmen lassen jedoch vermuten, daß Manager, die so denken, sich selbst einen schlechten Dienst erweisen. Die erfolgreichen Unternehmen wissen nicht nur, was positive Verstärkung wert ist, sie verstehen sie auch sinnvoll einzusetzen.

Wie Skinner bemerkt, kommt es bei der positiven Verstärkung mehr auf das »Wie« als auf das »Wieviel« an. Erstens sollte sie *spezifisch* sein und möglichst viel Information enthalten. So fällt zum Beispiel auf, daß in den erfolgreichen Unternehmen tätigkeitsbezogene MBO-Systeme (»Bringen Sie das Werk Rockville bis zum 17. Juli zum Laufen«) üblicher sind als finanzbezogene MBO-Systeme.

Zum zweiten sollte die Verstärkung *unverzüglich* erfolgen. Thomas Watson, Sr., soll es sich zur Gewohnheit gemacht haben, auf der Stelle einen Scheck auszuschreiben, wenn er bei seinem typischen »Wander-Management« auf besondere Leistungen stieß. Beispiele für derart sofortige Leistungshonorierung tauchten bei unserer Untersuchung immer wieder auf. So war Foxboro in der Anfangszeit des Unternehmens einmal an einem Punkt angekommen, wo das weitere Überleben davon abhing, daß schnell ein entscheidender technischer Durchbruch gelingen würde. Eines Abends kam zu später Stunde ein Wissenschaftler mit einem funktionierenden Prototyp in das Büro des President gestürzt. Überwältigt von der Perfektion der Lösung, suchte dieser nach einer passenden Belohnung; er stöberte in seinem Schreibtisch, fand etwas, reichte es dem Wissenschaftler hinüber und sagte: »Da!« In der Hand hielt er eine Banane, die einzige Belohnung, die er sofort anbieten konnte. Seit jener Zeit ist die kleine »Goldene Banane« bei Foxboro die höchste Ehrung für wissenschaftliche Leistungen. Wem das zu prosaisch vorkommt, dem sei gesagt, daß uns bei HP eine Geschichte über Marketingleute zu Ohren gekommen ist, die einem Außendienstler für den Verkauf einer neuen Maschine anonym pfundweise Pistazienkerne schickten.

Zum dritten sollte das »Anerkennungssystem« auch die *Erreichbarkeit* berücksichtigen. Große Durchbrüche à la Goldene Banane kommen nicht jeden Tag vor; deshalb sollte das System auch kleine Erfolge belohnen. In den erfolgreichen Unternehmen ist der Austausch von Erfolgsmeldungen gang und gäbe.

Viertens besteht ein wesentlicher Teil der Anerkennung in der nicht meßbaren, aber überaus wichtigen Beachtung durch das Top-Management. Angesichts der knapp bemessenen Zeit auf dieser Ebene ist diese Form der Verstärkung bei näherer Betrachtung vielleicht sogar die wirksamste.

Schließlich erklärt Skinner, daß allzu regelmäßige Verstärkung an Wirkung verliert, weil man sich darauf einzustellen beginnt. Besser ist *unvorhersehbare* Verstärkung *in unregelmäßigen Abständen* – womit wir wieder bei den berühmten Werksrundgängen sind. Außerdem sind kleine Belohnungen oft wirkungsvoller als große. Hohe Prämien werden häufig zum Politikum und demotivieren Legionen von Beschäftigten, die leer ausgehen, aber meinen, sie hätten sie auch verdient. Schließlich halten wir uns ja alle für Erfolgsmenschen. Haben Sie schon einmal ein Mitglied eines Produkteinführungsteams erlebt, das nicht glaubte, sein persönlicher Beitrag habe zum Durchbruch geführt und der Welt das neue Wunderwerk geschenkt? Die kleine, symbolische Belohnung wirkt eher als positiver Ansporn, ohne gleich politisches Gerangel auszulösen.

Skinners Verstärkungsgedanke hat inzwischen viele »Ableger« bekommen. Vielleicht der wichtigste ist Leon Festingers mittlerweile weitverbreitete »Theorie des sozialen Vergleichens«. Seine 1951 aufgestellte Hypothese besagte lediglich, daß die Menschen ihre Leistung am liebsten mit der anderer vergleichen, statt absolute Maßstäbe anzulegen. (Im übrigen reicht diese Forschungsrichtung bis in das Jahr 1897 zurück, als Norman Triplett beobachtete, daß Radrennfahrer »schneller sind, wenn sie gegen andere Fahrer antreten, als wenn nur die Uhr läuft«.) Dem Mittel des sozialen Vergleichs begegnen wir bei den erfolgreichen Unternehmen häufig. Dazu gehören regelmäßige vergleichende Leistungsberichte (tragende Säule der Führungssysteme von TI, Intel und Dana), umfassende Information über Leistungsvergleiche (zwischen Verkäufergruppen, kleinen Produktivitätsteams und dergleichen) sowie ein bewußt herbeigeführter interner Wettbewerb (z. B. zwischen den Brand-

Managern von P & G). All diese Methoden stehen in deutlichem Gegensatz zu den herkömmlichen Managementtechniken. Als junger Mann wurde René McPherson 1955 fast gefeuert, weil er den Mitarbeitern in seinem Werk gesagt hatte, wie hoch ihr Umsatz und ihre Gewinne waren und wie das Werk im Vergleich zu anderen dastand. 1972 besuchte er als President von Dana ein Werk in Toledo, das seit 1929 bestand: weder die Manager noch die übrigen Mitarbeiter hatten jemals irgendwelche Leistungsinformationen erhalten. Das ist leider keine Ausnahme. Offenbar glaubt man, Mitarbeiter könnten in einem Vakuum motiviert werden.

Bei alledem wollen wir keineswegs die positive Verstärkung zur Grundlage einer Theorie exzellenter Unternehmensführung hochstilisieren. Skinners Arbeiten sind wichtig und werden, wie schon gesagt, in Theorie und Praxis meist unzureichend genutzt. In größerem Rahmen gesehen, entspringen Höchstleistungen jedoch nach unserer Meinung einer *inneren Motivation.* Auf den ersten Blick widerspricht diese Selbstmotivation den Thesen der Verstärkungstheorie, doch greifen die beiden Elemente nach unserer Auffassung gut ineinander. In zahllosen Experimenten hat Edward Deci von der Universitiy of Rochester nachgewiesen, daß ein dauerhaftes Engagement für eine Aufgabe nur zustande kommt, wenn günstige Bedingungen für innere Motivation geschaffen werden. Einfach ausgedrückt, meint Deci, der Mensch müsse eine Aufgabe als sinnvoll ansehen, um sich dafür engagieren zu können. (Außerdem stellt er fest, daß allzu häufige Belohnungen das Engagement eher untergraben.)

Daß Manager an der positiven Verstärkung keinen Gefallen gefunden haben, ist vielleicht gar nicht so überraschend: Sie hat leicht entweder den Beigeschmack von »Schöne Neue Welt« (zu stark) oder riecht nach wahllosem Schulterklopfen (zu schwach). Erstaunlich finden wir es dagegen, wie wenig die meisten Unternehmen die innere Motivation nutzen. Die exzellenten Unternehmen verstehen es gut, den Eigenwert von Aufgabeninhalten in innere Motivation der Mitarbeiter umzusetzen. Bei TI und Dana müssen die Arbeitsgruppen und Unternehmensbereiche sich ihre eigenen Ziele setzen. Praktisch alle erfolgreichen Unternehmen bekennen sich zu einer nur kleinen Zahl von Grundwerten, und sie lassen ihren Mitarbeitern in diesem Rahmen viel Freiraum für Eigeninitiative – für eigene Wege, die Aufgabe und Ergebnis zum persönlichen Anliegen machen.

Handeln, Sinn und Selbstbestimmung

Wahrscheinlich würde kaum jemand bestreiten, daß Taten mehr sagen als Worte, doch alle verhalten wir uns, als könnten wir es eigentlich nicht glauben. Wir tun so, als wäre die Verkündung eines Grundsatzes schon die Realisierung. »Aber ich habe doch schon vor Jahren Qualität zu unserem obersten Ziel erklärt«, heißt es anklagend. Natürlich können Manager nicht mehr den Gabelstapler fahren. Aber sie handeln. Sie tun das eine und lassen das andere. Bestimmten Dingen widmen sie Aufmerksamkeit, anderen nicht. Mit diesem Handeln bringen sie ihre Prioritäten zum Ausdruck, und das sagt viel mehr als alle Worte. In dem hier erwähnten Beispiel rückte ein Untergebener den Qualitätsvorwurf seines President ins richtige Licht: »Natürlich ist er für Qualität. Jedenfalls hat er noch nie gesagt: ›Qualität ist mir gleichgültig‹. Nur ist er halt auch für alles andere. ›Ich bin für Qualität‹, sagt er zweimal im Jahr, aber wenn er handelt, wird daraus zweimal am Tag ›Ich bin für Umsatz‹«. In einem anderen Fall hoffte der President eines Unternehmens der Spitzentechnologie, die Firma mit neuen Produkten aus einer Krise herauszuführen und erklärte öffentlich (z. B. gegenüber den Wertpapier-Analytikern), die Produkte würden bald auf dem Markt sein. Ein Blick auf seinen Terminkalender und eine Liste seiner Anrufe offenbarte jedoch, daß er nur 3% seiner Zeit tatsächlich auf neue Produkte verwendete. Und dennoch fragte er uns ganz ernsthaft, weshalb nicht einmal seine engsten Verbündeten merkten, worauf es ihm ankäme.

Interessanterweise tobt auf diesem Gebiet seit langem ein erregter Psychologenstreit. Es gibt zwei Lehrmeinungen. Die eine erklärt, Einstellungen (Überzeugungen, Grundsätze, Deklarationen) gingen den Handlungen voraus – das »Erst reden, dann handeln«-Modell. Die andere, eindeutig vorherrschende Schule kehrt diese Logik um. Der Harvard-Psychologe Jerome Brunner trifft ihren Kern, wenn er sagt: »Man kommt leichter durch Handeln zu Gefühlen als durch Gefühle zum Handeln«. Auslöser der Kontroverse war ein viel beachtetes Experiment im Jahre 1934. Es erbrachte den eindeutigen Beweis, daß dezidiert vorgetragene Überzeugungen und praktisches Handeln oft kaum etwas miteinander zu tun haben.

LaPiere, ein weißer Professor, reiste 1934 mit einem jungen chinesischen Studenten und dessen Frau durch die Vereinigten Staaten. Sie gingen in 66 Hotels oder Motels und 184 Retaurants. Mit einer Ausnahme bekamen sie in allen Hotels oder Motels Zimmer, und in den Restaurants wurden sie jedesmal bedient. Etwas später schrieb er dann diese Betriebe an und fragte, ob sie Chinesen als Gäste aufnehmen würden. (Zu jener Zeit herrschte in den Vereinigten Staaten eine stark antichinesische Stimmung.) 92 Prozent antworteten mit Nein. LaPiere und viele nach ihm werteten diese Ergebnisse als Ausdruck einer beträchtlichen Kluft zwischen Verhalten und Einstellung. Fast alle Besitzer *verhielten sich* tolerant, brachten auf schriftliche Anfrage jedoch eine intolerante *Einstellung* zum Ausdruck.

Ähnlich unterstreicht auch die sogenannte »Fuß-in-der-Tür-Forschung«, wie wichtig es ist, sich an größere Zugeständnisse in kleinen Schritten heranzutasten. So geschehen bei einem Versuch in Palo Alto, Kalifornien, als viele Leute ohne Zögern bereit waren, mit einem *kleinen* Schild im Fenster ein öffentliches Anliegen zu unterstützen; wenig später hatten sie dann auch nichts mehr gegen eine große Anschlagtafel in ihrem Vorgarten, für die ihnen wildfremde Arbeiter tiefe Löcher in den Rasen graben mußten. Dagegen lehnten diejenigen, die nicht um den ersten kleinen Schritt gebeten worden waren, den großen Schritt in 95 von 100 Fällen ab.

Was das bedeutet, ist klar: Nur wer Menschen dazu bringt, vielleicht auch nur in kleinen Dingen so zu handeln, wie er es will, wird erreichen, daß sie sich mit dem, was sie tun, identifizieren. Noch erhöht wird die Anziehungskraft durch gezielte »Nacharbeit« – wenn kleine Erfolge zwischendurch immer wieder öffentlich gelobt werden. »Rührigkeit« (viele Experimente, Anläufe) führt zu schnellem, effizienten Lernen, zu Anpassungsfähigkeit, Engagement und der Weitergabe von Erkenntnissen; sie ist das Kennzeichen des gut geführten Unternehmens.

Unsere besonders erfolgreichen Unternehmen scheinen durch Handeln zu Strategien zu gelangen, nicht umgekehrt. Einer der führenden Kenner strategischer Prozesse, James Brian Quinn, spricht über die Bedeutung der Führung bei der Strategieentwicklung. Was er sagt, hört sich nicht gerade nach einem zahlenbestimmten, vorwiegend analytischen Prozeß an. Als wichtige Führungsaufgaben nennt er unter anderem: Vermittlung von Verständnis, Bewußtseinsbildung, Veränderung von Symbolen, Legitimierung neuer Standpunkte, taktische Schwenks und das Ausprobieren von Teillösungen, politische Unterstützung, Überwindung von Widerständen, Steigerung und Gestaltung von Flexibilität, Starten von Versuchsballons und systematisches Warten, Schaffung von Engagement-»Nestern«, Klärung von Schwerpunkten, Bündnispolitik und Schaffung formaler Bedingungen für Initiative (z. B. durch Erteilung von Kompetenzen für »Champions«). Demnach ist die Rolle des Führers die eines Dirigenten und Sprachreglers: Er nimmt, was an Handlungsbereitschaft zu haben ist und formt daraus – meist im nachhinein – ein dauerhaftes Engagement für eine neue strategische Orientierung. Kurz gesagt, er wirkt sinngebend.

Der bekannte Mathematiker Roger Penrose sagt: »Die Welt ist eine durch eine Verschwörung unserer Sinne hervorgerufene Illusion«. Doch wir armen Sterblichen bemühen uns redlich, bisweilen sogar verzweifelt, auf die uns bei der Geburt in die Wiege gelegte *tabula rasa* einen Sinn zu schreiben. Wie Bruno Bettelheim in seinem Buch *Kinder brauchen Märchen* feststellt: »Wenn wir hoffen, nicht nur von Augenblick zu Augenblick, sondern im wahren Bewußtsein unserer Existenz zu leben, dann ist es unser größtes Bedürfnis und unsere schwierigste Aufgabe, für unser Leben einen Sinn zu finden.« Bettelheim betont die geschichtlich bedeutende Rolle der Märchen und Sagen für unsere existentielle Sinngebung. Als wir an der Untersuchung über unsere erfolgreichen Unternehmen arbeiteten, fiel uns auf, in welch hohem Maße unsere Gesprächspartner auf Geschichten, Schlagworte und Legenden zurückgriffen, um uns das Besondere an ihren großartigen Unternehmen zu erkläutern. Alle von uns befragten Firmen, von Boeing bis McDonald's, umrankte ein dichter Kranz von Anekdoten, Sagen und Märchen. Und wir meinen wirklich Märchen. Die meisten, die heute Geschichten über T. J. Watson von IBM erzählen, sind diesem Mann nie begegnet und haben die damalige prosaischere Realität nicht selbst erlebt. Zwei HP-Ingenieure um Mitte zwanzig unterhielten uns neulich eine ganze Stunde lang mit Geschichten über »Bill und Dave« (Hewlett und Packard). Später stellten wir zu unserer Überraschung fest, daß keiner von beiden die Firmengründer je gesehen, geschweige denn mit ihnen gesprochen hatte. Heutzutage sind Männer wie Watson und A. P. Giannini von der Bank of America nachgerade zu einem Mythos geworden, den die wirkliche Person kaum hätte ausfüllen können. Für ihre Organisationen scheinen diese Geschichten, Sagen und Märchen jedoch sehr wichtig zu sein, denn in ihnen kommt das Selbstverständnis des Unternehmens, die Firmenkultur, zum Ausdruck.

Die beherrschende Rolle einer in sich schlüssigen Firmenkultur erwies sich ausnahmslos als wichtiges Wesensmerkmal aller besonders erfolgreichen Unternehmen. Je stärker diese Kultur ausgeprägt war und je marktnäher sie war, um so weniger brauchte das Unternehmen geschäftspolitische Handbücher, Organigramme oder detallierte Regeln und Verfahrensvorschriften. In diesen Unternehmen wissen die Mitarbeiter auf allen Ebenen fast in jeder Situation, was sie zu tun haben, denn die wenigen Leitwerte sind kristallklar formuliert. Einer unserer Kollegen arbeitet zur Zeit bei einem großen Unternehmen, das erst vor kurzem aus einer Reihe von Fusionen hervorgegangen ist. Er sagt: »Weißt Du, das Problem ist, daß jetzt *jede* Entscheidung zum ersten Mal getroffen wird. Die Leute an der Spitze werden mit Bagatellfragen überschwemmt, weil es keine kulturellen Normen gibt.«

In den exzellenten Unternehmen dagegen ist das Selbstverständnis eindeutig klar, nicht zuletzt durch die überaus reiche *Mythologie«*. Jeder bei Hewlett-Packard weiß, daß er innovativ sein soll. Jeder bei Procter & Gamble weiß, daß Produktqualität das ein und alles ist. In seinem Buch über P & G *Eyes on Tomorrow* bemerkt Oscar Schisgall: »Sie sprechen über Dinge, die mit dem Preis der Produkte sehr wenig zu tun haben. ... Sie reden von geschäftlicher Integrität, von fairer Behandlung der Mitarbeiter. ›Von Anfang an‹, sagte der verstorbene Richard R. Deupree, als er noch Firmenchef war, ›erkannten William Procter und James Gamble, daß die Interessen des Unternehmens und seiner Beschäftigten untrennbar miteinander verbunden waren. Das ist nie in Vergessenheit geraten.‹«

Weniger erfolgreiche Unternehmen haben häufig auch eine starke Kultur, nur ist sie eher kontraproduktiv. Sie ist gewöhnlich auf »Innenpolitik« und nicht auf den Kunden ausgerichtet, oder sie ist zahlenorientiert, statt sich auf das Produkt zu konzentrieren und auf die Menschen, die es herstellen und verkaufen. Die Spitzenunternehmen dagegen scheinen immer all das zu beherrschen, was den auf finanzielle Ziele fixierten Firmen abgeht oder unwichtig erscheint. Sie scheinen zu begreifen, daß *jeder* Mitarbeiter nach einem Sinn sucht (nicht nur der »Bonus-Club« der obersten 50).

Vielleicht ist Transzendenz ein zu großes Wort für die Geschäftswelt, doch die Liebe zum Produkt bei Caterpillar, Bechtel und J & J kommt dem schon sehr nahe. Wie dem auch sei, wir finden es sehr überzeugend, daß so viele Denker aus so vielen verschiedenen Disziplinen sich einig sind über das elementare Bedürfnis des Menschen, einen Sinn zu finden und sich über das Diesseits zu erheben. Nietzsche glaubte, daß »wer für ein *Warum* leben kann, fast jedes *Wie* erträgt«. John Gardner bemerkt in *Morale* : »Der Mensch ist ein beharrlicher Sinnsucher.«

In unserer Arbeit als Unternehmensberater ist eine der riskantesten Aufgaben, die Veränderung von Organisationsstrukturen. Unweigerlich kommen heftigste Emotionen zum Ausbruch, und fast jeder fühlt sich bedroht. Warum ist das so? Die Antwort lautet, daß in einem Unternehmen ohne ausgeprägtes Selbstverständnis – wie es in Wertvorstellungen, Geschichten, Sagen und Legenden zum Ausdruck kommt – die Mitarbeiter ihre Sicherheit einzig in ihrem Platz im Organigramm sehen. Wer den in Frage stellt, droht, ihnen das zu nehmen, was man den einzigen Sinn ihres (Berufs-) Lebens nennen könnte.*

Das Streben nach Sinn ist so stark, daß die meisten Menschen für Institutionen, die ihnen dieses bieten, bereitwillig viel an persönlicher Freiheit aufgeben. Die exzellenten Unternehmen zeichnen sich durch sehr ausgeprägte Firmenkulturen aus, die nur eine Alternative lassen: sich voll in diese Norm einzufügen oder auszuscheiden. Einen Mittelweg gibt es für die meisten Mitarbeiter dieser Unternehmen nicht. Eine sehr tüchtige Marketingleiterin sagte uns einmal: »Wissen Sie, Procter & Gamble bewundere ich zutiefst. Das ist die beste Firma der ganzen Branche. Aber arbeiten könnte ich dort nie.« Damit sprach sie aus, was wohl auch Adam Myerson vom *Wall Street Journal* im Auge hatte, als er uns aufforderte, einen Leitartikel über das Thema zu schreiben: »Weshalb wir für keines unserer erfolgreichen Unternehmen arbeiten möchten«. Die Firmenkulturen, die für so viele Sinn und Inhalt ausmachen, sind manchem anderen ausgesprochen zuwider.

Einige Kommentare zu unserer Untersuchung geben dann auch zu bedenken, ob nicht gerade die Stärke der Strukturen und Kulturen in den gut geführten Unternehmen gewisse Gefahren birgt. Wahrscheinlich ja. Zum einen heißt es, die Konventionen seien so stark, daß sie die Unternehmen für urplötzliche Veränderung ihrer Umgebung blind ma-

* Anscheinend gilt das auch umgekehrt. Als wir für unseren ersten japanischen Klienten an einem Problem arbeiteten, das mit Organisation nichts zu tun hatte, bermerkten wir, daß gleichzeitig eine umfassende Neustrukturierung stattfand. Wir waren verblüfft, welche einschneidenden Veränderungen vorgenommen wurden und wie schnell alles ablief. Innerhalb einer Woche hatten fast alle 500 Führungskräfte die Stelle gewechselt, viele waren von Tokio nach Osaka gezogen oder umgekehrt, der Wirbel war vorüber, und die Arbeit ging wie gewohnt weiter. Wir schlossen daraus, daß die Japaner mit einer solch scheinbaren Rücksichtslosigkeit reorganisieren konnten, weil jedem dabei seine Sicherheit erhalten blieb – nicht die Sicherheit seiner bisherigen Position, denn viele wurden herabgestuft oder in Tochtergesellschaften übernommen, sondern die Sicherheit, die in einer festgefügten Firmenkultur und einem gemeinsamen Selbstverständnis wurzelt.

chen könnten. Das ist schon denkbar. Wir würden dem aber entgegenhalten, daß die Wertvorstellungen der exzellenten Unternehmen fast immer Kundennähe oder eine andere Außenorientierung in den Vordergrund stellen. Dadurch hat das typische erfolgreiche Unternehmen eine ungewöhnlich feine Antenne für seine Umgebung und tut sich mit der Anpassung *leichter* als die Konkurrenz.

Für weit bedenklicher an einer starken Firmenkultur halten wir die nie auszuschließende Möglichkeit des Mißbrauchs. Zum Beispiel erfüllen die starken Firmenkulturen der erfolgreichen Unternehmen das fast allen von uns eigene Sicherheitsbedürfnis. Institutionen, die uns Sinn und Inhalt und auf diesem Wege auch ein Gefühl der Sicherheit vermitteln, können von uns erhebliche Zugeständnisse erwarten. Leider scheinen die meisten Menschen sich für den Preis der Sicherheit allzu gerne einer Autorität unterzuordnen, während andere nur allzu gerne bereit sind, durch Vermittlung festgefügter Überzeugungen Macht auszuüben. Zwei erschreckende Experimente von Stanley Milgram in Yale und Philip Zimbardo in Stanford warnen vor den Gefahren, die in dieser dunkleren Seite unserer Natur lauern.

Das erste Beispiel sind Stanley Milgrams bekannte Experimente über Gehorsam. Milgram holte erwachsene Versuchspersonen von der Straße in sein Labor an der Yale University und bat sie, an Versuchen teilzunehmen, bei denen sie Opfern elektrische Schläge verabreichen sollten. (In Wirklichkeit taten sie das nicht. Die »Opfer« waren mit Milgram im Bunde, und die Elektroschockvorrichtungen waren Attrappen. Beim Versuchsablauf sah es allerdings so aus, als sei es Zufall, ob jemand als «Opfer« oder als »Schockgeber« eingesetzt wurde). Anfänglich setzte Milgram die Opfer und die Schockgeber in verschiedene Räume. Nach einer Einweisung durch einen Versuchsleiter im weißen Kittel (die Autoritätsperson) drehten die Schockgeber eine Wahlscheibe, die von »schwach« bis »überaus gefährlich« ging. Auf Anweisung erteilten sie den Stromschlag, und zu Milgrams Überraschung und Enttäuschung »scheiterte« das Experiment. Alle gingen bei der Schockerteilung »bis zum äußersten«. 100% gehorchten den Befehlen, obwohl mehr als 90% in vorherigen schriftlichen Tests ausgesagt hatten, sie würden überhaupt keinen Schock austeilen.

Dann trieb Milgram den Versuch weiter. Er ließ zwischen beiden Räumen ein Sichtfenster einbauen, so daß die Schockgeber sehen konnten, wie sich die »Opfer« vor Schmerzen krümmten. Er ließ die Opfer

»schreien«. Aber immer noch gingen 80% auf der Skala bis »stark« und 65% bis »äußerst gefährlich«. Anschließend wählte er speziell Opfer aus, die wie »hausbackene, 40jährige Buchhalterinnen« wirkten. Er verlegte die Experimente aus der Universität in einen kahlen Lagerraum in der Innenstadt. Er ließ den Schockgeber die Hand des Opfers auf der elektrisch geladenen Platte festhalten. Durch all diese Schritte sollte erreicht werden, daß die Probanden die Autorität des Versuchsleiters im weißen Kittel irgendwann nicht mehr akzeptieren würden. Doch nichts wollte so recht wirken. Im großen und ganzen waren die Teilnehmer weiterhin autoritätshörig.

Milgram hat für das Ergebnis eine Vielzahl möglicher Gründe genannt. War es genetisch bedingt? Haben Hierarchie und Autorität für unsere Art einen Überlebenswert, der uns dazu bringt, uns zu unterwerfen? Sind die Menschen ganz einfach Sadisten? Er kam zu dem überaus allgemein gehaltenen Schluß, daß es unserer Kultur »so gut wie gar nicht gelungen ist, uns innere Kontrollen gegen Handlungen mitzugeben, die ihren Ursprung in Autorität haben«.

In dem anderen Experiment setzte Zimbardo im kalifornischen Palo Alto (einer typischen »feinen Gegend») eine Anzeige in die Zeitung, in der er Freiwillige für ein »Gefängnisexperiment« suchte. An einem Samstag holte er im Morgengrauen die Freiwilligen ab, nahm ihre Daten auf und brachte sie zu einem »Gefängnis« im Untergeschoß des Psychologischen Instituts der Stanford University. Schon wenige Stunden nach dem Eintreffen begannen die durch das Los bestimmten »Aufseher«, sich auch wie Aufseher zu verhalten und die »Gefangenen« wie Gefangene. Lange bevor die ersten 24 Stunden verstrichen waren, wurden die Aufseher physisch und psychisch brutal. Nach dem zweiten Tag standen zwei der Gefangenen am Rande eines Nervenzusammenbruchs und mußten aus dem Experiment entlassen werden. Erschreckt über dieses Verhalten wie auch über sein eigenes, brach »Gefängnisdirektor« Zimbardo das Experiment nach vier der ursprünglich vorgesehenen zehn Tage ab.

Diese Erkenntnisse sind auch auf die Kulturen der besonders erfolgreichen Unternehmen durchaus anwendbar, allerdings – und das verringert die Gefahren – sind dort die Kulturen nicht nach innen gerichtet. Die Welt des erfolgreichen Unternehmens ist ganz besonders weitgeöffnet für die Kunden, die ihrerseits in dem sonst vielleicht klaustrophobischen Klima für Ausgewogenheit und rechtes Maß sorgen.*

Insgesamt gesehen haben wir höchste Achtung vor den Kulturen, die

die erfolgreichen Unternehmen sich aufgebaut haben. Trotz ihrer wesensbedingten Gefahren haben diese Kulturen es den Unternehmen ermöglicht, entscheidende Beiträge zur gesellschaftlichen Entwicklung zu leisten. Die gute alte »Ma Bell«, so sehr sie auch im Augenblick durch die Liberalisierungsmaßnahmen unter Beschuß ist, hat immerhin Amerika ein Fernsprechsystem gegeben, das in fast jeder Hinsicht das beste der Welt ist. Ausschlaggebend für diese Leistung war zweifellos Theodore Vails 75 Jahre alter »Marschbefehl«, die Firma sei keine Telefongesellschaft, sondern ein »Dienstleistungsunternehmen«.

Schließlich scheinen sich die besonders erfolgreichen Unternehmen paradoxerweise auch noch eine ganz andere, sehr menschliche Eigenschaft zunutze zu machen – das Bedürfnis, Herr des eigenen Geschicks zu sein. Zwar sind wir einerseits fast zu nachgiebig gegenüber Institutionen, die uns Sinn und Sicherheit vermitteln, aber andererseits verlangen wir auch nach Selbstbestimmung. Tatächlich verlangen wir mit derselben Entschiedenheit *gleichzeitig Selbstbestimmung und Sicherheit.* Das ist zweifellos irrational. Aber wer mit diesem Widerspruch nicht irgendwie fertig wird, ist im klinischen Sinne geisteskrank. In *Denial of Death* formuliert Ernest Becker das Paradoxon: »Somit lebt der Mensch im absoluten Spannungsfeld des Dualismus. Individuation bedeutet, daß das menschliche Geschöpf sich der übrigen Natur entgegen stellen (sich von ihr abheben) muß. Damit ruft es jedoch genau die Isolation hervor, die es nicht ertragen kann – und die doch jeder für eine eigenständige Entwicklung braucht. Es schafft die Unterschiedlichkeit, die zu einer solchen Last wird; es betont gleichzeitig seine eigene Kleinheit und sein Herausragen.

Die Psychologen untersuchen das Bedürfnis nach Selbstbestimmung in einem »Illusion des Einflusses« genannten Forschungsgebiet. Auf einen einfachen Nenner gebracht, besagen die Ergebnisse, daß Menschen, die glauben einen vielleicht auch nur bescheidenen persönlichen Einfluß auf ihr Geschick zu haben, ihre jeweilige Aufgabe beharrlich

---

* Ein anderer bedenklicher Aspekt starker Firmenkulturen ist die Frage, wie jemand, der dort den größten Teil seines Lebens verbracht hat, sich »draußen« zurechtfindet, wenn er das Unternehmen wirklich einmal verlassen sollte, was ja bisweilen geschieht. Wir haben beobachtet – ohne dies durch Daten belegen zu können – daß diese Leute meist weniger erfolgreich sind, als man angesichts ihrer Höhenflüge bei den Spitzenunternehmen erwarten könnte. Es geht solchen Menschen ein wenig wie dem Fußballprofi, der gegen eine Ablösesumme seinen Heimatverein verlassen hat. Sie sind sich häufig überhaupt nicht im klaren darüber, welch ein umfangreiches unterstützendes System sie in ihrem exzellenten Unternehmen getragen hat. Ohne diese Infrastruktur fühlen sie sich zumindest am Anfang oft völlig verloren, ratlos und alleingelassen

weiterverfolgen. Sie leisten mehr. Sie engagieren sich letzten Endes mehr. Einer der Bereiche, in dem die meisten dieser Versuche stattfinden, ist die Untersuchung kognitiver Vorurteile. Bei einem typischen Experiment sollen die Versuchspersonen die Wahrscheinlichkeit ihres Erfolges bei künftigen Aufgaben schätzen, nachdem sie bei einer vergleichbaren Tätigkeit einige Erfahrungen sammeln konnten. Die Ergebnisse sind ziemlich konsistent: ob Erwachsene oder College-Studenten, alle Probanden überschätzen ihre Erfolgsaussichten bei einer leichten Aufgabe und unterschätzen sie bei einer schwierigen Aufgabe. Kurz, sie schätzen die Eintrittswahrscheinlichkeit von Ereignissen regelmäßig falsch ein. Haben sie bei einer leichten Aufgabe vorher eine Erfolgsquote von 60% gehabt, so werden sie ihre künftigen Erfolgschancen wohl auf 90% schätzen. Haben sie die schwierige Aufgabe vorher zu 30% bewältigt, werden sie sich für das nächste Mal nur eine Erfolgsaussicht von 10% einräumen. Wir brauchen Erfolg und Profilierung – darum überschätzen wir die Wahrscheinlichkeit, daß wir die leichte Aufgabe schaffen. Und um Gesicht zu wahren und uns sicher fühlen zu können, unterschätzen wir die Wahrscheinlichkeit, mit der schwierigen Aufgabe fertig zu werden.

Eine Versuchsreihe, die unser Selbstbestimmungsbedürfnis und gleichzeitig auch unseren Wunsch nach Einflußnahme wirklich deutlich macht, ist die Sache mit dem »Lärmabstellknopf«, von der im Kapitel »Einführung« die Rede war. Selbst wenn wir den Knopf nie benutzen, verleiht allein die Möglichkeit, dies bei Bedarf zu tun, unserer Leistung Siebenmeilenstiefel. Weitere ähnliche Experimente bringen ähnliche Ergebnisse. Eine Versuchsperson, die eigenhändig in die Lotterietrommel greifen darf, wird die Aussicht, das große Los zu ziehen, für beträchtlich größer halten, als wenn jemand anders die Ziehung vornimmt. Erhält eine Versuchsperson vier nicht markierte Dosen mit Erfrischungsgetränken zum Probieren und soll daraus ihre Wahl treffen, so wird ihr das ausgesuchte Getränk viel besser schmecken, als wenn sie nur zwischen zwei Dosen hätte wählen dürfen. (In Wirklichkeit sind die Getränke alle gleich.) Schon der *Glaube,* wir hätten ein *bißchen* mehr Entscheidungsspielraum, führt zu einem *viel* stärkeren Engagement.

Auch diese wichtigen, wenn auch widersprüchlichen menschlichen Bedürfnisse scheinen die exzellenten Unternehmen zu verstehen. Selbst da, wo wirtschaftlich alles für Zusammenschlüsse zu sprechen scheint, erleben wir, wie besonders erfolgreiche Unternehmen ihre Organisation weiter aufgliedern und Kompetenzen weit nach unten verlagern. Diese Unternehmen geben ihren Mitarbeitern Gelegenheit, sich hervorzutun, verbinden das allerdings mit einer Philosophie und einem Wertsystem (z. B. Danas festem Glauben an die »produktiven Mitarbeiter«), die einen transzendenten Sinn vermitteln – eine wunderbare Kombination.

Transformierende Führung

Wir weisen immer wieder darauf hin, daß die besonders erfolgreichen Unternehmen ihre Spitzenleistung einer Organisation verdanken, die ganz gewöhnliche Menschen zu außergewöhnlichen Leistungen führt. Nun ist es wenig wahrscheinlich, daß Milliarden-Unternehmen voller Mitarbeiter sind, die vom Durchschnitt der Gesamtbevölkerung stark abweichen. In einem Bereich aber haben die erfolgreichen Unternehmen wirklich Glück mit ihrer Führung gehabt, insbesondere in der Frühzeit ihrer Firmenentwicklung.

Führung bedeutet vielerlei. Geduldiges, meist nicht sonderlich reizvolles Schmieden von Bündnissen. Zielstrebiges Anstiften von Intrigen, die dann hoffentlich tief im Inneren des Unternehmens zu dem gewünschten Gärungsprozeß führen. Sorgfältiges Einstimmen der Institution auf neue Schwerpunkte mit Hilfe der prosaischen Sprache der Managementsysteme. Ändern von Aufgabenkatalogen, damit neue Prioritäten genügend Aufmerksamkeit finden. Sich einschalten, wenn etwas schiefgeht, und sich heraushalten, wenn alles gut läuft. Ein loyales Führungsteam aufbauen, das mehr oder weniger mit einer Stimme spricht. Langes, sorgfältiges Zuhören, häufiger ermutigender Zuspruch und glaubwürdiges Handeln, das den Worten Nachdruck verleiht. Hartes Durchgreifen, wenn nötig, und gelegentlich auch unverbrämtes Ausüben von Macht – oder aber das »subtile Ansammeln von Nuancen, von hundert Kleinigkeiten, die alle das kleine bißchen besser gemacht werden«, wie Henry Kissinger es einmal formulierte. Das meiste hiervon fällt unter einen Begriff, den der Politologe James MacGregor Burns in seinem Buch *Leadership* geprägt hat: »Vorgangs-orientierte Führung«. Es sind dies die notwendigen Tätigkeiten des Unternehmensführers, die ihn den größten Teil des Tages in Anspruch nehmen.

Burns hat jedoch noch eine andere, weniger häufig auftretende Art der Führung postuliert. Er nennt sie »transformierende Führung« – eine

Führung, die auf dem Sinnstreben des Menschen aufbaut und ein gemeinsames Unternehmensziel schafft. Wir sind ziemlich sicher, daß praktisch jedes einzelne exzellente Unternehmen, das mit seiner Kultur den hier beschriebenen Bedürfnissen des »irrationalen Menschen« gerecht wird, irgendwo in seiner Geschichte durch transformierende Führung geprägt wurde. Mittlerweile dürften die Kulturen dieser Unternehmen so gefestigt sein, daß dauernde transformierende Führung nicht mehr nötig ist; wir bezweifeln aber, daß sich die Kulturen je entwickelt hätten, wenn nicht irgendwann, zumeist als die Unternehmen noch recht klein waren, diese Art der Führung praktiziert worden wäre.

Der transformierende Führer beschäftigt sich auch mit Details. Aber ihm geht es um andere Details; für ihn sind die Fertigkeiten des Pädagogen, des Mentors, des Linguisten wichtig, die ihm helfen können in seiner Rolle als Gestalter von Wertvorstellungen, Vorbild und Sinnvermittler. Er hat eine viel schwierigere Aufgabe als der vorgangsorientierte Führer, denn er ist der wahre Künstler, der wahre Erkunder neuer Wege. Schließlich weckt und verkörpert er ja das uns alle verbindende Streben nach Transzendenz. Gleichzeitig propagiert er seine ein oder zwei übergeordneten Wertvorstellungen mit geradezu sturer Beharrlichkeit. Dafür ist ihm keine Chance zu gering, kein Anlaß zu unbedeutend, kein Zuhörerkreis zu jung.

Burns erläutert sehr überzeugend, weshalb der Unternehmensleiter seinen Mitarbeitern den Blick über das Alltagsgeschehen hinaus öffnen muß. Er hält früheren Führungsforschern vor, sie hätten sich vor allem mit der Machtfrage beschäftigt und dabei die weitaus wichtigere Aufgabe der Sinnvermittlung aus den Augen verloren. »Diese wirklich zentrale Wertvorstellung (Sinn) wird in den meisten Theorien nur unzureichend berücksichtigt«, behauptet er. »Menschenführung bedeutet, daß Personen mit bestimmten Motiven und Absichten – im Wettbewerb oder Widerstreit mit anderen – institutionelle, politische, psychologische und andere Ressourcen mobilisieren, um die Motivation der Geführten zu wecken, zu lenken und zufriedenzustellen.« Burns' Kernaussage lautet: »Führung ist darum, im Gegensatz zur nackten Machtausübung, untrennbar verbunden mit den Bedürfnissen und Zielen der Geführten«. Damit hebt er an zu einer prägnanten Definition der transformierenden Führung:

(Transformierende Führung) liegt vor, wenn eine oder mehrere Personen mit anderen so *zusammenwirken,* daß Führer und Geführte einander zu höherer Motivation und Moral verhelfen. Ihre Ziele, die bei transaktioneller Führung anfänglich verschieden, wenn auch verwandt gewesen sein mögen, verschmelzen jetzt. Machtgrundlagen werden miteinander verbunden, nicht als Gegengewichte, sondern zur wechselseitigen Förderung gemeinsamer Ziele. Diese Art der Führung wird mit unterschiedlichen Bezeichnungen belegt: erhebend, mobilisierend, inspirierend, beflügelnd, ermunternd, bekehrend. Die Beziehung kann natürlich rein moralistisch sein. Letzten Endes wird transformierende Führung aber insofern *moralisch*, als sie beim Führer wie beim Geführten das menschliche Verhalten und den ethischen Anspruch auf eine höhere Ebene hebt und damit auf beide transformierend wirkt. ... Die transformierende Führung ist eine dynamische Führung, in dem Sinne, daß die Führer sich auf eine Beziehung zu den Geführten einlassen, die sich dadurch »erhöht« fühlen und oft selbst aktiver werden, wodurch eine neue Führungsgeneration entsteht.

Burns glaubt ebenso wie andere Forscher, daß die Führer bestimmte unbewußte Bedürfnisse ansprechen: »Der Grundprozeß ist schwer zu fassen; er besteht zu einem großen Teil darin, *den Geführten Dinge bewußt zu machen, die in ihrem Unterbewußtsein schlummern.*«. Er nimmt Mao Tse-tung als Musterbeispiel und bemerkt: »Seine wahre Genialität lag darin, daß er die Emotionen anderer verstand«. Dasselbe sagt im Grunde der Wirtschaftspsychologe Abrahem Zaleznick, wenn er zwischen Führern und Managern unterscheidet: »Manager arbeiten mit Menschen; Führer wecken Emotionen«.Das Werk des Psychologen David McClelland, vor allem sein Buch *Power: The Inner Experience*, beschreibt diesen Prozeß auf Basis seiner Experimente:

(Wir) wollten durch ein Experiment genau ermitteln, was die Zuhörer dachten, wenn sie sich einem charismatischen Führer gegenüber sahen. ... Das Erlebnis wirkte auf sie anscheinend ermutigend und erhebend; sie fühlten sich stärker, nicht etwa schwächer oder unterwürfig. Somit dürfte die herkömmliche Erklärung für den Einfluß eines Führers auf die Geführten nicht voll zutreffen. Er zwingt sie nicht durch die überwältigende Ausstrahlung seiner Persönlichkeit und durch seine Überzeugungskraft zu Unterwerfung und Gehorsam. ... Seinen Einfluß gewinnt er in Wirklichkeit aus der Stärkung und Ermutigung seiner Zuhörer. Die Führerpersönlichkeit weckt in den Geführten Zuversicht. Die Geführten fühlen sich besser in der Lage, die Ziele zu erreichen, die sie mit ihm gemeinsam haben.

Wenn wir bei einer von Burns' Hauptaussagen einhaken, der Symbiose zwischen Führer und Geführten, so fallen zwei Merkmale dieser Symbiose besonders auf: Glaubwürdigkeit und Begeisterung. Auf unsere exzellenten Unternehmen übertragen, ist zum Thema Glaubwürdigkeit zu sagen, daß diese Firmen von Menschen geführt werden, die im Kernbereich des Geschäfts zu Hause sind – der Elektrotechnik bei HP oder Maytag, dem Maschinenbau bei Fluor oder Bechtel. Spitzenunternehmen werden selten von Finanzleuten oder Juristen geführt. Zum zweiten Aspekt, Begeisterung, sei Howard Head zitiert, Erfinder und Unternehmer, Vater des Head-Skis und des Prince-Tennisschlägers: »Ihr müßt an das Unmögliche glauben!« Bei Hewlett-Packard werden Manager ausdrücklich nach ihrer Fähigkeit ausgewählt, Begeisterung zu wecken.

Eine einfache Beschreibung, wie man zu dieser Begeisterung kommt, gibt James Brian Quinn, der sich unter anderem seit langem mit der Frage beschäftigt, wie übergreifende strategische Ziele und Werte in der Praxis festgelegt und verwirklicht werden. Quinn zitiert den Chef eines Konsumgüterunternehmens: »Wir haben langsam entdeckt, daß unsere wirksamste Zielvorgabe darin besteht, in einigen Dingen *die Besten* zu sein. Jetzt versuchen wir, zusammen mit unseren Mitarbeitern herauszubekommen, welche Dinge das sein sollten, wie man die *Besten* objektiv definieren kann und wie wir in unseren ausgewählten Bereichen zu den Besten *werden* können. Sie würden sich wundern, wie motivierend das sein kann!«

Warren Bennis hat für den transformierenden Führer ein treffendes Bild gefunden – der Führer als »Sozialarchitekt«. Doch Ehre, wem Ehre gebührt: Schon vor Jahrzehnten hatten Bennis, Burns und wir mit unseren Ausführungen über die exzellenten Unternehmen mehrere Vorläufer – sowohl Chester Barnard, dem wir im nächsten Kapitel wieder begegnen werden, als auch Philip Selznick, der 1957 ein wenig bekanntes blaues Bändchen mit dem Titel *Leadership and Administration* veröffentlichte, in dem er folgendes ausführt:

»Die Vermittlung eines sinnvollen Inhalts ist eine Herausforderung an die Kreativität, denn dabei werden einzelne und ganze Gruppen verwandelt, aus neutralen, sachbezogenen Einheiten werden Teilnehmer, die alle in ihrer Prägung, ihrer Sensibilität und ihrem Engagement andere Züge aufweisen. Letzten Endes ist dies ein Erziehungsprozeß. Es ist mit Recht gesagt worden, daß der fähige Führer wissen muß, was es heißt, Erzieher zu sein und daher dessen Arbeitsweise beherrschen muß. Die Kunst des kreativen Führers ist die Schaffung von Institutionen, die Neugestaltung menschlichen und technologischen Ausgangsmaterials zu einem Organismus mit neuen, bleibenden Werten. ... Eine Institution schaffen, heißt, über die sachlichen Anforderungen der jeweiligen Aufgabe hinaus ein *Wertbewußtsein aufzubauen.* Die Höherbewertung der sozialen Maschinerie über ihre rein sachliche Rolle hinaus spiegelt in hohem Maße ihre Einzigartigkeit bei der Erfüllung persönlicher oder gruppenspezifischer Bedürfnisse wider. Wann immer einzelne einer Organisation oder einer Vorgehensweise als Personen statt als reine Techniker verbunden sind, hat dies eine Höherbewertung des Mittels um seiner selbst willen zur Folge. Aus der Sicht des so engagierten Menschen hat sich die Organisation damit von einem austauschbaren Instrument zu einer hochgeschätzten Quelle persönlicher Befriedigung gewandelt. ... Der Führer der Institution *ist damit vorrangig ein Experte im Fördern und Absichern von Werten.*«

Bei unserem Loblied auf das Wertsystem sollten wir hier kurz innehalten, um nach der Art dieser Werte zu fragen. Vielleicht kann es einfach bedeuten, auf irgend einem Gebiet »der Beste« zu sein, wie James Brian Quinn sagt, oder »unserem eigenen ästhetischen Anspruch treu zu bleiben«, wie es Walter Hoving für sich selbst und Tiffany's formulierte. Vielleicht geht es aber auch wie bei Ray Kroc von McDonald's um die »Schönheit im Hamburger«, um Watsons »Achtung vor dem einzelnen« bei IBM, um Danas Glaube an »die produktiven Mitarbeiter« oder um Caterpillars »weltweiten 48-Stunden-Ersatzteildienst.«. Platt und trivial? Nur für Zyniker. Die Unternehmen, die diese Werte leben, werden von ihnen laufend geformt und geprägt.

Ein Teil unserer Ausführungen mag vielleicht fast hochtrabend klingen, z. B. die Überlegungen zur »transformierenden Sinngebung«. Es *ist* hochtrabend, aber es ist auch ganz einfach alltägliche Praxis. Wir haben den Menschen als verblüffend irrational bezeichnet. Er denkt in Geschichten, zählt sich bei allen guten Eigenschaften zu den besten 10 %, muß sich von anderen abheben und gleichzeitig aus einer Gemeinschaft heraus einen Sinn finden, und so weiter. Doch diese Schwächen und

Grenzen werden in der praktischen Unternehmensführung nur selten berücksichtigt.

Die Führung der besonders erfolgreichen Unternehmen allerdings trägt diesen Dingen Rechnung – ob nun bewußt oder unbewußt. Das Ergebnis ist eine relativ bessere Leistung, stärkere Mitarbeit des »durchschnittlichen« Beschäftigten. Wichtiger noch für die Gesellschaft insgesamt wie für die Unternehmen ist es aber, daß diese Institutionen eine Atmosphäre schaffen, in der Menschen aufblühen, Selbstachtung entwickeln und sich allgemein aktiv und positiv verhalten. Demgegenüber scheinen die viel zahlreicheren weniger erfolgreichen Firmen einfach gegen jede der hier beschriebenen Anforderungen zu verstoßen: bei ihnen sind Niederlagen die Regel statt Erfolge; negative statt positive Verstärkung; Vorschriften statt Legenden; Zwänge und Kontrollen statt moralischer Aufrüstung durch Sinngebung und Profilierungschancen – und schließlich politische statt moralische Führung.

Dritter Teil

Besinnen auf Grundtugenden

4. Zwiespalt und Widerspruch beherrschen

Prüfstein einer überragenden Intelligenz ist die Fähigkeit, gleichzeitig zwei gegensätzliche Gedanken zu verfolgen und doch funktionsfähig zu bleiben.

F. Scott Fitzgerald

Interessant seien sie schon, unsere acht »Grundtugenden« erfolgreicher Unternehmensführung, haben uns verschiedene Manager gesagt. Aber, fügen sie hinzu, diese Merkmale seien doch wohl kaum die wirklich entscheidende Erklärung für den großen Erfolg der Spitzenunternehmen. Genau das aber halten wir für einen großen Irrtum. Viele ansonsten gescheite und tüchtige Unternehmer gehen heute bei ihrer Arbeit von einer theoretischen Grundlage aus, die völlig überholt ist. Und das ist auch durchaus verständlich, denn was es im Theoriebereich Neues gibt – ob richtig oder falsch – ist nicht gerade leicht zugänglich. Alles steht noch ziemlich am Anfang, vieles ist unausgegoren und ungeordnet. Über weite Strecken herrscht noch Unsicherheit und kaum direkter Bezug zum »wirklichen Leben« – wie das eben für die vorderste Front der Theoriebildung typisch ist.

Wenn wir verstehen wollen, was der Erfolg der überragenden Unternehmen mit den acht Grundtugenden zu tun hat, dann brauchen wir einen neuen theoretischen Ansatz. Und einen solchen Ansatz wollen wir vorstellen. In diesem Kapitel versuchen wir, neue Erkenntnisse der Managementtheorie in Verbindung zu bringen mit theoretischen Folgerungen aus den Daten über die exzellenten Unternehmen.

Doch kehren wir für einen Augenblick zum rationalen Modell zurück. Die alten Managementtheorien fanden natürlich deshalb soviel

Anklang, weil sie gradlinig und eingängig waren und nicht mit viel Zwiespalt und Widerspruch befrachtet. Andererseits sieht die wirkliche Welt so nun einmal nicht aus (Anschauungsunterricht hierzu lieferte uns interessanterweise einer unser japanischen Kollegen. Er kritisierte einen Bericht, den wir für einen seiner Klienten erstellt hatten: Das sei alles viel zu glatt, erklärte er; einer derart eindeutigen, zweifelsfreien Darstellung würde sein Klient kaum trauen.) Ja, selbst die Naturwissenschaft bewegt sich in widersprüchlichen Richtungen voran, ganz ähnlich unseren Beobachtungen und Hypothesen auf dem Gebiet der Managementtheorie. Vom Licht zum Beispiel nahm man ursprünglich an, es bestünde aus substantiellen Teilchen. Dann endeckten die Wissenschaftler das Wellenverhalten des Lichtes. Kaum hatte sich aber die Wellentheorie durchgesetzt, gab es neue Beweise für die Korpuskulartheorie. Wenn das Licht jedoch wirklich Teilchencharakter hätte, dann sollte es eigentlich auch eine Masse haben und könnte sich somit nicht mit Lichtgeschwindigkeit fortbewegen, aber genau das tut es. Heisenberg konnte nachweisen, daß man von einem Teilchen entweder den Ort oder den Impuls genau angeben kann, nicht jedoch beides zugleich. Hier gerät nun also die rationalste aller Wissenschaften, die Physik, in das Spiegelkabinett der Mehrdeutigkeit, in dem Atomphysiker Begriffe wie »Charm«, »Strangeness, »Antimaterie« und »Quark« verwenden.

Wissenschaftliche Grundsätze werden leichter verständlich, wenn wir sie über Bilder aus der uns bekannten Welt erfassen können, über Dinge, die wir berührt, gesehen oder gerochen haben. Darum war das Bohr'sche Atommodell auch so eingängig; es sah aus wie das Sonnensystem – ein Kern, um den Elektronen kreisten wie Planeten um die Sonne. Leider brachte uns diese Vorstellung dem Verständnis des Atoms dann doch nicht sehr viel näher, weil das Atom, wie wir inzwischen wissen, in Wirklichkeit sehr wenig Ähnlichkeit mit dem Sonnensystem hat. Ebenso schien die Welt der Unternehmensführung verständlicher, wenn man Parallelen zum Militär zog, und bis heute verbinden damit die meisten Menschen ihr Managementbild. Doch auch hier hörten die Parallelen auf, sobald man komplexere Zusammenhänge zu verstehen versuchte als etwa ein Regiment unter Beschuß. Und selbst dieses so naheliegende Bild ist keineswegs so eindeutig, wie es auf den ersten Blick scheint: William Manchester beschreibt in seinem Buch *Good-Bye, Darkness,* wie kampferprobte Marineinfanteristen nur ein verächtliches Lachen haben für den ahnungslosen Eifer und die Befehle frischgebackener junger

Leutnants, die sie direkt ins feindliche Feuer hineinführen wollen. Manch einer dieser jungen Offiziere geht schließlich allein über die Mauer und kehrt nicht zurück. Das so einleuchtende sogenannte militärische Modell – Befehl und sofortige Ausführung – trifft somit, wie jeder Fronterfahrene weiß, nicht einmal für das Militär zu. Um wirklich zu verstehen, brauchen wir also etwas Besseres. Leider heißt besser nicht gleich im ersten Anlauf auch leichter. Wie wir noch sehen werden, führt uns die neue Denkströmung der Managementtheorie in eine zwiespältige, widersprüchliche Welt – ganz wie die Wissenschaft. Aber wir halten ihre Grundsätze für nützlicher und letztlich realistischer. Vor allem meinen wir, daß die besonders erfolgreichen Unternehmen sich auf nichts besser verstehen als auf das Management der Widersprüchlichkeit.

In zahlreichen Modellen ist versucht worden, die Entwicklungsgeschichte der Managementtheorien nachzuzeichnen. Der sinnvollste Ausgangspunkt für unsere Zwecke ist der Ansatz von Richard Scott aus Stanford. Scott sieht in der theoretischen Entwicklung und der praktischen Unternehmensführung vier Hauptperioden. Jede wird durch eine spezielle Position in einem zweidimensionalen Raster definiert. Dazu denke man sich auf der waagerechten Achse eine Entwicklung von »geschlossen« zu »offen« und senkrecht eine Entwicklung von »rational« zu »sozial«. Betrachten wir nun die waagerechte Achse – »geschlossenes« gegenüber »offenem« System«. Sie führt von mechanistischen Organisationsvorstellungen (geschlossen) zu einer gestalttheoretischen Denkweise (offen). In krassem Gegensatz zum heutigen Erkenntnisstand machten sich die Managementtheoretiker während der ersten 60 Jahre dieses Jahrhunderts keinerlei Gedanken über die Umwelt, den Wettbewerb, den Markt oder überhaupt irgend etwas außerhalb des Unternehmens. Sie sahen die Welt als »geschlossenes System«. Diese für uns heute kurzsichtige Betrachtungsweise war darauf ausgerichtet, den Ressourceneinsatz ausschließlich im Hinblick auf die Vorgänge innerhalb des Unternehmens zu optimieren. Daran änderte sich kaum etwas bis fast 1960, als die Theoretiker einzuräumen begannen, daß die unternehmensinterne Dynamik durch äußere Ereignisse mitgestaltet wird. Die ausdrückliche Berücksichtigung dieser äußeren Einflüsse auf das innere Geschehen im Unternehmen leitete dann die Periode des »offenen Systems« ein.

Die senkrechte Achse von Scotts Raster verläuft von »rationalem« zu »sozialem« Handeln. Rational bedeutet hier, daß Unternehmen klar umrissene Aufgaben und Ziele haben, die ohne viel Umschweife bestimmbar sind. Ist eine Firma zum Beispiel im Bergbau tätig, so sollte ihr Ziel sein, die Erträge aus der derzeitigen Fördertätigkeit und der künftigen Exploration zu maximieren. Nimmt man diese Unternehmensaufgabe und diese Zielfunktionen als gegeben an, so braucht die Unternehmensspitze nur noch die Mittel auszuwählen, mit denen die Ziele am effizientesten erreicht werden können. Auf dieser Grundlage können rationale Entscheidungen getroffen werden, und so wird der Kurs des Unternehmens abgesteckt. Die »soziale« Sicht dagegen trägt dem üblicherweise viel weniger geradlinigen und schlüssigen Prozeß der Zielfindung Rechnung. (Was heißt zum Beispiel bei unserem hypothetischen Bergbauunternehmen »Maximierung«? Wie messen wir die »Erträge« – beschränken wir uns auf den Abbau im Felsgestein? Und wie treffen wir konkrete Entscheidungen über etwas so wenig Greifbares wie Explorationserfolg?) Die soziale Betrachtungsweise geht davon aus, daß eine Entscheidung über Ziele keine rein mechanistische, sondern eine wertende Auswahl ist. Eine solche Wahl entsteht nicht so sehr aus nüchternem Nachdenken als vielmehr aus sozialer Parteinahme, gewohnten Verhaltensmustern und anderen gruppendynamischen Effekten.

Die vier Perioden der Managementtheorie und -praxis ergeben sich aus den Feldern zwischen den beiden Achsen (siehe Abb. gegenüber). Die erste reicht von 1900 bis ungefähr 1930 und ist gekennzeichnet durch »rationales Handeln im geschlossenen System«. Die beiden wichtigsten Theoretiker jener Periode waren Max Weber und Frederick Taylor. Der deutsche Soziologe Weber stellte die These auf, die Bürokratie – Ordnung durch klare Strukturierung – sei die effizienteste menschliche Organisationsform. Der Amerikaner Taylor erhärtete Webers Theorien mit Zeit- und Bewegungsstudien. Die Grundvorstellung der Weberschen und Taylorschen Schule besagte, wenn eine endliche Anzahl Regeln und Techniken erlernt und beherrscht würde – Regeln über die Aufgliederung von Arbeitsvorgängen, über die größte zulässige Kontrollspanne, über die Einheit von Kompetenz und Verantwortung – dann würden damit die wesentlichen Probleme der Führung großer Menschengruppen mehr oder weniger gelöst sein.

Webers und Taylors Rechnung ging natürlich nicht auf, und auf die Periode des rationalen Handelns im geschlossenen System folgte von 1930 bis 1960 die Periode sozialen Handelns im geschlossenen System.

Vier Perioden der Managementtheorie mit ihren führenden Vertretern

	Geschlossenes System	Offenes System
Rationales Handeln	I. 1900–1930 Weber Taylor	III. 1960–1970 Chandler Lawrence Lorsch
Soziales Handeln	II. 1930–1960 Mayo et al. McGregor Barnard Selznick	IV. 1970–? Weick March

Ihre führenden Köpfe waren Elton Mayo, Douglas McGregor, Chester Barnard und Philip Selznick

Mayo arbeitete als klinischer Psychologe an der Harvard Business School; bekannt wurde er hauptsächlich durch die berühmten Hawthorne -Studien. Diese Untersuchungen begannen ganz harmlos als gewöhnliche Feldversuche, die weitgehend der Taylorschen Tradition entsprachen: Eine einfache Analyse arbeitshygienischer Faktoren. Zentrum der Versuche war das Western-Electric-Werk in Hawthorne, New Jersey, wo ermittelt werden sollte, wie sich Arbeitsbedingungen auf die Produktivität auswirken.

Die theoretische Basis der Arbeiten geriet jedoch etwas aus den Fugen durch eine Serie überraschender Ereignisse, die mit großer Hartnäckigkeit die ebenso hartnäckig festgehaltene geltende Lehrmeinung in Frage stellten. Ein gutes Beispiel ist der weiter vorne schon erwähnte Vorfall mit der Beleuchtungsstärke: Das Licht wurde heller gestellt – die Produktivität stieg an; das Licht wurde gedämpft – die Produktivität stieg noch einmal an. Was war geschehen? Die Versuche wurden ein ganzes Jahrzehnt lang fortgeführt, mit gleichbleibend verwirrenden Ergebnissen. Obwohl die überreiche Vielfalt der Versuchsdaten zu den verschiedensten Interpretationen Anlaß gab und immer noch gibt, die Haupterkenntnis scheint klar: der einfache Akt, Menschen wohlwollende Beachtung zu schenken, hat sehr viel mit Produktivität zu tun. Und genau dieser Effekt zieht sich wie ein roter Faden durch unsere Daten über die besonders erfolgreichen Unternehmen. So legt Hewlett-Packard großen Wert darauf, daß möglichst viele Mitarbeiter zur Innovation beitragen, und die Systeme zur gebührenden Beachtung von Innovationsleistung lassen auch keinen Zweifel daran. Und wo immer Bergbaugesellschaften in der Exploration Besonderes leisten, hat die Unternehmensleitung in der Regel einen ganzen Methodenfächer bereit, mit dem sie ihren Geologen vor Ort beweist, wie wichtig sie sind.

Mayo und seine Anhänger in Harvard begründeten die Sozialpsychologie des Betriebes. Der Zweite Weltkrieg trieb die Entwicklung auf diesem Gebiet – wie auf vielen anderen – voran, und bis Kriegsende standen auch verwandte Zweige wie die Gruppenausbildung und die Auslese von Führungskräften in voller Blüte. Nach dem Kriege kam ein entscheidender Anstoß von Douglas McGregor. Bekannt ist McGregor hauptsächlich für seine Entwicklung der »Theorie X« und »Theorie Y«, – der gegenläufigen Anschauungen, Arbeiter seien träge und müßten angetrieben werden, bzw. sie seien kreativ und man müsse ihnen Verantwortung übertragen. Damit hatte McGregor einen kühnen Vorstoß gemacht, wie er in dem Vorwort zu seinem bahnbrechenden Werk *The Human Side of Enterprise* zum Ausdruck brachte: »Der vorliegende Band ist ein Versuch, die These zu begründen, daß die menschliche Seite des Unternehmens ‚nicht teilbar' ist – daß die theoretischen Vorstellungen, von denen das Management bei der Steuerung seiner menschlichen Ressourcen ausgeht, das gesamte Wesen des Unternehmens bestimmen.« McGregor zog gegen den rationalistischen Ansatz der Taylorschen Schule zu Felde. »Eine einzige Grundannahme zieht sich wie ein roter Faden durch die herkömmliche Organisationstheorie«, wütete er, »nämlich, daß Autorität das zentrale, unentbehrliche Mittel unternehmerischer Steuerung darstelle.« McGregor wies darauf hin, daß in Wirklichkeit Autorität eine von mehreren Formen sozialer Einflußnahme und Steuerung darstellt; aber die Fachliteratur wie auch die Unternehmer jener Zeit sahen Autorität als absoluten, nicht als relativen Wert.

McGregor nannte Theorie X »die Annahme der Mittelmäßigkeit der Massen«. Ihre Prämissen sind: »(1.) Arbeit ist dem Durchschnittsmenschen von Natur aus zuwider, und er sucht sie nach Möglichkeit zu vermeiden; (2.) darum müssen die Menschen durch Zwang, Kontrolle, Führung und Strafandrohung dahin gebracht werden, sich in ausreichendem Maße für die Ziele des Unternehmens einzusetzen; und (3.) der typische Mensch läßt sich am liebsten lenken, scheut Verantwortung, hat wenig Ehrgeiz und strebt vor allem nach Sicherheit«. McGregor betonte nachdrücklich, Theorie X sei keineswegs an den Haaren herbeigezogen, »sondern tatsächlich eine Theorie, die in weiten Bereichen der amerikanischen Industrie das Managementverhalten spürbar beeinflußt«.

Theorie Y dagegen geht von völlig anderen Annahmen aus: (1.) Körperliche und geistige Anstrengung bei der Arbeit ist ebenso natürlich wie die bei Spiel oder Erholung – dem typischen Menschen ist Arbeit nicht von Natur aus zuwider; (2.) Steuerung von außen und Strafandrohung sind nicht die einzigen Mittel, mit denen Einsatz für die Unternehmensziele zu erreichen ist; (3.) die Leistungsbereitschaft für bestimmte Ziele hängt von den Belohnungen ab, die mit deren Erreichen verbunden sind – und die wichtigste dieser Belohnungen ist die Selbstbestätigung, die sich durchaus unmittelbar aus Bemühungen im Sinne der Unternehmensziele ergeben kann; (4.) unter den richtigen Bedingungen lernt der Durchschnittsmensch nicht nur, Verantwortung zu übernehmen, sondern sie sogar aktiv anzustreben; (5.) die Gabe, bei der Lösung von Unternehmensproblemen ein beträchtliches Maß an Phantasie, Erfindungsgabe und Kreativität aufzubieten, ist bei einem großen Teil und keineswegs nur bei einem kleinen Ausschnitt der Bevölkerung vorhanden.

Die Theorien McGregors und seiner Nachfolger innerhalb der späteren »Human Relations«-Schule der Unternehmensführung sind während der letzten zehn Jahre in Mißkredit geraten. Die Human-Relations-Bewegung scheiterte gerade deshalb, weil sie sich nicht als Gegengewicht zu den Auswüchsen des rationalen Modells darzustellen wußte, und daran waren ihre eigenen, ebenso törichten Auswüchse schuld. Wir denken dabei an ein Unternehmen, das geradezu schwelgte in T-Gruppen, Planung von unten nach oben, demokratischem Management und anderen Ausdrucksformen eines Betriebsklimas der »großen, glücklichen Familie«. Die positiven Ergebnisse waren nicht zu übersehen: wenn Jean bei einer Besprechung rauchte und Joe das störte, so lernte Joe, Jean ohne Gewissensbisse zu bitten, doch damit aufzuhören, und Jean lernte, diese Bitte nicht persönlich zu nehmen. Ganz offensichtlich hatte dieses Unternehmen es geschafft, mit dem Schrecken aller Großfirmen – Kommunikationsproblemen – fertig zu werden. Nur hatte die Sache einen Haken: in kleinen Dingen klappte die Kommunikation wirklich hervorragend, aber große Fragen kamen irgendwie nie zur Sprache.

So wie das rationale Modell nur von oben nach unten gewirkt hatte, so entwickelte sich das soziale Modell unter McGregors verirrten Jüngern zu einem reinen Spiel von unten nach oben, einem Versuch, Revolutionen von der Ausbildungsabteilung aus in Gang zu setzen. McGregor hatte so etwas schon immer befürchtet und erklärt: »Die Grundannahmen der Theorie Y bestreiten nicht, daß Autorität angebracht sein kann, sie bestreiten nur, daß sie für alle Zwecke und unter allen Umständen angebracht ist«.

Aus all dem zeichnen sich, wenn auch noch verschwommen, die Konturen einer Grundeigenschaft ab, die den überragenden Unternehmen nach unserer Meinung zu ihrem Erfolg verhilft. Auf den ersten Blick schließen die Theorien X und Y einander aus. Man muß sich entscheiden – als Unternehmensleiter hat man entweder autoritär oder demokratisch zu sein. In Wirklichkeit ist man aber sowohl keines von beiden als auch beides zugleich. Watson (IBM), Kroc (McDonald's), Marriott und ihresgleichen haben Pionierarbeit geleistet, indem sie ihre Mitarbeiter ernst nahmen, Zehntausende zu Leistung und praxisnaher Innovation veranlaßten, jedem seine Weiterbildungs- und Aufstiegsmöglichkeiten boten und alle als dazugehörig behandelten. Bei seiner Politik der offenen Tür zeigte Watson regelmäßig ein Herz für den Arbeiter; kaum jemals hielt er zu seinen Managern, wenn ihm die Beschwerde eines Arbeiters zu Ohren kam. Andererseits waren diese Unternehmer allesamt aus hartem Holz geschnitzt. Alle kannten sie keine Nachsicht, wenn gegen ihre Grundwerte »Dienst am Kunden« oder »kompromißlose Qualität« verstoßen wurde. In ihnen verbanden sich eine fürsorgliche und eine strenge Seite. Wie gute Eltern waren sie voller Zuneigung – und voll hochgesteckter Erwartungen. Sie als einseitig »X«- oder »Y«-betont abzustempeln, wäre völlig verfehlt.

McGregor und Mayo stehen für die Sozialtheorie des Betriebes in

Anwendung auf die Einzelperson. Als die einflußreicheren Theoretiker könnten sich langfristig allerdings Chester Barnard und Philip Selznick erweisen, die ungefähr gleichzeitig mit den beiden anderen die Arbeit aufnahmen. Wir sind der Meinung, daß Barnards und Selznicks Werk in der Managementpraxis bisher sträflich vernachlässigt worden ist.

Barnard zog sich nach seiner Zeit als Präsident von New Jersey Bell nach Harvard zurück, um seine Erfahrungen zu verarbeiten und schrieb 1938 *The Functions of the Executive.* Sein dichter Stil macht das Werk praktisch unlesbar; trotzdem ist es ein echter Meilenstein. In seiner Einführung zu einer Jubiläumsausgabe zum 30. Jahrestag des Buches (1968) schrieb Kenneth Andrews von Harvard: »Barnard setzte sich ein anspruchsvolles Ziel. Wie er in seinem eigenen Vorwort sagt, will er eine umfassende Theorie kooperativen Verhaltens in formalen Organisationen aufstellen. Kooperation ergibt sich aus dem Bedürfnis des einzelnen, Aufgaben zu bewältigen, denen er allein biologisch nicht gewachsen ist.«

Mayo, McGregor und andere, darunter auch Barnard selbst, entwikkelten Ideen zur Mobilisierung des Leistungswillens der Mitarbeiter auf den unteren Ebenen; aber nur Barnard spürte, welche neue und entscheidende Rolle dabei den Führungskräften zukommen würde. Insbesondere sah Barnard es als Sache der Führungskraft, bei den Mitarbeitern Engagement zu wecken und die informelle Organisation aktiv zu steuern. Und dabei müsse sie gleichzeitig sicherstellen, daß das Unternehmen seine wirtschaftlichen Ziele erreicht. Barnard gab damit wohl als erster eine ausgewogene Darstellung der Managementaufgabe.

Barnard sprach auch (soweit wir wissen) als erster von der tragenden Rolle des Unternehmensleiters als Gestalter und Verwalter gemeinsamer Wertvorstellungen in einer Organisation: »Die Grundaufgaben (der Führungskraft) sind erstens die Schaffung eines Kommunikationssystems; zweitens die Förderung von anhaltendem Einsatz und Leistung und zum dritten die Formulierung und Festlegung von Zielen.« Er fügte hinzu, Werte und Ziele innerhalb eines Unternehmens würden stärker durch die Handlungen als durch die Worte der Führungkräfte geprägt. »Es wurde schon darauf hingewiesen, daß das Ziel, streng genommen, durch die Gesamtheit der Handlungen genauer umrissen wird als durch alle verbalen Erklärungen.« Ebenso hob er hervor, daß eine Zielsetzung, wenn sie wirksam sein soll, von allen akzeptiert werden muß, die im Gesamtsystem dazu beitragen sollen. Und genau das erleben wir in den exzellenten Unternehmen. Dort sind die Wertvorstellungen unmißverständlich klar; sie werden Minute für Minute und Jahrzehnt für Jahrzehnt an der Führungspitze vorgelebt und sind auf allen Ebenen voll verstanden.

Am deutlichsten wird Barnards Genialität vielleicht in seiner ungewöhnlichen Betonung ganzheitlicher Unternehmensführung:

> Das Gespür für das Ganze kommt nicht von selbst und ist in Wirklichkeit auch oft gar nicht vorhanden. Bei der Steuerung des Geschehens hat ein bestimmter Aspekt Vorrang – Wirtschaft, Politik, Religion, Wissenschaft, Technologie – mit dem Ergebnis, daß (Spitzenleistung) nicht erreicht wird und ein Fehlschlag eintritt oder doch ständig droht. Führungskräfte, die ein Gespür für das Ganze haben, werden zweifellos korrigierend eingreifen, sobald sich durch unausgewogene Behandlung der Einflußfaktoren eine Krise anbahnt. Eine formale, systematische Vorstellung vom Ganzen allerdings liegt selten vor, wenn sie überhaupt je möglich ist, außer bei wenigen genialen Unternehmen oder den wenigen Führungsorganisationen, deren Mitglieder eine kollektive Sensibilität und einen hohen Grad an Integration erreicht haben.

Noch heute ist es kaum weniger ungewöhnlich als damals, die Notwendigkeit eines ganzheitlichen Managements derart hervorzuheben.

Etwas mehr als ein Jahrzehnt nach Erscheinen von Barnards Buch legte Philip Selznick eine ähnliche Theorie vor, für die er Begriffe prägte wie »distinctive competence« (herausragende Fähigkeiten, in denen ein bestimmtes Unternehmen einzigartig gut ist und die meisten anderen schlecht) und »organizational character« (eine Vorwegnahme der Idee der Unternehmenskultur). Wir bringen ein längeres Zitat aus Selznick, weil er, wie wir meinen, eine wirklich schöne Beschreibung vom Wesen einer Organisation gibt – von ihrem Geist, den Fähigkeiten, dem Wertsystem und von dem, was Führung ausmacht. Die von ihm beschriebenen Merkmale halten wir für Grundvoraussetzungen des Erfolgs exzellenter Unternehmen:

> Der Begriff »Organisation« läßt somit an eine gewisse Kargheit denken, an ein eher dürres, grundvernünftiges System bewußt koordinierter Tätigkeiten. Er bezieht sich auf ein *entbehrliches Hilfsmittel*, ein rationales Instrument für eine bestimmte Aufgabe. Demgegenüber ist eine »Institution« eher ein natürliches Produkt sozialer Bedürfnisse und Zwänge – ein reagierender, anpassungsfreudiger Organismus...
> Die Begriffe Institution, Geist des Unternehmens und herausragende Fähigkeiten beziehen sich sämtlich auf den gleichen Grundprozeß – die

Umwandlung einer mechanischen, künstlichen Anordnung von Bausteinen in einen sozialen Organismus. ... Organisationen werden zu Institutionen, wenn sie mit Werten erfüllt werden. ... Dieser Vorgang verleiht ihnen eine eigene Identität. Ist die Institutionalisierung weit fortgeschritten, so bilden sich einheitliche Anschauungen, Gewohnheiten und sonstige Festlegungen heraus, die alle Aspekte des Organisationsgeschehens prägen und eine *soziale Integration* herbeiführen, die über formale Koordination und Lenkung weit hinausgeht. ... Der abstrakten Aussage, eine Führungskraft habe die Aufgabe, Mittel und Ziele glücklich miteinander zu verbinden, läßt sich leicht zustimmen. Schwerer fällt es, mit dieser Vorstellung Ernst zu machen. In jeder Verwaltungspraxis besteht die starke Neigung, Mittel und Ziele dadurch voneinander zu trennen, daß man entweder die eine oder die andere Seite überbetont. Der Effizienzkult in der Verwaltung ist eine moderne Form einer zweifachen Überbetonung der Mittel ... durch Konzentration auf reibungslose Abläufe oder durch Betonung der Organisationstechniken. ... Effizienz als Tätigkeitsideal setzt voraus, daß die Ziele festliegen und die benötigten Ressourcen verfügbar sind. In vielen Situationen, gerade auch in den wichtigsten, sind jedoch die Ziele oft noch keineswegs festgelegt, (oder) wenn sie festgelegt sind, müssen erst noch die erforderlichen Mittel beschafft werden. Die Mittelbeschaffung ist keine rein technisch-organisatorische Angelegenheit, sondern dazu gehört auch die Formung des Sozialcharakters der Institution. Führung ist immer dann mehr als Effizienzsicherung, wenn sie (1) den grundlegenden Unternehmenszweck (die »Mission«) bestimmt und (2) einen sozialen Organismus schafft, der diesen Unternehmenszweck erfüllen kann.

Mayo, McGregor, Barnard und Selznick haben uns mit ihrer Auffassung vom Menschen als Handelnden im sozialen Geschehen ein gewaltiges Erbe hinterlassen. Leider gerieten die ersten beiden, wie schon dargestellt, in Mißkredit, als naive Nachfolger ihre Ideen verfälschten, und die beiden anderen haben bis heute weder große Verbreitung noch viel Anerkennung gefunden. Unsere eigenen Arbeitsergebnisse stimmen besonders in zwei Punkten (Freiraum für Unternehmertum sowie Produktivität durch Menschen) voll mit McGregor überein; drei andere (sichtbar gelebtes Wertsystem, Bindung an das angestammte Geschäft sowie die gleichzeitig straffe und lockere Führung) passen genau in

Barnards und Selznicks Betrachtungsweise. Aber etwas fehlt hier noch. Wir kehren zu Scotts Theorien-Raster zurück.

Scotts »Periode III«, die er als Periode des »rationalen Handelns im offenen System« bezeichnet, dauerte ungefähr von 1960 bis 1970. Sie war zugleich ein Schritt zurück und ein Schritt nach vorn. Der theoretische Rückschritt bestand in der Rückkehr zu einem mechanistischen Bild vom menschlichen Verhalten. Den Schritt nach vorn taten die Theoretiker, als sie nun endlich das Unternehmen als Teilnehmer am Markt- und Wettbewerbsgeschehen sahen, der von äußeren Kräften geformt und geprägt wird. Einen für diese Periode richtungweisenden Beitrag leistete Alfred Chandler in *Strategy and Structure*. Chandler stellt schlicht und einfach fest, daß die Organisationsstrukturen von Großunternehmen wie Du Pont, Sears, General Motors und General Electric sämtlich durch die wechselnden Zwänge und Erfordernisse des Marktgeschehens bestimmt werden. So weist er bei Du Pont und auch bei General Motors eine marktbedingte Produktproliferation nach. Und er zeigt, wie diese neue Vielfalt zwangsläufig den Übergang von einer funktionalen monolithischen Organisationsform zu einer locker gefügten Spartenstruktur verlangte.

Chandler verfaßte dieses Werk in Harvard, und zwei andere Harvard-Professoren, Paul Lawrence und Jay Lorsch, knüpften 1967 mit einer weiteren bahnbrechenden Studie daran an, ihrem Buch *Organization and Environment*. Ihr Modell war wesentlich ausgefeilter als Chandlers, gelangte jedoch im großen und ganzen zu den gleichen Schlußfolgerungen. Sie untersuchten Organisationsstrukturen und Führungssysteme; dabei verglichen sie die Spitzenreiter einer in schnellem Aufschwung begriffenen Branche – Spezialkunststoffe – mit den besten Unternehmen in einem stabilen, langsam wachsenden Sektor – Container. Sie stellten fest, daß die Marktführer der stabilen Branche mit einer einfachen funktionalen Organisationsform und einfachen Kontrollsystemen auskamen. Demgegenüber wiesen die Spitzenunternehmen des Wachstumssektors Spezialkunststoffe eine stärker dezentralisierte Struktur und komplexere Systeme auf als ihre weniger erfolgreichen Wettbewerber.

Schließlich spricht Scott noch von einer vierten Periode, die um 1970 begann und bis heute andauert. Im Theorie-Raster positioniert er sie als »soziales Handeln im offenen System«. Hier herrscht auf beiden Achsen ein wenig geregeltes Durcheinander. Geradlinig rationales Handeln wird abgelöst durch das komplexe soziale Handeln von Menschen mit all ihren Stärken, Schwächen, Grenzen, Widersprüchen und irrationalen Verhaltensweisen. An die Stelle des von der Außenwelt abgekapselten Unternehmens tritt das Unternehmen, das sich im Ansturm immer neuer äußerer Einflüsse behaupten muß. Nach Auffassung der führenden Theoretiker unserer Zeit ist gegenwärtig alles im Fluß – die Ziele, die Mittel und die Umwelt. Zu den Vorreitern dieser Epoche gehören Karl Weick von der Cornell University und James March von Stanford.

Das vorherrschende Denkmodell in dieser vierten Periode der Managementtheorie legt den Akzent auf Informalität, Einzelinitiative und Evolution. Das deutlichste Signal dafür, daß die führenden Managementdenker von früheren Anschauungen entschieden abrücken, ist der Wandel der Bildsprache. Weick fordert nachdrücklich neue Metaphern und behauptet, die üblichen militärischen Analogien wirkten als Hemmschuh für unsere Fähigkeit, über Fragen der Unternehmensführung vernünftig nachzudenken: »Unternehmen haben Stab, Linie und eine Befehlskette. Sie entwickeln Strategie und Taktik, greifen ihre Konkurrenten an und »rekrutieren« Mitarbeiter ... Probleme lösen sie, indem sie Mitarbeiter entlassen (ob nun in Ehren oder nicht), Kontrollen verschärfen, für Disziplin sorgen, Verstärkung anfordern oder Kompetenzen abgrenzen – denn genau das tut man ja, wenn eine Armee zu wanken beginnt.« Weick ist überzeugt, daß Bilder aus dem Militär für die Führung eines Wirtschaftsunternehmens eine schlechte Orientierungshilfe sind. Zum ersten geht die militärische Bildsprache davon aus, daß jemand eindeutig siegt und jemand anders eindeutig unterliegt. Im Geschäftsleben ist das aber gewöhnlich nicht der Fall. Zum zweiten rät Weick von militärischen Bildern ab, weil Menschen Probleme durch Analogieschlüsse lösen; zur Verwendung der Militär-Analogie aber schreibt er: »Sie zwingt die Menschen, für alle möglichen Probleme nur eine begrenzte Zahl von Lösungsvarianten in Betracht zu ziehen und sich auf sehr wenige Organisationsformen zu beschränken«.

Die neuen Bilder, die nach Weick und March eine wahre Fundgrube von Denkanstößen für die geistige Auseinandersetzung mit Führungsprinzipien erschließen, müssen auf Manager der alten Schule geradezu bedrohlich fremd wirken – denn da ist zum Beispiel die Rede von Segeln, Spielen, Dummheiten machen, Schaukeln, Raumstationen, Mülleimern, Marktplätzen und Stammesbräuchen. Bei unseren Ausführungen über die besonders erfolgreichen Unternehmen werden wir diese Liste noch weiter verlängern, so etwa durch Champions, Genieschuppen und

»Fürsten« – Ausdrücke, die der Selbstbeschreibung dieser Unternehmen entspringen. »Bei aller Verschiedenheit«, erklärt Weick, »bringt jede Metapher irgendeine Eigenheit der Unternehmen zum Ausdruck, die sonst vielleicht unbemerkt geblieben wäre« oder, wie Anthony Athos sagt: »Im Bild *lauert* die Wahrheit.«

Chester Barnard schrieb 1938 *The Functions of the Executive*, ein Buch, das wohl als vollständige Managementtheorie gelten kann. Das gleiche gilt für Herbert Simon *Administrative Behavior* von 1947.Die Gemeinschaftsarbeit von March und Simons, *Organizations*, aus dem Jahre 1958 enthält 450 miteinander verknüpfte Aussagen über Organisationsfragen; auch dieses Werk bietet eine umfassende Managementtheorie.

Seitdem wurde eigentlich keine echte Organisationstheorie mehr verfaßt. Vielleicht würde March sein zusammen mit Johan Olsen geschriebenes Buch *Ambiguity and Choice in Organizations* von 1976 als vollwertige Theorie bezeichnen, doch uns scheint das nicht haltbar. Mit Sicherheit wird Karl Weick seine wunderbare *Social Psychology of Organizing* nicht als voll entwickelte Theorie darstellen wollen; er sagt vielmehr ganz einfach: »In diesem Buch geht es um die Beurteilung von Organisationen«.

All dies heißt, daß die Arbeiten der heute führenden Theoretiker so etwas wie einen Bilderbogen wichtiger Einsichten in die Kunst der Unternehmensführung vermitteln. In entscheidenden Punkten laufen diese skizzenhaften Darstellungen einem Großteil der bisherigen Lehrmeinungen zuwider. Und dieser Widerspruch deckt sich völlig mit unseren Beobachtungen bei den exzellenten Unternehmen. Das heißt jedoch nicht, daß wir keinen theoretischen Ansatz brauchen. Wir brauchen ihn sogar überaus dringend, wenn die Manager von heute, ihre Berater sowie die Lehrer der Manager von morgen an den Business Schools den Anforderungen gewachsen sein sollen, die in Kapitel 2 formuliert sind.

Nun sind unsere Ausführungen hier gewiß keine vollständige Organisationstheorie. Wir glauben aber, daß die Beobachtungen bei den besonders erfolgreichen Unternehmen einige theoretische Dimensionen ins Blickfeld rücken, denen Theoretiker wie Praktiker bisher keine Beachtung geschenkt haben. Außerdem bieten uns diese Befunde, wie wir meinen, eine einfache und direkte Ausdrucksform für einige konzeptionelle Vorstellungen, die in der heutigen Theoriediskussion eher verschwimmen. Auf jeden Fall aber wollen wir einige Grundgedanken herausstellen, um zumindest das Verständnis der acht Merkmale zu erleichtern, mit denen wir uns in den nächsten acht Kapiteln beschäftigen.

Ausgangspunkt ist ganz eindeutig die Einsicht in die Grenzen der Rationalität – das zentrale Thema der beiden letzten Kapitel. Auf dieser Basis führen unsere Beobachtungen der menschlichen Grundbedürfnisse innerhalb einer Organisation zu vier Grundelementen eines neuen theoretischen Ansatzes: (1.) Die Sinnbedürftigkeit des Menschen, (2.) das Bedürfnis des Menschen nach einem Mindestmaß an Einfluß, (3.) das Bedürfnis des Menschen nach positiver Verstärkung, nach einem wie auch immer gearteten Erfolgsgefühl, und (4.) das Bewußtsein, daß Handlungen und Verhaltensweisen viel größeren Einfluß auf Einstellungen und Überzeugungen haben, als umgekehrt.

In einen solchen neuen Ansatz müssen auch einige sehr wichtige Vorstellungen aus der früheren und derzeitigen Managementtheorie einfließen. Zwei davon möchten wir besonders hervorheben, weil sie nach unserer Ansicht bisher nicht gebührend gewürdigt worden sind: (1.) Die Betrachtung von Unternehmen, vor allem der exzellenten Unternehmen, als eigenständige Kulturen, (2.) die Entwicklung zum erfolgreichen Unternehmen im Zuge einer zielstrebigen, im einzelnen jedoch nicht prognostizierbaren Evolution.

Die Bedeutung der Unternehmenskultur

Kollegen, die unsere Plädoyers für Wertsysteme und Firmenkulturen anhören, sagen uns gelegentlich: »Das sind natürlich tolle Ideen, wenn man sich den Luxus leisten kann. Aber muß denn nicht ein Unternehmen zuerst einmal Geld verdienen?« Nun, natürlich muß ein Unternehmen finanziell gesund sein. Und die exzellenten Unternehmen zählen zu den finanziell Gesündesten von allen. Nur sind bei ihnen wirtschaftliche Gesundheit, Dienst am Kunden und Sinngebung für den Mitarbeiter fest in das Wertsystem *integriert.* Ein leitender Angestellter sagte uns dazu: »Mit den Gewinnen ist es wie mit der Gesundheit. Man braucht sie, und je mehr, desto besser. Aber dafür ist man doch nicht auf der Welt.« Außerdem haben wir schon bei einer früheren Untersuchung festgestellt, daß Unternehmen, die ausschließlich finanzielle Ziele formulierten, finanziell bei weitem nicht so gut abschnitten wie Unternehmen mit einem breiteren Wertespektrum.

Trotzdem haben die gängigen Managementtheorien überraschend wenig über die Formung von Wertvorstellungen zu sagen und besonders wenig über Unternehmen als eigenständige Kulturen. In diesem Zusammenhang sollte man sich einmal zum Beispiel die in Kapitel 1 zitierte Einschätzung von 3M vor Augen halten: »Die Mitglieder einer extremistischen politischen Sekte nach einer Gehirnwäsche könnten in ihren Grundüberzeugungen nicht konformistischer sein«. Diese Beschreibung gilt einem Unternehmen, das nicht etwa für seine besonders starren Regeln bekannt ist, sondern für geradezu ungezügeltes Unternehmertum. Delta Airlines lebt sein »Wir-Gefühl«, wozu Chairman William Beebe bemerkt: »Delta hat das große Plus, daß wir uns alle miteinander so überaus eng verbunden fühlen«. Bei Texas Instruments scheiden manche Mitarbeiter aus, weil ihnen das Unternehmen »zu starr« ist; andererseits ist das Unternehmen außerordentlich innovativ, und der Vorstandsvorsitzende Mark Shepherd erklärt über sein OST-Planungssystem (OST = Objectives, Strategies and Tactics). »Das ganze OST wäre Schall und Rauch, wenn nicht unser gesamtes Unternehmen von einem solchen Innovationsgeist durchdrungen wäre«. Über Maytag findet sich in *Fortune* folgende Bemerkung: »Die Zuverlässigkeit der Maytag-Waschmaschinen hat eine Menge mit der Arbeitsmoral in Iowa zu tun.« Und Stanley Davis von der Columbia University erklärt: »Firmen in Rochester, New York, (z. B. Kodak) oder Midland, Michigan, (z. B. Dow) haben häufig eine besonders ausgeprägte Firmenkultur, die viel stärker ist als bei Unternehmen mit Sitz in New York City oder Los Angeles.«

Seit Barnard und Selznick das Thema aufgriffen, ist über Wertsysteme und Kultur in akademischen Kreisen gelegentlich etwas zu hören. So spricht Richard Normann in *Management and Statesmanship* von der Bedeutung der »beherrschenden Unternehmensidee« und bemerkt dazu, der »entscheidende Prozeß« in einem Unternehmen sei unter Umständen die fortlaufende Deutung geschichtlicher Ereignisse und die entsprechende Anpassung der beherrschenden Firmenidee. In einem vor kurzem erschienenen Buch über die Gestaltung von Organisationsstrukturen erwähnt Henry Mintzberg – wenngleich nur kurz – die Kultur als Gestaltungsprinzip. Dabei bezeichnet er sie (leider) als »missionarische

Konfiguration« und gibt ihr auch noch einen bedauerlichen utopischen Drall: »Die missionarische (Struktur-)Konfiguration hätte ihren eigenen übergeordneten Koordinierungsmechanismus – die Sozialisation oder, wenn man will, Vereinheitlichung der Normen – und entsprechend ein Hauptgestaltungselement – die Indoktrinierung. ... Die Organisation hätte dann ... eine Ideologie. Der einfühlsame Besucher würde 'es' sofort spüren«. Nun ist diese Vision allerdings nicht annähernd so utopisch, wie Mintzberg anklingen läßt. Procter & Gamble arbeitet schon seit gut 150 Jahren so, IBM auch schon seit fast 75 Jahren. Die vorrangig mitarbeiterorientierte Unternehmensphilosopie von Levi Strauss begann mit einer noch nie dagewesenen »keine Entlassungen«-Politik nach dem Erdbeben von San Francisco im Jahre 1906.

Andrew Pettigrew sieht in der Gestaltung der Firmenkultur die Hauptaufgabe des Managements: »Der [Unternehmensleiter] schafft nicht nur die rationalen und greifbaren Aspekte seiner Organisation, wie die Struktur und die Technologie, sondern er ist auch der Schöpfer von Symbolen, Ideologien, Idiomen, Überzeugungen, Gebräuchen und Mythen«. In auffallend ähnlichen Worten beschreibt Joanne Martin von Stanford Unternehmen als »Systeme von Ideen, für deren Inhalte das Management verantwortlich ist.« Diese Vorstellung hat den Anstoß zu zahlreichen, praxisbezogenen Forschungsarbeiten gegeben, aus denen deutlich hervorgeht, in welchem Maße die leistungsstärksten Unternehmen von Firmenlegenden und Sinnbildern durchzogen sind – so besonders HP, IBM und DEC. Ebenso zeigen die Forschungsergebnisse, daß die wenig erfolgreichen Firmen auch in dieser Hinsicht verhältnismäßig unfruchtbar sind. Wie wichtig Bilder und Metaphern sind, kommt auch bei Warren Bennis zum Ausdruck:

Neue Vorgehensweisen entstehen nicht so sehr durch die Formulierung von Zielvorstellungen darüber, was eine Institution tun *sollte*. Entscheidend sind überzeugende Bilder, die Verständnis schaffen, die zwingende moralische Einsicht, daß der neue Weg richtig ist. ... Darwin verdankte seinen Erfolg mehr der schönen Beschreibung seiner Reisen auf der Beagle als dem Inhalt seiner Schriften. Denn der Evolutionsgedanke hatte ja wirklich schon einige Zeit in der Luft gelegen. Nicht nur gab es verschiedene Hinweise von Zeitgenossen, sondern Darwins eigener Onkel hatte bereits Vorarbeiten geleistet. ... Wenn ich also irgend jemandem, der eine Veränderung herbeiführen will, spontan raten müßte, dann würde ich sagen: »Wie eingängig ist Ihr Bild? Wie kommt es an? Wie stark setzen Sie sich dafür ein?«

Die Wirtschaftspresse hat sich das Wort Kultur als Metapher in letzter Zeit zunehmend zu eigen gemacht. Von *Business Week* mit einer Titelgeschichte über Firmenkulturen im Sommer 1980 salonfähig gemacht, scheint der Begriff jetzt im Wirtschaftsjournalismus immer häufiger aufzutauchen.

Vielleicht war Kultur als Thema zunächst tabu, nachdem William Foote Whyte in *The Organization Man* das Bild des Konformisten im grauen Flanell gezeichnet hatte. Dabei haben allerdings Whyte und die Managementtheoretiker bis vor kurzem offenbar ein Merkmal der erfolgreichsten Unternehmen übersehen, das wir in Kapitel zwölf als »straff-lockere Führung« bezeichnen. Gerade in den Institutionen mit einer alles prägenden Kultur herrscht auch das höchste Maß wirklicher Eigenständigkeit. Die Unternehmenskultur legt kompromißlos die wenigen wirklich ins Gewicht fallenden Anforderungen fest, und sie vermittelt Sinn und Zweck. Doch innerhalb dieses qualitativen Rahmens (und in fast jeder anderen Hinsicht) werden die Mitarbeiter ermutigt, sich hervorzutun, innovativ zu sein. »IBM heißt Service« unterstreicht, wie sehr sich das Unternehmen dem einzelnen Kunden verpflichtet; gleichzeitig läßt diese Devise aber auch bemerkenswert viel Gestaltungsspielraum. Jeder, bis hin zum Büropersonal, kann alles tun, was in seiner Macht steht, damit der einzelne Kunde zufriedengestellt wird. Noch konkreter zitiert Steven Rothman in D & B Reports einen Tupperware-Verkäufer: »Die Firma läßt mir bei meinem Vorgehen viel Freiheit. Es gibt bestimmte Teile, auf die man nicht verzichten kann, aber wenn Sie als Tupperware-Verkäufer diese Teile nach eigenem Geschmack einfärben – und sei es Purpur, Rosa und mit Tupfen, obwohl ich Blaßlila mit Spitzen vorziehe – dann geht das in Ordnung. Diese Freiheit gibt mir die Möglichkeit zu zeigen, was ich kann.« Das Wertsystem hat also vor allem darum eine so nachhaltige Wirkung, weil es praktischer Innovation zum vollen Durchbruch verhilft.

Evolution

So wichtig Firmenkultur und Selbstverständnis für die Harmonisierung der sozialen Dimensionen eines Unternehmens sind, so notwendig ist die bewußte Evolution für seine Anpassungsfähigkeit.

Damit stehen wir vor einem Dilemma, für das die meisten derzeitigen Theorien einerseits nicht dogmatisch genug und andererseits nicht flexibel genug sind. So ist die Theorie nicht dogmatisch genug, um ein kompromißloses gemeinsames Selbstverständnis und eine ebensolche Firmenkultur als Hauptquelle von Sinngebung und Stabilität hinzustellen; stattdessen versucht sie, diese Grundlagen durch Regeln und Zielsetzungsprozesse abzusichern. Gleichzeitig sind die meisten theoretischen Ansätze heute nicht flexibel genug, um zu berücksichtigen, daß der unerläßliche ständige Anpassungsprozeß in einem Großunternehmen eine relative Strukturlosigkeit und eine völlig neue Managementlogik verlangt; stattdessen wird in der Regel versucht, diese Hürde mit Hilfe starrer Strukturvorschriften und Planungsübungen zu nehmen.

Beide Probleme ergeben sich aus der Komplexität, die zum Wesen großer Organisationen gehört, und doch ist es den exzellenten Unternehmen gelungen, durch gezielte Einzelmaßnahmen beide Probleme zu bewältigen. Große Institutionen sind wirklich zu komplex, als daß sie im einzelnen nach einem Regelwerk geführt werden könnten; kluge Manager vereinfachen daher die Aufgabe dadurch, daß sie mit einigen wenigen übergeordneten Wertvorstellungen die entscheidenden Ziele abdecken. Ebenso ist der Anpassungsbedarf in einem Großunternehmen zu komplex, als daß man ihn mit Hilfe von Vorschriften steuern könnte – weshalb der gute Manager einfach für eine ausreichende Zahl von »Blindversuchen« sorgt (d. h. ernst gemeinter Anläufe, ob nun erfolgreich oder nicht), um nach dem Gesetz der Wahrscheinlichkeit neben einer Menge von Nieten und einigen Trostpreisen auch gelegentlich einmal das große Los ziehen.

Wir brauchen eine neue Sprache. Wir sollten überlegen, ob unserem Management-Wortschatz nicht vielleicht ein paar neue Vokabeln gut anstünden: temporäre Strukturen, Ad-Hoc-Gruppen, organisatorische Mobilität, »klein ist schön«, »Versuch macht klug«, Aktionsorientierung, Nachahmung, sinnlose Vielfalt, interner Wettbewerb, Verspieltheit, Technologie der Torheit, Produkt-Champions, »Drauflos-Erfinden«, Genieschuppen und Schattenunternehmen. Jeder dieser Begriffe stellt bisherige Auffassungen auf den Kopf. Jeder signalisiert sowohl das Fehlen einer eindeutig festgelegten Richtung als auch den Zwang zum Handeln. Aber wichtiger noch ist, daß wir neue Bilder und Modelle brauchen, um all diese Begriffe zu einem sinnvollen, geschlossenen und denkwürdigen Ganzen zu verknüpfen.

James March hat bekanntlich als Ergänzung zu seiner »Mülleimer«-Metapher ein Entscheidungsmodell aufgestellt, nach dem »Ströme von Problemen, Lösungen, Beteiligten und guten Gelegenheiten« durcheinanderwirbeln und gelegentlich zu Entscheidungen führen. Außerdem meint er, »(wir) müssen die Technologie der Vernunft durch eine Technologie der Torheit ergänzen. Einzelpersonen wie Unternehmen müssen Dinge tun können, für die sie keinen guten Grund haben. Nicht immer. Nicht im Regelfall. Aber manchmal doch. Sie müssen auch einmal handeln, bevor sie denken.« In einem solchen System, behauptet March, käme der Führung eine andere Rolle zu: »Nicht den Analytiker auf Datensuche würden wir brauchen, sondern eher den Beobachter, der nach ungewöhnlichen Signalen Ausschau hält.« In einer etwas eingängigeren Darstellung seiner Ansichten erklärt March: »Eine solche Sicht der Unternehmensführung ist relativ subtil. Sie geht davon aus, daß Organisationen eher gesegelt als gefahren werden müssen und daß der Führungserfolg häufig von kleinen Eingriffen zum richtigen Zeitpunkt abhängt, bei denen der natürliche Lauf der Organisation den Eingriffen zusätzlichen Schwung verleiht, statt sie abzubremsen.« Und sein allerschönstes Bild besagt, die Gestaltung eine Organisation habe mehr damit gemein, daß man einen Schneezaun zur Ablenkung der Schneewehen an den richtigen Platz stellt, als daß man einen Schneemann baut.

Karl Weick beschreibt Anpassung als Produkt »locker gekoppelter Systeme«. Er erklärt, den meisten gebräuchlichen Managementtechniken läge die falsche Annahme einer »engen Kopplung« zugrunde – man brauche nur eine Anweisung zu erteilen oder einen Grundsatz zu verkünden, und schon würden diese automatisch befolgt. »Je tiefer man in die Feinheiten organisatorischer Gebilde eindringt«, sagt Weick, »desto mehr fragt man sich, was eigentlich Ordnung bedeutet, und desto überzeugter wird man, daß die gängigen Vorstellungen davon, was Ordnung ausmacht (Effizienz, Systematik, Berechenbarkeit und Beständigkeit), als Kriterien für erfolgreiche Evolution von fragwürdigem Wert sind«. Es sieht als Kernstück jeder Anpassung zwei Evolutionsprozesse: »Ungerechtfertigte Vielfalt entstehen zu lassen, ist ganz entscheidend«, erklärt er und setzt hinzu: »Ich habe sehr viel übrig für absichtliche Komplizierung.« Außerdem mahnt er, »rückblickende Sinngebung ist der Schlüsselbegriff«. Die Hauptaufgabe des Managements, heißt das, bestehe darin, aus den »Experimenten«, die im normalen Unternehmensalltag laufend stattfinden, nachträglich eine Auswahl zu treffen.

Was Erfolg hat und mit den Zielen des Managements übereinstimmt, wird im nachhinein (»rückblickende Sinngebung«) zum Vorboten der neuen strategischen Ausrichtung ernannt. Erfolglose Unternehmen scheitern deshalb, weil sie in einer »unfruchtbaren, seichten Umgebung« Anregungen suchen. Dort aber gibt es kaum etwas, wovon man lernen kann – das Unternehmen macht zu wenige »gute Anläufe«. Weick kommt zu dem logischen Schluß: »Niemand kann etwas tun, das ihm nicht einfällt«. Und zur Veranschaulichung zitiert er Gordon Sius Beschreibung eines eindrucksvollen Experiments:

... Wenn man ein halbes Dutzend Bienen und genauso viele Fliegen in eine Flasche setzt und die Flasche mit dem Boden zum Fenster waagerecht hinlegt, dann sieht man, daß die Bienen, bis sie an Erschöpfung oder Hunger sterben, immer wieder versuchen, einen Ausweg durch das Glas zu finden; die Fliegen dagegen sind alle in weniger als zwei Minuten am anderen Ende durch den Hals hinausgeflogen. ... Gerade ihre (der Bienen) Liebe zum Licht, gerade ihre Intelligenz, wird ihnen bei diesem Experiment zum Verhängnis. Sie denken offensichtlich, daß der Ausgang aus einem Gefängnis immer dort liegen muß, wo es am hellsten ist; danach handeln sie auch, und an diesem allzu logischen Vorgehen halten sie fest. Für sie ist Glas etwas übernatürlich Rätselhaftes, dem sie in der Natur nie begegnet sind; sie haben noch nie erlebt, daß die Atmosphäre auf einmal so undurchdringlich wird, und je größer ihre Intelligenz ist, desto unmöglicher, unverständlicher erscheint das seltsame Hindernis. Die hirnlosen Fliegen dagegen, die sich um Logik so wenig scheren wie um das Geheimnis des Kristalls, schwirren planlos hin und her, ohne das lockende Licht zu beachten; und ihnen lacht das bekannte Glück des Einfältigen, der dort besteht, wo der Klügere untergeht: zwangsläufig stoßen sie schließlich auf die freundliche Öffnung, die ihnen die Freiheit wiedergibt.

Weick kommt zu dem Schluß:

Diese Geschichte sagt uns etwas über verschiedenste Verhaltensweisen und Mittel bei der Bewältigung von Wandel – Experimentieren, Beharrlichkeit, Herumprobieren, Risiken, Improvisieren, Bestehen auf der »einzig richtigen Lösung«, Umwege, Verwirrung, Starrheit und Zufälligkeit. Als grundsätzlicher Unterschied fällt dabei wohl am stärksten der Gegensatz zwischen »enger« und »lockerer« Kopplung auf. In unterschiedlichem Maße werden die Mittel mit den Zielen verknüpft, die Handlungen von den Absichten gesteuert, die Lösungen durch Nachahmung des Nachbarn gefunden; und in ebenso unterschiedlichem Maße steuert Rückkopplung die weitere Suche, bestimmen frühere Handlungen spätere, wirken Erfahrungen der Vergangenheit auf das Tun in der Gegenwart, beherrschen logische Überlegungen die Suche und beeinflussen Klugheit und Intelligenz die Bewältigungsmechanismen. In diesem Beispiel bietet lockere Kopplung einigen Beteiligten die Möglichkeit, eine schwerwiegende Veränderung ihrer Umwelt erfolgreich zu bestehen. Jede einzelne Fliege, nur locker gekoppelt an ihren Nachbarn und an ihre eigene Vergangenheit, vollzieht auf ihre eigene Weise vielfältige Anpassungen, bis ihr die Flucht schließlich gelingt. Lockere Kopplung ist in diesem Beispiel ein Vorteil, doch wie und wann genau sie zum erfolgreichen Wandel beiträgt und in welcher Weise die auf Wandel abzielenden Eingriffe diese »Lockerheit« berücksichtigen müssen, ist nicht ohne weiteres ersichtlich.

Weick, March und andere sind fasziniert von der Rolle der klassischen Evolutionsprozesse in der Entwicklung von Unternehmen. Daß diese Prozesse einen Zusammenhang herstellen zwischen der Gesamtzahl der Unternehmen in einer Branche und den Erfordernissen der Umwelt, hat die Wirtschaftswissenschaft von jeher erkannt: Unternehmen, die nicht fit und angepaßt bleiben, gehen unter. In der Praxis findet diese Theorie nur allzuviel Bestätigung. Die meisten Unternehmen in der heutigen *Fortune*-Liste der 500 Größten gab es vor 50 Jahren noch nicht. Sämtliche privatwirtschaftlichen Arbeitsplätze, die während der letzten 20 Jahre in den Vereinigten Staaten neu geschaffen wurden, entstanden in Unternehmen, die vor 20 Jahren noch nicht zur *Fortune*-1000-Liste gehörten; zwei Drittel des Nettozugangs an Arbeitsplätzen befinden sich in Firmen, die vor 20 Jahren noch weniger als 20 Beschäftigte hatten. Noch vor zehn Jahren schienen unsere Automobilriesen unbesiegbar; heute fragen wir uns, ob mehr als einer überleben wird.

Im Jahr 1960 schrieb Theodore Levitt von Harvard in der *Harvard Business Review* unter dem Titel »Marketing Myopia« (Kurzsichtiges Marketing) einen Artikel, in dem er darauf hinwies, daß jede Industrie einmal eine Wachstumsbranche gewesen sei. Irgendwann komme es jedoch zu einem Teufelskreis. Nach einer Zeit anhaltenden Wachstums nehmen die Unternehmensleitungen an, weiteres stetes Wachstum sei ihnen sicher. Sie reden sich ein, für ihr Produkt gebe es keinen konkurrenzfähigen Ersatz und verlassen sich allzu sehr auf die Vorteile der Massenproduktion und die zwangsläufige Kostendegression bei steigendem Volumen. Das Management richtet sein Hauptaugenmerk auf Produkte, die sorgfältig geplante Verbesserungen und eine Senkung der Herstellungskosten erlauben. Zusammen führt all dies unausweichlich zu Stillstand oder Rückgang. In dem Buch *Dynamic Economics* trägt der Wirtschaftswissenschaftler Burton Klein auf der Basis gründlicher Recherchen eine sehr ähnliche Auffassung vor: »Wenn eine Industrie einmal in die Phase langsameren Wachstums eingetreten ist, dann kommen Fortschritte selten von den größten Firmen dieser Branche. Von rund 50 Erfindungen (50 von ihm analysierte bahnbrechende Innovationen im 20. Jahrhundert), die in relativ statischen Industriezweigen neue S-Kurven (wichtige neue Wachstumsimpulse) auslösten, ging keine einzige auf das Konto von Großunternehmen der jeweiligen Branche.« George Gilder fügt hinzu: »Derselbe Prozeß, der eine Firma in einer Industrie zu höchster Produktivität führt, mindert ihre Flexibilität und Erfindungskraft.«

Es zeigt sich, daß der Markt sich ständig weiterentwickelt, daß es entscheidend auf Anpassungsfähigkeit ankommt und daß von den Großunternehmen bestenfalls einige wenige damit fertig werden. Auch die meisten unserer exzellenten Unternehmen werden wohl nicht immer an der Spitze bleiben. Wir meinen lediglich, daß sie es eine lange Zeit hindurch – viel länger und erfolgreicher als die meisten anderen – geschafft haben und daß sie weitaus besser als die übrigen verstehen, zugleich groß und anpassungsfähig zu sein.

Als eine der Hauptursachen für diesen Erfolg der »Besten«, von der Managementtheorie erst seit kurzem zur Kenntnis genommen, sehen wir die bewußte Einleitung von Evolution innerhalb der Unternehmen. Die erfolgreichen Unternehmen sind *lernfähige Organisationen.* Sie warten nicht, bis ihnen der Markt den Garaus macht; sie schaffen sich ihren eigenen internen Markt. (So erklärte ein Beobachter, die wirkliche Meisterleistung des IBM-Managements in den Tagen, als die Firma noch einen Marktanteil von 90 Prozent hatte, habe darin bestanden, praktisch aus dem Nichts das Gespenst der Konkurrenz an die Wand zu malen.) Es ist beeindruckend, wie viele Hilfsmittel und Techniken die Spitzenunternehmen entwickelt haben, um einer »Verkalkung« vorzubeugen. Sie experimentieren mehr, lassen es häufiger auf einen Versuch ankommen und nehmen kleine Mißerfolge in Kauf; sie halten alles überschaubar; sie pflegen mehr Kontakt mit ihren Kunden – vor allem den gut informierten, anspruchsvollen Kunden; sie fördern internen Wettbewerb und dulden dessen Folgen: Doppelarbeit und Überlappung; schließlich schaffen sie eine fruchtbare, informationsfreudige und ungezwungene Arbeitsatmosphäre, die guten Ideen Flügel verleiht. Interessanterweise können nur wenige genau sagen, wie sie das alles im einzelnen machen. Gerade die Besten, HP, 3M, Digital, Wang, J & J oder Bloomingdale's, sehen sich außerstande, die Rolle des Managements in dem gesamten Prozeß zu beschreiben. Wenn es so weit ist, wissen sie, woran sie sind, und eine Fehlentwicklung erkennen sie schon in den ersten Ansätzen; aber genau wie wir haben sie keine brauchbare Sprache, um auszudrücken, was da vor sich geht. Einer Institutionalisierung von Innovation noch am nächsten kam wohl bisher Patrick Haggerty bei TI mit seinem OST-System. Doch gibt es sogar hier Anzeichen dafür, daß Ordnung und Systematik eine laufende Anpassung eher unterdrücken als fördern.

Schon vor einem Jahrzent ahnte Peter Drucker die Notwendigkeit ständiger Anpassung, als er in *The Age of Discontinuity* schrieb: »Die Unternehmer werden lernen müssen, innovative Organisationen aufzubauen und zu führen«. Norman Macrae, Deputy Editor des *Economist*, bemerkte: »Ständige Reorganisation ist der Hauptgrund dafür, daß die amerikanischen Großunternehmen nach meiner Meinung in der Abwicklung des Tagesgeschäfts oft immer noch die effizientesten der Welt sind.« Igor Ansoff, seit langem auf dem Gebiet der Unternehmensstrategie zu Hause, ergänzt: »... können wir vorhersagen, daß die Struktur ihre Bedeutung als Hauptelement organisatorischer Leistungsfähigkeit verlieren wird. Die Struktur wird zur dynamischen Voraussetzung für das Auslösen und das Rückgängigmachen von Wandel werden, das Modell des 'organisierten Chaos'.« Dabei fällt uns eine Untersuchung ein, in der wir erfolgreiche und erfolglose Explorationsabteilungen großer Bergbauunternehmen analysierten. Wir berichteten damals dem Klienten, alle erfolgreichen Einheiten sähen nach »strukturiertem Chaos« aus. Als »summendes, blühendes Aktionsfeld« bezeichnete treffend unser Kollege David Anderson schon ganz am Anfang unserer Untersuchung die exzellenten Unternehmen.

Alles in allem scheinen die guten Unternehmen dem Motto »klein ist schön« und »klein ist leistungsfähig« zu folgen. Immer wieder konnten wir feststellen, daß bei ihnen alles viel stärker aufgegliedert und viel weniger geordnet ist, als es nach landläufiger Erkenntnis sein sollte. Was denken sie sich dabei? Wo bleibt da die Kostendegression? Wie können diese Firmen rentabel arbeiten? Haben sie das Prinzip der Lernkurve nicht verstanden? Eine Art Antwort gibt ein Abschnitt mit dem Titel »Damals schien es eine gute Idee« aus *Science 82:*

> Vor zehn Jahren baute die Ford Motor Co. eine Anlage für eine Jahresproduktion von 500.000 Tonnen Motorblöcken. Getreu dem Grundsatz, daß Massenfertigung die Kosten senkt, war das Werk vier Stockwerke hoch und so groß wie 72 Fußballplätze. Aber die für V-8-Motoren vorgesehene Anlage erwies sich als zu groß und zu spezialisiert. Als nach der Ölkrise leichtere Motoren konstruiert wurden, entdeckte Ford, daß eine Umrüstung des riesigen Werkes unerschwinglich war. Die Fabrik wurde geschlossen und die Produktion in ein 30 Jahre altes, kleineres Werk verlegt.

Die erfolgreichen Unternehmen wissen, daß ab einer bestimmten – erstaunlich kleinen – Größenordnung eine drastische Kosten*progression* einzusetzen scheint. Anfang 1980 legten wir John Doyle, dem Forschungs- und Entwicklungs-Chef von HP, erste Ergebnisse unserer Untersuchung vor. Dabei merkten wir an, die von uns aufgesuchten Spitzenunternehmen, auch HP, schienen ihre Divisions und Werke zu »unteroptimieren« (sie also regelmäßig kleiner auszulegen, als nach Markt- oder Kostengesichtspunkten sinnvoll erschien). Wir hatten das durchaus positiv gemeint, aber Doyle verbat sich unsere Wortwahl. »Was Sie 'unteroptimal' nennen, ist für uns optimal«, entgegnete er mit Nachdruck.

In allen folgenden Kapiteln dieses Buches werden wir auf Beispiele stoßen, in denen die Dinge nicht so ordentlich organisiert sind, wie die Lehrbücher es vorschreiben. Die Gemeinsamkeit, der rote Faden, der die scheinbare Unordnung zusammenhält, liegt in der Vorstellung, daß Kleinheit Wirksamkeit bedeutet. Wir sahen Divisions, Werke und Niederlassungen, die kleiner waren, als irgendein Kostenanalytiker je raten würde. Wir fanden »simuliertes Unternehmertum«, wie in dem Paradebeispiel der »store managers« (Betriebsleiter) von Dana. Funktionen wurden dezentralisiert, wo die klassische Lehre das Gegenteil vorgeschrieben hätte: die vielleicht 90 Betriebsleiter von Dana dürfen alle ein eigenes Kostenrechnungssystem haben, auf eigene Faust einkaufen und praktisch ihre ganze Personalpolitik selber bestimmen. Immer wieder stießen wir auf vielleicht zehnköpfige »Genieschuppen«, die regelmäßig mehr Innovation zustande brachten als vollausgerüstete F & E-Abteilungen und Konstruktionsbüros mit Hunderten von Mitarbeitern. Wir fanden Beispiele über Beispiele für internen Wettbewerb, für die Bearbeitung derselben Aufgabe durch verschiedene Teams, für Verdoppelung und Überlappung von Produktlinien sowie für Experimentierfreude und Stolz auf nutzbringende Fehler. Wir stießen auf eine Unzahl winziger, schlagkräftiger »Task forces« und mehr Qualitätszirkel, als es zu jener Zeit angeblich in ganz Amerika gab. Wir sahen weniger standardisierte Verfahren und entsprechend eine größere Bereitschaft, »die Jungs ruhig machen zu lassen, was sie wollen, wenn es nur Hand und Fuß hat und funktioniert«.

Wir glauben, daß wir hier wichtiges theoretisches Neuland betreten. Wir haben häufiger, als nach vorliegenden Informationen zu erwarten war, eine »Portionierung« beobachtet, eine Aufgliederung in beherrschbare, kleine Einheiten. In der bisherigen Theoriediskussion taucht der Gedanke des »klein ist leistungsfähig« meist nur im Zusammenhang mit dem Innovationserfolg kleiner Firmen auf. Die meisten exzellenten Unternehmen dagegen praktizieren verschiedene Formen der »Portionierung« als Grundzug wirksamer Unternehmensführung. Je mehr wir uns mit dieser Erscheinung befassen, um so mehr sehen wir sie als Mittel sowohl zur Effizienzsteigerung als auch zur Anpassung und zum Überleben.

Der führende Effizienztheoretiker ist heute Oliver Williamson von der University of Pennsylvania. Sein Buch *Markets and Hierarchies* hat vermutlich deshalb viel zu wenig Beachtung gefunden, weil es so schwer zu lesen ist (sogar der Verfasser selbst räumt das in seinem Vorwort ein). Williamson vertritt die Auffassung, daß herkömmliche Berechnungen der Kostendegression unrealistisch waren, weil sie die »Abwicklungskosten« weit unterschätzten, die Kosten also, die bei zunehmender Größe für Kommunikation, Koordination und Entscheidungsfindung anfallen. Dies zielt in die gleiche Richtung wie unser früherer Hinweis, daß eine lineare Zunahme der Mitarbeiterzahl eine exponentielle Zunahme an Komplexität bewirkt, wenn die Mitarbeiter zur Erfüllung ihrer Aufgaben miteinander in Kontakt treten müssen. Ist eine große Zahl von Faktoren zu koordinieren, so machen die Koordinierungskosten in der Regel jede technologisch bedingte Kostendegression zunichte. Empirische Beweise für die Thesen Williamsons finden sich laufend.

So nahe Williamsons Vorstellungen unseren Beobachtungen kommen, es besteht doch ein entscheidender Unterschied: Seine Sicht ist schwarzweiß. Ergibt sich aus den Abwicklungskosten, daß eine Aufgabe vom Markt (d. h. von Außenstehenden) effizienter wahrgenommen werden kann als innerhalb des Unternehmens, so muß sie nach außen vergeben werden. Ein ganz einfaches Beispiel: in einem Großraumbüro ist das Blumengießen auf den ersten Blick eine kleine, kaum nennenswerte Aufgabe. In der Praxis aber kosten Auswahl und Pflege der Pflanzen eine ganze Menge Zeit. Ein Vertrag mit einem Blumenpflegeunternehmen erweist sich als kostengünstiger (und effektiver). (Der Anbieter einer solchen Dienstleistung ist gewöhnlich ein cleverer Unternehmer, der erfaßt hat, wie lästig die Blumenpflege sein kann.) Kann dagegen etwas effizienter intern erledigt werden, so hält Williamson dies für die richtige Lösung. Wir dagegen meinen, daß auch innerhalb des Unternehmens das Marktelement zur Geltung kommen kann. Die grundlegenden Mangementtechniken von IBM, HP, 3M, TI, McDonald's, Delta, Frito, Tupperware, Fluor, J & J, Digital und Bloomingdale's bauen auf der Erkenntnis auf, daß auch innerhalb des Unternehmens die verschiedensten Märkte gut funktionieren. Interner Wettbewerb ist bei P & G seit 1930 offizielle Politik; Sloan setzte dieses Mittel bei General Motors schon Anfang der 20er Jahre bewußt ein.

Ein Verlust an Ordnung wird für einen Gewinn an Effizienz in Kauf genommen. Im übrigen geht es nicht nur um Effizienzgewinne. Durch die »Portionierung« fördert das Unternehmen ein Höchstmaß an Aktion. Das Unternehmen *handelt* und lernt erst dann aus seinen Handlungen. Es experimentiert, macht Fehler, erzielt unerwartete Erfolge – und findet unausweichlich zu einer neuen strategischen Ausrichtung. Wir sind davon überzeugt, daß in Großunternehmen die Innovation vor allem deshalb erlahmt, weil alles von großen Anlagen, einem reibungslosen Produktionsfluß, integrierten Abläufen, groß angelegter technologischer Planung und starren strategischen Richtungsvorgaben abhängt. Ein solches Unternehmen verliert seine Lernfähigkeit und wird unduldsam gegenüber Fehlern. Es vergißt, wodurch es überhaupt erst erfolgreich wurde, nämlich meist durch eine Firmenkultur, die Aktion, Experimente und immer neue Anläufe förderte.

Wir glauben, daß das wirklich anpassungsfähige Unternehmen sich nach Darwinschen Prinzipien entwickelt. Es probiert vieles aus, experimentiert und macht die richtigen Fehler; es fördert also seine eigenen

Mutationen. Das anpassungsfähige Unternehmen lernt schnell, die nachteiligen Mutationen auszumerzen und in die aussichtsreichen zu investieren. Wir vermuten, daß einige der kreativsten Entwicklungen innerhalb der anpassungsfähigen Unternehmen keineswegs auf genauer Vorausplanung beruhen. Diese Unternehmen bauen die von March erwähnten Schneezäune, um ihre Anläufe, Experimente, Fehler und gelegentlich großen Erfolge in eine ungefähr richtige Richtung zu lenken. Unser Kollege Lee Walton meint dazu, die Hauptaufgabe des Managements sei es, »die Herde ungefähr nach Westen zu treiben«.

Auf unsere Darwin-Analogie hin wird uns häufig entgegengehalten, sie gelte doch wohl nur für kleine, schrittweise Innovationen. Für große Durchbrüche, wie das System 360 von IBM, heißt es, muß mit sicherer Hand und in großem Maßstab geplant werden. Wir hören diesen Einwand gern, weil er sich so leicht theoretisch wie empirisch widerlegen läßt. In der Evolutionstheorie scheint es keinen Anhaltspunkt dafür zu geben, daß die Evolution in winzigen Schritten erfolgt. Der anerkannt beste Sachkenner, der Evolutionsbiologe Stephen Jay Gould, weist darauf hin, daß zum Beispiel die Entwicklung des menschlichen Gehirns keineswegs ein winziger, notwendiger Teilschritt zur Erhaltung der Art war, sondern eine Zufallsvariation, die ihrer Zeit um mindestens 50.000 Jahre voraus war; gemessen an den Bedürfnissen des Höhlenmenschen also eine gewaltige Überkapazität. Deshalb hat es sich seitdem auch nicht mehr grundlegend verändert. Natürlich sind große, erfolgreiche Mutationen viel seltener als kleine. Aber das ist ja auch wohl nicht anders zu erwarten. Auf jeden Fall stützt das Evolutionsmodell durchaus die Vorstellung großer Entwicklungssprünge,ohne daß nach Goulds Worten ein allwissender Gott oder alles vorhersehende Planung beschworen werden müssen.

Noch eindrucksvoller sind die empirischen Beweise. Burton Klein und andere haben in unzähligen Studien nachgewiesen, daß in der Wirtschaft *niemals* der Marktführer den großen Sprung nach vorn tut. Sie behaupten vielmehr, daß dieser Erfolg immer dem Erfinder oder Kleinunternehmer bleibt, selbst in so schwerfälligen Branchen wie Stahl und Aluminium, in denen man kaum erwarten würde, überhaupt irgendwelche Erfinder anzutreffen. Und unsere eigenen Untersuchungen sagen uns Ähnliches: Die meisten großen Geschäftserfolge – von McDonald's (40 % des Umsatzes durch Frühstücksmenüs) bis zu GE (technische Kunststoffe und Flugzeugtriebwerke) – wurden abseits der ausgetretenen Pfade von kleinen Grüppchen engagierter Außenseiter erzielt. Von IBM behauptete ein längjähriger Beobachter sogar, daß *kein einziges* wichtiges neues Produkt während des letzten Vierteljahrhunderts aus dem formalen System gekommen sei. Das soll nicht heißen, daß das Unternehmen nicht irgendwann bewußt und mit entsprechendem Aufwand zu einem großen Wurf für ein neues Produkt oder einen neuen Geschäftszweig ansetzt. Natürlich geschieht das. Aber die Mutation selbst, auch die große, findet weit unten statt, und immer unter den Fittichen engagierter Außenseiter. Gestützt wird unsere These weiterhin durch die Tatsache, daß praktisch keine große Innovation so genutzt wird, wie ursprünglich beabsichtigt. Für Computer sah man, wie schon gesagt, nur ganz wenige Einsatzmöglichkeiten, größtenteils in der öffentlichen Verwaltung. Transistoren wurden für eine Handvoll militärischer Anwendungen entwickelt. Diesel-Lokomotiven galten ursprünglich als nur für Rangierbahnhöfe geeignet. Trockenkopierer waren nur für einen kleinen Teil des damals bekannten Marktes gedacht; weder bei der Erfindung noch bei der Markteinführung spielte das Massengeschäft eine Rolle.

Demnach gilt die nicht sehr systematische »Evolutionstheorie« der Unternehmensführung für kleine wie für große Innovationen, für Effizienz wie für Effektivität. Und noch ein Aspekt dieser Theorie verdient besondere Erwähnung. In der Biologie kann Isolation den Untergang bedeuten. Mutationen (die Entsprechung zu Produktentwicklungsversuchen) kommen zwar noch gelegentlich vor, doch sind Selektionen (Erfolge) unwahrscheinlich. Bei der Erzeugung von Mutanten (Experimenten, Versuchen, Fehlern) darf daher nie isoliert vorgegangen werden, sondern nur im Einklang mit den tatsächlichen unternehmerischen Erfordernissen und Möglichkeiten. Die besonders erfolgreichen Unternehmen lösen dieses Problem durch vielfältige, fruchtbare Wechselbeziehungen mit der Umwelt – sprich mit den Kunden. Auch hier bleibt die herkömmliche Theorie kläglich hinter der Praxis der Spitzenunternehmen zurück.

Vor rund 15 Jahren kam es in der Managementtheorie zu einer großen Wende. Wie schon erwähnt, fanden endlich auch Umweltbetrachtungen Eingang in die Organisationsmodelle. Die Weichen stellten Lawrence und Lorsch mit ihrer Untersuchung von 1967. In jüngerer Zeit sind auf dem Gebiet der Evolutionstheorie zwei brilliante junge Wissenschaftler hervorgetreten, Jeffrey Pfeffer und Gerald Salancik. Sie veröffentlichten 1978 *The External Control of Organizations: A Resource Dependence Perspective.* Ebenfalls 1978 kam von Marshal Meyer *Environments and Organizations* heraus, mit sieben Kapiteln Theorie und einem Rückblick auf rund zehn Langzeit-Forschungsprogramme. Alle diese Wissenschaftler sehen, worauf es ankommt. Zum Beispiel Pfeffer und Salancik: »Die Kernaussage dieses Buches lautet: Wer das Verhalten einer Organisation verstehen will, der muß den Kontext dieses Verhaltens kennen. Organisationen sind unlösbar in ihre Umweltbedingungen eingebunden. Es gibt sogar die Auffassung, daß alle Organisationen Tätigkeiten betreiben, deren logische Folge eine Anpassung an die Umwelt ist.« Das ist an sich richtig. Merkwürdig finden wir allerdings, daß wir in den Inhaltsverzeichnissen dieser drei unbestrittenen Pionierarbeiten an keiner Stelle auf das Wort »Kunde« oder »Kundschaft« gestoßen sind. Alle drei Bücher sprechen von der Umwelt, doch entgeht ihnen völlig der überaus fruchtbare Kontakt der Spitzenunternehmen mit ihren Kunden, der sich in den verschiedensten Formen äußert: Von (größtenteils symbolischen) Befragungen von Bloomingdale's in der U-Bahn unter dem New Yorker Kaufhaus bis hin zu umfassenden Systemen für Benutzerexperimente bei Digital und anderswo.

Einige Forscher sind weiter gegangen. Insbesondere James Utterback und Eric von Hippel am MIT haben in einer Analyse hochtechnologischer Unternehmen die Intensität der Kundenbeziehungen bei überdurchschnittlich erfolgreichen Unternehmen untersucht. So spricht Utterback zum Beispiel von der Außenorientierung der innovationsbewußten Firmen: »Dazu gehören besondere Beziehungen zur Umwelt, keine allgemeinen Beziehungen. Und Beziehungen zu außergewöhnlich kreativen und anspruchsvollen Benutzern. Und außerdem muß die Beziehung informell und persönlich sein. ... Zwischen dem Lieferanten der Technologie und dem Kunden findet ein umfassender Umsetzungs- und Erprobungsprozeß statt. Häufig kommt es zu einem intensiven Austausch zwischen den potentiellen Benutzern und dem Unternehmen, das ein wichtiges neues Produkt auf den Markt bringt.« Doch Utterbacks und von Hippels Veröffentlichungen liegen abseits von der Hauptströmung und beziehen sich auf eine relativ geringe Zahl von Unternehmen der Spitzentechnologie. Die von uns beobachtete intensive Lieferanten/Kunden-Beziehung war erfreulicherweise nicht an Branchengrenzen gebunden.

Es gibt nichts Neues unter der Sonne. Selznick und Barnard sprachen schon vor 40 Jahren von Kultur und der Gestaltung von Wertvorstellungen. Zur gleichen Zeit brachte Herbert Simon die Grenzen der Rationalität in die Diskussion. Chandler begann vor 30 Jahren über Umweltbeziehungen zu schreiben. Weick schrieb vor 15 Jahren erstmals über Analogien zur Evolution. Leider ist noch keine dieser Vorstellungen Gemeingut geworden; auf die Praktiker des Wirtschaftslebens haben sie so gut wie keinen Einfluß gehabt. Außerdem – und das halten wir für noch wichtiger – geben alle eine völlig unzulängliche Beschreibung der Fülle, Fruchtbarkeit und Vielfalt der Verknüpfungen und Querverbindungen, die wir in den besonders erfolgreichen Unternehmen beobachten konnten. Nicht Experimentieren schlechthin, sondern Tausende von Experimenten zeichnen ihre Tätigkeit aus. Sie haben nicht einfach internen Wettbewerb, sondern lassen praktisch ihre gesamte Mittelzuteilung durch internen Wettbewerb regeln. »Small is beautiful« ist nicht nur eine Devise – Hunderte kleinster Einheiten arbeiten mit einem winzigen Bruchteil der technologisch möglichen Größe. Nicht einfach Kontakt mit dem Kunden, nein, eine ganze Skala von Hilfsmitteln sorgt dafür, daß vom Hilfsbuchhalter bis zum Firmenchef jeder regelmäßig Kundenkontakte hat. Kurzum, die grundlegenden Managementtechniken der bestgeführten Unternehmen sind nicht einfach anders, sie stellen alle Management-Schulweisheit auf den Kopf.

5. Primat des Handelns

»Dabei sein ist 80 % des Erfolges.«

-Woody Allen

»Das wichtigste ist, es zu versuchen.«

-Franklin D. Roosevelt

»Erst schießen, dann zielen!«

-Ein Manager von Cadbury's

Von den ostafrikanischen Großwildparks geht eine unbeschreibliche Faszination aus. Bücher, Dias und Filme können davon keine Vorstellung geben, Trophäen schon gar nicht. Wenn man dort ist, spürt man es einfach. Besucher können sich später stundenlang hingerissen darüber unterhalten; wer nicht dort gewesen ist, wird es nie ganz verstehen.

Ähnlich hilflos fühlen wir uns, wenn wir das eine Merkmal der bestgeführten Unternehmen beschreiben sollen, das allen anderen zugrunde zu liegen scheint: Aktionsorientierung, der Drang, etwas zustandezubringen. Zum Beispiel versuchten wir einmal, dem Projektmanagement-Koordinator eines Unternehmen vor Augen zu führen, wie die Formulare und Abläufe, der Verwaltungsaufwand und die verschiedenen Ausschüsse und Gremien, in denen sein System zu ersticken drohte, radikal vereinfacht werden könnten. Wir sagten ganz spontan: »Bei 3M und TI scheint man diese Probleme nicht zu haben. Die Leute reden einfach ständig miteinander.« Er blickte uns nur verständnislos an. Unser Rat hörte sich für ihn weder originell noch irgendwie hilfreich an. Darum fuhren wir fort:»Sie sind ja kein Konkurrent von 3M. Fahren wir doch einfach mal für einen Tag nach St. Paul, und sehen wir uns da um. Sie werden sich wundern.«

Unsere Freunde bei 3M hatten gegen den Besuch nichts einzuwenden, und wir hatten Gelegenheit, eine Reihe befremdlicher Vorgänge zu beobachten. Dutzende von zwanglosen Gesprächsrunden waren im Gange; Verkäufer, Marketingleute, Experten aus der Fertigung, Techniker, F&E-Leute - ja sogar einige aus dem Rechnungswesen - saßen herum und sprachen über Probleme mit neuen Produkten. Einmal plazten wir in eine Sitzung hinein, in der ein 3M-Kunde sich ganz formlos mit vielleicht 15 Leuten aus vier Unternehmensbereichen über einen besseren Service für seine Firma unterhalten wollte. Nichts wirkte geprobt. Wir erlebten keinen einzigen förmlichen Vortrag. So ging das den ganzen Tag - man traf sich scheinbar ganz zufällig, um Probleme vom Tisch zu bekommen. Am Ende des Tages stimmte unser Begleiter zu, daß wir ihm vorher eine recht zutreffende Beschreibung gegeben hatten. Aber jetzt stand er vor dem gleichen Problem wie wir: Er wußte nicht, wie er das Gesehene jemand anderem mitteilen sollte.

Das Phänomen »Primat des Handelns« läßt sich schwer in Worte fassen, doch es zu versuchen, ist in unserer komplexen Welt äußerst wichtig. Die meisten Organisationen, mit denen wir tagtäglich zu tun haben, werden erdrückt von Bergen von Berichten, an denen verschiedenste Stäbe und bisweilen Hunderte von Mitarbeitern herumgefeilt haben. Die ursprünglichen Ideen haben dafür mit dem Leben bezahlt; nur hier und da ist noch ein Fünkchen von persönlichem Engagement zu verspüren. Ähnlich produzieren große Unternehmen mit ihrem gigantischen Laboraufwand offenbar tonnenweise Papier und Patente, aber nur selten neue Produkte. Sie sind verstrickt in ein Netz von Ausschüssen und Arbeitsgruppen, »Task forces« genannt, die Kreativität und zupakkendes Handeln nicht zum Zuge kommen lassen. Das Geschehen ist geprägt von der Wirklichkeitsferne von Stabsleuten, die das Produkt weder hergestellt oder verkauft noch getestet oder probiert, ja vielleicht nicht einmal gesehen haben, sondern die es nur aus trockenen Berichten anderer Stabsleute kennen.

In den meisten exzellenten Unternehmen ist das völlig anders. Sicherlich, auch dort gibt es zum Beispiel Task forces – aber das sind nicht Arbeitsgruppen mit 35 Mitgliedern, die 18 Monate lang beraten und dann einen Bericht von 500 Seiten vorlegen, sondern wahrscheinlich ein ganzer Schwarm von kleinen Gruppen, die häufig nicht länger als fünf Tage arbeiten, damit in der Linie irgend etwas anders gemacht wird.

Das Problem, das wir in diesem Kapitel ansprechen, ist die allzu vernünftige und rationale Reaktion großer Unternehmen auf Komplexität: Koordination, Untersuchungen, Ausschüsse, immer mehr Daten (und neue Informationssysteme). Und tatsächlich erscheint in einer komplexen Welt, wie sie in den Großunternehmen nun einmal besteht, ein komplexes System oft durchaus angebracht. Nur wird gewöhnlich viel zu viel des Guten getan. Komplexität verursacht die Lethargie und die Trägheit, die allzu viele Firmen in ihrem Reaktionsvermögen lähmen.

Die besonders erfolgreichen Unternehmen zeigen, daß das nicht so sein muß. Diese Spitzenunternehmen bedienen sich alle ihrer ureigenen Techniken, mit denen sie dem natürlichen Zug zu Konformität und Trägheit widerstehen. Dieser Mechanismus umfaßt eine Vielfalt von Instrumenten, mit denen diese Unternehmen für Durchlässigkeit der Organisation sorgen, Systeme vereinfachen, die Organisation immer in Bewegung halten und Experimentierfreude schaffen. Sie machen deutlich, auf welche Zahlen es wirklich ankommt, und beschränken sich auf wenige Ziele.

Durchlässige, flexible Organisation

Sowohl Warren Bennis in *The Temporary Society* als auch Alvin Toffler in *Der Zukunfts-Schock* haben auf die Notwendigkeit von »Adhocratie« im Unternehmen hingewiesen. In Zeiten schnellen Wandels, meinen sie, reiche Bürokratie nicht aus. Dabei verstehen sie unter »Bürokratie« die formale Organisationsstruktur, die zur Abwicklung des Tagesgeschäfts - Verkauf, Produktion usw.- geschaffen worden ist. Mit »Adhocratie« bezeichnen sie organisatorische Mechanismen zur Behandlung all der neuen Fragen, die entweder durch das bürokratische Raster hindurchfallen oder so viele Ebenen der Bürokratie übergreifen, daß nicht mehr klar ist, wer was tun sollte - so daß schließlich niemand etwas tut.

Das Konzept der flexiblen Organisation ist somit nicht neu. Neu ist jedoch, daß die exzellenten Unternehmen es erfolgreich für sich zu nutzen wissen. Ob in der Vielfalt ihrer informellen Kommunikation oder im gekonnten Einsatz von ad-hoc-Instrumenten, wie zum Beispiel Task forces – immer erreichen die Spitzenunternehmen, daß schnell gehandelt wird, weil eben ihre Organisation flexibel und aktionsorientiert ist. Art und Einsatz der Kommunikation in den überragenden Unternehmen unterscheiden sich beträchtlich von den Verhältnissen bei ihren nicht so guten Konkurrenten. Die erfolgreichen Unternehmen sind ein einziges großes Netz informeller, offener Kommunikation. Form und Intensität dieser Kommunikation sorgen dafür, daß die richtigen Leute regelmäßig miteinander in Kontakt kommen, und die chaotisch-anarchischen Züge des Systems bleiben unter Kontrolle, einfach durch die Regelmäßigkeit und die Art der Kontakte (z.B. stehen sich Gleichgestellte wie in einem sportlichen Wettkampf gegenüber).

Die Intensität der Kommunikation ist in den erfolgreichen Unternehmen nicht zu übersehen. Das beginnt gewöhnlich damit, daß großer Wert auf Zwanglosigkeit gelegt wird. Bei Walt Disney Productions trägt zum Beispiel jeder, vom Präsident abwärts, ein Namensschild, auf dem nur der Vorname steht. Ebenso wichtig nimmt HP die Anrede mit dem Vornamen. Dann gibt es die Politik der offenen Tür. IBM verwendet darauf außerordentlich viel Zeit und Energie. Die offene Tür war ein Grundelement der ursprünglichen Watson-Philosophie und gilt noch heute - trotz der inzwischen 350.000 Mitarbeiter. Immer noch antwortet der Chairman auf alle Beschwerden, die ihn von irgendeinem Mitarbeiter erreichen. Auch bei Delta Airlines ist die offene Tür allgegenwärtig; bei Levi Strauss steht sie so hoch im Kurs, daß sie auch die »5. Freiheit« genannt wird (neben der in der Verfassung verbrieften Religions-, Meinungs-, Presse- und Versammlungsfreiheit).

Wenn das Management sich öfter vom Schreibtisch wegbewegt, so fördert auch das den informellen Gedankenaustausch. Bei United Airlines nannte Ed Carlson diesen Beitrag »sichtbares Management« und »MBWA - Management by Walking About (Unternehmensführung durch Herumspazieren)«. Bei HP ist das MBWA (hier die Abkürzung von »Management by Wandering Around«) ein Grundprinzip der »Art des Hauses«, des berühmten »HP Way«.

Informelle Kommunikation läßt sich auch durch einfache räumliche Gestaltung fördern. So hat Corning Glass in seinem neuen Firmengebäude Rolltreppen (statt Aufzüge) einbauen lassen, um mehr persönliche Kontakte zu ermöglichen. 3M unterstützt die Einrichtung von Clubs schon für Gruppen von vielleicht einem Dutzend Mitarbeitern, nur damit leichter - beim Mittagessen oder so - Zufallsgespräche über anstehende Probleme zustande kommen. Ein Manager der Citybank berichtete, daß die uralte Kluft zwischen Sachbearbeitern und Kundenbetreuern mit einem Schlage verschwand, als alle betroffenen Mitarbeiter in dasselbe Stockwerk zogen und ihre Schreibtische bunt durcheinander gestellt wurden.

Was bedeutet das alles? Jede Menge Kommunikation. Bei allen »goldenen Regeln« von HP geht es um mehr Kommunikation. Sogar die räumlichen Verhältnisse bei HP wirken in diese Richtung. Man kann im Werk Palo Alto nicht lange umhergehen, ohne immer wieder zu sehen, daß Leute vor Wandtafeln zusammensitzen und ganz zwanglos über die verschiedensten Probleme diskutieren. Bei jeder dieser spontanen Besprechungen kann man ziemlich sicher sein, Verteter aus F&E, Produktion, Technik, Marketing und Verkauf anzutreffen. Dies steht in krassem Gegensatz zu den meisten Großunternehmen, die wir kennen und bei denen die Manager und Stabsleute nie mit Kunden zusammentreffen oder reden, nie ihre Verkäufer sehen oder mit ihnen sprechen und nie das Produkt ansehen oder anfassen (und das Wort »nie« ist hier nicht leichthin verwendet). Ein Freund von uns bei HP sagte in einem Gespräch über die Organisation des Zentrallabors:»Wir wissen noch nicht so recht, welche Struktur die beste ist. Sicher sind wir uns nur, daß wir von möglichst viel informeller Kommunikation ausgehen. Das ist der Schlüssel zu allem. Das müssen wir um jeden Preis erhalten. »Bei 3M herrschen ähnliche Überzeugungen, so daß einer der Manager uns sagte: »Ihre Analyse erfolgreicher Unternehmen hat nur eine schwache Stelle. Sie brauchen noch ein neuntes Merkmal - die Kommunikation. Wir reden ganz einfach oft miteinander, ohne viel Papierkram oder Formalitäten.« All diese Beispiele summieren sich zu einer wahren *Technologie der Kontaktpflege*, zum ständigen informellen In-Verbindung-bleiben.

Auffallend ist auch, welch gewaltigen Einfluß regelmäßige positive Leistungsvergleiche haben können. Ein einfaches Beispiel dafür ist Tupperware. Tupperware erzielt mit einfachen Kunststoffschüsseln 800 Millionen Dollar Umsatz und rund 200 Millionen Dollar Gewinn vor Steuern. Die entscheidende Managementaufgabe ist die Motivierung der mehr als 80.000-köpfigen Verkaufstruppe, und eine Hauptrolle dabei spielt die »Rallye«. Jeden Montagabend kommen alle Verkäuferinnen eines Verkaufsgebietes zu einem solchen Treffen zusammen. Bei dieser Zusammenkunft geht eine nach der anderen - in der umgekehrten Reihenfolge der Verkaufsergebnisse der letzten Woche - auf die Bühne, unter dem Beifall ihrer Kolleginnen. Praktisch jede bekommt, wenn sie überhaupt irgend etwas geleistet hat, eine Nadel oder ein Abzeichen - vielleicht auch mehrere. Dann wird der gleiche Vorgang für ganze Gruppen wiederholt. Einerseits ist dies ein ziemlich brutales Verfahren - ein unverblümter, direkter Konkurrenzkampf, dem sich niemand entziehen kann. Andererseits schwingt eine positive Grundstimmung mit: Jeder gewinnt; Beifall und Spaß prägen das ganze Ereignis, und die Beurteilung ist informell, nicht bürokratisch. Überhaupt zielt das ganze Tupperware-System auf das Verbreiten und Feiern von Erfolgsmeldungen. Jede Woche finden neue Wettbewerbe statt. Man nehme drei beliebige erfolglose Verkaufsbezirke: Das Management wird für den Bezirk, in dem der Umsatz in den nächsten acht Wochen am stärksten steigt, einen Preis aussetzen. Dann gibt es jedes Jahr die 30 Tage »Jubilee«. Während dieser Zeit werden 15.000 Mitarbeiter gefeiert (jeweils 3.000 in fünf einwöchigen Veranstaltungen); zu den Auszeichnungen gehören Preisverleihungen, Belohnungen und alle möglichen Zeremonien. Das gesamte Klima ist geprägt von einer überaus intensiven Nutzung positiver Verstärkung.

Wenn wir uns HP, Tupperware und die anderen ansehen, so fällt vor allem ins Auge, daß sich die Unternehmensleitung bewußt um zwei Ziele bemüht: (1.) Würdigung jeder guten Leistung, auch und besonders auf den unteren Ebenen, durch alle möglichen Formen positiver Verstärkung und (2.) Schaffung möglichst vieler Anlässe für den Austausch von Erfolgsmeldungen.

Bei der ersten Interviewrunde für unsere Untersuchung kamen die drei Hauptinterviewer nach rund sechs Wochen zusammen. Als wir zu formulieren versuchten, was wir bis dahin für das Wichtigste (und Bezeichnendste) hielten, waren wir uns alle einig: das angenehm zwanglose Betriebsklima der erfolgreichen Unternehmen. Diese Meinung haben wir seither nicht geändert. Erfolg heißt zu einem sehr großen Teil fruchtbare informelle Kommunikation. Als erstaunliches Nebenprodukt kommt hinzu, daß man sich damit das Beste aus beiden Welten sichert: fruchtbare, informelle Kommunikation führt zu mehr Experimenten, mehr Lerneffekten und gleichzeitig auch zu der Fähigkeit, besser informiert zu bleiben und über den Dingen zu stehen.

Und hier noch ein paar Beispiele. »In der Stimme des Chase-Manhattan-Chefs schwang widerwillige Bewunderung mit«, berichtet *Euromoney*. »Wenn denen bei der Citibank etwas nicht gefällt, dann ändern sie es - nicht allmählich, wie wir das tun würden, sondern sofort, selbst wenn sie dazu die Bank auf den Kopf stellen müssen«. Oder, wie ein IBM-Manager berichtet: »In den 60er Jahren soll sich IBM das Ziel gesetzt haben, in wenigen Wochen eine große Reorganisation durchziehen zu können.« Das Wertsystem von IBM bleibt konstant, und die damit verbundene Stabilität macht es strukturell möglich, zur Bewältigung eines bestimmten Problems ganze Blöcke von Ressourcen hin und her zu schieben. Am anderen Ende der Größenskala berichtet der Chef der Sportartikel-Erfolgsfirma TRAK mit 35 Mio. Dollar Umsatz, er habe zu einer flexiblen Organisation übergehen müssen, um seine Stars bei der Stange zu halten: »Wenn man gute Mitarbeiter halten will, muß man sie immer wieder für neue Projekte gewinnen ... (unser Ansatz) ist flexible Reorganisation und kleine Arbeitsgruppen. Das ist ein fester Bestandteil unseres Organisationsprogramms.«

Auch Harris Corporation hat etwas fast Unmögliches geschafft: Es ist dem Unternehmen gelungen, mit Regierungsmitteln geförderte Forschungsarbeiten für wirtschaftlich tragfähige Bereiche nutzbar zu machen. Von den vielen anderen Unternehmen, die das auch schon versucht haben, sind fast alle gescheitert . Das Erfolgsrezept von Harris liegt wohl darin, daß das Management regelmäßig ganze Schübe von Ingenieuren (25 bis 50) aus Regierungsvorhaben abzieht und en bloc in neue kommerzielle Projektbereiche verlagert. Ganz ähnliche Schritte haben auch zum Erfolg von Boeing entscheidend beigetragen. Ein Manager bemerkt dazu: »Wir schaffen das (eine große neue Abteilung aufzubauen) in zwei Wochen. Damals bei International Harvester wäre uns das in zwei Jahren nicht gelungen.«

In den exzellenten Unternehmen finden sich laufend neue Variationen auf dieses Thema. Sie alle lassen sich jedoch auf einen gemeinsamen Nenner bringen: die spontane Bereitschaft, ohne viel Aufhebens Ressourcen zu verlagern - Gruppen von Ingenieuren, Gruppen von Marketingleuten, Produkte zwischen Unternehmensbereichen und so weiter.

Portionierung

Wir erinnern uns noch lebhaft daran, wie wir einmal in das Büro eines hohen Linienmanagers kamen, der gerade »Produktgruppen-Koordinator« geworden war. Er war ein zäher alter Kämpe, erprobt und bewährt in zahllosen Tarifverhandlungen und Arbeitskonflikten, bei deren Lösung er sich einen Namen gemacht hatte. Jetzt war sein Schreibtisch leer, und er blätterte müßig in einer Artikelsammlung der *Harvard Business Review* über Human Relations. Als wir ihn fragten, was er jetzt tue, zeigte er uns eine Liste von Ausschüssen, in denen er den Vorsitz führte. Es war die Demonstration einer Matrixorganisation - eine Welt zersplitterter Verantwortung, nicht die Welt der exzellenten Unternehmen.

Der Leiter einer asiatischen Tochtergesellschaft von Exxon gab vor kurzem auf einer Topmanagement-Tagung eine Präsentation über »Strategie«. Der Bericht, ein Destillat aus zehn Jahren Erfahrung in seiner Position, war eine bemerkenswerte Geschichte kontinuierlicher Verbesserungen. War es die Geschichte kluger Vorausschau und kühner strategischer Schachzüge? Wir sahen es nicht so. Worüber er berichtete, war eine Aneinanderreihung pragmatischer Handlungen. In fast jedem dieser zehn Jahre war irgend ein Einzelproblem »abgehakt« worden. Einmal brachte er mit Hilfe eines »Feuerwehr-Teams« aus der Regional-Zentrale die Außenstände unter Kontrolle. In einem anderen Jahr wurden unrentable Geschäftszweige aufs Korn genommen. In einem weiteren Jahr wurde durch eine nochmalige Blitzaktion eine neue Regelung für die Vertriebsorganisation gefunden. Es war ein klassisches Beispiel für unsere »Theorie der Portionierung«.

Wir sind zu der Auffassung gelangt, daß der entscheidende Faktor für geschäftlichen Erfolg darin besteht, an irgendein praktisches Problem hautnah heranzugehen und es aus der Welt zu schaffen - und zwar sofort. Exxon hatte in Japan nur ein paar konkrete Manöver (fast perfekt) ausgeführt. Jedes einzelne Problem wurde beherrschbar gemacht und dann in einem »Blitzkrieg« besiegt. Für jedes Programm ließ man sich nur relativ wenig Zeit. Aber daß es während dieses kurzen Zeitraums *wirklich* allererste Priorität hatte, stand außer Frage. Es hört sich nach strategischem Weitblick an, aber wir sehen darin etwas viel Bemerkenswerteres: Man hatte ganz einfach eine Reihe praktischer Aufgaben richtig gelöst.

Hier haben wir ein Grundprinzip, ein wichtiges Merkmal der Aktions-Orientierung, das wir »Portionierung« nennen. Dabei werden die Probleme gewissermaßen in handliche Portionen zerlegt, um organisatorische Flexibilität zu erreichen und Aktionen zu fördern. Die einzelnen Elemente dieser Aktions-Orientierung haben viele Namen – Champions, Teams, Task forces, »Fürsten«, Projektzentren, »Genieschuppen« und Qualitätszirkel. Aber eines ist ihnen gemeinsam. Sie tauchen nie im formalen Organigramm auf und stehen nur selten im Telefonverzeichnis der Firma. Dennoch sind sie der deutlichste Ausdruck der »Adhocratie«, die das Unternehmen flexibel hält.

Das augenfälligste Instrument der Portionierungstechnik ist die Kleingruppe. Diese Gruppen sind die grundlegenden organisatorischen Bausteine der Spitzenunternehmen. Normalerweise denkt man bei organisatorischen Bausteinen an größere Einheiten - Abteilungen, Sparten oder strategische Geschäftsbereiche. Sie erscheinen in den Organigrammen. Doch nach unserer Auffassung ist die Kleingruppe für das wirksame Funktionieren einer Organisation von entscheidender Bedeutung. So gesehen (wie auch in manch anderer Hinsicht) nehmen sich die besonders erfolgreichen Unternehmen sehr japanisch aus. In dem Buch *Japan As Number One* führt Ezra Vogel aus, die gesamte Wirtschafts- und Sozialstruktur japanischer Unternehmen bauen auf dem Kacho (Sektionsleiter) und seiner zumeist acht bis zehn Mitarbeiter umfassenden Sektion auf:

> Der wesentliche Baustein eines Unternehmens ist nicht ein Mann mit einer bestimmten Rollenzuweisung und Sekretärin und Assistenten. Der wesentliche organisatorische Baustein ist die Sektion ... Die bescheidene kleine Sektion wartet in ihrem Bereich nicht auf irgendwelche Anweisungen von oben, sondern ergreift die Initiative. ... Damit dieses System wirksam funktionieren kann, müssen die Sektionsleiter die Unternehmensziele besser kennen und sich stärker damit identifizieren als die Mitarbeiter einer amerikanischen Firma. Dies gelingt ihnen durch lange Erfahrung und viele Jahre des Gedankenaustausches mit Kollegen auf allen Ebenen.

Auch in den Vereinigten Staaten hat sich die Kleingruppe als Baustein offenbar schon bewährt, wenn sie auch kein so natürlicher Bestandteil des Nationalcharakters ist wie in Japan. In der Produktentwicklung bei 3M tummeln sich mehrere hundert Projektteams mit je vier bis zehn Mitgliedern. Oder man denke an die 9.000 Teams bei TI auf der Suche nach kleinen und kleinsten Produktivitätssteigerungen. In Australien ist ICI eines der wenigen Großunternehmen ohne Probleme mit Arbeitskonflikten. Dort hatte Managing Director Dirk Ziedler Anfang der 70er Jahre ein Netz von Teams geschaffen, die sehr an die japanische »Sektion« erinnern.

Die eigentlich starke Seite der Kleingruppe ist ihre Flexibilität. Bei

3M werden Produktentwicklungsteams überall gebildet, und niemand macht sich groß Gedanken darüber, ob dabei genau die Abgrenzungen der Unternehmensbereiche eingehalten werden. TI-Chairman Mark Shepherd spricht sehr treffend von dem »flexiblen, projektorientierten Klima« in seinem Unternehmen. Die frohe Botschaft von den gutgeführten Unternehmen besagt, daß das, was eigentlich funktionieren müßte, tatsächlich auch funktioniert.

Noch etwas ist bemerkenswert: Die Art, wie die erfolgreichen Unternehmen ihre Teams einsetzen, stimmt haargenau mit dem überein, was die wissenschaftliche Forschung über Merkmale wirksamer Kleingruppen zu sagen hat. So haben die Produktivitätsverbesserungs- oder Produktentwicklungsteams der exzellenten Unternehmen gewöhnlich zwischen fünf und zehn Mitgliedern. Die Wissenschaft bestätigt die Richtigkeit: Als die optimale Gruppengröße geben die meisten Studien sieben Mitglieder an. Und auch andere Ergebnisse weisen in dieselbe Richtung. Teams aus Freiwilligen, die nur für eine *begrenzte Zeit* zusammenarbeiten und *sich ihre Ziele selbst setzen*, sind in der Regel viel produktiver als andere Teams.

Die Task force

Die Task force kann der vollkommenste Ausdruck wirksamer »Portionierung« sein. Leider kann sie auch zum Inbegriff hoffnungsloser Bürokratie werden. Wie gut wir uns in dem Zusammenhang noch an einen speziellen Beratungsauftrag erinnern! Der Klient war ein 600-Millionen-Dollar-Unternehmensbereich eines Milliardenunternehmens. Wir zählten die Task forces und kamen auf 325 solcher offiziell bestehenden Gruppen. So weit, so gut. Was uns dann aber wirklich umwarf - und die Unternehmensleitung natürlich auch - war die Feststellung, daß während der letzten drei Jahre keine einzige Task force ihren Auftrag abgeschlossen hatte. Ebenso war keine einzige Gruppe aufgelöst worden. Bei einem anderen Klienten griffen wir in einer ähnlichen Situation ganz willkürlich einzelne Task-force-Berichte heraus und sahen, daß sie im Durchschnitt über hundert Seiten lang und von 20 bis 50 verschiedenen Stellen abgezeichnet waren.

Zum Verständnis der derzeitigen Vorliebe für Task forces hier ein kurzer geschichtlicher Rückblick. Zweifellos gab es Task forces schon vorher in vielen nicht näher benannten Formen, doch so richtig zu Ehren kamen sie durch die NASA und das Polaris-Programm. Die NASA erfand die »ad-hoc-Teamstruktur«, und in den ersten Programmen erfüllte sie auch die Erwartungen. Noch besser klappte es beim Polaris-U-Boot-Programm. Dann fand das Konzept der Task force Eingang in die Industrie und wurde für alles mögliche verwendet. Bis 1970 war es in vielen Großunternehmen schon so sehr im Schwunge, daß es nur noch ein weiterer Bestandteil des starren Systems war, in dem es eigentlich Abhilfe schaffen sollte.

Rückblickend betrachtet, ging mehreres schief. Wie jedes andere bürokratisch eingesetzte Instrument, wurde auch die Task force schließlich zum Selbstzweck. Dokumentation und Koordination traten an die Stelle aufgabenbezogener Tätigkeit. Schwerfällige, formale, papier- und vorschriften-betonte Institutionen zogen mit den Task forces eine weitere Ebene in ihren organisatorischen Irrgarten ein, statt sie als unabhängige, aktionsfördernde Einzelelemente einzusetzen. Task forces verkamen zu Koordinierungsgremien, die nur einen anderen Namen trugen. Wie andere im falschen Umfeld eingesetzte Führungsinstrumente machte auch die Task force die Dinge schlimmer statt besser.

Soweit das Unerfreuliche. Es gibt aber auch die erfreuliche Seite: In Unternehmen, in denen das Umfeld stimmt - wo Flexibilität und Adhocratie sich entfalten können -, dort ist die Task force zu einem außerordentlich wirksamen Instrument der Problemlösung geworden. Sie ist in der Tat die allerbeste Abwehr gegen formale Matrixstrukturen. Sie trägt der Notwendigkeit multifunktionaler Problemlösung und Umsetzung Rechnung, macht die Mittel dafür aber nicht zur Dauereinrichtung.

Eine kleine Geschichte macht dies deutlich. Während unserer Studie besuchten wir an einem trüben Februartag die Zentrale von Digital in Maynard, Massachusetts. Nach dem eigentlichen Interview baten wir einen Manager, doch einmal genau zu beschreiben, was er während der nächsten Tage konkret tun würde. Wir wollten ein Gespür dafür bekommen, wie es bei Digital wirklich zugeht.

Er sagte uns, er wäre zusammen mit sechs anderen Mitarbeitern gerade dabei, den Außendienst für das ganze Land zu reorganisieren. Alle sieben waren gehobene Linienmanager. Jeder hatte die Vollmacht, die Änderungen für seine Abteilung zu genehmigen. Unser Gespräch fand an einem Donnerstag statt, und unser Gesprächspartner wollte am gleichen Abend zusammen mit seiner Gruppe nach Vail, Colorado abreisen. Er sagte:»Wir sind Montagabend zurück und werden die Veränderungen wohl am Dienstag bekanntgeben. Etwa eine Woche danach müßte die Umsetzung voll im Gange sein.«

Bei unseren späteren Interviews hörten wir immer neue Variationen auf dieses Thema. Die Task forces so verschiedener Unternehmen wie Digital, 3M, HP, TI, McDonalds, Dana, Emerson Electric und Exxon unterschieden sich auffallend von dem bürokratischen Modell, das wir so oft gesehen hatten. Bei den erfolgreichen Unternehmen sah die Tätigkeit der Task force genauso aus, wie es ihrem Sinn und Zweck entspricht.

Die Task forces haben nicht viele Mitglieder, gewöhnlich höchstens zehn. Sie verkörpern in Reinkultur all die vorne erwähnten Eigenschaften von Kleingruppen. Die unglückselige Tendenz im bürokratischen Modell ist, jeden einzubeziehen, der irgendwie interessiert sein könnte. Dabei schnellt die Mitgliederzahl einer Task force leicht auf über 20 hoch, manchmal auf bis zu 75 Mitglieder. Tatsächlich kommt es aber darauf an, die aktive Beteiligung in einer Task force auf die Hauptakteure zu beschränken. In vielen Unternehmen wäre das allerdings gar nicht machbar, denn die Außenstehenden müßten sich dann ja darauf verlassen, daß ihre Interessen angemessen vertreten werden.

Die hierarchische Anbindung der Task force und die Position ihrer Mitglieder entsprechen der Bedeutung des Problems. Bei wichtigen Problemen sind fast alle Mitglieder leitende Mitarbeiter, und die Task force berichtet direkt an den Vorstandsvorsitzenden. Die Beteiligten müssen unbedingt eine Stellung innehaben, in der sie ihre Empfehlungen auch durchsetzen können. Ein Manager von Digital meinte dazu: »Wir wollen nur leitende Mitglieder, keine Stellvertreter. Die Leute, die wir brauchen, sind sehr beschäftigt und wollen vor allem wieder raus aus dieser verdammten Task force und zurück an die Arbeit.« Wir nennen dies die »Vielbeschäftigten-These«.

Die typische Task force besteht nur kurze Zeit. Dieses Merkmal ist unerläßlich. Bei TI ist eine Task force nur selten länger als vier Monate tätig. Den beispielhaften Unternehmen ist die Vorstellung einer Task force, die älter wird als sechs Monate, ein Greuel.

Die Mitgliedschaft ist gewöhnlich freiwillig. Am besten wurde uns dies bei 3M erklärt: »Sehen Sie, wenn Mike mich bittet, in einer Task force mitzumachen, dann tue ich das. So läuft das eben bei uns. Aber dann erwarte ich auch, daß es um ein echtes Problem geht. Und daß etwas dabei herauskommt. Wenn nicht, vergeude ich bestimmt nicht noch einmal meine Zeit damit, Mike zu helfen. Bei meinen eigenen Task forces versuche ich, dafür zu sorgen, daß alle, die Zeit dafür aufwenden, auch wirklich etwas davon haben.«

Die Task force wird bei Bedarf schnell einberufen, ohne daß gewöhnlich erst förmliche Richtlinien erarbeitet werden. Da Task forces das wichtigste Mittel für die Problemlösung in komplexen, multifunktionalen Verhältnissen sind, ist es für unsere untersuchten Unternehmen ein großes Plus, daß sie solche Gruppen im Handumdrehen und ohne viel Aufhebens zusammenstellen können. Demgegenüber hatte von den vorn erwähnten 325 bürokratischen Task forces jede einzelne eine (oft recht lange) formale schriftliche Arbeitsanweisung.

Es wird schnell nachgefaßt. TI ist hier beispielhaft. Man sagte uns, drei Monate nach der Bildung einer Task force wolle die Unternehmensleitung bereits wissen, was aufgrund ihrer Arbeit geschehen sei. »Nichts; wir arbeiten noch an einem Bericht,« gilt nicht als ausreichende Antwort.

Es wird kein vollzeitiger Stab aufgebaut. Für rund die Hälfte der 325 oben erwähnten Task forces waren Mitarbeiter vollzeitig freigestellt worden: Aktenschieber für eine Gruppe von Aktenschiebern. Bei TI, HP, 3M, Digital oder Emerson dagegen war in *keinem Fall* zu hören, ein Mitarbeiter sei als Projektleiter, »Assistent« oder hauptamtlicher Berichteschreiber ganz für eine Task force abgestellt worden.

Die Dokumentation ist immer formlos und oft nur spärlich. Wie ein Manager uns sagte: »Unsere Task forces sollen kein Papier produzieren. Was sie produzieren sollen, sind Lösungen.

Schließlich müssen wir erneut an die Bedeutung des Umfeldes, des Klimas, erinnern. Auf die Notwendigkeit offener Kommunikation wies Frederick Brooks von IBM in seinen Anmerkungen zur Entwicklung des Systems 360 hin, die in hohem Maße sein Werk war. Obwohl dabei eine riesige Task force im Einsatz war, deren Tätigkeitsbereich viel umfassender war als bei einer typischen Task force, waren die Strukturen sehr fließend. Brooks zufolge wurde mit großer Regelmäßigkeit umorganisiert. Die Mitglieder hielten engen Kontakt; alle Hauptbeteiligten kamen jede Woche für einen halben Tag zusammen, um die Fortschritte zu besprechen und Änderungen zu beschließen. Die Sitzungsprotokolle lagen dann innerhalb von weniger als zwölf *Stunden* vor. Jeder am Projekt Beteiligte hatte zu allen erforderlichen Informationen Zugang: So bekam zum Beispiel jeder Programmierer sämtliches Material von allen Projektgruppen zu sehen. Kein Teilnehmer an den wöchentlichen Sitzungen kam in beratender Funktion (d.h. als (»Stab«). »Jeder hatte die Befugnis, bindende Zusagen zu machen«, sagt Brooks. Einmal im Jahr trat die System-360-Gruppe für eine Sitzung der »Letzten Instanz« zusammen, die normalerweise zwei volle Wochen dauerten. Bei diesem intensiven Gedankenaustausch fand man für alle noch anstehenden Probleme eine Lösung. In den meisten Unternehmen, die wir kennen, wäre es allerdings unvorstellbar, daß 20 Spitzenleute sich für zwei Wochen absetzen oder auch jede Woche für einen halben Tag zusammenkommen. Ebensowenig könnte man sich dort eine so uneingeschränkte, breite Information vorstellen oder Sitzungen, bei denen alle Teilnehmer die Befugnis haben, bindende Verpflichtungen einzugehen.

Der Unterschied zwischen der IBM-Methode und der Praxis so vieler anderer Unternehmen ist so kraß, daß ein weiteres Beispiel aus dem weniger erfolgreichen Lager diesen Abschnitt zu einem angemessenen Abschluß bringen soll. Wir hatten vor kurzem zu prüfen, weshalb ein Projekt für ein rechnergestütztes Führungs-Informationssystem nicht vorankam. Dieses Projekt lief über viele organisatorische Trennlinien hinweg und war einer Task force übertragen. Wir rekonstruierten die Geschichte ihrer Tätigkeit während des vergangenen Jahres und stellten fest, daß die meisten Regeln für gutes Task-force-Management eingehalten worden waren. Aber: die Computerleute und die Vertreter des Unternehmensbereichs saßen sich, außer bei offiziellen Sitzungen, fast nie persönlich gegenüber. Sie hätten zum Beispiel in dasselbe Gebäude ziehen können; als kleine Gruppe hätten sie sogar in einem einzigen Raum zusammenarbeiten können. Doch keiner war dazu bereit. Bei Reisen im Rahmen des Projekts hätten sie in demselben Hotel wohnen können, doch auch das taten sie nie. Die einen erklärten, sie übernachteten in weniger teuren Hotels; die anderen konterten, sie blieben immer näher am Werk. Nach stundenlanger Außenarbeit hätten sie wenigstens zusammen zu Abend essen können, doch die einen wollten Tennis spielen, die anderen nicht. Das hörte sich alles recht trivial an, und die Unternehmensspitze wollte uns zu Anfang auch nicht recht glauben. Als wir dann aber einmal doch alle Beteiligten in einem Raum zusammenbrachten, gaben sie widerwillig zu, daß wir auf der ganzen Linie recht hätten. Jetzt würden wir gern melden, von da an sei alles besser geworden, aber es hat sich nie geändert. Das wirtschaftlich in jeder Hinsicht vernünftige Projekt wurde schließlich fallengelassen.

Projektteams und Projektzentren

Die Task force schlägt alle Beliebtheitsrekorde. Jeder hat sie, doch die Spitzenunternehmen wissen mit ihr ganz anders umzugehen als alle übrigen. In den exzellenten Unternehmen ist die Task force ein interessantes, bewegliches, spontanes Instrument. Sie ist *das* Mittel schlechthin für die Lösung und Bearbeitung heikler Probleme und ein unvergleichlicher Ansporn zu praktischem Handeln.

IBM wählte für das Projekt »System 360« eine andere Form der Adhocratie – die übergroße Task force oder das Projektteam. Das Projekt soll sich zwar, wie man hört, etwas stotternd voranbewegt haben. Aber es war dabei doch eindeutig gelungen, vor allem in den späteren Jahren, für die Arbeit am System 360 die besten Köpfe des Unternehmens zu gewinnen und ungestört auf die monumentale Aufgabe anzusetzen. Unternehmen wie Boeing, Bechtel und Fluor arbeiten ständig mit derart großen Projektteams. Aus ihrer Art der Geschäftstätigkeit – weitgehend Projektarbeit – ist das gar nicht wegzudenken. Diese Unternehmen beeindrucken durch ihre Fähigkeit zum schnellen Wechsel von einer Struktur zur anderen – von ihrer üblichen Struktur für das Tagesgeschäft zu ihrer Projektteam-Struktur. Noch eindrucksvoller ist aber vielleicht ein Großunternehmen, bei dem Projektteams nicht Routine sind, das aber bei Bedarf auf diese Struktur so mühelos umschaltet, wie ein geübter Autofahrer einen anderen Gang einlegt. Das war bei IBM mit dem System 360 der Fall, und das hat uns beeindruckt.

General Motors bietet ein ebenfalls besonders treffendes Beispiel für den Einsatz temporärer Strukturen. Die Autoindustrie ist in Bedrängnis. Fast alles, was das Management der amerikanischen Autofirmen tut, scheint einen Tag zu spät zu kommen und um einen Dollar zu knapp bemessen zu sein. Doch es ist schon imponierend, wenn ein 60-Milliarden-Dollar-Unternehmen es fertigbringt, seine inländischen Konkurrenten bei einer konkreten Maßnahme um fast drei Jahre zu schlagen –

und genau das hat GM mit seinem »Downsizing«-Projekt zum Übergang auf kompaktere Automodelle geschafft. Das wichtigste Instrument dabei war das Projektzentrum, eine klassische Form der temporären Organisation. Für das GM-Projektzentrum wurden 1.200 der wichtigsten Mitarbeiter aus den traditionell autonomen Unternehmensbereichen abgezogen – darunter auch Schlüsselkräfte wie die leitenden Ingenieure – und in das Projektzentrum übernommen. Das Zentrum bestand vier Jahre. Es hatte einen klaren Auftrag: Die Maßnahmen zur »Größenreduzierung« genau zu spezifizieren, in Gang zu bringen und zur endgültigen Durchführung wieder an die Unternehmensbereiche zu übergeben. Das wirklich Unglaubliche an dieser Geschichte aber ist die Tatsache, daß nach Erfüllung der Aufgabe das Projektzentrum für Größenreduzierung 1978 wieder von der Bildfläche verschwand. GM war mit dem Projekterfolg so zufrieden, daß beschlossen wurde, Projektzentren zur wichtigsten Organisationsform für die 80er Jahre zu machen. Mittlerweile sind in einem eigenen Projektzentren-Gebäude acht derartige Einheiten untergebracht. Zwei davon arbeiten zur Zeit am Elektroauto und der vollelektronischen Steuerung für Motoren, ein weiteres an Problemen der Arbeitsbeziehungen.

Schwierige strategische Probleme übergeben die meisten Unternehmen entweder an Planungsstäbe, oder sie verlängern damit den Aufgabenkatalog zahlreicher ohnehin vielbeschäftigter Linienmanager. Aber: Wenn der Stab das Problem lösen soll, entsteht nie wirkliches Engagement; soll die normale Linienorganisation die Lösung finden, kommt das Vorhaben nie richtig in Schwung. Das System 360 von IBM oder das Größenreduzierungsprojekt von GM sind schlagende, ermutigende Beispiele dafür, wie man derartige Probleme mit Erfolg angehen kann.

Die Japaner nutzen diese Organisationsform mit beängstigendem Geschick. Um etwa in der Robotik oder bei Minicomputern auf dem Weltmarkt konkurrenzfähig zu werden, ziehen die Japaner die entscheidenden Mitarbeiter verschiedener Unternehmen in Projektzentren zusammen, wo die grundlegende F&E-Arbeit stattfindet. Sind die technologischen Kernfragen gelöst, kehren diese Spitzenleute wieder in ihre eigenen Firmen zurück und liefern sich von dort gegenseitig einen erbitterten Wettbewerb. Dann sind die Produkte weltmarktfähig – nachdem sie in dem scharfen innerjapanischen Wettbewerb ihre Feuerprobe bestanden haben.

Hondas Kleinwagenprogramm ist ein Beispiel. Für mehrere Jahre wurden Spitzenleute von allen anderen Aufgaben befreit und auf das Kleinwagenprojekt angesetzt. Ebenso verfuhr Canon bei der Entwicklung der Canon AE-1; das Unternehmen zog 200 seiner führenden Ingenieure zur »Task Force X« zusammen, und zweieinhalb Jahre später war die AE-1 entwickelt, gebaut und erfolgreich auf den Markt gebracht.

Es gibt noch zahlreiche andere Beispiele für »Portionierung«, auf die wir später im Buch noch eingehen werden. An dieser Stelle möchten wir aber vor allem vier grundlegende Erkenntnisse über diese Vorgehensweise festhalten. Erstens, unsere Vorstellungen von Kosteneffizienz und Größendegression verleiten uns zum Aufbau großer bürokratischer Gebilde, die einfach nicht handlungsfähig sind. Zweitens, die besonders erfolgreichen Unternehmen haben zahlreiche (nicht nur einige wenige) Wege gefunden, um ihre Organisationen durch Aufgliederung mobiler zu machen und Problemen mit den richtigen Mitteln zu begegnen. Drittens, die Technik der »Portionierung« und alle anderen Instrumente können nur im richtigen Umfeld ihren Zweck erfüllen; von der allgemeinen Einstellung, vom Betriebsklima und von der Firmenkultur her muß spontanes Vorgehen »von Fall zu Fall« normaler sein als bürokratisches Verhalten. Und viertens schließlich sind die freizügigen Verhältnisse, in denen spontanes Vorgehen sich entfaltet, nur an der Oberfläche strukturlos und chaotisch. Unter der Oberfläche der Zwanglosigkeit liegen gemeinsame Ziele sowie eine innere Spannung und ein Konkurrenzdenken, die diese Kulturen zu einem äußerst rauhen Pflaster machen.

Experimentierende Unternehmen

»Do it, try it, fix it« (Probieren geht über Studieren) ist unser liebster Grundsatz. Etwas ausführlicher sagt Karl Weick, daß »chaotische Tätigkeit geordneter Untätigkeit vorzuziehen ist«. Und auch der ganz alltägliche Ungeduldsausbruch: »Steh nicht lange 'rum, tu' lieber was,« schlägt in dieselbe Kerbe. Weitermachen, gerade mit komplexen Aufgaben, bedeutet ganz einfach, etwas auszuprobieren. Lernen und Fortschritt kommen nur zustande, wenn *etwas* da ist, von dem man lernen kann, und dieses Etwas, der Stoff, aus dem Lernen und Fortschritt sind, ist jede zu Ende geführte Handlung. Welche Managementaufgabe sich dabei stellt, läßt sich am besten anhand des einzelnen Experiments und, im größeren Rahmen, am Prozeß des Experimentierens darstellen.

Der Primat des Handelns in den erfolgreichen Unternehmen äußert sich am stärksten und deutlichsten in ihrer Bereitschaft zum Ausprobieren, zum Experiment. Dabei ist ein »Experiment« nichts besonders Geheimnisvolles. Es ist ganz einfach ein zu Ende geführter Handlungsschritt, ein überschaubarer Versuch, von dem man wie im Chemieunterricht etwas lernen kann. Wir haben allerdings die Erfahrung gemacht, daß die meisten Großunternehmen vergessen haben, wie man etwas ausprobiert und davon lernt. Sie scheinen lieber zu analysieren und zu diskutieren, als einen praktischen Versuch zu machen, und sind wie gelähmt aus Angst vor selbst dem kleinsten Mißerfolg.

Dieses Problem wurde vor kurzem in der Zeitschrift *Science* genau beschrieben. Die NASA »erfand« für die Steuerung der Raumfährenentwicklung die »SOM«-Technik (»erfolgsorientiertes Management«). Das Verfahren baut auf der Annahme auf, daß alles gut geht. Ein Manager bemerkte dazu: »Das heißt, alles nach Kostenvorgaben konstruieren und dann beten.« Angesichts des Kostendrucks, dem sie ausgesetzt war, wollte die Behörde damit Parallelentwicklungen vermeiden, die sich möglicherweise als überflüssig erweisen würden. In Wirklichkeit hat das Programm jedoch, wie *Science* und andere hervorgehoben haben, zu umfassenden Terminverschiebungen bei schwierigen Arbeiten, peinlichen Unfällen, kostspieligen Neukonstruktionen und ziellosem Personaleinsatz geführt – und zu der Illusion, alles sei in Ordnung. »Unter dem Strich hat diese Managementmethode«, schreibt *Science* »unrealistische Pläne und unzureichendes Verständnis des Programmstatus erbracht und eine Kette unsichtbarer Terminüberschreitungen und Kostendefizite aufgebaut.«

Nie ist dieses Problem deutlicher geworden als in der Entwicklung der drei Haupttriebwerke der Raumfähre. *Science* berichtet: »Statt jede Triebwerkskomponente einzeln zu testen, schraubte der Hauptlieferant der NASA einfach alles zusammen, klopfte auf Holz und warf die Triebwerke an. Wenigstens fünf Großbrände waren die Folge.« Unter dem Einfluß von SOM begannen die NASA-Manager, die Prognose mit der Realität zu verwechseln (was ihnen, wie man gerechterweise zugestehen muß, wahrscheinlich von der politischen Realität aufgezwungen war). Die NASA litt an »technologischer Hybris«, erklärt ein Fachmann aus dem Senat. »Die Manager wurden allzu zuversichtlich, daß technologische Durchbrüche die Lage schon noch retten würden.« Das hat keine Ähnlichkeit mehr mit der alten NASA, in der gezielte Doppelarbeit betrieben, regelmäßige Tests durchgeführt und Programme termingerecht abgeschlossen wurden – und das Ergebnis stimmte.

Solche Geschichten wiederholen sich mit erschreckender Ähnlichkeit nur allzu häufig, und in ihrer Gesamtheit signalisieren sie nichts mehr und nichts weniger als weithin übliche Managementpraxis. So wollte eine Großbank auf einem stark umworbenen Markt Reiseschecks einführen. Eine Task force produzierte dafür 18 Monate lang einen ganzen Schrank voll Marktanalysen. Als die landesweite Einführung bevorstand, fragten wir den Projektleiter, welche konkreten Markttests er gemacht habe. Er antwortete, er habe mit zwei befreundeten Bankern in Atlanta abgesprochen, sie sollten die Schecks führen. »Zwei?« war unsere ungläubige Reaktion. »Ja, zwei,« bestätigte er. »Wir waren nicht sicher, ob das Projekt genehmigt werden würde. Wir wollten nicht voreilig unsere Karten aufdecken.«

Solche Ausreden hören wir tagtäglich. Andererseits beeindruckte uns der bissige Kommentar eines Gesprächspartners bei Crown Zellerbach, für einige Papierprodukte von Konkurrent P & G: »P & G testet und testet und testet. Man kann sie Monate, oft sogar jahrelang kommen sehen. Gleichzeitig weiß man aber, daß wenn sie endlich soweit sind, es wahrscheinlich Zeit ist, sich eine andere Nische zu suchen, damit man ihnen nicht im Weg ist. Sie lassen nichts unversucht, keinen Aspekt ungetestet.« P & G hat offensichtlich keine Angst davor, durch Tests seine Vorhaben zu verraten. Weshalb? Nun, wahrscheinlich ist der Lerneffekt vor der landesweiten Einführung doch sehr viel mehr wert, als der verlorene Überraschungseffekt kostet.

»Weitermachen« ist kennzeichnend für P & G und die meisten der besonders erfolgreichen Unternehmen. Charles Phipps von Texas Instruments läßt das erkennen, wenn er die Anfangserfolge des Unternehmens schildert, seine Entschlossenheit, kühn und wagemutig vorzugehen. Sein Bericht fängt die Experimentierfreude ein – die Fähigkeit von TI, schnell zu lernen und etwas (fast gleichgültig, was) auf den Markt zu bringen: »Sie überraschten sich selbst: Als sehr kleines Unternehmen mit 20 Millionen Dollar Umsatz und sehr begrenzten Finanzmitteln konnten sie Riesen wie Bell Labs, RCA und GE auf dem Halbleitersektor überspielen, weil sie ganz einfach nach draußen gingen und versuchten, etwas praktisch zu tun, statt alles im Labor zurückzuhalten.«

Beispiel um Beispiel offenbart diese Experimentierfreudigkeit. Bei Bechtel sprechen die leitenden Ingenieure von ihrem Leitprinzip, dem

»Gespür für das Machbare«. Der wichtigste Erfolgsfaktor bei Fluor mag mit dem zusammenhängen, was man dort »Ideen aus Metall« nennt. Bei der Firma Activision lautet die Devise für die Videospiel-Konstrukteure: »Bau das Spiel, so schnell es geht. Bring etwas heraus, mit dem man spielen kann, gib es sofort deinen Kollegen zum Ausprobieren. Gute Ideen interessieren uns nicht. Wir wollen etwas zum Anfassen haben.« Win Ng, der Eigentümer der Firma Taylor & Ng in San Francisco, die mit Design-Haushaltsartikeln 25 Millionen Dollar Umsatz macht, beschreibt seine Philosophie so: »Möglichst früh einen Prototyp zu bauen, ist das Ziel Nummer eins für unsere Designer oder überhaupt für alle, die eine Idee haben. Wir glauben nur, was wir sehen und anfassen können.«

Bei HP ist es Tradition, daß die Konstrukteure das, woran sie gerade arbeiten, offen auf ihrem Schreibtisch liegen lassen, so daß jeder damit herumspielen kann. Sich umsehen ist das Grundprinzip für alle Mitarbeiter, und das gegenseitige Vertrauen ist so groß, daß jeder ohne Scheu sich an den Dingen zu schaffen macht, die seine Kollegen gerade erfinden. Ein junger Ingenieur sagt dazu: »Man erfährt schnell, daß man den Leuten etwas zum Spielen hinstellen soll. Am ersten Tag wird einem meist gesagt, daß der, der da im Vorbeigehen mit dem neuen Gerät herumspielen wird, ein Topmanager, vielleicht sogar Hewlett oder Packard, sein wird.« HP spricht auch vom »Nebenmann-Syndrom«.Das heißt, jeder soll sich umsehen, was sein Nebenmann einige Schritte von ihm entfernt macht, und sich überlegen, was er erfinden könnte, um diesem die Arbeit zu erleichtern.

Robert Adams, der F & E-Chef von 3M, sagt es so: »Wir produzieren ein bißchen, verkaufen ein bißchen und produzieren dann ein bißchen mehr.« McDonald's macht mehr Experimente mit neuen Gerichten, Restaurantformen und Preismodellen als irgendein Konkurrent. Bei Dana hörten wir während unserer ersten drei Interviewstunden von mehr als 60 verschiedenen Produktivitätsexperimenten, die gerade in dem einen oder anderen Werk in Gang waren. Besonders bekannt für seine »Testbesessenheit« ist, wie schon gesagt, P & G. Weitere Beispiele aus gut geführten Unternehmen erfahren wir tagtäglich. Ein Beobachter meint: »Bloomie's (Bloomingdale's) ist das einzige große Einzelhandelsunternehmen, in dem in jeder Ecke experimentiert wird.« Auf diese Bemerkung hin meldete sich vor kurzem bei einem Seminar ein Mitarbeiter von Levi Strauss und sagte: »Von da hat Levi übrigens die Idee mit den verwaschenen Jeans. Bloomie's kaufte unsere Jeans auf und bleichte sie.« Holiday Inns soll 200 Testhotels haben, in denen ständig mit den Zimmern, den Preisen und der Speisekarte experimentiert wird. Im Erfolgsunternehmen Ore-Ida sind ständig Markttests, Geschmackstests, Preistests und Verbraucherbefragungen im Gange, und der Firmenchef weiß über diese Tests und ihre Ergebnisse genauso gut Bescheid wie über die Finanzlage.

Der entscheidende Faktor sind ein Betriebsklima und eine allgemeine Einstellung, die zum Experimentieren anregen. Der Erfinder des Transistors gibt das Wesen des Experimentierens so wieder:

Ich glaube eher an Bauernschläue und Findigkeit. ... Wie fängt man eine Arbeit an? Die einen lesen alles; das führt zu nichts. Und die anderen lesen überhaupt nichts – das führt auch zu nichts. Manche fragen alle möglichen Leute, andere niemanden. Ich sage meinen Leuten immer: »Ich weiß nicht, wie wir anfangen sollen. Weshalb macht ihr nicht erst einmal ein Experiment?« Das ist etwas Grundsätzliches. Man fängt nicht mit etwas an, bei dem man erst nach einem halben Mannjahr eine Antwort bekommt. Man kann immer etwas finden, bei dem man nach einigen Stunden schon einen kleinen Schritt weitergekommen ist.

Auch David Ogilvy kennt kein wichtigeres Wort als »Test«:

Das wichtigste Wort im Vokabular der Werbung ist TEST. Wer sein Produkt von Verbrauchern vortesten läßt und seine Werbung einem Testlauf unterzieht, der schneidet am Markt gut ab. 24 von 25 neuen Produkten kommen über Testmärkte nie hinaus. Hersteller, die ihre Produkte *nicht* auf einem Testmarkt ausprobieren, riskieren die gewaltigen Kosten (und den beträchtlichen Imageverlust) eines landesweiten Mißerfolges, statt ihre Einführungsabsichten auf Testmärkten unauffällig und unaufwendig zu begraben. Testen Sie Ihre Versprechungen. Testen Sie Ihre Medien. Testen Sie Ihre Headlines und Abbildungen. Testen Sie die Höhe Ihrer Ausgaben. Testen Sie Ihre Werbespots. Testen Sie immer weiter, dann wird auch Ihre Werbung immer besser. ... Die meisten jungen Manager großer Unternehmen verhalten sich, als wären Gewinne nicht zeitabhängig. Als Jerry Lambert mit Listerine seinen ersten großen Durchbruch erzielte, beschleunigte er die gesamte Vermarktung beträchtlich, indem er in *Monaten* rechnete. Statt sich von Jahresplänen festlegen zu lassen, überprüfte Lambert seine Werbung und seine Gewinne jeden Monat. So verdiente er in acht Jahren 25

Millionen Dollar, wozu die meisten anderen zwölfmal so lange brauchen. Zu Jerry Lamberts Zeiten lebte die Lambert Pharmacal Company von Monat zu Monat statt von Jahr zu Jahr. Das kann ich allen Werbetreibenden nur empfehlen.

Peter Peterson (jetzt Chairman von Lehman Brothers) liefert aus seiner Zeit als Präsident von Bell & Howell ein schönes, konkretes Beispiel eines Experiments:

Sie kennen Zoom-Objektive? Wenn man neu in einem Unternehmen ist, hat man einen großen Vorzug: man hat keine Ahnung, was nicht machbar ist. Ich hatte immer gedacht, eine Kamera mit Zoom sei etwas für Fußballübertragungen. Das war so meine Vorstellung – eine überaus kostspielige Angelegenheit. Eines Tages kam ich in das Labor, und da lag ein Zoom-Objektiv. Ich hatte noch nie eines gesehen, hielt es ans Auge – und war überwältigt. Man erklärte mir, für Amateurgeräte sei das nicht geeignet, denn das würde viel zu teuer und so weiter. Ich fragte: »Was würde es denn kosten, mir so eine Kamera zu machen – nur eine einzige, mit Zoom-Objektiv?« Man sagte mir: »Nur eine? Sie meinen nur eine grobe Umrüstung? Das würde uns wohl so an die 500 Dollar kosten.« Ich entgegnete: »Dann machen wir das doch mal! Bei meinem Gehalt kostet es mindestens 500 Dollar, wenn wir so noch ein oder zwei Stunden weiterreden. Machen wir's doch einfach!« Ich nahm die Kamera mit nach Hause. Bei einer Dinnerparty am gleichen Abend legte ich sie auf das Klavier und fragte jeden Gast, ob er an einem sehr komplizierten Marktforschungsprojekt teilnehmen wolle: sich die Kamera ans Auge zu halten. Jeder einzelne war begeistert: »Das ist ja toll! So etwas habe ich in meinem ganzen Leben noch nicht gesehen!« Das hatten wir also für 500 Dollar geschafft. ... Wenn mehr Unternehmen neue Ideen ohne großen Aufwand ausprobierten, würden sie die Aufnahmefähigkeit des Marktes vielleicht höher einschätzen.

Petersons Geschichte enthält mehrere wichtige Erkenntnisse über unternehmerische Experimentierfreude. Zum einen natürlich, daß es viel kostengünstiger ist, etwas Konkretes auszuprobieren, als zunächst einmal alles Mögliche zu analysieren. Zum anderen – weniger offensichtlich –, daß der Mensch nun einmal mit einem Prototyp in der Hand kreativer und gleichzeitig konkreter nachdenken kann.

In seinem klassischen Werk *Language in Thought and Action* erfaßt S. I. Hayakawa dieses Phänomen, wenn er hervorhebt, daß Kuh nicht gleich Kuh ist. Die Kuh Berta ist nicht die Kuh Martha. Er meint damit, daß es wichtig ist, von einer Abstraktionsebene zu einer anderen springen zu können – von der Kuh Berta zu Martha – um klar denken und sich wirksam mitteilen zu können.

So verbrachten wir zum Beispiel kürzlich einen angenehmen Nachmittag mit der Herstellung hausgemachter Seife. Das ist nicht allzu schwierig. Die Anleitung war klar, teilweise sogar schön geschrieben. Und doch machten wir sehr viel falsch und lernten Dutzende kleiner Tricks, die uns beim nächsten Mal helfen werden – und das alles in zwei oder drei Stunden. Zum Beispiel ist es äußerst wichtig, die Temperaturen des Laugengemischs und des gelösten Fettgemischs genau aufeinander abzustimmen. Hier ist die Anleitung präzise und gibt eine Menge nützlicher Hinweise. Dennoch bekamen wir Probleme; ein Behälter war eine flache Metallpfanne mit großer Oberfläche, der andere war ein hohes, schmales Glas. Form- und Materialunterschiede führten zusammen mit anderen Faktoren im kritischen Augenblick zu stark abweichenden Abkühlungsgeschwindigkeiten. Nur mit Fingerspitzengefühl kann man auf solche komplexen Erscheinungen schnell genug reagieren. Der Reichtum der Erfahrung (mathematisch ausgedrückt, die Zahl der aufgetretenen und manipulierten Variablen), der *nur* zum Tragen kommt, wenn man mit einem Gegenstand, einem Material oder Prozeß physisch in Berührung kommt, ist durch keine abstrakte Untersuchung oder Beschreibung je zu erreichen.

Wenn nach der Devise »anfassen, probieren, riechen« verfahren wird, kommt es zumeist zu außerordentlichen Ergebnissen. Ebenso außerordentlich sind die Bemühungen mancher Leute, solche Tests und Experimente zu vermeiden. Fred Hooven, Inhaber von 38 wichtigen Patenten und Professor an der Technischen Universität Dartmouth, beschreibt einen lächerlichen, aber nur allzu typischen Fall: »Ich kann mich an drei Fälle in meiner Laufbahn erinnern, in denen mein Kunde bei einem komplizierten mechanischen Problem nicht weiterkam und wo ich darauf bestand, daß die Ingenieure und die Techniker (Modellbauer) in ein und demselben Raum arbeiten sollten. In jedem Fall kam es dann schnell zu einer Lösung. *Ein Einwand, an den ich mich erinnere, lautete, wenn man die Ingenieure mit den Technikern in einen Raum steckte, würden die Zeichnungen schmutzig werden.* Ergänzend sagt Hooven: »Der Ingenieur muß sofort und ganz zwanglos zu allem Zugang haben, was er für die praktische Verwirklichung seiner Ideen benötigt. ... Es ist kostspieliger, Zeichnungen von einem Werkstück anzufertigen, als das Werkstück selbst anzufertigen; außerdem ist die Zeichnung nur eine Kommunikation in einer Richtung, so daß der Ingenieur, wenn er sein Werkstück zurückbekommt, wahrscheinlich schon vergessen hat, weshalb er es haben wollte. Er stellt dann fest, daß es nicht funktioniert, weil er in der Zeichnung einen Fehler machte, oder daß noch irgendeine kleine Änderung nötig ist, die dann oft weitere vier Monate dauert.«

Alle Beteiligten (z. B. Konstrukteure, Vertriebsleute, Vorstände, Verkäufer und Kunden) tun sich viel leichter, über ein Produkt oder seine Einsatzmöglichkeiten kreativ nachzudenken, wenn sie mit einem Prototyp – also etwas »zum Anfassen« – experimentieren können. Auch die gründlichste Marktforschung hätte den phänomenalen Erfolg des Apple-II-Rechners nicht vorhersagen können. Wir erklären uns diesen Erfolg damit, daß ein hochwertiges Produkt in ein neu entstehendes, überraschend aufnahmefähiges Netz von Benutzergruppen stieß, die allesamt an den Geräten ihrem Spieltrieb freien Lauf ließen und fast täglich neue Programme dafür lieferten. Keinerlei Marktforschung hätte prophezeit, daß eine Hausfrau in unserem Bekanntenkreis in ihrer Familie zum größten Apple-Benutzer werden würde; sie selbst am allerwenigsten. Das ganze Geheimnis lag darin, daß sie sich beruflich selbständig gemacht und ihre Geschäftsräume im eigenen Hause eingerichtet hatte. *Dort* stand der Apple, und *dort* konnte sie ihn ausprobieren und nach Herzenslust an ihm herumspielen. Hätte man ihr vorher davon erzählt, so hätte sie mit Sicherheit gesagt, damit würde sie wohl nie arbeiten. Sie konnte sich einfach nichts darunter vorstellen. Als sie dann aber das Gerät tatsächlich »zum Anfassen« vor sich hatte, war sie bekehrt.

Darum legt HP so großen Wert darauf, daß seine Ingenieure ihre neuen experimentellen Prototypen erst einmal zum Ausprobieren herumreichen. Darum hatte Peterson mit dem Dinner-Party-Test seines Zoom-Objektivs eigentlich die raffinierteste nur denkbare Form der Marktforschung gewählt.

Schnell und viel

Zügig und in großer Zahl durchgeführte Experimente sind eine entscheidende Voraussetzung für erfolgreiches Experimentieren. Vor einigen Jahren beschäftigten wir uns mit der Erfolgsquote spekulativer Versuchsbohrungen in der Ölwirtschaft. Wir stellten fest, daß man mit den besten Geologen, den neuesten geophysikalischen Verfahren, dem fortschrittlichsten Gerät usw. bei spekulativen Bohrungen in nachgewiesenen Ölfeldern in rund 15 Prozent der Fälle fündig wird. Ohne all diese Trümpfe sinkt die Erfolgsquote vielleicht auf 13 Prozent. Dieses Ergebnis legt die Vermutung nahe, daß die Zahl der Versuche den eigentlichen Ausschlag gibt. Und tatsächlich fördert auch eine Analyse der Amoco, seit kurzem als führende amerikanische Explorationsgesellschaft zu neuem Leben gelangt, im Grunde nur ein einziges Erfolgsrezept zutage: *Amoco bohrt mehr.* Der Produktionsleiter des Unternehmens, George Galloway, sagt dazu: »In den meisten Fällen hatten weder wir noch irgend jemand sonst mit einem Erfolg gerechnet ... Aber so geht es, wenn man wirklich *viele* Bohrungen macht.« Das gleiche Phänomen beobachteten wir bei der Erzexploration. Der entscheidende Unterschied zwischen erfolgreichen und weniger erfolgreichen Explorationsgesellschaften besteht in dem viel stärkeren Einsatz von Diamantbohrmeißeln. Diamantbohren ist zwar *auf den ersten Blick* teuer, aber nur damit kann man herausfinden, wie es dort unten wirklich aussieht. Alles andere ist reine – wenn auch vielleicht kenntnisreiche – Spekulation der Geologen und Geophysiker.

Auch ein ehemaliger leitender Manager bei Cadbury unterstreicht die Bedeutung des Grundsatzes »schnell und viel«. Er erinnert sich daran, wie Cadbury einen neuen Leiter der Produktentwicklung einstellte. Der Neue sah sich an, was alles an Entwicklungsarbeit brachlag, und verkündete unbekümmert, innerhalb der nächsten zwölf Monate würden sechs neue Produkte herausgebracht werden. Und sechs weitere in den zwölf Monaten danach. Fast alles, was er auf den Markt bringen wollte, hatte seit zwei bis sieben Jahren in verschiedenen Stadien der Fertigungsreife dahingedämmert. Er hielt seinen Zeitplan ein, und drei der Produkte sind bis heute große Renner. Einer, der damals dabeigewesen war, gab dazu folgenden Kommentar: »Man kann die Zeit bis zur Produkteinführung nach Belieben verkürzen, wenn man nur will. Er hat in nur zwei Jahren zwölf Einführungen durchgezogen. Wir hätten es kein bißchen besser gemacht, wenn wir uns für das gleiche Pensum fünf Jahre Zeit gelassen hätten.«

Peterson erklärt die logische Grundlage des Cadbury-Phänomens: Bei einem einfachen Vorgang wie einem Experiment kann man geradezu unvernünftig knappe Fristen setzen; unter Termindruck – und bei realistischen Teilschritten – wird das Unmögliche, wie es scheint, regelmäßig Wirklichkeit. Peterson meint dazu:

Ich habe festgestellt, daß Leute manchmal jahrelang an einer Sache arbeiten, bis es dann irgendwann brandeilig ist ... und plötzlich kommt der Druchbruch. Einmal arbeiteten wir an der Entwicklung einer 8-mm-Filmkamera mit Fotozelle und veranschlagten dafür eine Entwicklungsdauer von drei Jahren. Dann versuchte es der Marketing-Chef eines Tages mit einer anderen Methode. Er ging zu den Ingenieuren und sagte: »Ich habe gehört, daß unsere Konkurrenz eine 8-mm-Kamera mit Fotozelle hat!« Binnen 24 Stunden hatte die Entwicklungsabteilung einen völlig neuen Weg gefunden. Was Dringlichkeit wohl sonst noch alles vermag?

Das Gebot der Schnelligkeit gilt für das Einsteigen in eine Sache *und* das Aussteigen daraus. So macht die Entscheidungsfreudigkeit von Jesse Aweida, Präsident von Storage Technology, aus dem gesamten Unternehmen ein ständiges Experimentierfeld. *Fortune* berichtet darüber:

Ein Plattenlaufwerk ... kostete in der Herstellung 1.500 Dollar mehr, als sein Verkaufspreis betrug. Mit der ihm eigenen Promptheit hob Aweida den Preis um 50 % an, und als das nichts half, ließ er das Produkt sterben, obwohl er darin 7 Millionen Dollar investiert hatte ... Untätigkeit ist ihm ein Greuel. Auf der landesweiten Verkäufertagung von STC im Januar dieses Jahres erklärte er: »Oft glaube ich, daß selbst eine Fehlentscheidung immer noch besser ist als überhaupt keine Entscheidung.« Seine Fähigkeit zu schnellem Kurswechsel hat das Unternehmen vor den Folgen einiger Fehlentscheidungen bewahrt. Zum Glück für STC findet Aweidas vorpreschender Ehrgeiz ein Gegengewicht in seinem ausgeprägten Sinn für das rasche Verlassen von Gefahrenzonen.

Experimentierfreudigkeit als Grundhaltung eines Unternehmens hat etwas mit einer Pokerpartie gemein. Mit jeder Karte steigt der Einsatz, und mit jeder Karte weiß man mehr; man weiß jedoch erst genug, wenn die letzte Karte ausgespielt ist. Vor allem muß man bei diesem Spiel wissen, wann man das Blatt niederzulegen hat.

Ganz gleich, wie viele Zwischenziele man setzt oder wie viele PERT-Diagramme man bei einem Projekt oder Experiment erstellt – was man für das investierte Geld letzten Endes bekommt, ist lediglich mehr Information. Ob sich das Ganze gelohnt hat oder nicht, weiß man immer erst hinterher. Außerdem wird, wenn das Projekt oder Experiment erst einmal läuft, jeder Schritt teurer als der vorangegangene – und schwerer abzubrechen, wegen der bereits investierten Mittel und vor allem wegen des Gesichtsverlustes. Die kritische Managemententscheidung ist, ob man aufstecken sollte. Die besten Systeme für das Management von Projekten und Experimenten handhaben diese Frage mehr oder weniger wie ein Pokerspiel. Das Gesamtvorhaben wird in überschaubare Teile zerlegt; dann eine schnelle Überprüfung und nur ja nicht zu viel Management in der Zwischenzeit. Damit das funktioniert, muß man Großprojekte einfach als Kette von Experimenten behandeln, die sie ja im Grunde auch sind; gleichzeitig muß man die Nerven des Pokerspielers haben, ein Blatt niederzulegen, sobald es nicht mehr gut aussieht, und sofort wieder neu anzufangen.

Billig, unauffällig und lehrreich

Experimente sind für die meisten besonders erfolgreichen Unternehmen eine billige Lernmethode, in der Regel kostengünstiger – und nützlicher – als ausgeklügelte Marktforschung oder detaillierte Stabspläne. Auch hier hat Peterson aus seiner Zeit bei Bell & Howell eine eindeutige Meinung:

Bevor wir uns eine Idee verwässern lassen und uns durch eine überaus rationale Beurteilung davon überzeugen lassen, daß sie nicht funktionieren kann, stellen wir uns eine andere Frage: Können wir diese Idee für wenig Geld in irgendeiner Weise erproben? Das Experiment ist das wirksamste Mittel für die praktische Umsetzung von Innovation und wird in der amerikanischen Industrie wahrscheinlich nicht genug genutzt. ... Damit will ich folgendes sagen: Wenn wir uns den Gedanken an Experimente zu eigen machen und dadurch handfeste Informationen erhalten statt all des »wird nicht«, »kann nicht«, »sollte nicht«, dann werden mehr gute Ideen in die Tat umgesetzt. ... Ein Beispiel: Da wir kein Großunternehmen sind, können wir es uns nicht leisten, unter großen Risiken Millionen Dollar für etwas auszugeben, von dem wir nicht wissen, ob es einschlagen wird oder nicht. Eines Tages kam nun jemand mit einem Einfall heraus, der auf den ersten Blick geradezu hanebüchen wirkte. Wer die Marketing-Fallstudien von Harvard kennt, wird sofort verstehen, warum so etwas nicht gehen kann: Weshalb nicht eine Filmkamera für 150 Dollar (das war 1956) im Direktversand vertreiben? ... Statt nun zu sagen: »Meine Herren, das ist doch hanebüchen«, gaben wir uns einen Stoß: »Untersuchen wir doch einmal, weshalb es funktionieren könnte.« Dann stellten wir die Schlüsselfrage: »Was würde es kosten, es einmal zu versuchen?« Die Kosten lagen bei nur rund 10.000 Dollar. Statt dessen hätten wir 100.000 Dollar an Zeit dafür aufwenden können, das Problem zu überanalysieren. ... Neun von zehn Fachleuten werden sagen, dieser Gedanke sei einfach nicht realisierbar. Aber wir haben ihn realisiert, und inzwischen bildet er die Grundlage eines wichtigen, gewinnbringenden neuen Geschäftszweiges. Wir alle haben bisweilen eine übertrieben hohe Meinung von der analytischen, rationalen Beurteilung einer häufig überaus komplexen Idee.«

Experimente zeichnen sich auch dadurch aus, daß sie oft verhältnismäßig unsichtbar bleiben. Bei GE hat man für solches Experimentieren »unter der Hand« den Begriff »bootlegging« (»Schmuggeln«, »Hamstern«) geprägt; bei 3 M meint man dasselbe mit »scrouning« (»Schnorren«, »Nassauern«). In diesen Unternehmen ist es ehrwürdige Tradition, kleine Geldbeträge oder ein paar Mitarbeiter abzuzweigen, um abseits des Hauptgeschehens an etwas eigenem zu arbeiten. Riesige Erfolge von GE, so die erwähnten technischen Kunststoffe und Flugzeugtriebwerke, waren unmittelbares Ergebnis solcher »Hamster«-Aktivitäten. Für GE ist diese Praxis ganz entscheidend gewesen. In einer Untersuchung hieß es vor kurzem sogar, praktisch jeder große Durchbruch in dem Unternehmen während der beiden letzten Jahrzehnte sei auf irgendeine Form des »bootlegging« zurückzuführen. Manche Beobachter haben dasselbe über IBM gesagt. Ein früherer Kollege von Watson Senior erklärt sogar, die Innovationskraft eines Unternehmens lasse sich am besten am Ausmaß derartiger Tätigkeiten ablesen. Tait Elder, der bei 3M die New Business Ventures Division (»Neue Geschäftsvorhaben«) leitete, meint dazu, Planungs-, Budgetierungs- und sogar Kontrollsysteme sollten von vornherein bewußt ein wenig »durchlässig« angelegt werden. Viele Leute müssen irgendwie etwas Geld abzweigen können, um im Alleingang am Rande des Geschehens Außenseiter-Projekte voranzutreiben.

Schließlich der wichtigste Punkt: *die Beziehung zum Benutzer.* Der

Kunde, vor allem der informierte, qualifizierte Kunde, spielt bei den meisten erfolgreichen Experimenten eine Schlüsselrolle. Im nächsten Kapitel kommen wir auf diesen Aspekt noch ausführlich zurück; hier sei nur gesagt, daß viele Experimente in den exzellenten Unternehmen in Zusammenarbeit mit einem führenden Benutzer stattfinden. Digital betreibt eine größere Zahl solch unaufwendiger Experimente als irgendeiner seiner Konkurrenten. (HP und Wang sind allerdings dichtauf.) In allen Fällen wird *mit* und *bei* einem Benutzer experimentiert.

Die Experimente von McDonald's werden naturgemäß alle zusammen mit Benutzern – den Kunden – durchgeführt. Viele Unternehmen warten demgegenüber, bis das perfekte Gerät entwickelt und gebaut ist, bevor sie es – spät und nicht selten nach Aufwendung von Millionen Dollar – dem Urteil des Kunden aussetzen. Das Geheimnis von Digital, McDonald's, HP und 3M liegt darin, daß der Benutzer das Produkt schon sehr früh zu sehen bekommt, es testen und Einfluß nehmen kann.

Ein Umfeld für Experimente

Genau wie Task forces nur in einem Klima der Zwanglosigkeit und Flexibilität Nutzen bringen, so können auch Experimente im falschen Umfeld nicht gelingen. Das Management muß Verständnis haben für durchlässige Systeme; es muß Fehler akzeptieren, inoffizielle Eigeninitiative dulden, bei unerwarteten Veränderungen mitgehen und Champions unterstützen. Isadore Barmash beschreibt in *For the Good of the Company* eine faszinierende Kettenreaktion, bei der ein einzelner Mitarbeiter, Sam Neaman, eine überaus erfolgreiche Serie von Experimenten auslöste, die der Einzelhandelskette McCrory's in den 60er Jahren viele Millionen Dollar Gewinn einbrachten. Hier wird so glänzend beschrieben, wie ein erfolgreicher Experimentierprozeß in Gang kommt, daß wir Neaman – damals Manager ohne Geschäftsbereich, später der Firmenchef – ausführlich zitieren:

Ich hatte nicht die Befugnis ... Aber hier bot sich eine Gelegenheit. Hier war eine Filiale, die hohe Verluste gemacht hatte. Ich wollte wissen, was nötig war, um daraus ein gutgehendes Geschäft zu machen. Darum sagte ich zu John (einem Filialleiter): »Hör mal, wir holen eine Gruppe von Leuten, ein Team, in diese Filiale, und du bist dabei der

Libero. Ihr besucht die ganze Konkurrenz in der Stadt und schreibt auf, was ihr dort seht. Ihr vergleicht das mit unserem Angebot und schreibt alles auf. Jeden Abend haltet ihr eine Besprechung ab und geht alles mit allen durch. ... Außerdem ziehe ich auch noch den Regionalleiter, die Vertriebsleute, die Einkäufer und ein paar andere Filialleiter hinzu. Ich will unser gesamtes Know-how aufbieten, und dazu brauchen wir eine Gruppe von Leuten, die entschlossen sind zu zeigen, was sie durch gemeinsames Nachdenken zustandebringen können.« Wochenlang sahen sie sich in der Filiale um. Es war kein Zuckerlecken, zu einer Einigung zu kommen, doch schließlich gelang es ihnen. Die Stimmung war unglaublich gut; alle waren begeistert dabei. Warum? Zum ersten Mal hatten sie Gelegenheit, sich als einzelne und als Gruppe wirklich zu äußern; jeder konnte sein Bestes geben. Kein Cent wurde ausgegeben. Alle Änderungen wurden mit »Bordmitteln« ausgeführt. Die Bodenbeläge wurden geändert, die Gänge verbreitert und die Wände neu gestrichen. Das Geschäft war wieder wie neu, eine wahre Augenweide.

Warum kam dieses Geschäft durch? Die Arbeitsgruppe wußte, daß sie die ganze Konkurrenz besuchen mußte und dann unser Geschäft mit nüchternen Augen zu betrachten hatte. Was sie in Erfahrung brachte, wandte sie an. Bis dahin hatten die Beteiligten dem Chef von den Augen ablesen müssen, was er wohl erwartete. Ich forderte sie nur auf, ihre Augen und ihren Verstand zu gebrauchen, und das Ergebnis war ein sehr guter Laden. Während der beiden nächsten Jahre wurden die Verluste abgebaut, und die Filiale begann, Geld zu verdienen. Nach all dem Wirbel wurde das ganze Unternehmen aufmerksam. Der Chairman und seine Mitarbeiter kamen, um zu sehen, was los war. Nun sprangen alle auf den fahrenden Zug. Nun wollte jeder einen Bezirk für sich – jeder Vice President, der Executive Vice President, sogar der Chairman.

Man muß den Leuten einen Weg zeigen. Genau das tat ich. Ich wußte sogar, wohin ich alle schicken konnte. Nach Indianapolis. »Fahren Sie nach Indianapolis in Indiana,« sagte ich ihnen. »Sehen Sie sich dort das Geschäft an, und lernen Sie davon. Es ist von Leuten wie Ihnen aufgebaut worden, mit Geduld und Spucke und ihren eigenen, ganz normalen Fähigkeiten.« Etwas später, in der Firmenzentrale, änderte ich diese Vorgehensweise. Dem Einkaufsleiter einer Gemischtwarenkette sagte ich: »Nun gut, Joe, Du brauchst nicht in den Mittleren Westen zu gehen. Schaff' uns ein Indianapolis hier mitten in New York. Du hast gesehen, was man erreichen kann. Mach' also ein Indianapolis in Flushing. Aber bitte keine Nachahmung! Indianapolis soll für uns nur eine Art Schule sein.« Ich sagte ihm, er solle mir einen guten Gemischtwarenladen in Flushing zeigen.

Einige Wochen später lud er mich dann in das Geschäft ein, und ich fand mich in einem der schönsten Einzelhandelsläden, die ich je gesehen habe. Sofort ließ ich noch andere Besucher zu einer Besichtigung kommen. Wer hätte geglaubt, daß dieser vorher so gräßliche Laden zur Attraktion der ganzen Nachbarschaft und zur Perle des Unternehmens werden würde? Der Umsatz schnellte sofort in die Höhe, und die Filiale wurde unsere beste in ganz New York. Gleichzeitig wirkte sie als Ansporn für die anderen Manager in der Zentrale, auch ein »Indianapolis« zu schaffen.

Später probierte ich neue Variationen aus. Ich verwendete die Indianapolis-Idee als Anschauungsmaterial. Das hieß, ein System zu entwickeln, mit dem wir ein bestimmtes Geschäft für eine Verbesserungsaktion auswählten, das dann in Form gebracht wurde, worauf wir andere zur Besichtigung kommen ließen, damit sie daraus etwas lernen konnten. Das wurde unser Ersatz für lange Berichte oder telefonische Anweisungen. Statt dessen sagte ich: »Kommt doch vorbei und seht es Euch an! Das ist ein neues Unternehmen – nirgendwo sonst gibt es das – genau so muß es sein!« Ich gab jedem Bezirk (10 bis 15 Läden) die Anweisung, ein eigenes Mustergeschäft zu schaffen. Jeder Bezirksleiter sollte sein ganzes Wissen und Können in einem Geschäft zum Ausdruck kommen lassen und, ausgehend von diesem »Indianapolis«, alle Geschäfte seines Bezirks verbessern. Das wäre dann sein Modell, das Modell seines Geschäftsführers und das Modell für jeden, der käme, um es sich anzusehen. Diese Idee griff um sich wie ein Steppenbrand. Sie wurde die Beschäftigung für Abende, Sonntage und Feiertage. Sonntage wurden zum internen Volksfest, mit Bier und Eßbarem aus dem hauseigenen Restaurant. Alle Beteiligten hatten ein Jahr lang einen Riesenspaß damit, die Kette in Form zu bringen, in allen 47 Bezirken.

Was Neaman hier beschreibt, ist nicht einfach ein Experiment mit zahlreichen Beteiligten; es ist auch ein Bericht über Menschen, die sich plötzlich ein wenig hervortun dürfen und die erste Erfolgserlebnisse haben. Vor allem aber sagt er etwas über das Umfeld, das diesen Menschen die Möglichkeit, ja sogar den Ansporn gibt, neue Wege auszuprobieren. Neben dem, was oben schon zum Umfeld gesagt wurde, erscheinen für erfolgreiches Experimentieren in Unternehmen noch zwei Rahmenbedingungen von Bedeutung.

Erstens müsssen die neuen Ideen sich ohne allzu viel Nachhilfe ganz natürlich und aus sich heraus ausbreiten können. Entscheidend für diese Ausbreitungsprozesse ist der Anfang. »Anfänge sind empfindliche Pflänzchen«, hat ein weiser Mann gesagt. Das ist völlig richtig. Man muß mit den leichten Dingen anfangen, die man ohne Schwierigkeiten ändern kann, und überdies dort, wo man genügend Rückhalt im Unternehmen findet. Genau so ist Neaman vorgegangen. Indianapolis war weder das größte noch das augenfälligste Geschäft. Unter Neamans Fittichen war es ganz einfach reif für einen Versuch. Ein Freund von uns, Julian Fairfield, hatte als eine seiner ersten Managementaufgaben ein Kabelwerk mit denkbar schlechter Ertragslage aus den roten Zahlen herauszubringen. »Alles war falsch,« sagte er. »Ich wußte gar nicht, wo ich anfangen sollte. Darum begann ich zunächst einmal mit der Werkverwaltung. Darauf konnten sich alle einigen, und es war leicht. Ich dachte mir, wenn ich mit Feuereifer die Werksverwaltung verbesserte, was nicht schwer war, würde ich ganz von selbst auch Unterstützung für einige andere Änderungen bekommen.« Genauso war es dann.

Die Chase Manhattan Bank hat vor kurzem eine umfassende Umstellung ihres Privatkundengeschäfts erfolgreich abgeschlossen. Es war praktisch die gleiche Geschichte. Das Management begann mit der tatendurstigen Bezirksleiterin. Sie hatte weder den größten, noch den schlechtesten oder den besten Bezirk. Nur war ganz einfach eine Veränderung fällig. Die Bezirksleiterin probierte einiges aus, führte ein paar Tests durch und erzielte einige spürbare Erfolge. Die Nachricht breitete sich unter ihren änderungswilligen Kollegen schnell aus. Erst ganz zum Schluß stiegen auch die letzten Zweifler und Widerspenstigen mit ein. Ebenso wurde auch McDonald's' Frühstücksmenü irgendwo in der Provinz eingeführt. Einige Konzessionäre griffen den Gedanken auf, der dann innerhalb von zwei Jahren die Organisation im Sturm nahm. Heute ist diese Idee für 35 bis 40 Prozent der Erträge von McDonald's verantwortlich. Bei Bloomingdale's begann der Experimentiervorgang sehr ähnlich: Am leichtesten zu überholen war die Lieblingsabteilung des Chairman – ausländische Lebensmittel. Dort wurde der Anfang gemacht. Dann kamen die Möbel an die Reihe. Die Haute Couture, die später das meiste Aufsehen erregte, aber am schwierigsten zu ändern war, kam erst ganz zum Schluß.

Wie man durch eine Reihe kleiner Erfolge eine Entwicklung allmählich in Schwung bringt, beschreibt sehr schön der Unternehmensberater Robert Schaffer:

Vor allem muß man sich sofort auf greifbare Ergebnisse konzentrieren statt auf Programme, Vorbereitungen und Problemlösungen; das ist der erste Schritt bei einem Programm zur Leistungsverbesserung. ... Fast immer lassen sich ein oder zwei konkrete, kurzfristige und ertragswirksame Ziele finden, bei denen alle Vorraussetzungen für einen Erfolg vorhanden sind. ... Der *ergebnisorientierte* Ansatz verändert die ganze Psychologie der Leistungsverbesserung. Dabei müssen sich die Beteiligten verschiedene Fragen stellen. ... Nicht »Welche Hindernisse gibt es?«, sondern »Welche Einzelschritte können wir in allernächster Zeit verwirklichen?« ... Statt sich damit aufzuhalten, Widerstände gegen etwas zu überwinden, wozu die Mitarbeiter *nicht* bereit sind, muß man herausfinden, wozu sie *bereit* sind. ... Wenn die Manager einmal ein Projekt erfolgreich abschließen, haben sie fast immer eine Menge Ideen, was als nächstes geschehen sollte.

Ganz wie Neaman in Indianapolis beschreibt auch Schaffer, wie man sich eine machbare Aufgabe aussucht. Er rät, immer weiter zu filtern, bis das Machbare zum Vorschein kommt. »Nimm *eine* Filiale, deren Leiter an Innovation und Fortschritt *interessiert* scheint. Arbeite darin mit einem Verkäuferteam zusammen, um den Umsatz bei *einigen wenigen* ausgewählten Produktlinien, vielleicht auch nur in *einigen ausgewählten* Teilbereichen, innerhalb eines *Monats* um einen *bestimmten* Prozentsatz zu steigern. Sobald greifbare Ergebnisse vorliegen, sollen die Verkäufer selbst sagen, wie der Test ausgeweitet werden kann.« (Hervorhebungen durch uns).

Schaffer bringt genau wie Neaman, Fairfield, Chase Manhattan und Bloomingdale's eine Vielzahl von Stellgrößen zum Vorschein. Der Experimentierprozeß ist fast eine Revolution. Aktion gilt mehr als Planung, Handeln mehr als Denken, das Konkrete mehr als das Abstrakte. Nach Art des Zen heißt es, mit der Strömung gehen: machbare Aufgaben anpacken, mit den leichtesten und nächstliegenden Zielen beginnen, nach begeisterungsfähigen Champions Ausschau halten statt nach widerstrebenden Neinsagern. Vor Augen hat man dabei Scharen von Mitarbeitern bei Bloomingdale's, 3M, TI, Dana, McDonald's, GE, HP oder IBM, die bereit sind, ein gewisses Maß an Risiko einzugehen.

Tatsächlich wird der gesamte Risikobegriff auf den Kopf gestellt: In den besonders erfolgreichen Unternehmen ist es geradezu riskant, nicht immer wieder ein kleines Risiko einzugehen, nicht immer wieder »aus der Reihe zu tanzen und irgendeinen kleinen Versuch zu wagen.« Das Management ist dazu da, für gutgemeinte Versuche den Boden zu bereiten, kleine Mißerfolge zu dulden, Experimente im nachhinein zu Erfolgen zu erklären, gebührend Beifall zu spenden und behutsam den Ausbreitungsprozeß zu steuern. Das Experiment ist das Herzstück einer neuen unternehmerischen Praxis; das gilt sogar inmitten der unbeschreiblichen Komplexität von GE, IBM oder ihresgleichen.

Einfachheit durch Systeme

Flexibilität, Portionierung und Experimentierfreude werden in den erfolgreichen Unternehmen interessanterweise auch durch die formalen Systeme gefördert. So gab uns zum Beispiel ein jüngerer Kollege neulich als Vorbereitung auf ein Interview bei einem Klienten einiges zu lesen. Er hatte ein ganzes Paket von Projektvorschlägen zusammengestellt, die dem Unternehmensbereichsleiter des Klienten vorgelegt worden waren. Der kürzeste war 57 Seiten lang. Das ist ganz und gar nicht wie bei Procter & Gamble.

Bei P&G gibt es nur wenige, einfach aufgebaute Systeme, ganz im Einklang mit der pragmatischen Arbeitsweise des Unternehmens. Wie die Manager sagen, die »Fahrrinne ist tief und breit«. Ihre Systeme sind gut geölt und treffsicher und werden allgemein verstanden. Die Sprache der Aktion – die Sprache der Systeme – ist bei P&G das berühmte *Ein-Seiten-Memorandum.*

Vor kurzem frühstückten wir mit einem Brand Manager von P&G und fragten ihn, ob an der Legende von dem Ein-Seiten-Memo wirklich etwas dran sei. »Es gibt schon Unterschiede«*, sagte er, »aber ich habe gerade schriftlich ein paar Änderungen zu meiner Markenstrategie vorgeschlagen. Das Ganze war eineinviertel Seiten lang, und es ist mir zurückgeschickt worden. Es war zu lang.« Diese Tradition geht zurück auf den früheren Präsident Richard Deupree:

* Das historische Memorandum von Chairman Neil McElroy vom 13. Mai 1931, in dem er den internen Wettbewerb zwischen den eigenen Marken empfahl, »erreichte die gewaltige Länge von drei Seiten«.

... Deupree hatte eine starke Abneigung gegen jede Mitteilung von mehr als einer Schreibmaschinenseite. Lange Memoranden schickte er häufig mit der Aufforderung zurück: »Zusammenstreichen, bis ich es verstehen kann!« Wenn es um eine komplizierte Sache ging, fügte er manchmal noch hinzu: »Komplexe Probleme verstehe ich nicht, ich verstehe nur einfache.« Auf eine entsprechende Frage in einem Interview antwortete er einmal: »Meine Aufgabe besteht auch darin, Mitarbeitern zu zeigen, wie man eine verwickelte Frage in eine Reihe von einfachen Einzelfragen auflösen kann. Dann können wir alle sinnvoll handeln.«

Ed Harness, der vor kurzem pensionierte Chairman von P&G, bleibt der Tradition treu: »Eine kurze schriftliche Mitteilung, die Fakten von Meinungen trennt, ist die Grundlage für unsere Entscheidungen.«

Die Vielfalt von Management-Informationssystemen und Prognosemodellen, die endlosen Kämpfe zwischen einer Vielzahl von Stabsabteilungen – und die damit verbundene »Politisierung« des Problemlösungsprozesses – sind einige der Ursachen für die allerorts grassierende Unzuverlässigkeit. Ein Bericht von nur einer Seite ist da eine große Hilfe. Zuerst einmal gibt es ganz einfach weniger Zahlen zu diskutieren, und 20 Zahlen auf einer Seite lassen sich leichter vergleichen und überprüfen als 20 Zahlen mal 100 Seiten. Die Aufmerksamkeit wird auf das Wesentliche gelenkt. Außerdem muß der Verfasser viel stärker für sein Dokument geradestehen. Man kann es kaum jemanden ankreiden, wenn irgendwo hinten im Anhang 14 eine Zahl nicht stimmt. Wenn jedoch nur 20 Zahlen vorkommen, nimmt automatisch die Verantwortlichkeit zu – und damit die Zuverlässigkeit. Nachlässigkeit paßt einfach nicht zum Ein-Seiten-Memorandum.

B. Charles Ames, der frühere President von Reliance Electric und jetzige President von Acme-Cleveland, macht eine ähnliche Bemerkung. »Von jedem meiner Spartenleiter kann ich über Nacht einen 70seitigen Projektvorschlag bekommen,« sagt er. »Was dagegen nicht machbar scheint, ist eine Analyse von einer Seite, ein Schaubild meinetwegen, das den Trend und die Prognose zeigt und dann fortfährt: Die folgenden drei Einflußgrößen könnten die Entwicklung verbessern; aus den folgenden drei Gründen könnte sie schlechter verlaufen.«

John Steinbeck sagte einmal, der erste Schritt zu einem Roman sei eine Kurzfassung auf einem einzigen Blatt. Wer auf dieser einen Seite keine klare Aussage zustande bringe, werde mit dem Roman kaum weit kommen. Für Schriftsteller scheint das keine sonderlich neue Erkenntnis zu sein, den meisten Unternehmen ist sie aber offensichtlich entgangen. Bei einem 100seitigen Investitionsvorschlag ist es kein Wunder, wenn die wesentlichen Annahmen nicht mehr auszumachen sind. Wahrscheinlich hakt die Logik irgendwo. Der Text ist vermutlich voller Füllsel. Und hinter dem Ganzen steckt fast immer konfuses Denken. Am schlimmsten ist dabei, daß die spätere Diskussion des Vorschlages in der Unternehmensspitze wahrscheinlich ähnlich ungezielt verlaufen wird.

Ein Rechnungsprüfer sagte einmal über P&G: »Die sind so gründlich, daß es schon langweilig wird.« Ein anderer fügte hinzu: »Das ist ein sehr zielbewußtes, anspruchsvolles Unternehmen.« Außenstehende fragen sich, wie P&G so gründlich, zielbewußt und anspruchsvoll sein kann, wenn Berichte nur eine Seite lang sind. Die Antwort liegt zum Teil gerade in der Anstrengung, alles auf dieser einen Seite unterzubringen. Es geht das Gerücht, daß ein stellvertretender Brand Manager oder ein neuer, junger Brand Manager im Normalfall für sein erstes Memorandum wenigstens 15 Entwürfe braucht. Ein anderer Teil der Antwort ist das umfangreiche analytische Basismaterial, das dort wie überall sonst selbstverständlich greifbar ist. Der Unterschied bei P&G ist nur, daß man sich all diese beschriebenen Seiten nicht gegenseitig zumutet. Ein weiteres überzeugendes Ergebnis des Ein-Blatt-Kults ist ... weniger Papier!

Die tatsächliche Wirkung des Ein-Seiten-Memos geht aber noch weit über diese Aufzählung von Einzelmerkmalen hinaus. Über die Eindämmung der Papierflut und die Förderung konkreter Aktionen berichtet Jorge Diaz Serrano, der Chairman der mexikanischen Ölgesellschaft Pemex, er beantworte Schriftliches nicht mehr schriftlich, er mache jetzt alles telefonisch; er wolle seinem Unternehmen ein Kommunikationsmodell vorleben. Und Harry Gray, der Chairman von United Technologies, erklärt: »Ich bin als Papierhasser bekannt. Als ich die Unternehmensleitung übernahm, ließ ich alle leitenden Mitarbeiter zusammenkommen und erzählte ihnen von dieser krankhaften Abneigung gegen Papier. Das ist bei mir eine wahre Phobie. Ich sagte ihnen auch, daß ich es ein ganzes Jahr lang ertragen habe, die Durchschläge der ihrer Meinung nach wichtigen Korrespondenz zu lesen. Ich sagte ihnen, sie sollten sofort damit aufhören und mir kein einziges Stück Papier mehr schicken außer Memoranden von höchstens einer Seite.«

Charles Ames schildert seine früheren Erfahrungen bei Reliance und spricht von der Vorliebe für komplexe Systeme, hinter der sich oft die Unfähigkeit verbirgt, die Grundaufgaben richtig wahrzunehmen: »Wir hatten alle möglichen Planungssysteme, von sehr langfristigen strategischen Systemen bis zu kurzfristigen. Aber was wir *nächsten Monat* verkaufen würden, konnten wir nicht vorhersagen. Ich schaffte den 5-Jahres-Plan ab und ging zuerst zu einem einjährigen Planungssystem und dann zu einem Quartalssystem über. Schließlich führten wir das Unternehmen rund ein Jahr lang mit einem 30-Tage-System. Erst dann bekamen wir die Zahlen in den Griff. Schließlich kehrten wir wieder zu einem längerfristigen System zurück, jedoch nie mehr zu den geradezu historischen Zeiträumen wie am Anfang.«

Im Gegensatz zur Erfahrung von Ames sorgen Emerson Electric, Dana, TI und andere Unternehmen für schnelle Reaktion durch Konzentration auf *einen oder zwei sorgfältig beobachte Eckwerte.* So steht zum Beispiel in einem Bericht der *New York Times* über Emerson Electric: »Die Division Presidents und ihr Spitzenmanagement werden jeden Monat in der Zentrale von dem zuständigem Vice-President unter die Lupe genommen. Dabei liegt der Akzent mehr auf der Gegenwart als auf der Zukunft. Drei Größen – Bestände, Gewinne und Umsatz – sind der Maßstab, an dem die Manager gemessen werden. Man sagt ihnen, vor allem müßten sie dafür sorgen, daß der Gewinn jeden Monat, jedes Quartal und schließlich auch das ganze Jahr über stimmt.« Entsprechend heißt es in einem Artikel in *Management Today* über Dana: »Die Unternehmenszentrale verlangt zwar nicht viele schriftliche Berichte, braucht aber doch ein Mindestmaß an Information. Am wichtigsten sind die Ertragszahlen. Früher lag dieser Wert, zusammen mit vielen anderen, jeweils um den 20. des Folgemonats in einem Soll/Ist-Vergleich vor. Heute übermitteln die Unternehmensbereiche der Zentrale telefonisch oder fernschriftlich am Ende eines jeden Arbeitstages die Gesamtsumme ihrer Rechnungen und eine Schätzung des erzielten Gewinns.«

So gut wie jedes System kann gestrafft und vereinfacht werden. »Mehr als zwei Ziele sind keine Ziele« und »das Punktezählen haben wir seit Beginn der 70er Jahre hinter uns«, lauten einige Parolen von TI. Gewiß, TI ist ein systemorientiertes Unternehmen; der ehemalige Chairman Haggerty verbrachte ein Jahrzehnt damit, allen Mitarbeitern die – wie er es nennt – »Sprache« des OST-Systems nahezubringen (OST =Ziele, Strategien und Taktik). Im wesentlichen aber zielt das OST-System auf die Förderung informeller Kommunikation und persönlicher Verantwortung – und nichts verdeutlicht die Techniken von TI besser als das scheinbar triviale Schlagwort von den zwei Zielen. Die meisten MBO-Systeme, die uns begegnet sind, enthalten für den einzelnen Manager bis zu 30 Ziele pro Jahr. Dabei kann natürlich niemand mehr als ein paar Maßnahmen innerhalb einiger Monate durchziehen. TI trägt einfach dieser Tatsache Rechnung: »Wir haben das alles hinter uns. Jeder Manager hatte früher einen ganzen Fächer von Zielen. Allmählich aber haben wir immer mehr davon gestrichen. Jetzt hat jeder Spartenleiter für jedes Quartal nur *ein* Ziel. Das genügt. Bei *einer* Sache darf man erwarten – und das tun wir auch –, daß einer sie schafft.«

Andere verfahren ähnlich. Monsanto-Chairman John Hanley (interessanterweise bei P&G ausgebildet) sagt: »Drei bis fünf Ziele (pro Jahr) sind das Maximum.« John Young von HP stößt in das gleiche Horn: »Der kritische Punkt bei unseren Strategiesitzungen sind die drei bis fünf Ziele der Spartenleiter (für das laufende Jahr). Finanzdaten brauchen wir eigentlich gar nicht. Ich verwende sie nur, um die Manager bei Laune zu halten. Wenn Sie die Ziele richtig setzen, klappt das Finanzielle ganz von selbst.« Auch die Art der Ziele von HP trägt zu konkretem Handeln bei – und weicht wiederum deutlich von der Praxis in den weniger erfolgreichen Unternehmen ab. Bei HP sind Ziele *Maßnahmen*, keine abstrakten Finanzwerte, auf die der Manager nur wenig Einfluß hat. Zum Beispiel: »Bringen Sie das Werk in Eugene, Oregon, bis zum 15. März auf 75 Prozent Kapazitätsauslastung!« oder »Sorgen Sie dafür, daß die Verkäufer in der Region West bis 31. Oktober die Hälfte ihrer Zeit für Besuche bei Kunden des Typs X statt des Typs Y aufwenden!«

Ein-Seiten-Memoranden, ungeschönte Zahlen und Konzentration auf Kernziele kennzeichnen die Systeme der besonders erfolgreichen Unternehmen; aber auch hier kommt dem Umfeld, dem Gesamtklima, große Bedeutung zu. Leider läßt sich dieses Klima nur als Summe von Einzelergebnissen scheinbar banaler Merkmale wiedergeben. Viele Unternehmen haben es mit allen Merkmalen und Systemen versucht – kurzgefaßte Kommunikation, tatsachenbezogene Entscheidungsfindung, zielorientierte Führung. Aber sie machen einen Versuch, haben nicht gleich Erfolg, und geben dann auf – wieder hat ein Patentrezept versagt. Nur wenige halten so lange durch, bis sie schließlich ihr System so maßgeschneidert haben, daß sie den richtigen Ausgleich finden zwischen Einfachheit und Komplexität. P&G ist seit 40 Jahren dabei, die Fahrrinne seines Ein-Blatt-Kommunikationssystems immer weiter zu vertiefen.

Aktionsorientierung

Kein Merkmal der überragenden Unternehmen ist wichtiger als die Aktionsorientierung. Alles nimmt sich recht trivial aus: Experimente, Task forces, Kleingruppen, temporäre Strukturen. Ob nun bei der Einführung des Systems 360 von IBM (ein bahnbrechendes Ereignis in der amerikanischen Wirtschaftsgeschichte) oder beim Einsatz einer Dreitage-Task-force von Digital – trotz ihrer gewaltigen Größe lassen diese Unternehmen sich durch Komplexität nicht lähmen. Sie geben nicht klein bei und rufen ständige Ausschüsse oder auf Jahre angelegte Arbeitsgruppen ins Leben. Sie geben sich nicht mit langen Berichten ab. Ebenso hüten sie sich vor starren Matrix-Strukturen. Sie berücksichtigen die grundlegenden menschlichen Eigenschaften, von denen oben die Rede war: Der Mensch kann nun einmal immer nur wenige Informationen gleichzeitig verarbeiten, und er blüht auf, wenn er sich auch nur ein wenig eigenständig fühlen darf (z. B. bescheidene Experimente machen).

Die häufigste Klage über die heutigen Organisationen lautet, sie seien unnötig komplex geworden. Darauf haben die exzellenten Unternehmen eine unbekümmerte Antwort: Wer ein schwieriges Problem hat, bringt die richtigen Leute zusammen und verlangt, daß sie es lösen. Die »richtigen Leute« sind oft die Top-Manager, die »keine Zeit dafür haben«. Irgendwie haben sie aber bei Digital, TI, HP, 3M, IBM, Dana, Fluor, Emerson, Bechtel, McDonald's, Citibank, Boeing, Delta usw. dann doch Zeit. Sie finden die Zeit, weil ihre Unternehmen nicht auf Organigramme, Stellenbeschreibungen oder haargenaue Übereinstimmung von Kompetenzen und Verantwortung fixiert sind. Erst schießen, dann zielen! Lerne aus deinen Versuchen! Das genügt.

6. Nähe zum Kunden

»Der wichtigste heute vernachlässigte Managementgrundsatz ist wohl die Nähe zum Kunden, seine Bedürfnisse zu erfüllen und seinen Wünschen zuvorzukommen. Für allzu viele Unternehmen ist der Kunde zum lästigen Störenfried geworden: sein unberechenbares Verhalten wirft wohldurchdachte strategische Pläne über den Haufen, seine Handlungen bringen die EDV durcheinander, und obendrein besteht er auch noch hartnäckig darauf, gekaufte Produkte müßten funktionieren.«

Lew Young, Chefredakteur der Business Week

Daß ein Unternehmen Nähe zu seinen Kunden bewahren soll, ist keine sonderlich originelle Aussage. Weshalb muß dann aber ein Kapitel wie dieses überhaupt geschrieben werden? Die Antwort lautet, allen heute gängigen Lippenbekenntnissen zur Marktorientierung zum Trotz haben Lew Young und andere Recht: der Kunde wird entweder ignoriert oder als ziemlich lästig empfunden.

Ermutigend an den exzellenten Unternehmen ist, wie sehr die Kunden allgegenwärtig sind – im Verkauf wie in der Fertigung, in der Forschung wie im Rechnungswesen. Eine einfache Einsicht liegt in der Luft: Aller Geschäftserfolg beruht auf dem Verkauf, durch den Unternehmen und Kunde zumindest vorübergehend miteinander verbunden sind. Auf einen einfachen Nenner gebracht, ergab unsere Studie über die Rolle des Kunden folgendes: die Spitzenunternehmen *sind ihren Kunden wirklich nah.* Das ist alles. Andere Unternehmen reden darüber; die erfolgreichen Unternehmen machen Ernst damit.

Keine der heutigen Managementtheorien gibt viel Aufschluß über die

Rolle des Kunden im typisch exzellenten Unternehmen. Bestenfalls ist in den neueren Theorien von der Bedeutung äußerer Einflüsse auf das Unternehmen die Rede. Aber das ist meilenweit entfernt von der Intensität, mit der sich die Spitzenunternehmen auf ihre Kunden einstellen – im übrigen wohl eines der bestgehüteten Geheimnisse der amerikanischen Wirtschaft.

John Doyle, der F&E-Leiter von HP, führte uns dies plastisch vor Augen. Wir unterhielten uns über die Pflege von Wertvorstellungen im Unternehmen. Er erklärte, die einzige Einstellung, die eine Überlebenschance biete, sei eine konsequente Außenorientierung: »Auf lange Sicht kann man nur überleben, wenn jeder draußen die Nase in den Wind hält, um Wege zu finden, wie man die nächste Produktgeneration an den Kunden bringen kann.«

An den erfolgreichen Unternehmen und insbesondere an ihrem Umgang mit den Kunden fiel uns vor allem die einheitliche *Kundenfixierung* auf. Sie äußerte sich typischerweise in einem scheinbar völlig übersteigerten Bemühen um Qualität, Zuverlässigkeit oder Service. Kundenorientierung bedeutet nicht, daß unsere Spitzenunternehmen sich mit ihren technologischen oder finanziellen Leistungen nicht sehen lassen können. Doch scheint die unmittelbare Orientierung am Kunden ein stärkeres Antriebsmoment zu sein als die Technologie oder als der Wunsch, kostengünstig zu produzieren. Nehmen wir zum Beispiel IBM. Das Unternehmen hinkt sicherlich nicht weit hinter der Entwicklung her, doch werden die meisten Beobachter zugeben, daß IBM seit Jahrzehnten keine technologische Führungsrolle spielt. Seine Stärke beruht auf kompromißlosem Service.

Service, Qualität, Zuverlässigkeit sind Strategien, die auf Kundenbindung und langfristige Ertragssteigerung (und -absicherung) ausgerichtet sind. Die *Hauptaussage dieses Kapitels – und eine erfreuliche Begleiterscheinung der Kundenorientierung – ist, daß die besten Unternehmen sich besonders auf die Erzielung von Erträgen zu verstehen scheinen.* Das eine ergibt sich aus dem anderen.

Servicebesessenheit

Er ist zwar kein Unternehmen, aber doch unser Lieblingsbeispiel für Nähe zum Kunden: der Autoverkäufer Joe Girard. Seit elf Jahren verkauft er alljährlich mehr neue PKW und LKW als irgendein anderer Mensch auf Erden. In einem typischen Jahr hat Joe regelmäßig mehr als doppelt soviel abgesetzt wie der zweitbeste Verkäufer. Über sein Erfolgsgeheimnis sagt Joe: »Ich verschicke jeden Monat 13.000 Karten.«

Weshalb fangen wir mit Joe an? Weil sein Geheimnis auch das Geheimnis von IBM oder vielen anderen erfolgreichen Unternehmen ist. Es lautet ganz einfach Service, überwältigender Service, vor allem *nach* dem Verkaufsabschluß. Joe sagt dazu: »Etwas habe ich vielen anderen Verkäufern voraus: Ich glaube, daß der Verkauf eigentlich erst *nach* dem Abschluß richtig beginnt – nicht vorher ... Der Kunde ist noch nicht aus der Tür, da hat mein Sohn schon ein Dankschreiben fertig.« Ein Jahr später setzt sich Joe dann persönlich bei dem Kundendienstleister für seinen Kunden ein. In der Zwischenzeit hält er die Verbindung aufrecht:

Joes Kunden vergessen ihn nicht, wenn sie einmal ein Auto von ihm gekauft haben; er läßt das gar nicht zu! Das ganze Jahr über bekommen sie allmonatlich einen Brief von ihm, in neutralem Umschlag, das Format oder die Farbe ist jedesmal anders. »Das sieht nicht so aus wie all das Reklamezeug, das man ungeöffnet wegwirft,« vertraut Joe uns an. Die Kunden öffnen den Brief und lesen auf der Vorderseite, »ICH MAG SIE.« Innen steht »Ein frohes Neues Jahr wünscht Joe Girard.« Im Februar wünscht er seinen Kunden per Karte »Alles Gute zu George Washingtons Geburtstag!« Im März heißt es »Alles Gute zum St.-Patricks-Tag«. Die Kunden freuen sich über diese Karten. Joe prahlt: »Sie sollten mal hören, was die darüber sagen!«

Einfach so erzählt, hört sich die Geschichte von Joes 13.000 Karten nach einem Verkaufstrick wie viele andere an. Doch genau wie die Spitzenunternehmen scheint Joe wirklich *ein Herz* für die Kunden zu haben. Joe sagt dazu: »Die guten Restaurants bereiten ihre Speisen ja auch mit Liebe und Sorgfalt zu ... Und wenn ich ein Auto verkaufe, geht mein Kunde mit dem gleichen Gefühl nach Hause, wie wenn er ein erstklassiges Restaurant verläßt. Und auch nach dem Verkauf beweist Joe, daß ihm etwas an seinen Kunden liegt: »Wenn (der Kunde) zur Inspektion vorbeikommt, dann kämpfe ich regelrecht dafür, daß der den besten denkbaren Service bekommt. ... Man muß wie ein Arzt sein. Wenn mit seinem Wagen etwas nicht stimmt, muß man mit ihm fühlen.« Joe hat zu jedem Kunden eine individuelle Beziehung. Er denkt nicht statistisch, sondern betont, daß er »immer nur einen Wagen auf einmal, von Angesicht zu Angesicht und Auge in Auge« verkauft hat. »Meine Kunden«, sagt er, »sind für mich keine Störung, und sie sind mir nicht lästig; sie sind mein tägliches Brot.« Wir stellen Joe hier an den Anfang, weil er vorlebt, wie man den Kunden ernst nimmt.

»Ich war einmal auf einer Verkaufsleitertagung mit dem alten Watson«, berichtet Gordon Smith, der nach seiner Zeit bei Memorex vor kurzem pensioniert wurde. »Wir hatten einige Kundenprobleme zu besprechen. Vorne auf dem Tisch lagen acht oder zehn Stapel mit Unterlagen über die verschiedenen Probleme: »Fertigungsprobleme«, »Konstruktionsprobleme« und dergleichen. Nach einer langen Diskussion ging Watson, der von beachtlicher Körpergröße war, langsam nach vorne und fegte mit einer Handbewegung den Tisch leer, so daß die Papiere durch den Raum flogen. Er sagte: »hier gibt es keine Problemkategorien. Wir haben nur ein einziges Problem. Einige von uns kümmern sich nicht genug um unsere Kunden.« Darauf machte er auf dem Absatz kehrt und ging hinaus – und 20 Leute fragten sich, ob sie ihren Job noch hatten.«

In dem Buch *A Business and Its Beliefs* geht Thomas J. Watson, Jr., auf die Ideen ein, die beim Aufbau des Unternehmens mitwirkten. Über den Dienst am Kunden sagt er folgendes:

> Mit der Zeit wurde guter Service bei IBM fast zum Reflex. ... Vor Jahren hatten wir eine Anzeige, die in Fettdruck schlicht verkündete: »IBM heißt Service«. Ich habe mir oft gesagt, daß das unsere beste Anzeige war. Sie brachte klar zum Ausdruck, wofür wir stehen. *Von allen Firmen der Welt wollen wir den besten Kundendienst bieten.* ... IBM hat in seinen Verträgen nie *Maschinen* zur Miete angeboten, sondern Maschinen*service*, d. h. das Gerät selbst und die ständige Betreuung durch IBM-Fachleute.

Wie Joe Girard ist IBM in seinen Servicevorstellungen geradezu fanatisch. In den meisten Unternehmen sind die als »Assistent« bezeichneten Angestellten Taschenträger, Laufburschen. Nicht bei IBM. Dort werden einige der besten Verkäufer zu Assistenten der Geschäftsführung ernannt. In dieser Stellung bleiben sie normalerweise drei Jahre, und die ganze Zeit haben sie nur eine Aufgabe – *sie beantworten jede Kundenbeschwerde innerhalb von 24 Stunden.* Auch im Außendienst sind ganze Schwärme von Servicefachleuten unterwegs. Ein EDV-Leiter von Lanier in Atlanta – ein Unternehmen, das in einigen Bereichen mit IBM konkurriert –, schwört auf IBM-Großrechner: »Ich weiß noch, wie es beim letzten Mal war, als wir Ärger hatten. Innerhalb von Stunden fiel die ganze Horde bei uns ein, von überallher. Für mein Problem hatten sie so an die acht Spezialisten kommen lassen. Mindestens vier kamen aus Europa, einer aus Kanada, einer aus Lateinamerika. Dort waren sie halt gerade gewesen.«

Das Unheimliche am Service von IBM ist, daß es offenbar keinerlei Risse im Gebälk gibt. Vor kurzem hatte einer von uns innerhalb von einer Woche fünf Begegnungen, die das bestätigten: Zunächst saß er auf dem Flug von New York nach San Francisco neben einem 25jährigen IBM-Verkäufer aus Oakland, dann sprach er mit einem leitenden Angestellten von AT & T, der früher bei IBM gewesen war, unterhielt sich mit einem Topmanager von Memorex, der bei IBM für Fertigung zuständig gewesen war, diskutierte mit einem Krankenhausdirektor über dessen Entscheidung für eine IBM-Rechenanlage und sprach schließlich während eines Seminars mit einem jungen früheren IBM-Verkäufer. Sie sahen keineswegs alle gleich aus. Die Skala reichte von einer attraktiven jungen Schwarzen bis zu einem grauhaarigen 50-jährigen. Aber alle sagten das gleiche. Alle waren sich einig, daß IBM Probleme gehabt hat – mit der Software, manchmal sogar mit der Qualität. Alle meinten aber auch und sagten dies mit praktisch denselben Worten, daß IBM in Service und Zuverlässigkeit unübertroffen ist. Dabei beeindruckt vor allem die felsenfeste Überzeugung, mit der jeder einzelne daran glaubt, das IBM den Service wirklich ernst und wichtig nimmt.

Beispiele dieser Art gibt es in Hülle und Fülle. Unser Büro liegt im 48. Stock der Weltzentrale der Bank of America; somit kommen wir mit vielen Führungskräften dieser Bank in Kontakt. Ein Bekannter von uns hatte dort die Leitung der World Banking Division übertragen bekommen. Er sagte uns, als er – drei Monate vor unserem Gespräch – die Arbeit aufgenommen habe, sei eigentlich sein Hauptziel gewesen, die Bank endlich von ihrer völligen Abhängigkeit von IBM zu entwöhnen. »Holt Euch zum Beispiel doch einmal etwas von Amdahl!« Er erzählte weiter: »Ich war, glaube ich, gerade vier Wochen dort, als ich eines Morgens ins Büro kam und auf meinem Schreibtisch ein umfangreiches Angebot mit dem Titel 'Systembedarf für die 80er Jahre' vorfand. Ich sah es mir an. Es kam von meinem IBM-Kundenbetreuer. Ich wollte es nicht haben. Ich rief ihn an und fragte: »Warum, zum Teufel, tun Sie mir das an?« Er machte keine Ausflüchte: »So behalten wir unsere Kunden im Griff!«

Wer, wie wir neulich, Marketingchef Buck Rodgers zuhört, dem kommt alles irgendwie bekannt vor, bis er schließlich merkt, daß er gerade eine moderne Wiederauflage von Watsons Goldener Regel (des Dienstes am Kunden) vernimmt. Rodgers führt aus, jedes Angebot an einen Kunden müsse »ein aus der Sicht des Kunden geradezu umwerfendes Preis/Leistungs-Verhältnis« aufweisen. (Ein uns bekannter ehemaliger IBM-Mann klagt: »Ein IBM-Verkäufer verkauft stets das billigste Produkt, das den Anforderungen genügt«, und fügt hinzu, er wünschte, er könne das auch von seiner jetzigen Firma sagen. »Ich kann das einfach nicht glauben«, sagt er. »Sie versuchen, ihren Kunden die Brooklyn-Brücke zu verkaufen. Ganz so, als gäbe es keine Zukunft.«) Rodgers erklärt dazu, IBM sei »kunden- und marktorientiert, nicht technologieorientiert«. Er sagt, er wolle, daß seine Verkäufer »so handeln, als stünden sie auf der Gehaltsliste des Kunden«, und spricht davon, *»sämtliche* Mittel und Möglichkeiten von IBM in den Dienst des Kunden zu stellen«. Schließlich weist er darauf hin, daß »den Auftrag hereinzuholen, der *leichteste* Schritt« sei. »Was zählt, ist der anschließende Kundendienst«. Er fügt hinzu, IBM halte seine Verkaufsbüros bewußt klein (höchstens 100 Mitarbeiter), damit »der Geschäftsverkehr mit uns einfach bleibt«. Zum Schluß hebt er hervor, »wir müssen ständig Tuchfühlung halten«.

Um dieser ständigen Tuchfühlung sicher sein zu können, prüft IBM allmonatlich die Zufriedenheit der Kunden. Nach diesen Messungen richtet sich ein großer Teil der gezahlten Erfolgsprämien, insbesondere für die obersten Führungskräfte. Alle neunzig Tage finden Erhebungen über die Stimmung bei den Mitarbeitern statt, und es wird untersucht, wie die Mitarbeiter den Kundendienst einschätzen.

Die Unternehmensspitze von IBM führt immer noch mit großer Regelmäßigkeit Verkaufsgespräche. Einer von uns begegnete neulich in New York zufällig einem leitenden Finanzmann des Unternehmens, der Kundenbesuche macht und darauf drängt, daß alle seine Mitarbeiter es ihm gleichtun: »Wie kann jemand für den Bestand an Forderungen verantwortlich sein, wenn er den Kunden nicht kennt?« Vorstandsvorsitzender John Opel bekräftigt dies: »Man muß immer daran denken, wer die Rechnung bezahlt. Ganz gleich, wo jemand normalerweise eingesetzt ist – ob im Finanzwesen oder in der Fertigung –, das erregende Erlebnis des Verkaufens muß er kennen und mitgemacht haben. Da hat er den Finger am Puls des Geschehens.«

IBM verleiht seinem Bekenntnis zur Kundennähe Nachdruck durch eine sorgfältige Schulung. Die Grundausbildung der Verkäufer dauert 15 Monate, davon 70 Prozent in der Niederlassung und 30 Prozent in universitätsähnlichem Rahmen. Und auch die spätere Weiterbildung läuft wie ein Uhrwerk. So absolvieren jedes Jahr 1000 Teilnehmer die »President's Class«. Sie wird von acht Harvard-Professoren und sechs IBM-Ausbildungsleitern durchgeführt und soll »den Teilnehmern vermitteln, wie die Presidents der Kundenunternehmen denken«. Rund 1000 andere Verkäufer nehmen an einem Kurs über Finanzwesen teil, der ebenfalls gemeinsam mit Harvard abgehalten wird. Sie erfahren dort, wie Finanzchefs denken. All dies ist Teil eines Programms, das für jeden Mitarbeiter, unabhängig von der Dauer seiner Firmenzugehörigkeit, jedes Jahr schätzungsweise 15 Tage formale Schulung bedeutet.

Die starke Serviceorientierung von IBM ist nicht ohne Härten. Die Kundenberater sind für die aufgestellten Geräte »voll verantwortlich«. Nehmen wir einmal an, Sie wären Kundenberater und besuchten morgen früh einen Kunden. Dieser sagt Ihnen bei Ihrer ersten Begegnung, ein Teil der vor kurzem aufgestellten IBM-Geräte müsse wieder abgeschafft werden. Selbst wenn Ihr Vorgänger zehn Jahre lang die Kundenbetreuung in Händen hatte (und somit wahrscheinlich den Vertragsrücktritt verursacht hat), würde dennoch Ihnen, erklärt Rodgers, die an den früheren Kundenberater gezahlte Provision in voller Höhe von Ihrer Prämie *und* Ihrem Gehalt abgezogen. Offensichtlich ist auch dies Ausdruck dafür, in welch hohem Maße sich IBM im »after-sales service« engagiert und welche Bedeutung das Unternehmen dauerhaften Kundenbeziehungen beimißt. Rodgers hebt hervor: »So sorgen wir dafür, daß der einzelne Verkäufer die Zufriedenheit seines Kunden nicht aus den Augen verliert.« Jacques Maison-Rouge, der an der Spitze von IBM World Trade steht, unterstreicht diese Aussage: »IBM handelt stets so, als sei es in Gefahr, *jeden* Kunden zu verlieren«.

Zu den Härten des Systems gehört auch die »gemeinsame Verlustprüfung«. Vertreter der Regionalbüros und der Zweigniederlassungen werden allmonatlich zu einem Gespräch über abgesprungene Kunden zusammengerufen. Darüber hinaus erhalten der Präsident, der Chairman und die Mitglieder der Unternehmensleitung *täglich* Berichte über abgebrochene Kundenbeziehungen. Dazu bemerkt ein ehemaliger leitender

IBM-Mann: »Das ist wirklich erstaunlich. Ich erinnere mich, daß ich einmal einen großen Kunden verloren hatte. Ich war nach dem Gespräch noch kaum wieder in meinem Büro angelangt, als schon das Telefon schrillte. »Was ist passiert? Darüber müssen wir reden.« Am Tag darauf schien die halbe Firma über mich herzufallen. Bis heute weiß ich nicht, wie das so schnell herauskommen konnte.« Ehemalige IBM-Leute sind erstaunt, daß es in ihren neuen Unternehmen so wirkungsvolle Systeme nicht gibt. Einer von ihnen, jetzt geschäftsführender Direktor bei einer Konkurrenzfirma, machte neulich seiner Bestürzung Luft: »Ich kann es einfach nicht glauben! Unser Chairman hat nicht einmal eine *Liste* unserer 100 besten Kunden.«

Trotzdem, wenn man nur gut genug nachsieht, findet man fast immer jemanden, der es noch besser macht; so ist *Lanier* auf einigen Teilmärkten selbst IBM im Service überlegen. Ein Bekannter, der den Unternehmensbereich Textverarbeitung einer großen Firma leitet, sprach einmal darüber, wie langsam die Idee des »Büros der Zukunft« sich doch durchsetzt. Er sagte, ein Problem sei zum Beispiel, daß alle Welt das Hauptelement dieses Konzepts, die »intelligente Schreibmaschine«, als »Textverarbeitungssystem« bezeichnet. »Nichts schreckt den Benutzer, die Sekretärin, mehr ab und wirkt bedrohlicher als dieser Ausdruck.« Hat irgend jemand ein anderes Wort dafür? Wir kennen nur einen: Lanier. Und bei unserer letzten Untersuchung hatte die kleine Firma Lanier die konkurrierenden Riesen IBM, Xerox, Wang und vielleicht hundert andere bei reinen Textverarbeitungsmaschinen aus dem Felde geschlagen. Sie hatte den größten Marktanteil und erzielte obendrein beachtliche Spannen. Lanier nennt seine Maschinen die »problemlose Schreibmaschine«. Der Name läßt Laniers Kundenorientierung erkennen. Lanier lebt – von morgens bis abends, tagein, tagaus, Jahr für Jahr – für den Kunden und nur den Kunden. Ein Kollege von uns meinte dazu, in der Umgebung von Lanier-Managern komme man sich vor wie in der Umkleidekabine bei Halbzeit eines unentschiedenen Fußballspiels. Und Thema der lautstarken Gespräche sei immer nur das Verkaufen, die Kunden und der knallharte Wettbewerb mit Konkurrenten.

Alles fängt, wie bei IBM, mit richtungweisenden Rollenmodellen an. Wesley Cantrell, der Präsident von Lanier, strahlt rundum Kundenorientierung aus. Alle Topmanager von Lanier machen einmal im Monat Verkaufsbesuche. Außerdem demonstriert Lanier Kundenorientierung durch Einfachheit und »Freundlichkeit« der Produkte. Cantrell ist stark geprägt durch seine frühere Tätigkeit als Verkäufer für 3M-Bürokopierer. Er sagt, damals sei die Gebrauchsanweisung von Kodak 15 Seiten lang gewesen, während 3M mit einem einzigen Blatt Papier auskam. »Die Kodak-Bedienungsanleitung war meine beste Verkaufshilfe«, meint er dazu.

Lanier will benutzerfreundliche Produkte herstellen, und der Erfolg gibt ihm recht. In einer Dissertation an der Harvard Business School wurden vor kurzem Xerox, Wang Labs und Lanier auf Anpassungsfähigkeit untersucht. Es wurde festgestellt, daß Lanier sich am stärksten am letztendlichen Benutzer, der Sekretärin, orientierte. Dadurch wurden Produktmerkmale, die für Sekretärinnen wichtig waren, immer sehr schnell aufgenommen.

Mit überaus promptem Service und kurzer Servicedauer übertrifft Lanier selbst IBM in deren ureigener Domäne, dem Kundendienst. Die Unternehmensleitung von Lanier wacht unablässig darüber, wie schnell der Kundendiensttechniker eintrifft und wie lange er für die Wartung braucht. Für schnellen Service gibt das Unternehmen Geld aus. Der Kundendienst wird »hochgerüstet«. Die Aufwendungen für Werkzeug und Prüfgeräte, die der Lanier-Servicetechniker mitführt, liegen weit über dem Durchschnitt der Branche. Außerdem versucht Lanier, auch bei der Bearbeitung von Beschwerden IBM den Rang abzulaufen. Das Unternehmen behauptet, allen Reklamationen werde innerhalb von vier Stunden nachgegangen, und der President kümmert sich um einen großen Teil davon persönlich. (Er setzt hinzu: »Und ich berechne den regionalen Verkaufs- und Kundendienstbüros meinen Stundensatz für die Bearbeitung des Problems.«) Am liebsten unterbietet er noch die vier-Stunden-Norm, und er sagt: »Mit unserer problemlosen Schreibmaschine ist das natürlich kaum ein Problem.«

Unser schönstes Beispiel für auf die Spitze getriebenen Kundendienst liefert wohl *Frito-Lay*. Wir haben im Laufe der Zeit eine Menge wirtschaftswissenschaftlicher Theorie verdaut, und bisweilen scheint es uns, als seien sich die Ökonomen nach jahrhundertelangem Bemühen nur einer Sache völlig sicher: In einem Markt mit vollkommenem Wettbewerb erzielen Weizenfarmer keine hohen Spannen. Überragende Weizenfarmer haben wir nun in unserer Untersuchung nicht dabei, aber viel fehlt nicht. Kartoffelchips und Salzbrezeln müßten an sich ein klassisches Massenprodukt sein. Wie die Weizenfarmer dürften auch die Hersteller von Kartoffelchips keine hohen Gewinnspannen und Marktanteile erreichen. Und doch verkauft die PepsiCo-Tochter Frito-Lay jedes Jahr Kartoffelchips und Brezeln im Werte von weit über 2 Milliarden Dollar, hat fast im ganzen Land Marktanteile von über 60 oder gar über 70 Prozent und erzielt Spannen, um die sie die ganze Nahrungsmittelindustrie beneidet. Weshalb?

Bemerkenswert an Frito ist weder das (solide) System der Markenpflege noch das (gut gemachte) Werbeprogramm. Das Bemerkenswerte sind die fast 10000köpfige Frito-Verkaufsmannschaft und die »99,5 % Servicequote«. Was heißt das konkret? Es heißt, daß Frito einige Dinge tut, die auf kurze Sicht eindeutig unrentabel sind. Die Firma schickt zum Beispiel für mehrere hundert Dollar einen Lieferwagen mit ein paar 30-Dollar-Kartons Kartoffelchips zu einem Geschäft, um dort den Bestand aufzufüllen. So ist sicher kein Geld zu verdienen, sollte man meinen. Doch in dem Unternehmen schwirrt es von Geschichten über Verkäufer, die dem schlimmsten Unwetter trotzten, um einen Karton Kartoffelchips zu liefern oder in einem Laden nach einem Wirbelsturm oder einem Unfall beim Aufräumen zu helfen. Die Firmenzentrale in Dallas wird überschüttet mit Briefen über solche Taten. Den Besuch beim Kunden umgibt ein Nimbus, der mit Zahlen nicht faßbar ist. Wie schon gesagt, es ist der Traum – oder Alptraum – jedes Kostenanalytikers. Man kann immer nachweisen, daß sich bei einer Zurücknahme um einen oder zwei Prozentpunkte Geld sparen ließe. Aber angesichts der Marktanteile und der Gewinnspannen wird die Frito-Firmenleitung kaum Neigung verspüren, den Eifer der Verkaufsmannschaft zu bremsen.

Frito lebt ganz einfach für seine Verkäufer. Das System hat Erfolg, weil das Unternehmen den Außendienstmitarbeiter fördert, an ihn glaubt und ihm das Gefühl gibt, für den Gesamterfolg entscheidend zu sein. Wer nicht selbst verkauft, lebt nach der einfachen Devise »Dienst am Verkauf«. Zwar wird der Betriebsleiter, um ein Beispiel herauszugreifen, ganz traditionell danach beurteilt, ob er mit seinem Kostenbudget auskommt; wenn aber die Verkäufer in Bedrängnis sind, wird er nicht zögern, Sonderschichten zu fahren, damit der Verkauf auch bekommt, was er braucht. Tut er das nicht, wird er von allen Seiten etwas zu hören bekommen, ganz wie unser Freund bei IBM, als er seinen großen Kunden verlor.

Die beste externe Analyse der Konzeption »Kundennähe durch Service«, die wir zu Gesicht bekommen haben, stammt aus dem Jahr 1980. Damals befragte Dinah Nemeroff von der Citibank 18 Unternehmen, darunter American Airlines, Disney Productions, McDonald's, Westin, Hertz und IBM. Eine ihrer interessantesten Feststellungen besagt, daß die Mitarbeiter dieser so unterschiedlichen, aber sämtlich service-intensiven Unternehmen sich alle der gleichen Sprache bedienten, wenn sie ihre Arbeit beschrieben. Sie schreibt: »Über Kundendienst wird in denselben Worten geredet«.

Frau Nemeroff weist drei Grundzüge wirksamer Service-Orientierung nach: 1. intensive und aktive Beteiligung der Unternehmensleitung, 2. bemerkenswerte Mitarbeiter-Orientierung, 3. konsequente Erfolgsmessung und Feedback. Wie auch wir immer wieder erfahren haben, ist der Dreh- und Angelpunkt die Unternehmensleitung. Frau Nemeroff findet dafür die Formel vom »Service Statesman«. Die Führungskräfte beweisen diese »staatsmännische Haltung« durch ihr persönliches Beispiel. Ihr Engagement fängt an bei der Firmenphilosophie. In der Tat gingen viele der von ihr untersuchten Unternehmen in ihrer Selbstdarstellung *ausdrücklich* auf ihr Serviceverständnis ein. Und bei einer ganzen Reihe dieser Unternehmen galt erstklassiger Kundendienst als oberstes Ziel. Mit Service als erster Priorität, erklärten sie, »kommt die Rentabilität von selbst« – und sie bestätigen damit unsere Behauptung am Anfang dieses Kapitels über die Ertragsorientierung der Service-Fanatiker.

Frau Nemeroff stieß auf zahlreiche Beispiele für Details im Führungsstil, die das Servicedenken fördern. Sie stellte fest, daß Topmanager Kundendienstfragen als »Real-time«-Probleme betrachteten – als Fragen, die ihre sofortige persönliche Aufmerksamkeit erforderten. Sie beobachtete, daß das Topmanagement unter Umgehung des Dienstweges bei Serviceentscheidungen direkt eingreift. Diese Manager kommen häufig und regelmäßig mit jüngeren Mitarbeitern zusammen, die die Kundenpost beantworten. Sie schreiben »Randbemerkungen an die Kundenkorrespondenz« und »schalten sich selbst demonstrativ in Servicemaßnahmen ein, um stärker ins Blickfeld der Kunden zu geraten«. (Gleichzeitig wollen sie damit wohl auch intern immer wieder Service-Signale setzen.)

Auch zu einem anderen Aspekt des Topmanagement-Führungsstils macht Frau Nemeroff eine wichtige Beobachtung: »Die befragten Führungskräfte glauben, daß sie den Kundendienst in einer langfristigen Perspektive als Ertragsstütze behandeln müssen.« Genau das wird in allzu vielen amerikanischen Großunternehmen übersehen. Gewinnziele sind zwar unerläßlich, aber einseitig nach innen gerichtet und mit Sicherheit nicht geeignet, Tausende von Linienmitarbeitern mitzureißen. Mit Kundendienstzielen dagegen kann praktisch jeder Mitarbeiter etwas anfangen. Ein ausgeprägtes Gefühl für Selbstverantwortung bei Mitarbeitern der unteren Ebenen ist von entscheidender Bedeutung. Daß das erreicht ist, weiß man, wenn ein Außendienstler, wie einer von Frau Nemeroffs Gesprächspartnern, erklärt: »Jeder von uns ist das Unternehmen«.

Frau Nemeroff zieht daraus den Schluß, daß »die Beziehungen zum Kunden direkt die Beziehungen zu den Mitarbeitern widerspiegeln«. Wesentlicher Bestandteil der Mitarbeiterführung in diesen Service-orientierten Unternehmen ist der umfassende Einsatz von Systemen für Erfolgsmessung und Feedback. Frau Nemeroffs vielleicht wichtigster Befund in dieser Hinsicht lautet, daß ständig neue Formen von Prämien und Belohnungen in Entwicklung sind. So sagte ihr einer der Befragten: »Das System der Service-Prämien wird wenigstens einmal im Jahr geändert, um es lebendig zu erhalten, und die meisten Varianten stammen direkt vom örtlichen Management.« Das fiel uns überhaupt in allen Tätigkeitsbereichen der besonders erfolgreichen Unternehmen auf. Mitarbeiterbezogene Programme – Prämiensysteme, Schulungsprogramme oder einfach gesellige Veranstaltungen – werden, ganz wie die Produktentwicklung, laufend angepaßt. Keine Methode bleibt auf Dauer wirksam, und Mitarbeiterprogramme haben einen genauso begrenzten Lebenszyklus wie Produkte, vielleicht sogar einen noch kürzeren.

Eines der besten Beispiele für Service durch Mitarbeiter ist *Walt Disney Productions.* Viele halten Disney und McDonald's sogar für die beiden besten Dienstleistungsunternehmen im Massengeschäft in ganz Amerika. Red Pope, der sich seit langem mit Disney beschäftigt und darüber schreibt, meint dazu: »Die Einstellung von Disney zum Menschen, nach innen und nach außen, wie man mit ihm umgeht oder kommuniziert, welche Belohnungen man gibt, das ist nach meiner Meinung das entscheidende Fundament für den seit fünf Jahrzehnten ungebrochenen Erfolg. ... Ich habe aus nächster Nähe andächtig Theorie und Praxis dieser Einstellung beobachtet – wie man tagtäglich Zufriedenheit verkauft und erfolgreich Millionen von Menschen bedient. Das kann Disney am besten«.

Was Pope über Disney schreibt, ist eine eindeutige Bestätigung von Frau Nemeroffs Untersuchung. Die intensive Einschaltung des Disney-

Managements zum Beispiel zeigt sich bei dem alljährlichen »Vielseitigkeits-« (»cross-utilization«)-Programm von einer Woche Dauer. Pope zufolge verlassen die Disney-Manager dabei ihre Schreibtische, vertauschen ihre übliche Bürokleidung mit einem Kostüm und stürzen sich ins Geschehen. »Eine ganze Woche lang verkauft der Chef Eintrittskarten oder Popcorn, serviert Eis oder Hot Dogs, spielt Parkwächter, steuert Kleinbahnzüge oder übernimmt eine der 100 Bühnenrollen, die in den Vergnügungsparks für Leben sorgen.«

Disneys Leitmotiv des »Service durch Menschen« beginnt, wie bei vielen der erfolgreichen Unternehmen, mit einer eigenen Sprache. »Mitarbeiter« gibt es bei Disney nicht. Die Beschäftigten an der Vergnügungsfront sind »das Ensemble«, und die Personalabteilung ist die Einsatzleitung. Alle Mitarbeiter mit Besucherkontakt sind »auf der Bühne«. So wurden zum Beispiel zwei Kinder von Red Pope, 16 und 18 Jahre alt, von Disney World in Orlando eingestellt, um Eintrittskarten zu kontrollieren. In diese scheinbar simple Tätigkeit wurden sie vier Tage lang jeweils acht Stunden eingewiesen, bevor sie »auf die Bühne« durften. Sie lernten dabei viel über die »Gäste« – nicht über einfache Besucher, sondern über wirkliche Gäste. Pope fragte seine Kinder, weshalb sie vier Tage lang hatten lernen müssen, wie man Eintrittskarten abreißt. Sie antworteten: »Was sollen wir denn machen, wenn jemand wissen will, wo die Toiletten sind, wann die Vorführung anfängt, mit welchem Bus man wieder zum Parkplatz zurückkommt? ... Wir müssen die Antwort parat haben und wissen, wo wir uns schnell erkundigen können. Wir stehen ja schließlich auf der Bühne und machen mit bei der Show für unsere Gäste. Wir müssen jede Minute helfen, daß den Gästen das Programm gefällt.«

Alle Mitarbeiter werden sehr früh an die Firmenkultur herangeführt. Jeder muß auf der Disney-Universität den Kurs »Traditions I« mitmachen, bevor die fachliche Schulung beginnt. Pope sagt dazu:

»Traditions I« dauert den ganzen Tag und gibt dem neu eingestellten Mitarbeiter eine umfassende Einführung in die Philosophie und die Arbeitsweise bei Disney. Niemand kommt an diesem Kurs vorbei, weder ein Vice President noch die einfachsten Aushilfskräfte. ... Disney erwartet, daß der neue »CM« (= Cast Member, d. h. Mitglied des Ensembles) etwas über das Unternehmen, seine Geschichte und Erfolge und seinen Führungsstil weiß, bevor er tatsächlich mit der Arbeit beginnt. Allen wird gezeigt, wie die Abteilungen – Betrieb, Ferienobjekte, Versorgung, Marketing, Finanzen, Verkaufsförderung, Unterhaltung usw. – zueinander in Beziehung stehen und was jede Abteilung »zur Show beiträgt«. Jeder erfährt also: »Hier siehst du, wie das Ganze funktioniert; und hier an dieser Stelle ist dein Platz darin.«

Das »Ensemble« erhält jede erdenkliche Systemunterstüzung. So sind zum Beispiel im Gebüsch Hunderte von Telefonen verborgen, von denen aus direkte Fragen an die Zentralinformation gestellt werden können. Der tägliche Reinigungsaufwand verblüfft selbst Beobachter vom Fach. Hierbei wie auch in unzähligen anderen Punkten gilt für Disneys Umgang mit seinen Kunden die Devise »lieber zuviel als zuwenig«.

Nicht alle exzellenten Unternehmen sind ganz so servicebesessen wie Frito, IBM oder Disney, aber ein sehr weitgehender Dienst am Kunden ist doch immer ein Grundmerkmal dieser Firmen. Eine unserer wichtigsten Beobachtungen über die Spitzenunternehmen ist, daß *sich alle, ob ihr Hauptgeschäft nun Metallverarbeitung, Spitzentechnologie oder Hamburger ist, als Dienstleistungsunternehmen sehen.*

Archie McGill, der stellvertretende Vorstandsvorsitzende von AT & T war früher bei IBM. Er macht sogar noch einen feinen Unterschied zwischen allgemeinen Service-Prinzipien und wahrer »Kundenorientierung« (einer echten Dienstleistungs-Mentalität). Diese Einstellung, meint er, »geht von der Erkenntnis aus, daß *jeder* einzelne seine eigene Vorstellung vom Dienst am Kunden hat«. Den Servicegrad allzu genau (z. B. an Dutzenden von Variablen) zu messen, kann letztlich nur von der eigentlichen Aufgabe ablenken, setzt er hinzu. Dabei gerät der einzelne Kunde aus dem Blickfeld. Nehmen wir einmal an, Sie haben einen »Servicegrad von 95 Prozent.« Dazu fragt McGill: »Was ist mit den restlichen 5 Prozent? Wenn auch 100 Prozent theoretisch unerreichbar sind, so sollte das Unternehmen doch *so handeln, als könne kein einziger Mißerfolg geduldet werden.«*

Boeing ist ein weiteres ausgezeichnetes Beispiel. Natürlich baut das Unternehmen Flugzeuge, was es aber wirklich auszeichnet, ist seine Service-Orientierung. Das *Wall Street Journal* schreibt über Boeing:

Fast jeder Betreiber von Boeing-Flugzeugen weiß zu berichten, wie das Unternehmen ihm schon einmal aus der Klemme geholfen hat. Als die winzige Alaska Airlines ein Fahrwerk brauchte, mit dem man einen

Jet auf einer Erdpiste landen lassen konnte, war Boeing zur Stelle. Als Air Canada Probleme mit dem Vereisen einiger Lufteintrittsdüsen hatte, flog Boeing seine Ingenieure nach Vancouver, wo sie rund um die Uhr an dem Problem arbeiteten, um die Flugplanänderungen in Grenzen zu halten. Boeings Bemühungen um ein gutes Verhältnis zu seinen Kunden zahlen sich aus. Im Dezember 1978 stürzte eine DC-9 der Alitalia ins Mittelmeer, und die italienische Fluggesellschaft brauchte dringend ein Ersatzflugzeug. Umberto Nordio, der Vorstandsvorsitzende der Alitalia, wandte sich telefonisch mit einer besonderen Bitte an T. A. Wilson, den Chairman von Boeing: Konnte die Alitalia schnell eine Boeing 727 bekommen? Zu jener Zeit betrug die Wartezeit für diesen Typ zwei Jahre, doch Boeing jonglierte so lange mit seinem Auslieferungsprogramm, bis die Alitalia das Flugzeug schon nach einem Monat übernehmen konnte. Signor Nordio revanchierte sich ein halbes Jahr später, als die Alitalia ihren ursprünglichen Plan, DC-10-Jets von McDonnell Douglas zu kaufen, aufgab und stattdessen für rund 575 Millionen Dollar neun B-747-Jumbos (von Boeing) bestellte.

Über seinen erstaunlichen Wandel von einem Unternehmen, das im wesentlichen von Militäraufträgen abhing, zu einem vorrangig für die Zivilluftfahrt tätigen Unternehmen schreibt Boeing in dem Buch *Vision:* »Wir haben versucht, ein kundenorientiertes Team aufzubauen. Wir erkannten, daß wir für Erfolge auf dem Zivilsektor vor allem den Kunden brauchten. Die Fluggesellschaft darf nicht sagen können, wie es bisweilen vorgekommen ist, 'Unsere Probleme interessieren euch nur, wenn ihr uns ein neues Flugzeug verkaufen wollt'. Wir haben lange gebraucht, um die Probleme der Kunden zu erkennen. Jetzt beginnt sich (diese) Grundeinstellung jedoch im gesamten Unternehmen durchzusetzen.«

Wenigstens am Schluß dieser Erörterung sollten wir kurz auf eine Frage eingehen, die für viele Beobachter das Entscheidende ist: Kann man für Kundendienst auch zuviel ausgeben? Absolut gesehen, kann man das natürlich. Wenn die absolute Antwort aber »ja« lautet, dann würden wir sagen, tendenziell »nein«. Mit anderen Worten, genauso wie es nach rationaler Auffassung bei 3M »zu viele« Champions und bei HP oder J & J »zu viele« Divisions gibt, so *wenden fast alle unsere kundenorientierten Unternehmen für Service, Qualität und Zuverlässigkeit »zuviel« auf.* David Ogilvy sagt uns dazu: »Die besten Unternehmen halten, was sie einmal versprochen haben, ganz gleich, was das an

Schweiß und Tränen und Überstunden kostet.« Das gilt für Werbung, Computer und Schreibmaschinen wie für Vergnügungsparks und Salzbrezeln.

Schließlich ist die Kundenorientierung nach unseren Beobachtungen auch ein wertvolles Motivationsinstrument. Wir trafen vor kurzem einen früheren leitenden Mitarbeiter des Rechnungswesens von J & J, der jetzt im Management der Chase Manhattan Bank sitzt. Er erinnerte sich: »Schon innerhalb der ersten 14 Tage führte ich Verkaufsgespräche. Das ist typisch. Bei J & J heißt es nämlich, wer die Kunden nicht verstehe, der werde auch das Geschäft nicht verstehen können.« Ein anderer Freund erzählte uns eine durchaus ähnliche Geschichte:

»Ich war im Pentagon in der Zentralen Einsatzleitung der Marine. Eine Reihe von Beamten der mittleren Laufbahn arbeiteten mit mir an einigen Teilen des Budgets für Betrieb und Wartung. Es tat mit leid, daß sie bei aller sonstigen Lebendigkeit so lustlos an die Arbeit gingen. Viele von ihnen betätigten sich nebenher noch als Immobilienmakler oder betrieben andere kleine Geschäfte. Einer meiner »Experten« hingegen war wirklich engagiert. Erst später kam ich hinter den Grund: wegen seines Geschicks im Jonglieren mit Haushaltsmitteln und im Auftun zusätzlicher Geldquellen schickte ich ihn öfter für zwei oder drei Tage nach Norfolk. Er suchte dort zusammen mit Leuten der Flotte nach Wegen, ihnen genug Treibstoff für zusätzliche Manöver und dergleichen zu beschaffen. Heute ist mir klar, daß er ganz einfach der einzige war, der wirklich »Kundenberührung« hatte. Er kannte die Schiffe und die Leute, die sie fuhren. Für ihn waren die Zahlen nicht abstrakt. Seine Handlungen hatten meßbare, ja sogar greifbare Wirkungen. Rückblickend weiß ich, daß ich hunderterlei Dinge hätte tun können, um allen meinen Mitarbeitern solche Erlebnisse zu bescheren.«

Nach unserer Erfahrung mit den bestgeführten Unternehmen gibt es dort keinen einzigen Teilbereich, in dem kein Kundenkontakt möglich ist. Caterpillar schickt Leute aus den Werkshallen auf das Testgelände, um ihnen die großen Maschinen im Einsatz zu zeigen. Die Citibank läßt ihre Sachbearbeiter regelmäßig Kunden und Kundenbetreuer aufsuchen, um Abwicklungsprobleme an Ort und Stelle zu lösen. 3M besteht darauf, daß auch die einfachsten F & E-Mitarbeiter regelmäßig Kundenbesuche machen; ebenso hält es HP. Auf diese Weise wird die Kundenorientierung für alle Mitarbeiter spürbar. Der Satz »Jeder von uns *ist* das Unternehmen« erhält so praktische Bedeutung.

Qualitätsbesessenheit

Wir haben viele unserer exzellenten Unternehmen als servicebesessen bezeichnet. Mindestens ebenso viele sind genauso besessen von Qualität und Zuverlässigkeit. Ein hervorragendes Beispiel ist *Caterpillar Tractor.* Caterpillar bietet seinen Kunden eine Garantie für die weltweite Lieferung von Ersatzteilen binnen 48 Stunden. Kann dieses Versprechen nicht eingehalten werden, erhält der Kunde das Teil kostenlos. So sicher ist man also bei »Cat« von vornherein, daß die eigenen Maschinen funktionieren. Einmal mehr haben wir es hier mit einer überzogenen Leistungsbereitschaft zu tun, die unter dem engen Blickwinkel der Rentabilität als leichter Schwachsinn angesehen werden müßte. Allerdings nur so lange, wie man nicht die Erträge von Caterpillar kennt.

In einem Artikel in *Fortune* heißt es: »Die Geschäftsgrundsätze des Unternehmens wirken wie eine eigene Version der Pfadfinderregel. Die Hauptgrundsätze sind überragende Qualität, gleichbleibende Leistung und Treue zum Händler. Caterpillar hat sich dem Ziel verschrieben, den besten und leistungsfähigsten Raupenschlepper der Welt zu bauen.« Ein Autor der *Business Week* pflichtet bei: »Für die Leute von Cat ist die Produktqualität das Evangelium.« Zwei uns bekannte Topmanager aus der Landwirtschaft bekommen bei dem Namen Cat fast feuchte Augen vor Andacht. Ein Kollege erinnert sich noch an Cat aus der Zeit in Vietnam, als für die Marine Baumaschinen bestellt werden mußten. »Wir setzten alles in Bewegung und legten die Beschaffungsvorschriften so großzügig wie nur möglich aus, um die stets teureren Geräte von Cat zu bekommen. Das mußten wir ganz einfach, denn wir wußten, daß unsere Kommandeure uns die Hölle heiß machen würden, wenn wir ihnen nicht irgendwie Maschinen von Cat besorgten. Wenn man über eine Luftbrücke Bulldozer ins Kampfgebiet einfliegt, um hinter den feindlichen Linien Landebahnen anzulegen, dann braucht man Maschinen, die funktionieren – und zwar immer.«

Bei Caterpillar bedeutet Nähe zum Kunden auch Nähe zum Händler. Der ehemalige President und Chairman William Blackie meinte dazu: »Wir nehmen jede Rücksicht auf unsere Händler. Wir würden sie nie umgehen oder unterbieten. Einige unserer Konkurrenten tun das, bis ihnen die Händler abspringen. Caterpillar-Händler springen nicht ab; sie werden reich.« Vom Geld einmal abgesehen, werden Cat-Händler als »Mitglieder der Familie« behandelt. So berichtet zum Beispiel *Business Week:* »Das Unternehmen veranstaltet sogar in Peoria einen Kurs, um die Kinder von Händlern zur Geschäftsübernahme zu bewegen. Der ehemalige Marketingchef E. C. Chapman erinnert sich: 'Wir hatten mal den Sohn eines Händlers hier, der wollte Pfarrer werden und war außerdem an Musik interessiert. Bis wir ihn wieder nach Hause schickten, hatte er seine Berufsabsichten geändert. Er ist mittlerweile einer unserer erfolgreichsten Händler.'«

William Naumann, ehemaliger Chairman von Caterpillar, sagt, schon ganz am Anfang der Expansion von Caterpillar gleich nach dem Zweiten Weltkrieg sei eine grundlegende Entscheidung getroffen worden, die eine bleibende Wirkung auf die Unternehmensführung gehabt habe. »Wir einigten uns auf den festen Grundsatz, daß jedes Caterpillar-Produkt oder -Ersatzteil, unabhängig von seinem Herstellungsort, die gleiche Leistung oder Qualität aufweisen muß, wie das gleiche Produkt oder Ersatzteil, das woanders hergestellt worden ist, ob nun im Inland oder im Ausland.« Er erklärt weiter: »Die Benutzer können sich auf die Ersatzteilversorgung verlassen, wo immer sie auch tätig sind – was in einer überaus mobilen Industrie ein wichtiger Gesichtspunkt ist. Wir lassen niemanden im Stich.«

Naumann glaubt, daß diese Entscheidung für Zuverlässigkeit, Qualität und Einheitlichkeit in der Entwicklung des Unternehmens als wichtiges verbindendes Element gewirkt hat. »Eine Maschine aus dem einen Werk ist das genaue Gegenstück zu der gleichen Maschine aus einem anderen Werk, und Ersatzteile sind weltweit austauschbar«.

Ein anderes Unternehmen, das bei Qualität an nichts spart, ist *McDonald's.* Seit Jahren dreht sich dort alles um »Qualität, Service, Sauberkeit und Preiswürdigkeit«: »QSSP«. Unternehmensgründer Ray Kroc sagt dazu: »Wenn ich für jedesmal, daß ich »QSSP« (Qualität, Service, Sauberkeit und Preiswürdigkeit) gesagt habe, einen Ziegelstein bekäme, könnte ich damit wohl eine Brücke über den Atlantik bauen.« Seit den Anfangstagen des Unternehmens werden alle Restaurants regelmäßig auf ihre Leistungen in diesen Bereichen untersucht, und nach dem Ergebnis richtet sich ein großer Teil des Gehalts der Geschäftsführer. Ständige

Untererfüllung der hohen QSSP-Anforderungen von McDonald's kann einen Geschäftsführer seine Stelle oder die Konzession kosten.

Ray Kroc und andere Mitglieder seines Führungsteams im Topmanagement sind berühmt für ihre persönlichen QSSP-Inspektionen von Restaurants. Bis heute hat dieses Konzept nichts von seiner Gültigkeit verloren – und das in einem Unternehmen mit 2,5 Milliarden Dollar Umsatz, 7000 Restaurants und einem bisherigen Gesamtabsatz von 40 Milliarden Hamburgern. Auf Seite 4 des Jahresberichts 1980 von McDonald's, der Seite nach dem obligatorischen Brief an die Aktionäre, lautet der erste Satz: »Qualität ist das erste Wort in der McDonald's-Devise QSSP ... Das ist so, weil den Kunden bei jedem Besuch in einem McDonald's-Restaurant Qualität geboten wird.«

»Natürlich,« sagt da der Zyniker, »so reden doch alle Firmen!« Bei unserer eingehenden Beschäftigung mit der Erfolgsgeschichte von McDonald's befragten wir auch einen Freund, der jetzt ein junger Manager ist, aber als 17jähriger Oberschüler bei McDonald's arbeitete. Wir hatten das Interview bewußt nicht strukturiert, damit unser Gesprächspartner frei reden konnte. Er kam sehr bald auf Qualität, Service und Sauberkeit zu sprechen. »Rückblickend,« sagte er, »beeindruckt mich die Qualität der Einsatzstoffe. McDonald's verwendet stets erstklassiges Rindfleisch – das Beste vom Besten.« Er fuhr fort: »Waren die Pommes frites zu braun geworden, warfen wir sie fort ... Hatten wir mit dem Daumen Löcher in die Brötchen gemacht, (das passierte vor allem Neulingen häufig, die den schwierigen Umgang mit Tausenden dieser weichen Brötchen noch nicht gewohnt waren), warfen wir auch sie fort; es ist kaum zu fassen, aber wenn ich heute, 13 Jahre später, schnell etwas essen möchte, gehe ich *immer noch* zu McDonald's. Damals hielt ich die Pommes frites für ihr bestes Produkt.« (Er ist damit in guter Gesellschaft. Auch Julia Child, Amerikas Autorität auf dem Gebiet der Haute Cuisine, mag Pommes frites von McDonald's.)

Ebenso fanatisch ist McDonald's bei der Sauberkeit. Wer einen ehemaligen Mitarbeiter des Unternehmens fragt, an was er sich am besten erinnert, wird fast immer vom ständigen Saubermachen hören. »Wir hatten niemals Ruhe«, erinnert sich eine ehemalige Küchenhilfe. »Wenn im Geschäft nichts los war, hatten wir immer irgend etwas sauberzumachen.«

Die Küchengeschichten über gleichbleibende Produkt- und Servicequalität finden Bestätigung durch glänzende Unternehmensstrategen.

Donald Smith, jetzt im Pepsi Cola Management, verließ vor einigen Jahren McDonald's, um die Führung des Erzkonkurrenten Burger King zu übernehmen. Bezeichnenderweise nahm sich Smith als strategische Priorität Nummer eins vor, bei Burger King »landesweit größere Einheitlichkeit« (im Erscheinungsbild und im Service) zu erreichen. In seinen fünf Jahren an der Spitze kam er ein schönes Stück voran. Doch McDonald's ist ein harter Brocken. Smiths Nachfolger bei Burger King, Jerome Ruenheck, predigt immer noch dasselbe: »Die Einheitlichkeit ist das Problem. McDonald's ist einfach im ganzen Land einheitlicher als wir.«

Bei unserer ursprünglichen Untersuchung der besonders erfolgreichen Unternehmen wie auch unserer späteren Beschäftigung mit dieser Thematik stießen wir immer wieder auf Qualitätsfanatiker mit schon fast weltfremdem Eifer. *Digital* gehört sicherlich in diese Kategorie. Die Grundphilosophie des Unternehmens lautet: »Wachstum ist nicht unser Hauptziel. Unser Ziel ist, ein Qualitätsunternehmen zu sein, das Qualitätsarbeit leistet, damit wir auf Jahre hinaus auf unsere Tätigkeit und unsere Produkte stolz sein können. Wenn wir Qualität zustandebringen, stellt sich das Wachstum von selbst ein.« Das überragende Ziel von *Maytag*, um ein weiteres Beispiel anzuführen, sind »zehn Jahre störungsfreier Betrieb« einer jeden Maschine. So spät im Produktlebenszyklus müßten Waschmaschinen eigentlich ein klassisches Massenprodukt sein, wie Weizen oder Kartoffelchips. Aber Maytags Einsatz für Zuverlässigkeit gestattet dem Unternehmen um volle 15 Prozent höhere Preise, wobei es dennoch seinen hohen Marktanteil gegen entschlossene Mitbewerber wie GE zu verteidigen weiß. Qualität und Zuverlässigkeit bewähren sich als Rettungsanker bei jeder Konjunkturlage. Während GE in Louisville bei seinen Haushaltswaschmaschinen schwer unter der Rezession zu leiden hatte und alle Hausgerätehersteller um das Überleben kämpften, stiegen die Gewinne von Maytag weiter, wenn auch nicht so kräftig wie in der Hochkonjunktur. Maytags Art der Qualität besteht nicht in überverfeinerter Technologie; sie besteht in funktionierenden Produkten. Ein Beobachter stellt dazu fest: »Maytag verdankt seinen guten Namen solider Zuverlässigkeit, nicht verrückten Extravaganzen. ... Seine Produkte sind gut und einfach.«

Die Beispiele nehmen kein Ende. Für *Holiday Inn* ist Zuverlässigkeit ein überragendes Unternehmensziel, und das Leitmotiv »keine Überraschungen« ist überall zu spüren – bis hinein in die Werbung.

Procter & Gamble ist von der Qualität seiner Produkte zutiefst überzeugt; dies geht so weit, daß ein Beobachter schon von P&Gs potentieller Achillesferse spricht. So macht P&G gewöhnlich modischen Schnickschnack der Konkurrenz nicht mit. »P&G ist dann am schwächsten, wenn es sich mit Konkurrenten anlegt, die oberflächliche, rein kosmetische Vorzüge anbieten, wie z. B. einen bestimmten Geschmack, statt besonderer Leistungen wie etwa in der Kariesprophylaxe,« bemerkt dazu ein Beobachter. »Die Puritaner in der Sixth Avenue und in Sycamore (der Anschrift der P&G-Konzernzentrale in Cincinnati) haben mit kosmetischem Firlefanz nicht viel im Sinn.«

Eine kleine Geschichte eines jungen ehemaligen Brand Managers, der die Toilettenpapiermarke Charmin zu betreuen hatte, verdeutlicht die positive Seite des Qualitätskults bei P&G. Er beschrieb uns, wie Kundenbeschwerden zur sofortigen Erledigung direkt an den zuständigen Brand Manager weitergeleitet werden, und erinnerte sich an einen markanten Vorfall. Es gibt anscheinend drei Arten von Toilettenpapierhaltern: den Typ, den man in öffentlichen Toiletten findet, die Sorte die in Wohnungen an der Wand befestigt ist, und als dritten Typ ein altmodisches Modell, das halb in die Wand eingelassen ist und in eine halbzylindrische Aussparung hineinpaßt. Nun ergab sich, daß eine Rolle Charmin für das altmodische Modell rund 3 mm zu dick war. Die Anzahl Blätter auf einer Rolle – und damit die Qualität – zu reduzieren, kam für P&G entschieden nicht in Frage. Stattdessen setzten sich die Konstruktionsabteilung, die F&E-Abteilung und der Produktmanager zusammen und kamen schließlich auf den Gedanken, eine Maschine so umzurüsten, daß sie das Toilettenpapier fester aufrollte. Dadurch wurde der Durchmesser verringert, die Rolle paßte in den Halter.

Der Unternehmensbereich Rechnersysteme von *Hewlett-Packard* stellt den HP 3000 her. Dieses 1972 erstmals verkaufte System gab es 1980 an 5000 Standorten in aller Welt, und heute ist es bei mehr als 8000 Benutzern installiert. In der Qualität liegt dieses System, wie eine Vielzahl von unabhängigen, externen Umfragen bestätigt, ganz an der Spitze. Trotzdem, und trotz glänzender Umsatzerfolge, hat der Unternehmensbereich letztes Jahr ein neues großes Qualitätsprogramm für den HP 3000 in Angriff genommen. HP praktiziert damit eine allzu seltene Einstellung: »Wenn wir mit unserer Qualität nicht die Nase vorn behalten, werden uns die Japaner überrunden.«

An dem derzeitigen Qualitätsprogramm dieses Unternehmensbereichs fällt sofort auf, mit welcher Hingabe es betrieben wird und wie sehr es überall spürbar ist. Wie wir mittlerweile kaum noch betonen müssen, geht diese Einstellung von der Spitze aus. Richard Anderson, der Geschäftsführer dieser Division, verbringt jede vierte Woche an der Front, sieht sich Anlagen an, spricht mit Kunden und nimmt an Verkaufstagungen teil. Dabei erhält er eine Flut von Daten aus erster Hand über den Bedarf der Kunden und die Maßnahmen der Konkurrenz. Ganz besonders liegt ihm an Meinungen zur Produktqualität.

Anderson nahm die jüngste Qualitätskampagne vor einem Jahr in Angriff. Die Ankündigung machte er, wie für wichtige neue Programme von HP typisch, in der »Vormittagskaffeepause« in der Kantine, wo die meisten der 1.400 Beschäftigten des Unternehmensbereichs jede Woche zu geschäftlichen Gesprächen zusammenkommen. Er forderte seine Mitarbeiter auf, genau zu definieren und zu messen, was Qualität ausmacht. Er verwendete das japanische Vordringen auf diesem Sektor als Beispiel und als Begründung für unverzügliches Handeln. Im Laufe des Jahres entstand im gesamten Unternehmensbereich eine Vielzahl von Qualitätsprojekten.

Gegen Ende des ersten Jahres war die vorher schon hervorragende Qualität, gemessen an dem entscheidenden Kriterium der mittleren Ausfallhäufigkeit, um volle 100 Prozent gestiegen. Anderson hat sich für dieses Jahr eine weitere Verbesserung um 100 Prozent vorgenommen, obwohl HP schon jetzt allen Konkurrenten weit voraus ist.

Daß die Qualitätsaktion ernst gemeint war, führte das Management des Unternehmensbereichs allen frühzeitig und eindringlich vor Augen. Während einer denkwürdigen »Vormittagskaffeepause« wurden fünf Paletten mit defekten Halbleiterplatten hereingefahren und auf den Boden geschüttet. Das Management erklärte den erstaunten Zuschauern, diese Platten sowie einige weniger leicht erkennbare Softwarefehler entsprächen einer entgangenen Gewinnbeteiligung von 250 000 Dollar (die meisten HP-Mitarbeiter sind Aktionäre und am Gewinn des Unternehmens beteiligt). Diese Maßnahme sollte zeigen, wie der Unternehmensbereich Leistungen bestraft und belohnt: Bei Qualitätsmängeln trifft der Vorwurf alle; bei besonderen Leistungen wird die Rolle des einzelnen herausgestellt.

Das Qualitätsprogramm steckt voller formaler und informeller Belohnungen, angefangen mit einem Lob, das der durch den Betrieb gehende Manager dem einzelnen Mitarbeiter ausspricht. Offizielle Anerkennung gibt es für gute Qualität bei Zusammenkünften in der Kaffeepause, gemeinsamen Abendessen der Teams und einem Kneipenbummel des ganzen Unternehmensbereichs. Ganz förmlich wurde es 1981 bei einer Preisverleihung durch den zuständigen Vice President – wieder in der Kaffeepause. Preise gingen an die Mitarbeiter, die innerhalb ihres Arbeitsbereichs die Qualitätsziele am besten erreichten. Sie erhielten besondere Medaillen, Schreibgarnituren und Dinner-Einladungen. Ihre Namen wurden in der Vorhalle angeschlagen, und sie gewannen Freiflüge zu einem HP-Seminar einer Division oder eines Verkaufsbüros ihrer Wahl in den Vereinigten Staaten. »Ja, das schließt auch Hawaii ein,« erklärte ein HP-Manager.

Die Standardsysteme bei HP wirken ebenfalls auf die Qualitätsziele hin. In das MBO-Programm – das jeder bei HP ernst nimmt – sind Qualitätsziele ausdrücklich eingebaut. Feedback gibt es häufig. So teilt zum Beispiel der Leiter des Unternehmensbereichs jede Woche allen nicht nur die neuesten Absatz-, Umsatz- und Ertragszahlen mit, sondern auch die neuesten Qualitätsergebnisse.

Jede Abteilung innerhalb des Unternehmensbereichs ist Teil des Qualitätsnetzes. Bei HP bedeutet LACE »Lab Awareness of Customer Environment« (Berücksichtigung der Verhältnisse beim Kunden während der Entwicklung). Im Rahmen dieses Programms halten Kunden vor den HP-Ingenieuren Vorträge über ihren Bedarf und ihre Reaktion auf Produkte und Dienstleistungen von HP. Ein Beobachter berichtet: »Bei diesen Gelegenheiten gibt es immer nur Stehplätze.« In einem anderen Programm tun Software-Ingenieure für kurze Zeit Dienst an den Telefonen der Verkaufsberater und besuchen die Benutzer, um sich Informationen aus erster Hand zu holen. Hier liegt ein großer Unterschied zu den meisten Unternehmen, wo die Qualitätskontrolleure die ungeliebten Aufseher sind und zumeist mit allen anderen auf Kriegsfuß stehen.

Knotenlöser, Qualitätssicherer, Perfektions-Trupp, Problemlöser – unter Namen wie diesen laufen die »Qualitätsteams«, die HP-Version der Qualitätszirkel, die jetzt an dem HP-Qualitätsprogramm arbeiten. Heute sind die Führungssysteme von HP voll von Qualitätszielen und -maßnahmen, und keine Abteilung wird von dem Programm ausgenommen. Ein Beobachter traf den Nagel auf den Kopf: »Qualitätsbewußtsein ist bei HP allgegenwärtig, denn die Mitarbeiter können das von ihrer sonstigen Tätigkeit überhaupt nicht trennen. Wenn man sie nach dem Personal fragt, reden sie über Qualität. Wenn man nach Management-by-Objektives fragt, so sprechen sie über Qualität durch Zielvorgabe.«

Qualität und Zuverlässigkeit sind *nicht* gleichbedeutend mit exotischer Technologie. Für uns war es interessant und überraschend, daß selbst recht hochtechnologische Firmen die Zuverlässigkeit stets höher bewerteten als technische Spitzenleistung. Die exzellenten Unternehmen geben bewußt dem funktionierenden Produkt Vorrang vor einer unerprobten Technologie. Wir nennen diese Einstellung »zweiter Sieger, und stolz darauf«. Hier einige typische Beispiele:

Hewlett-Packard (einmal mehr): »Das Unternehmen ist mit seinen neuen Produkten selten als erster auf dem Markt – so waren Xerox und IBM zum Beispiel mit teuren Laserdruckern die ersten. Die Marketingstrategie des Unternehmens besteht gewöhnlich in dem besseren zweiten Zug. Ein Konkurrent kommt mit einem neuen Produkt auf den Markt, und die HP-Ingenieure fragen ihre Kunden bei der Wartung von HP-Geräten, was ihnen an dem neuen Produkt gefällt oder nicht gefällt, was der Kunde gerne anders hätte. ... Und schon bald kommen die HP-Verkäufer wieder bei den Kunden vorbei, diesmal mit einem neuen Produkt, das ihren Bedürfnissen und Wünschen entspricht. Ergebnis: zufriedene und treue Kunden.« *(Forbes)*

Digital: Wir müssen Zuverlässigkeit bieten. Wir bleiben bewußt um zwei oder drei Jahre hinter dem neuesten Stand der Technik zurück. Wir warten auf den Anstoß von unseren wichtigen Benutzern – z. B. staatlichen Forschungslaboratorien. Dann entwickeln wir ein zuverlässiges Produkt für unsere Erstausrüster-Kunden und andere Endbenutzer.« (Interview)

Schlumberger: »Bisweilen kommt zwar ein Konkurrent früher mit einem bestimmten Produkt auf den Markt, aber wenn dann Schlumberger das Produkt einführt, ist es vollständiger und von besserer Qualität.« *(Dun's Review)*

IBM: Selbst in seiner Frühzeit hat IBM selten Produkte auf den Markt gebracht, die technologische Schrittmacher waren. Stets haben UNIVAC und andere den Weg gewiesen; IBM hat aus den Fehlern der anderen gelernt. »Das Unternehmen hat selten als erstes technisches Neuland betreten, lag jedoch nie weit zurück. Und jedesmal waren seine Produktlinien besser konzipiert und Verkauf und Wartung effektiver als bei der Konkurrenz.« *(Financial World)*

Caterpillar: Auch im Bereich der handfesteren Technologie stellen wir dasselbe Phänomen fest. »Caterpillar stellt auf seinen Märkten selten als erster eine Neuheit vor. Aber Schrittmacher zu sein, ist auch noch nie eines der Unternehmensziele gewesen. Es hat sich einen Namen gemacht, indem es anderen Unternehmen bei dem Lernprozeß der Produkteinführung den Vortritt ließ. Caterpillar zieht dann später nach, mit dem störungsfreiesten Produkt des ganzen Marktes. Ebensowenig zieren sich Caterpillar-Produkte in der Regel mit dem niedrigsten Preis. Das Unternehmen umwirbt seine Kunden statt dessen mit Qualität und zuverlässigem Service.« *(Business Week)*

Deere: Deere steht bei Landmaschinen eindeutig an der Spitze. Deere ist bei Landmaschinen das, was Caterpillar bei Baumaschinen ist. »Deere sagt nicht, ob es einen Rotor-Mähdrescher auf den Markt bringen wird. Ich schätze, meint ein Börsenanalytiker, daß Deere seinen Rotor-Mähdrescher innerhalb von zwei Jahren herausbringen wird ... und versuchen wird, von den anfänglichen Fehlern der Konkurrenz zu profitieren.« *(The Wall Street Journal)*

Die scheinbare Zufriedenheit der exzellenten Unternehmen mit ihrem zweiten Platz sollte jedoch niemanden über ihre technische Leistungsfähigkeit hinwegtäuschen. Viele der überragenden Unternehmen, wie z. B. HP, IBM und P&G, stehen bei den Ausgaben für Grundlagenforschung und -entwicklung an der Spitze ihrer Branche. Das Besondere an ihnen ist, daß es ihnen darum geht, Technologie für den Mann auf der Straße nutzbar zu machen. Neue Produkte, die bei *ihren* Freigabeprüfungen durchkommen, zielen vor allem auf Verbraucherbedürfnisse ab.

Eine gegensätzliche und nur allzu verbreitete Strategie beschrieb uns ein Manager für Peripheriegeräte: »Wir haben das neue Produkt auf den Markt geworfen, weil es technisch ganz eindeutig überlegen war. Wir wollten uns schnell einen großen Marktanteil sichern. Aber die Zuverlässigkeit war katastrophal. Der höchste Marktanteil, den wir je erreichten, war 40 Prozent, und jetzt sind wir unter 8 Prozent abgerutscht. Sechs Monate Warten mit der Einführung, um die Schwachstellen auszubügeln, hätten genügt, verdammt nochmal!«

Wer uns zuhört, wie wir immer wieder auf Service, Qualität und Zuverlässigkeit zurückkommen, fragt sich vielleicht, ob man nicht auch dabei des Guten zuviel tun kann. Die Antwort lautet natürlich ja. Freddy Heineken meint dazu: »Ich muß meinen Marketingleuten immer wieder sagen, die (Bier-)Flaschen nicht zu aufwendig zu machen, mit Goldfolie, großartigen Etiketten oder so. Sonst traut sich die Hausfrau nicht mehr, sie im Supermarkt aus dem Regal zu nehmen.« Ein erfahrener Kenner der Zivilluftfahrt stieß in das gleiche Horn: »Braniff dachte, Qualität hieße Bilder von Alexander Calder und hübsche Stewardessen. Delta weiß, Qualität bedeutet pünktliche Flüge.« Die Antwort darauf, wieviel Service genügt und welche Art der Qualität richtig ist, gibt nur der Markt. Ein Freund gab uns dafür ein anschauliches Beispiel: »Die Kundin, die einen Salat für 75 Cents verlangt, erwartet keine Avocados, aber sie erwartet, daß der Kopfsalat, den sie dafür bekommt, knackig und frisch ist. Wer Salat für 75 Cents anbietet, sollte sich auf knackigen Kopfsalat konzentrieren und sich billige Avocados aus dem Kopf schlagen.«

Mit glücklicher Hand, vielleicht sogar mit Vorbedacht, haben die Unternehmen, die Qualität, Zuverlässigkeit und Service in den Vordergrund stellen, damit den *einzigen* Bereich gewählt, für den der einfache Durchschnittsmitarbeiter ohne Schwierigkeiten begeistert werden kann. Sie machen Menschen stolz auf ihre Arbeit. Sie machen es möglich, sich am Produkt zu freuen. In dem Buch *The Decline and Fall of the British Manager* veranschaulicht Alistair Mant (schon wieder ein ehemaliger IBM-Mann) an einem schönen, konkreten Beispiel, wie man Freude am Produkt und persönlichen Einsatz dafür vermitteln kann:

Auf den ersten Blick ist an Platt Clothiers Ltd. nicht viel Interessantes zu endecken, außer dem Erfolg des Unternehmens. Bei näherer Betrachtung findet man ein effizientes, straff geführtes Bienenhaus an Geschäftigkeit, in dem jeder nur *Mäntel* im Kopf hat. Fragt man Monty Platt nach seiner Vertriebs- und Marketing-Organisation, so antwortet er: »Meine Mäntel verkaufen meine Mäntel«. Jeden Morgen um 11 Uhr ertönt eine Glocke, und wer will, kann in das Design-Studio gehen und sich die Produktion vom Vortag ansehen. Ein buntes Sortiment von Mänteln kann dort angefaßt, anprobiert, auseinandergenommen und begutachtet werden; dort spricht auch der Chef mit Versandleitern, Produktionsleuten und Designern – über Mäntel. *Monty Platt ist es gelungen, seine Begeisterung für Mäntel jedem seiner Mitarbeiter mitzuteilen.* (Hervorhebung durch uns). Natürlich muß er auch über »Marketing«, »Personal«, »Produktion« und andere abstrakte Begriffe sprechen, doch kann keiner der Anwesenden irgendeinen Zweifel haben, daß es immer und bei allem um Mäntel geht. Sein Verhältnis zu seinen

Mitarbeitern dreht sich um die *Arbeit;* für die Mitarbeiter geht es darum, für eine Firma zu arbeiten, die weiß, was sie tut, die es gern tut und die es gut macht. Und die Moral von der Geschicht'? Nicht alle Unternehmen sind in einer so glücklichen Lage, mit einer Ein-Produkt-Orientierung und der Behaglichkeit einer integrierten, kompakten Organisation. Doch alle Firmen stellen *irgend etwas* her, und sie unterscheiden sich ganz beträchtlich in dem Maß an Sorgfalt, das sie *dafür* aufbringen. Wenn sie ihre Organisation so einrichten könnten, daß Menschen mit einem Gespür für die Fertigung, für das gekonnte Herstellen von Produkten die Schlüsselpositionen innehätten, dann wäre wahrscheinlich die ganze *Atmosphäre* anders. Solche Menschen sind integriert in dem Sinne, wie man von integrierten Produktionssystemen spricht; mehr noch, sie wirken integrierend auf ihre Umwelt.

Bei den exzellenten Unternehmen wird fast das Unmögliche möglich. Ist ein hundertprozentiges Qualitäts- oder Serviceprogramm denkbar? Die meisten hätten hierfür nur Hohngelächter. Doch die Antwort lautet, ja und nein. Statistisch gesehen, nein. In einem großen Unternehmen sorgt schon das Gesetz der großen Zahl dafür, daß es immer wieder Defekte und Servicemängel gibt. Andererseits erinnert uns ein Freund bei American Express an folgende Wahrheit: »Wer nicht auf 100 Prozent aus ist, läßt Fehler von vornherein zu. Er wird nicht lange warten müssen.« So ist es durchaus begründet, über jeden Fehler, wie klein er auch sein mag, ehrlich betrübt zu sein. Freddy Heineken sagt dazu lapidar: »Eine schlechte Flasche Heineken ist für mich eine persönliche Beleidigung.« Der Süßwarenriese Mars Inc., ein sehr erfolgreiches Unternehmen auf einem stark umkämpften Markt, lebt von der Produktqualität – und zwar gut. Ein Mars-Manager charakterisiert Forrest Mars: »Er neigt zu regelrechten Wutanfällen, so zum Beispiel, als er ein Paket schlecht verpackter Schokoladenriegel vor den Augen seiner verschreckten Assistenten Stück für Stück gegen eine Glaswand im Konferenzzimmer schleuderte.« J. Willard Marriott Senior gerät noch mit 82 Jahren bei jedem Anzeichen von Nachlässigkeit in einem Marriott-Haus in Zorn; bis vor kurzem las er persönlich jede Beschwerdekarte eines Gastes.

Wirklich service- und qualitätsorientierte Unternehmen können sicher sein, daß sie alle Probleme in den Griff bekommen, und sie sind sich dessen auch sicher. Es spricht viel für solch blindes Vertrauen (verbunden mit harter Arbeit), denn nur bei so festgefügten Überzeugungen wird das Unternehmen an einem Strang ziehen. Wenn ein IBM-Computer ausfällt, ein Caterpillar-Kunde ein Ersatzteil braucht, ein Frito-Verkaufsleiter mehr Ware benötigt oder HP sich von den Japanern bedroht fühlt, gibt es keinen anderen Weg. Das Unternehmen setzt alle Mittel, die es aufbringen kann, auf das Problem an. Doch selbst bei hohen Anforderungen können Unternehmen lax werden, wenn ein Qualitäts- oder Servicemangel auch nur gelegentlich geduldet wird. Ein Manager von Digital faßt dies zusammen: »Das ist ein Unterschied wie zwischen Tag und Nacht. Die eine Einstellung ist: »Alles muß richtig gemacht werden.« Die andere sieht Kunden statistisch. Möchten sie zu denjenigen gehören, die der »Ausfall innerhalb der Toleranzgrenze« trifft?

Die Wirtschaftswissenschaftler sprechen von »Eintrittsbarrieren« die überwunden werden müssen, um in einer Branche als Wettbewerber auftreten zu können. Wie so häufig, verleitet das rationale Modell auch hier dazu, »harte« und »weiche« Elemente zu verwechseln. Die wichtigsten Eintrittsbarrieren stellen wir uns gewöhnlich aus Beton und Metall vor – der Investitionsaufwand für den Bau der Zusatzkapazitäten für das Zukunftsprodukt. Angesichts der Daten über die exzellenten Unternehmen sind wir jedoch zu dem Schluß gelangt, daß diese Vorstellung in der Regel völlig falsch ist. *Die wirklichen Eintrittsbarrieren sind 75 Jahre Investition bei IBM, damit Hunderttausende von Menschen den Service, die Qualität und die Lösung der Kundenprobleme zu ihrem persönlichen Anliegen machen, oder auch 150 Jahre Investition in Qualität bei P&G.* Das sind die wahrhaft unüberwindlichen »Eintrittsbarrieren«, sie beruhen auf einer Bindung menschlichen Kapitals in unerschütterlichen Traditionen von Service, Zuverlässigkeit und Qualität.

Nischen-Denken

Die Kundenorientierung ist definitionsgemäß eine Art »Maßfertigung« – das Suchen nach einer Nische, in der man etwas besser kann als alle anderen. Sehr viele der von uns untersuchten Unternehmen verstehen sich vortrefflich darauf, ihre Kundschaft in zahlreiche Segmente zu unterteilen, damit sie ihnen maßgeschneiderte Produkte und Dienstleistungen anbieten können. Dabei nehmen sie ihren Produkten natürlich den Charakter des Massenartikels und berechnen entsprechend mehr dafür. Nehmen wir zum Beispiel Bloomingdale's. Im Kern beruht der Erfolg des Unternehmens auf dem Boutique-Prinzip, und jede Boutique ist auf eine einzige Dienstleistung oder auf eine kleine Kundengruppe zugeschnitten. Dieselbe Strategie verfolgt die Bloomingdale-Muttergesellschaft Federated Stores bei Bullock's, I. Magnin, Rich's und Filene's. »In jeder Abteilung gibt es etwas Besonderes zu sehen,« bemerkt ein Manager. Chesebrough-Pond's ist ein schönes Beispiel dafür, wie man durch maßgeschneidertes Vorgehen die Spitze erreicht. *Forbes* beschrieb kürzlich die Strategie von Chairman Ralph Ward folgendermaßen: »Obwohl er durchaus im großen Stil um großen Einsatz mitspielen kann, ist es ihm genauso lieb, (auf einem kleinen Markt) einen Konkurrenten zu überrumpeln. 1978 zum Beispiel führte er »Rave« ein, das auf den Markt für Heimdauerwellen abzielte, der damals 40 Millionen Dollar betrug und von dem Gillette-Produkt Toni beherrscht wurde. Ward sagt dazu: »Auf diesem Markt war jahrelang nichts losgewesen. Wir führten ein geruchsfreies Produkt ohne Ammoniak ein, und inzwischen ist es ein 100-Millionen-Dollar-Markt.« Nach einer im Konsumgütersektor ungewöhnlichen Strategie betreibt er darüber hinaus die verschiedenen Produktbereiche als unabhängige Einheiten, um zur weiteren Suche nach zusätzlichen Nischen anzuregen.

Besser als jeder andere kennt sich in diesem Spiel 3M aus. Chairman Lew Lehr sagt dazu: »Unser Unternehmen hält nichts davon, den Einsatz auf ein paar wenige Spiele zu beschränken. Unsere Leute machen Hunderte kleiner »Spiele« in Form neuer Produkte für Spezialmärkte.« Hier nur ein Beispiel: Wir sprachen vor kurzem mit dem Chef eines graphischen Betriebes in Richmond, Virginia, mit 50 Millionen Dollar Umsatz. Das Unternehmen ist führend im Hochleistungs-Offsetdruck, einem bescheidenen Spezialmarkt, für den 3M mehrere Produkte liefert. 3M hatte beschlossen, das Marktsegment des Unternehmens wirklich gut kennenzulernen und unternahm einen Frontalangriff. Aus St. Paul fielen ganze Verkäuferscharen voller Ingenieure und Techniker ein, um sich mit den speziellen Problemen vertraut zu machen. Dann wurden der Unternehmensleiter und einige seiner direkten Mitarbeiter nach St. Paul eingeladen, um vor verschiedenen Unternehmensbereichen darüber zu sprechen, womit 3M dem Unternehmen am besten helfen könnte. Besonders beeindruckend an dem ganzen Ereignis fanden wir nicht nur die Energie, mit der 3M vorging, sondern auch die Flexibilität. 3M-Teams aus verschiedensten Produktbereichen nahmen allesamt die

Gelegenheit wahr. Es gab weder interne Reibereien noch bürokratische Verzögerungen. Zwar reicht das eigentliche Geheimnis von 3M viel tiefer, wie wir noch sehen werden, aber die Einstellung des Unternehmens, jede noch so kleine Marktnische in Angriff zu nehmen, ist schon erstaunlich.

Solche Beispiele werfen die Frage auf, ob man es bei der Segmentierung vielleicht auch übertreiben kann. Theoretisch lautet die Antwort darauf – wie bei Service und Qualität – ja. In der Praxis aber vielleicht doch nicht. Wir haben den Eindruck, daß 3M, Digital und viele andere erfolgreiche Unternehmen bewußt weit mehr als die übliche Vielfalt haben entstehen lassen. Nach gängigen Marketingvorstellungen zerschneiden sie den Kuchen in allzu kleine Stücke; doch mit ihrer Leistung heben sie sich deutlich von den übrigen Großunternehmen ab. Nischen-Denken sieht nicht immer ordentlich aus. Aber es funktioniert.

Bei den Unternehmen, die durch Nischenstrategien Kundennähe erreichen, stellen wir fünf Hauptmerkmale fest: 1. gekonnter Einsatz der Technologie, 2. geschickte Preispolitik, 3. bessere Segmentierung, 4. Problemorientierung und 5. die Bereitschaft, sich ihre Profilierung etwas kosten zu lassen.

James Utterback vom MIT, der sich seit langem mit dem Prozeß der Technologieausbreitung beschäftigt, vertritt überzeugend die Auffassung: »Das Eingangstor für die neue Technologie ist eine spezialisierte Marktnische, eine besonders wirksame Anwendung, die die hohen Kosten rechtfertigt.« So scheinen Unternehmen wie Digital und sogar IBM die Sache zu sehen. Erinnern sie sich noch, wie Digital von seinen wichtigsten Benutzern zu Schritten in technologisches Neuland gezwungen wurde? Wo setzt Digital seine besten Verkaufsingenieure ein? Bei Universitäts- und Regierungsaufträgen.

Bei der Arbeit an Lösungen für diese Kunden entwickelt Digital häufig die nächste Produktgeneration für seine durchschnittlicheren Benutzer. Die Nischen-Denker verstehen sich meisterhaft darauf, in der einen Nische etwas über Spitzentechnologie zu lernen, diese mit späteren Benutzern durchzutesten, die Schwachstellen auszubügeln und diese Technologie dann an wieder andere Abnehmer weiterzugeben.

Die Nischen-Denker sind auch Meister einer vorwiegend nutzenbezogenen Preispolitik. Sie steigen früh ein, lassen es sich gut honorieren, daß sie speziellen Kundengruppen ein maßgeschneidertes Produkt bieten, und sobald Konkurrenten nachziehen, steigen sie wieder aus. Ein 3M-Manager beschrieb dies in den folgenden Worten:

Unser vorrangiges Ziel ist ein steter Strom neuer Produkte. Und wenn wir dann einmal zuschlagen, gehen wir davon aus, daß wir die Nische beherrschen – bisweilen nur für drei oder vier Jahre. Während dieser Phase gestalten wir unsere Preise nach dem vollen Nutzen, den der Kunde erhält. Wir stellen ein neues arbeitssparendes Gerät bereit, und wir erwarten, daß der Markt den Gegenwert auch zahlt. Natürlich schirmen wir uns auch ab. Aber wenn dann andere einmal mit »Ähnlichem« aufwarten, das vielleicht weniger kostet, dann kämpfen wir nicht etwa um Marktanteile, sondern geben in der Regel nach – d. h. wir steigen aus. Denn bis dahin arbeiten wir längst schon an den nächsten Produktgenerationen für diesen Markt und viele andere.

David Packard erinnerte seine Manager einmal an die Ursache eines der seltenen Mißerfolge von HP in der Frühphase des Taschenrechnergeschäftes: »Irgendwoher hatten wir die Idee, eines unserer Ziele müsse es sein, Marktanteile zu gewinnen,« sagte er. »Ich hoffe, damit ist es jetzt vorbei. Marktanteile kann sich jeder sichern; wer den Preis niedrig genug ansetzt, der kann den ganzen Markt einsacken. Aber ich sage Ihnen, bei uns bringt Ihnen das nichts ein.«

Bei den meisten Banken sind wohlhabene Privatpersonen gern gesehene Kunden. Allerdings sind die meisten Banken etwas ratlos, wie sie Werbeaktionen für diese Zielgruppe aufzäumen sollen, da sie im allgemeinen nicht wissen, was eine gezielte Ansprache enthalten sollte. Eine gelungene Ausnahme ist folgender Bericht eines Bankmanagers:

Wir beschlossen, uns intensiv um wohlhabende Privatkunden zu bemühen. Eine gute Anlaufstelle schienen uns ihre Steuerberater zu sein. Darum sprachen wir ganz einfach bei der Geschäftsführung der acht größeren Firmen (in einem großen Ballungsgebiet) vor. Bei sieben dieser acht Firmen waren wir überhaupt die erste Bank, die jemals an Ort und Stelle in den Geschäftsräumen eine Präsentation gegeben hatte! Bei *allen* waren wir die erste Bank, die zu diesem Gespräch leitende Mitarbeiter entsandt hatte. Das zahlte sich sofort aus. In allen acht Fällen tätigten wir den ersten neuen Abschluß schon einen Tag nach der Präsentation. In einigen Fällen kamen wir sogar auf der Stelle ins Geschäft.

Nischen-Denken geht häufig Hand in Hand mit einer Problemlöser-Mentalität. IBM bildet seine Verkäufer nicht zu Verkäufern, sondern zu *Kundenproblemlösern* aus. 3M macht es seit jeher ebenso. Ein Verkaufsleiter veranschaulicht, was es heißt, den Kunden so gut zu kennen, daß man seine Probleme wirklich lösen kann:

Ich erinnere mich noch an meine erste Stelle. Ich verwandte endlos viel Zeit darauf, einen kleinen Kundenkreis wirklich gut kennenzulernen. Es zahlte sich aus. Ich erreichte 195 Prozent der Vorgabe und lag in meiner Abteilung an der Spitze. Jemand von der Unternehmenszentrale rief mich daraufhin an und sagte: »Das ist sicher eine sehr gute Leistung; aber Sie führen im Schnitt nur 1,2 Verkaufsgepräche am Tag, während der Firmendurchschnitt bei 4,6 liegt. Stellen Sie sich doch mal vor, was Sie verkaufen könnten, wenn Sie ihren Schnitt auf das allgemeine Niveau anhöben.« Sie können sich denken, was ich darauf zu sagen hatte, nachdem ich wieder von der Decke heruntergekommen war: »Stellen Sie sich mal vor, was die anderen verkaufen könnten, wenn sie ihre Tagesquote auf 1,2 *senken* würden.«

Die Nischenstrategen lassen sich ihre Profilierung gerne etwas kosten. Dazu sagt Edward Finkelstein von Macy's: »Solange man genug ausgibt, um einen Laden attraktiv zu machen, florieren die Geschäfte.« Für Finkelstein bedeutete dies gewaltige Ausgaben für Boutiquen, um in New York mit Bloomingdale's mithalten zu können. Der Erfolg gibt ihm recht. Ein erfolgreiches Versandhaus wie Fingerhut wendet gewaltige Summen für die Datensammlung auf. »Durch bessere Nutzung unserer Daten können wir jedem unserer Kunden praktisch sein Wunschsortiment bieten,« erklärt ein Manager dazu. Bei Ore-Ida ist es dasselbe; so sehr bei den Verwaltungskosten jeder Pfennig umgedreht wird, so verschwenderisch ist das Budget für Markttests. Nicht von ungefähr ist Ore-Ida seit Jahren bei Tiefkühl-Kartoffelprodukten unschlagbar.

Und die Kostenorientierung?

Als wir mit unserer Untersuchung begannen, erwarteten wir, daß die Spitzenunternehmen den Hauptakzent entweder auf Kosten, Technologie, Märkte oder Marktnischen legen würden. Anders ausgedrückt, wir glaubten, daß einige Unternehmen ihre Strategien mehr auf das eine und andere mehr auf das andere ausrichten würden, aber wir rechneten nicht mit einer besonderen, für alle bezeichnenden Grundhaltung. Die Wirklichkeit sah jedoch anders aus. Zwar gibt es Unterschiede zwischen den einzelnen Branchen, doch fanden wir auch eine auffallende Gemeinsamkeit: die exzellenten Unternehmen lassen sich in der Regel stärker von ihrem Bemühen um Nähe zum Kunden beeinflussen als von technologischen oder Kostengesichtspunkten.

Um dies zu verdeutlichen, haben wir 50 Spitzenunternehmen nach Branchen und nach ihrer vorherrschenden Ausrichtung zusammengestellt. Manche Beobachter werden sicher gegen die eine oder andere Einstufung etwas einzuwenden haben. Außerdem läßt natürlich kein Unternehmen Kosten oder Technologiefragen völlig außer acht. Aber jede Betonung einer bestimmten Variablen scheint doch auf Kosten der Beachtung der anderen Faktoren zu gehen. Wie die Tabelle auf der Seite 255 zeigt, sind die Spitzenunternehmen verschiedenster Industriezweige vorwiegend auf die Nutzenseite und nicht auf die Kostenseite der Rentabilitätsgleichung ausgerichtet. Wir haben die Unternehmen nach Sektoren unterteilt – High Technology, Konsumgüter, Dienstleistungen, Investitions- und Gebrauchsgüter, Engineering und Massengüter. Auf jede dieser Kategorie wollen wir hier kurz eingehen.

Im High-Technology-Bereich schienen nur vier von 14 Unternehmen weitgehend oder vorrangig kostenorientiert zu sein: TI, Data General, National Semiconductor und Emerson. Mit Ausnahme von Emerson scheinen sie alle in den letzten Jahren in Schwierigkeiten geraten zu sein und jetzt ihre Strategien zu überprüfen. Data General und National Semiconductor stimmen darin überein, daß die Zukunftsstrategie wahrscheinlich darauf abzielen wird, Nischen zu erschließen. Besonders aufschlußreich ist der Fall Data General. Das Unternehmen versuchte, den Vorreiter Digital auf eigenem Feld zu schlagen: Data General konzentrierte sich auf den OEM-Markt und stützte seine Strategie auf eine kleine Palette kostengünstiger Produkte. Mit der Zeit erwarb das Unternehmen dabei ein Image als »die harten Burschen« und förderte dies sogar bewußt. In einem Leitartikel von *Fortune* wurde 1979 Digitals (zwangsläufig kostspielige) Produktvielfalt und Politik der provisionslosen Verkäufervergütung in Frage gestellt, mit Hinweis auf die aggressive, hohe Provisionen beziehende Verkaufsmannschaft von Data General. Doch das Blatt wendete sich. Digital löste sich aus der OEM-

Abhängigkeit und wurde zusammen mit Wang, HP und Prime führend bei verbraucherfreundlichen, flexiblen Produkten. Digitals Politik der Produktüberlappung und einer problemorientierten Verkaufsmannschaft zahlte sich aus. Andererseits hat Data General sein aggressives Image deutlich geschadet, so daß der bemerkenswerte Vormarsch dieses Unternehmens zumindest für eine Weile aufgehalten wurde.

TI hat nach den überragenden Leistungen der letzten beiden Jahrzehnte in den vergangenen Jahren ein wenig zu kämpfen gehabt und richtet den Blick zur Zeit wieder nach außen, auf das Marketing. Die frühere Fixierung auf Kosten und Marktanteile scheint uns der Hauptgrund zu sein, weshalb das Unternehmen bei den jüngsten Halbleitergenerationen nicht an der Spitze stand, mit dem Heimcomputer Schwierigkeiten gehabt hat und in der Unterhaltungselektronik nie richtig Fuß fassen konnte. Bei den Chips zum Beispiel wurde offensichtlich viel Energie auf Kostenminimierung verwendet, um bei dem 8K-RAM-Speicher Branchenführer zu werden, so daß die künftigen, größeren RAM-Chips fast zwangsläufig vernachlässigt wurden. Das ist das Kernproblem. Allzu starke Kostenorientierung verursacht eine schleichende, fast unmerkliche Schwerpunktverlagerung. Auch bei Konsumgütern wie Uhren und Rechnern war TI auf niedrige Kosten ausgerichtet: »Massenartikel herstellen, und zwar die billigsten von allen«, schien die Devise. Mit dem Unterhaltungselektronik-Projekt schließlich hat TI gegen die japanische Konkurrenz nicht bestehen können, das Projekt hat jedoch offensichtlich wichtige Ressourcen aus der entscheidenden Innovationstätigkeit bei Chips abgezogen.

Wie schon erwähnt, sind sowohl Lanier als auch IBM typische Beispiele für technologie-intensive Unternehmen, die sich außerordentlich um Service bemühen. Zwar haben die Labors von IBM zum Beispiel mit der Nutzung des Josephson-Effektes möglicherweise viele Generationen Vorsprung, doch die Alltagsprodukte des Unternehmens bleiben zumeist hinter den technischen Möglichkeiten zurück. Ebenfalls in die Rubrik Service, Qualität und Zuverlässigkeit gehört Allen-Bradley, das konservative, private Milliarden-Unternehmen aus Milwaukee, Hersteller von Regeleinrichtungen für den Fertigungsbereich. Das gesamte Unternehmen ist eingeschworen auf Qualität und Zuverlässigkeit, die entscheidenden Faktoren bei Regeleinrichtungen.

Man könnte es wahrscheinlich rechtfertigen, auch andere Unternehmen – insbesondere HP und Digital – als service- und qualitätsorientiert einzustufen, doch scheinen sie und die übrigen erfolgreichen High-Technology-Hersteller sich vor allem als Nischenspezialisten auszuzeichnen. All diese Unternehmen sind wahre Brutstätten überschaubarer unternehmerischer Aktionen zur Bombardierung des Marktes mit neuen Produkten. Wang zum Beispiel hat 1980 mehr als ein neues Produkt pro Woche auf den Markt geworfen. Die F&E-Erfolgsquote von Wang soll, im wesentlichen aufgrund intensiver Benutzerkontakte, über 75 Prozent liegen – eine wirklich bemerkenswerte Leistung.

ROLM ist ein sehr ähnlicher Fall. Das Unternehmen ist ausgesprochen benutzerorientiert und in der Technologie nicht führend. ROLM hat der AT & T-Tochter Western Electric bei Nebenstellenanlagen übel mitgespielt, allein durch bessere, maßgeschneiderte Problemlösungen. Der »Non-stop-Computer« von Tandem ist ein klassisches Beispiel für Nischen-Denken. »Jeder Kunde ist ein eigenes Segment« ist die Parole von Tandem. Raychem verkauft komplizierte »intelligente« elektrische Steckverbindungen. Seit langem gibt das Unternehmen ungewöhnlich viel für die Schulung und Weiterbildung seiner Verkäufer aus. Aus einem einfachen Grund: Raychem-Verkäufer sind praxisbezogene, alltagsnahe Anwendungsingenieure; ihr Verkaufsargument ist der wirtschaftliche Nutzen für den Kunden. Der Einbau einer Steckverbindung ist arbeitsintensiv, und maßgeschneiderte Vorrichtungen können den Aufwand beträchtlich vermindern. Die Steckverbindungen haben einen mikroskopisch kleinen Teil am Wert des Endprodukts – zum Beispiel eines Großflugzeugs; deshalb kann es sich der Kunde durchaus leisten, einen stattlichen Betrag dafür zu zahlen. Ähnlich liegen die Dinge bei Schlumberger. Die 2.000 vor Ort tätigen Ingenieure des Untenehmens führen Bohrlochmessungen und andere Dienstleistungen für Bohrfirmen aus. Genau wie bei Raychem macht ihre Leistung nur einen Bruchteil der Gesamtkosten des Bohrbetriebs aus, doch für den Kunden ist gute Arbeit von Schlumberger von überragender Bedeutung.

Wenn unsere Beobachtungen bei den führenden High-Technology-Unternehmen typisch sind, so sollten sie uns allen zu denken geben. Diese Firmen sind nicht in erster Linie technologisch führend; ihr Hauptmerkmal sind zuverlässige Produkte und Dienstleistungen mit hohem Nutzen für ihre Kunden.

In der Kategorie *Konsumgüter* haben wir für diese Analyse elf Unternehmen aufgeführt. Keines davon scheint uns vorrangig auf niedrige Produktionskosten ausgerichtet. Stattdessen bieten sie Service, Qualität und Zuverlässigkeit. Ein flüchtiger Betrachter würde meinen, P & G verdanke seinen Erfolg der Werbung und der Markenpflege. Insider sehen den Grund in der fanatischen Qualitäts- und Testmentalität; wenn das Unternehmen wirklich einmal ein Problem hat, wie bei den Rely-Tampons und dem dabei aufgetretenen toxischen Schock, dann handeln die Verantwortlichen schnell und setzen gewaltige Summen ein, um ihren Ruf für Qualitätsprodukte zu retten. Frito-Lay hat ganz klar die Nase vorn beim Service. Maytag setzt erfolgreich auf Zuverlässigkeit; die lange Anzeigenkampagne über »Old-Lonely«, den traurigen Maytag-Wartungsmonteur, der nie etwas zu tun bekommt, spricht Bände. Auch Mars fällt eindeutig in diese Kategorie.

Viele Unternehmen betreiben den Haustürverkauf, doch niemand mit solchem Nachdruck wie Avon oder Tupperware. Wir ordnen diese Unternehmen einfach deshalb in die Kategorie der nutzenorientierten Nischenspezialisten ein, weil sie nach draußen gehen und sich ihre eigenen Märkte schaffen.

In der Bekleidungsindustrie gehören Levi Strauss und Blue Bell eindeutig zu den Marktführern, doch gehen beide Unternehmen interessanterweise unterschiedliche Wege. Levi's wurde auf der Grundlage des Qualitätsprinzips gegründet und ist dabei geblieben, wenn auch das bemerkenswerte Wachstum des Unternehmens in jüngster Zeit zum großen Teil ein Marketingerfolg war – was darauf hindeutet, daß sich Levi's mehr zu einer Nischenpolitik hin entwickelt. Der Branchenzweite, Blue Bell, hat mit sehr ausgeprägter Kostenorientierung, in Ergänzung zur Qualitätsbesessenheit des Unternehmens, bisher ausgezeichnet abgeschnitten.

J & J ist nach unserer Auffassung beispielhaft nischenorientiert. Das Unternehmen besteht aus rund 150 nahezu völlig unabhängigen Firmen, von denen jede vor allem neue Produkte auf den Markt zu bringen hat. J & J *lebt* nach dem Glaubensgrundsatz, daß zuerst der Kunde kommt, dann die Mitarbeiter, danach die Öffentlichkeit und erst an vierter und letzter Stelle die Aktionäre. Chesebrough setzt erfolgreich auf die gleiche Karte.

Das Großversandhaus Fingerhut fällt in dieser Kategorie scheinbar aus dem Rahmen, ist vielleicht aber stärker nischenorientiert als alle anderen. Dank einem bemerkenswerten System zur Erfassung von Kundenmerkmalen und -rentabilität ist praktisch jeder einzelne Kunde ein eigenes Marktsegment. *Fortune* schreibt darüber zum Beispiel:

Kosten		Service/Qualität/ Zuverlässigkeit		Hohe Wert- schöpfung Nischen-Denken
HIGHTECHNOLOGY (14)				
Data General		Allen-Bradley		Digital Equipment Corporation
Emerson		International Business Maschines		Hewlett-Packard
National Semiconductor		Lanier		Raychem
Texas Instruments				ROLM
				Schlumberger
				Tandem
				Wang
KONSUMGÜTER (11)				
	Blue Bell	Frito-Lay	Avon	
		Mars	Chesebrough-Pond's	
		Maytag	Fingerhut	
		Procter & Gamble	Johnson & Johnson	
			Levi Strauss	
			Tupperware	
DIENSTLEISTUNGEN (12)				
	K mart	American Airlines	Delta	Bloomingdale's
		Disney Productions	Ogilvy & Mather	Citybank
		Marriott	Wal-Mart	Morgan Bank
		McDonald's		Nieman-Marcus
INVESTITIONS- UND GEBRAUCHSGÜTER (4)				
Dana		Caterpillar		Minnesota Mining and Manufacturing (3M)
		Deere		
ENGINEERING (3)				
		Bechtel		
		Boeing		
		Fluor		
MASSENGÜTER (6)				
Amoco	Dow			Du Pont
Arco				Nucor Steel
Exxon				

»Einen Monat vor dem achten Geburtstag Ihres Sohnes bekommen Sie ein Paket Unterlagen mit einem persönlich gehaltenen Brief; darin verspricht Fingerhut Ihnen, wenn sie eines der angebotenen Produkte ausprobierten, werde man Ihnen kostenlos ein geeignetes Geburtstagsgeschenk für einen Achtjährigen schicken. Je mehr Sie bestellen, desto mehr solcher Angebote finden Sie in der Post. ... Fingerhut konzentriert sich auf seine Stammkunden und bietet ihnen zum Beispiel inmitten einer Rezession 'Kreditzusagen' an, zu einem Zeitpunkt, wo etwa J. C. Penney und Sears Einschränkungen vornehmen. Bei näherer Betrachtung hat Fingerhut eigentlich kein besonderes Geheimnis. Von besonderer Raffinesse kann nicht die Rede sein, nur hat sich eben noch kein anderer Großversender diese Mühe gemacht.

Als nächste folgen ein Dutzend *Dienstleistungsunternehmen.* Bei Ogilvy und Mather zum Beispiel besteht David Ogilvy mit Nachdruck darauf, daß die Agentur als oberstes Ziel unübertroffenen Dienst am Kunden anstrebt und nicht optimale Rentabilität. In den Marriott Hotels achtet J. Willard Marriott Senior auch mit 82 Jahren noch mit Argusaugen auf Qualität wie vor 40 Jahren. Sein Sohn, der jetzt das Unternehmen leitet, hat sich demselben Ziel verschrieben, und selbst die Marriott-Werbung betont die persönlichen Besuche von Bill Marriott Junior in allen Hotels der Kette. Auf dem Luftfahrtsektor stehen Delta und American in allen Bereichen an der Spitze der Liste erfolgreicher Großunternehmen. Sie liegen auch beim Service ganz vorn. American kommt bei Fluggast-Umfragen nach dem Service regelmäßig auf den ersten Platz. Delta würde genauso gut abschneiden, wenn die Untersuchung auf das Marktsegment konzentriert wäre, das dieses Unternehmen vorrangig bedient, die Geschäftsreisenden.

Für die Banken haben wir zwei hervorragende Beispiele aufgeführt: Morgan und Citibank. Im Bankwesen ist heute überall vom Aufbau besonderer Managementkenntnisse für den Umgang mit großen Firmenkunden die Rede; Morgan hat dafür schon vor Jahrzehnten Maßstäbe gesetzt. Die Citibank hat als erste Großbank ihre gesamte Organisationsstruktur nach Marktsegmenten ausgerichtet. Das war 1970; die anderen Banken fangen damit jetzt gerade an.

Die Stars des Massengeschäfts mit Privatkunden sind McDonald's und Disney. Über beide haben wir schon berichtet. Bei beiden ist es uns nicht gelungen, in dem gleichbleibend hohen Niveau von Service und Qualität, das sie ihren Kunden bieten, irgendeinen nennenswerten Mangel zu entdecken.

Wer sind im Einzelhandel die Besten? Neiman-Marcus und Bloomingdale's ragen mit Sicherheit aus der Menge heraus. Als Neiman-Marcus 1907 das Geschäft aufnahm, hieß es in der ersten Anzeige: »Das

Kaufhaus der preiswürdigen Qualität«. Bloomingdale's ist, wie schon erwähnt, ein Beispiel für Nischen-Orientierung.

Wal-Mart ist *der* erfolgreiche Verbrauchermarkt der ausgehenden 70er und der beginnenden 80er Jahre. Und wieder haben wir es mit Nischen-Denken und Servicebewußtsein zu tun. Seit 1972 ist diese Kette von 18 auf 330 Läden und von 45 Millionen auf 1,6 Milliarden Dollar Umsatz gewachsen. Unter den Verbrauchermärkten ist diese Kette das klassische Beispiel für eine Nischen-Orientierung. Sie hat dem Wettbewerber K mart ähnlich mitgespielt wie Lanier seinen größeren Konkurrenten im Textverarbeitungsmarkt. Wal-Mart macht in seinen Hochburgen im Mittleren Westen und in den südwestlichen USA regelmäßig »zu viele« Geschäfte auf. Das hat einen einfachen Grund: Es hält K mart davon ab, sich auch dort niederzulassen.

K mart verdient ebenfalls Anerkennung für Spitzenleistung; doch wie Emerson ist das Unternehmen eine Art Außenseiter. Es hat sich vor allem durch niedrige Kosten ausgezeichnet. Tatsächlich ist es das einzige der zwölf Dienstleistungsunternehmen, dessen Hauptmerkmal das Kostenbewußtsein ist. Allerdings ist dabei nicht die Qualität auf der Strecke geblieben. Man könnte sogar sagen, daß das Unternehmen die traditionelle Position von Sears eingenommen hat. »Qualität zum vernünftigen Preis« ist seit langem schon die Philosophie von Sears, die jetzt auch bei K mart zunehmend Eingang findet.

In der Kategorie *Investitions- und Gebrauchsgüter* ist 3M das Musterbeispiel des Nischen-Unternehmens: suche dir einen kleinen Markt; decke ihn ab; hole alles heraus, was du nur kannst; wende dich dem nächsten zu. Caterpillar und Deere, die wir ebenfalls in diese Allerweltskategorie aufgenommen haben, sind Qualitäts- und Zuverlässigkeitsfanatiker. Sie unterhalten auch ein ausgezeichnetes Verhältnis zu ihren Händlern. Finanziell ragt aus diesem breiten Spektrum Dana heraus. Wie Emerson verdankt dieses Unternehmen seinen Erfolg hauptsächlich der Fähigkeit, durch ständige Produktivitätsgewinne die Kosten niedrig zu halten.

Die unumstrittenen Spitzenreiter im *Engineering*-Bereich sind Fluor, Bechtel und Boeing. Fluor und Bechtel sind führend im Projektmanagement großer Bauvorhaben. Beide sind stolz auf die Qualität und Zuverlässigkeit ihrer Dienstleistungen und lassen sich die eine wie die andere gut bezahlen. Boeing macht sich Gedanken über Kosten, betont jedoch vor allem Qualität und Zuverlässigkeit. Im Zuge dieser Studie stellten wir immer wieder fest, daß man der grundlegenden Ausrichtung eines Unternehmens am besten auf die Spur kommt, wenn man genau darauf hört, wie die Mitarbeiter über sich und ihr Unternehmen sprechen.

Schließlich haben wir uns der Vollständigkeit halber auch einige Stars aus dem Bereich der *Massengüter* herausgegriffen. Hier zählen vor allem niedrige Kosten. Bei Massenartikeln kommt es naturgemäß entscheidend auf die Kostenposition an, vor allem wenn man an andere Unternehmen und nicht an Endverbraucher liefert. (So erzielt ein Unternehmen wie die GE-Tochter Utah Consolidated gewaltige Gewinne mit dem Verkauf von Hüttenkoks an die Japaner. Das gekonnte Marketing des Unternehmens bringt hierbei keinen großen Vorteil. Die GE-Tochter liefert ganz einfach den japanischen Stahlerzeugern Koks- und Steinkohle guter Qualität zu den niedrigsten Gesamtkosten.) Amoco, Arco und Exxon zeichnen sich in Abwicklung und Exploration aus. Sie bekommen ganz einfach billiger als alle anderen das Öl aus der Erde.

Doch selbst bei Massengütern gibt es einige interessante Unterschiede. Dow und Du Pont sind ein klassisches Beispiel dafür, wie man auf verschiedenen Wegen gleichermaßen erfolgreich sein kann. Dow, das vor allem chemische Standardprodukte herstellt, ist in den letzten Jahren eindeutig vorne gewesen, weil es die richtige Ressourcenstrategie – niedrige Kosten – hatte, als die OPEC uns die Daumenschrauben ansetzte. Doch zumindest bis in die allerjüngste Vergangenheit hatte Du Pont die beeindruckenderen Produkterfolge aufzuweisen. Du Pont floriert mit Innovation in den Marktnischen, die diese neuen Produkte aufgetan haben.

Das Stahlgeschäft ist im allgemeinen nicht sehr einträglich, doch auch hier gibt es mit steigendem Verarbeitungs- bzw. Veredelungsgrad Ausnahmen. Nucor, ein überaus ertragsstarkes Unternehmen, lebt von Marktnischen bei Sonderstählen.

Die obige Analyse ist statistisch sicherlich nur begrenzt aussagekräftig. Wir wollen aus ihr auch nicht folgern, daß Kosten nicht ins Gewicht fallen oder daß 80 bis 90 Prozent der bestgeführten Unternehmen überwiegend Qualitäts-, Service- oder Nischen-orientiert sind. Wir meinen jedoch, daß unsere Stichprobe innerhalb ihrer Grenzen gut gewählt ist, und wir halten die Datenbasis für ausreichend, um festzustellen, daß die meisten Spitzenunternehmen nicht in erster Linie die Kosten im Auge haben. Ihr Hauptaugenmerk gilt einer besonderen Form der Nähe zum Kunden.

Auf die Kunden hören

Die besonders erfolgreichen Unternehmen sind bessere Zuhörer. Aus ihrer Nähe zum Markt ziehen sie Vorteile, die für uns wirklich überraschend waren, jedenfalls solange wir nicht näher darüber nachgedacht hatten. Ihre echten Innovationen kommen zum größten Teil aus dem Markt.

Procter & Gamble druckte als erstes Konsumgüterunternehmen die gebührenfreie Telefonnummer 800 auf sämtliche Verpackungen. Im Jahresbericht 1979 berichtet P&G, über diese Nummer 800 seien 200.000 Anrufe eingegangen, in denen Kunden Anregungen machen oder sich beschweren wollten. P&G beantwortete jeden einzelnen dieser Anrufe, und monatlich wurden sie für die Vorstandssitzungen ausgewertet. Von Insidern ist zu erfahren, daß die Rufnummer 800 eine wichtige Quelle für Produktverbesserungsideen geworden ist.

Was P&G und andere in der Praxis tun, findet überraschende und überzeugende Bestätigung in der Theorie. Eric von Hippel und James Utterback von MIT beschäftigten sich seit langem wissenschaftlich mit dem Innovationsprozeß. Vor kurzem untersuchte von Hippel eingehend die Innovationsquellen auf dem Sektor wissenschaftliche Instrumente. Seine Schlußfolgerungen: Die elf »bahnbrechenden« Erfindungen, die er analysierte, kamen alle von Benutzern; von 66 »wichtigen Verbesserungen« kamen 85 Prozent von Benutzern; und die 83 »kleinen Verbesserungen« gingen zu zwei Dritteln von Benutzern aus.

Von Hippel berichtet, nicht nur die Ideen stammten von den Benutzern; bei der überwältigenden Mehrheit der von ihm untersuchten Erfindungen – einschließlich aller bahnbrechenden Entwicklungen* – hätten Benutzer, nicht Gerätehersteller, die Ideen als erste getestet, an einem Prototyp erprobt und genutzt. Darüber hinaus sorgten weitere Benutzer für starke Verbreitung der Ideen vor der Markteinführung. Der führende Benutzer erfand also ein Instrument, baute einen Prototyp und nahm ihn in Betrieb. Andere gewitzte Benutzer griffen die Idee auf. Erst dann trat ein Hersteller auf und »kümmerte sich um die Verfahrens-

* Komplizierte Instrumente wie der Gaschromatograph, das Kernresonanzspektrometer und das Durchstrahlungselektronenmikroskop.

technik und um größere Zuverlässigkeit, ohne aber an der Grundkonstruktion und der Funktionsweise zu rütteln.«

Ein paar Boeing-Manager rücken das Ganze in Perspektive. Sie weisen darauf hin, daß von Hippels Ergebnisse nach ihrer eigenen Erfahrung extreme Beispiele sind; sie können eine Reihe von Fällen nennen, in denen wichtige Ideen und Prototypen aus der firmeneigenen Entwicklung hervorgegangen sind. Aber auch sie fügen gleich hinzu, daß sie jedes Produkt wieder fallenlassen, wenn es nicht sofort auf ein Kundenbedürfnis zugeschnitten und in enger Partnerschaft mit einem Kunden weiterentwickelt wird. »Wenn wir nicht schon sehr früh einen Kunden finden, der an solch einer Zusammenarbeit interessiert ist«, erklärt einer von ihnen, »ist von der Idee sicherlich nicht viel zu erwarten.«

Die besten Unternehmen lassen sich von ihren Kunden herumkommandieren und finden auch noch Gefallen daran. Wer bei Levi Strauss erfand die Original Levi's Jeans? Niemand. 1873 erwarb Levi's für 68 Dollar (der Preis für eine Patentanmeldung) das Verkaufsrecht für Nieten-Jeans von einem seiner Kunden, Jacob Youphes aus Nevada, einem Abnehmer von Levi's-Jeansstoff. Und, wie schon erwähnt, die verschossenen Jeans hat Bloomingdale's für Levi's erfunden. Fast alle frühen Innovationen von IBM, einschließlich des ersten Computers des Unternehmens, wurden in Zusammenarbeit mit dem Hauptkunden entwickelt – dem Census Bureau. Wann wurde Scotch-Tape für 3M zum Renner? Als ein Verkäufer, nicht etwa ein Techniker, für das bis dahin rein industrielle Spezialprodukt einen handlichen Tischabroller erfand.

Und so geht es weiter. Woher kommt der Vorsprung von Digital? »Sie verlassen sich darauf, daß die Kunden Einsatzmöglichkeiten für Minicomputer finden werden, und belasten sich deshalb nicht mit den gewaltigen Kosten für das Entwickeln und Propagieren von Anwendungen. Die Digital-Verkäufer sind Ingenieure, die an andere Ingenieure verkaufen und eine enge und dauerhafte Beziehung zu ihren Kunden pflegen.« Derselbe Verfasser schreibt auch: »Es ist überraschend, wie wenig das Unternehmen zu seinem eigenen Wachstum beigetragen hat. Jahrelang ist Digital von interessanten Anwendungen mitgezogen worden, die seine Kunden entdeckt hatten.« Bei Wang Labs war es genauso: »Dort werden alle stark durch die Kundenwünsche beeinflußt. Unter anderem ist ein gemeinsames Forschungs- und Entwicklungsprogramm geplant, in dem das Unternehmen zusammen mit seinen Kunden neue Anwendungen für integrierte Systeme suchen wird.« Unternehmensgründer An Wang sagt dazu: »Wenn wir mit den Benutzern zusammenarbeiten, können wir besser auf ihre Bedürfnisse eingehen.« Ein Top-Manager von Allen-Bradley erklärt: »Wir probieren nur dann etwas aus, wenn wir einen Benutzer finden, der bei dem Experiment mit uns zusammmenarbeitet.« Er setzt hinzu, als Allen-Bradley bei numerischen Steuerungen und programmierbaren Steuer- und Regeleinrichtungen ins Hintertreffen geraten sei, hätten nicht die eigenen Forscher und Ingenieure das Unternehmen wieder an die Spitze gebracht, sondern die technologisch führenden Benutzer seiner Geräte. »Boeing, Caterpillar und GM bauten ihre eigenen Geräte,« berichtet ein Manager. »Sie sagten uns mehr oder weniger, 'macht endlich weiter, oder ihr könnt uns vergessen'.«

Der F & E-Leiter eines erfolgreichen technologieintensiven Unternehmens, mit dem wir Gespräche führten, nimmt seit zwölf Jahren regelmäßig einen zweimonatigen »Sommerurlaub«. Die Monate Juli und August verbringt er ausschließlich damit, Kunden zu besuchen und zu sehen, was dort mit den Produkten seines Unternehmens geschieht und wie der künftige Bedarf aussehen könnte. In einer Bar in Palo Alto hörten wir neulich zufällig mit, wie sich ein HP-Ingenieur für integrierte Schaltungen mit Freunden unterhielt. Einer fragte ihn, wo er arbeite. Er nannte ein HP-Werk in Palo Alto, setzte aber hinzu, die meiste Zeit arbeite er bei einem Benutzer in einer anderen Stadt an Anwendungsmöglichkeiten.

Diese Geschichten wären nicht sonderlich interessant, stünden sie nicht in so krassem Gegensatz zur üblichen Managementpraxis. Allzuoft wird ein Produkt im luftleeren Raum entworfen, ein Traum technologieversessener Ingenieure, die vielleicht noch nie erlebt haben, wie Benutzer aus Fleisch und Blut mit den Produkten ihres Unternehmens umgehen.

Die besonders erfolgreichen Unternehmen verstehen sich also nicht nur besser auf Service, Qualität, Zuverlässigkeit und die Nutzung von Marktnischen. Sie sind auch die besseren Zuhörer. Das ist die andere Seite ihrer Nähe zum Kunden. Die Leistungsfähigkeit dieser Unternehmen bei Qualität, Service und allem übrigen erklärt sich in hohem Maße aus ihrer starken Beachtung der Kundenwünsche. Sie hören zu. Sie laden den Kunden in ihr Unternehmen ein. Zwischen den Kunden und den leistungsfähigen Unternehmen besteht eine echte Partnerschaft.

Zu den umfassendsten Untersuchungen zum Thema Innovation gehören die SAPPHO-Analysen*, die der bekannte Wirtschaftswissenschaftler Christopher Freeman geleitet hat. Er analysierte 39 Innovationen in der chemischen Industrie und 33 im Bereich wissenschaftlicher Instrumente. Mehr als 200 Meßgrößen für verschiedene Aspekte der Innovation wurden verwendet; nur 15 davon erwiesen sich als statistisch signifikant. In beiden Industriezweigen überragte ein Faktor alle anderen: »Die erfolgreichen Firmen verstehen die Bedürfnisse der Benutzer besser«. Der zweitwichtigste Faktor war ebenfalls in beiden Branchen derselbe – Zuverlässigkeit: »Mit erfolgreichen Innovationen gibt es von vornherein weniger Probleme.« Ebenso aufschlußreich war Freemans Analyse konkreter Mißerfolge. Als Hauptursachen gaben die Befragten folgendes an:

	Sieben gescheiterte chemische Innovationen	16 gescheiterte Instrumenten-Innovationen
„Benutzer überhaupt nicht befragt"	1	3
„Nicht genügend Befragungen oder atypische Benutzer"	2	4
„Antworten (der Benutzer) ignoriert oder fehlgedeutet"	0	4
„Keine Untersuchung der Techniken des Benutzers vor Ort"	0	3
„Von vornherein auf eine bestimmte Konstruktion festgelegt"	4	2

Zusammenfassend bemerkten Freeman und seine Kollegen: »Erfolgreiche Firmen schenken dem Markt mehr Aufmerksamkeit als erfolglose. Erfolgreich innovierende Unternehmen reagieren mit ihrer Innovation auf Marktbedürfnisse, beziehen potentielle Benutzer in die Innovationstätigkeit ein und verstehen die Benutzerbedürfnisse besser«.

Wir sollten dieses Kapitel nicht abschließen, ohne kurz eine eingehende Diskussion in unseren eigenen Reihen anzusprechen. Gestützt auf die Untersuchung der exzellenten Unternehmen sind wir der Überzeugung,

* Scientific Activity Predictor from Patterns with Heuristic Origin (Prognose der wissenschaftlichen Tätigkeit anhand von Mustern heuristischen Ursprungs)

daß der Kunde die beste Quelle und der geeignetste Prüfstein für Ideen ist. Einige unserer Kollegen vertreten demgegenüber die Auffassung, daß Unternehmen ihre Aufmerksamkeit vorrangig auf die Technologie und die Konkurrenz richten sollten. Darüber hinaus haben Robert Hayes und William Abernathy in einem vielzitierten Artikel der *Harvard Business Review* den amerikanischen Unternehmen vorgeworfen, sie seien zu »marktorientiert« statt »technologieorientiert«. Sie erklärten, unsere kurzfristige Betrachtungsweise habe uns zum Gefangenen der jeweils neuesten Konsumentenbefragung gemacht.

Wir sind anderer Meinung. Zuerst einmal mißtrauen wir jeder allzu einfachen Antwort und versuchen keineswegs, selber solche Antworten zu geben. Alle drei Faktoren – Kunden, Wettbewerber, Technologie – sind wesentlich. Dabei ist der »Wettbewerber«-Einwand am leichtesten auszuräumen: Die besonders erfolgreichen Unternehmen analysieren die Konkurrenz ganz eindeutig mehr und besser als alle übrigen. Nur sitzen dabei nicht Stäbe im Elfenbeinturm und lesen oder verfassen abstrakte Berichte. Der HP-Kundendienstmann, der IBM-Verkäufer, der 3M-Verkäufer oder Projektleiter, der McDonald's-Konzessionär und der Einkäufer von Bloomingdale's – sie behalten zu Hunderten oder Tausenden mit unübertroffener Wachsamkeit die Konkurrenz im Auge. Fast ihre gesamte Arbeit spielt sich vor Ort ab. Und es ist überwältigend, wo sie überall ihre Antennen ausgefahren haben.

Die strittigste Bemerkung unserer Kritiker bezieht sich auf die Technologie. Zum Beispiel sagen sie: » Benutzer erzählen einem doch immer wieder dasselbe, statt echte Innovationsmöglichkeiten aufzuzeigen.« Das mag manchmal richtig sein (etwa bei Massenchemikalien), jedoch nicht sehr häufig. Führende Unternehmen der hochentwickelten Regeltechnik, wie zum Beispiel Allen-Bradley, wurden nicht von ihren Zentrallabors zu Versuchen auf dem Gebiet der Robotik angehalten, sondern von ihren Großkunden. IBM wurde in die dezentrale Datenverarbeitung in Wirklichkeit von den führenden Benutzern seiner Produkte, vor allem von der Citibank, hineingetrieben. NCR verpaßte Ende der 60er Jahre auf dem Elektronikmarkt den Anschluß, weil es sich nicht an seinen Hauptkunden – Sears, J. C. Penney u. a. – orientierte, und holte erst wieder auf, als es den Widerstand aufgab.

Die führenden »besseren Zuhörer« schenken darum ihren *»führenden Benutzern«* besonders viel Beachtung. Dies ist in der Tat der springende Punkt, und hier unterscheiden wir uns beträchtlich von der Theorie von

Hayes und Abernathy. Der an vorderster Front stehende Benutzer (also eher der Erfinder als der Durchschnittskonsument) ist auch in den meisten Konsumgüterbranchen dem typischen Konsumenten um Jahre voraus, im High-Technology-Bereich vielleicht sogar um mehr als ein Jahrzehnt (GM war ein klassischer Fall eines »führenden Benutzers« und allen anderen auf dem Gebiet der rechnergestützten Konstruktion um zehn Jahre voraus – was dem Unternehmen sehr dabei half, seine Konkurrenten Ford und Chrysler bei der Entwicklung des Welt-Autos abzuhängen). Ebenso gibt es kleine Erfinder, die den Großkonzernen in der Anwendung neuen Technologien meilenweit voraus sind. Sie arbeiten wiederum mit anderen zusammen. Beispiele für eine derartige gegenseitige Ergänzung gibt es dementsprechend zu jedem Zeitpunkt in großer Zahl. Und am erfolgreichsten sind diejenigen Großunternehmen, die in Verkauf, Marketing, Fertigung, Konstruktion und Produktentwicklung mit ihren führenden Kunden eng genug zusammenarbeiten und regelmäßig genug mit ihnen zusammentreffen, um dieses Wechselspiel zwischen Benutzer und Innovator im Auge zu behalten und schnell zu nutzen.

Dieses ständige Zuhören oder »Detektiv Spielen« an der Spitze der technologischen Entwicklung hat nichts zu tun mit groß angelegten Umfragen oder Diskussionsrunden über den Geschmack von gestern. Ebenso weit entfernt ist es von dem rein technologisch orientierten Ansatz von Hayes und Abernathy. Natürlich muß in Grundlagenforschung und -entwicklung investiert werden. Deren wichtigste Aufgabe aber besteht darin, Ideen zu liefern, damit die pragmatischen »Unternehmer im Unternehmen«, die Champions und problemlösenden Verkäufer, aber auch die führenden Kunden und die kundenorientierten Vertriebspartner sie »stehlen«, ausprobieren und anwenden können – und zwar heute.

7. Freiraum für Unternehmertum

»Die neue Idee findet entweder einen Champion, oder sie stirbt. ... Ein lediglich normales Interesse an einer neuen Idee wird nie die Energie freisetzen, derer es bedarf, um die Gleichgültigkeit und den Widerstand zu überwinden, die weitreichende technologische Veränderungen hervorrufen. ... Die Champions neuer Erfindungen offenbaren wahrhaft heldenmütige Beharrlichkeit und Kühnheit.«

Edward Schon, MIT

Die trostloseste Facette im Bild der Großunternehmen von heute ist, daß sie verloren haben, was sie einmal groß gemacht hat: ihre Innovationskraft. Wo die Innovation nicht ganz eingeschlafen ist, hat mit Sicherheit die Innovationsrate deutlich an Schwung eingebüßt. Der Zeitschrift *Inc.* zufolge kommt eine Studie der National Science Foundation zu dem Schluß, daß »kleine Firmen für jeden F & E-Dollar rund viermal so viele Innovationen produzierten wie mittelgroße Firmen und rund 24mal so viele wie Großunternehmen.« Zum gleichen Thema ermittelte der Wirtschaftswissenschaftler Burton Klein, daß Großunternehmen selten oder nie Urheber der großen Durchbrüche in ihrer Branche sind. Veronica Stolte-Heiskanen schloß vor kurzem eine breit angelegte Untersuchung über 50 private und öffentliche Forschungslabors ab; sie kam im wesentlichen zu demselben Schluß: »Der Zusammenhang zwischen den objektiven materiellen Ressourcen (Geldmittel und Personal) und der Wirksamkeit der Forschungsarbeit ist ... im allgemeinen gering und bisweilen negativ.«

Andererseits sind da unsere erfolgreichen Unternehmen. Sie sind groß. Ihr Wachstum, ihre Innovationserfolge und entsprechend auch ihre Finanzkraft sind beneidenswert. Ganz offensichtlich starten auch sie unter widrigen Vorzeichen, aber sie schaffen es trotzdem. Der wichtigste Faktor ihrer bewundernswerten Leistungsbilanz ist vielleicht ihre Fähigkeit, groß zu sein und gleichzeitig so zu handeln, als wären sie klein. Eng verbunden damit ist offenbar die Förderung von Unternehmergeist unter den Mitarbeitern, für den es auch bemerkenswert weit unten in der Hierarchie Freiräume gibt: »Store Managers« bei Dana, »Venture Teams« bei 3M, mehr als 90 »Customer Centers« bei TI. Die »zu vielen« Divisions, die wir bei Emerson Electric und J & J fanden, ließen es auf den ersten Blick so aussehen, als hätte die durchschnittliche Division eine suboptimale Größe. Viele dieser Unternehmen waren stolz auf ihre »Genieschuppen«, Grüppchen von acht oder zehn Fanatikern, die in ihrem stillen Winkel oft mehr zustandebrachten als hundertköpfige offizielle Produktentwicklungsabteilungen.

Es zeigte sich schließlich, daß all diese Unternehmen bewußt einen Kompromiß eingingen. Sie setzten auf geradezu radikale Dezentralisierung und Autonomie mit ihren unvermeidlichen Folgen – Überschneidungen, unsauberen Abgrenzungen, Koordinationsmängeln, internem Wettbewerb und einem Anflug von Chaos –, um auf diese Weise Unternehmergeist aufkommen zu lassen. Sie hatten einem gewissen Maß an Ordnung entsagt, um dafür ständige Innovation zu gewinnen.

Je mehr wir uns jedoch in die Zusammenhänge vertieften, um so verwirrender schien uns alles. Da war die Rede von »Leistungsstechen« (IBM), von wenigstens einmaligem »Abwürgen von Programmen« (3M), von Programmen für »Fellows und Individual Contributors« (IBM und TI), von »Station Managers« (United Airlines), von freiwilligem Projekteinsatz, von der Abspaltung neuer Divisions, vom Suchen nach Zuhörern, von »Hamster-Entwicklungen« auf eigene Faust (GE), von mehr Bohrungen (Amoco), vom Mehrfronten-Angriff (Bristol-Myers) und von der Förderung von Störenfrieden und Einzelgängern (IBM). Wenn wir nicht schon vorher überzeugt waren, daß Bilder aus dem Militär die Führungspraxis in den erfolgreichen Unternehmen geradezu hoffnungslos unzulänglich beschreiben, nach der Analyse der erfolgreichen Innovationsmodelle war kein Zweifel mehr möglich.

Aber wir hatten das Gefühl, daß irgendwie mehr dahinterstecken mußte als radikale Dezentralisierung mit dem anschließenden Aufruf:

»Nun erfindet mal schön!«, wie ein Kollege typische Innovationsbemühungen beschreibt. Und so war es dann auch.

Der Champion

Im Brennpunkt all der Aktivität und des scheinbaren Durcheinanders steht der hochmotivierte »Champion«; er, der potentielle Innovationsträger, muß erkannt und gefördert werden, wachsen und gedeihen können und sogar etwas »spinnen« dürfen. Wie Tait Elder, der damalige Leiter des Unternehmensbereiches Neue Geschäftsvorhaben bei 3M, uns lapidar erklärte: »Wir erwarten von unseren Champions, daß sie unvernünftig sind.«

Ein Champion, wie er im Buche steht, ist Howard Head. James Brian Quinn sagt über ihn und seinen revolutionären Ski: »Er war von seiner Idee besessen, ein wahrer Fanatiker.« Wer verstehen will, wie Champions wirklich sind, sollte in *Sports Illustrated* nachlesen, wie Head den Metallski erfand:

Im Jahr 1946 fuhr Head nach Stowe, Vermont, um sich zum ersten Mal auf Skier zu wagen. »Ich schämte mich und ärgerte mich maßlos, wie schlecht ich Ski fuhr«, erinnert er sich, »und typischerweise schob ich die Schuld auf meine Ausrüstung, diese langen, schwerfälligen Hickory-Bretter. Auf der Rückfahrt prahlte ich gegenüber einem neben mir sitzenden Offizier, ich könnte aus Flugzeugmaterialien einen besseren Ski machen, als es aus Holz je geben würde.«

Wieder an seinem Arbeitsplatz, widerstand Head nicht lange den rätselhaften Kritzeleien, die immer häufiger auf seinem Reißbrett auftauchten – vom Schrottplatz der Firma erbeutete er etwas Aluminium, und in seiner Freizeit ging er unter dem Dach eines umgebauten Stalls in einer Gasse nahe seiner Ein-Zimmer-Kellerwohnung ans Werk. Er wollte einen »Metallski in Sandwichbauweise« herstellen, zwei Schichten Aluminium mit Seitenkanten aus Sperrholz und einer Füllung aus Wabenkunststoff.

Head brauchte Druck und Hitze, um die Werkstoffe miteinander zu verbinden, und dafür ersann er ein Verfahren, das einer Techniksatire von Rube Goldberg zur Ehre gereicht hätte. Um den erforderlichen Druck von mehr als einem Kilogramm je Quadratzentimeter zu erreichen, steckte er die Skiform in einen riesigen Gummisack und pumpte dann über ein Rohr die Luft heraus; dieses Rohr war mit einem alten Kühlschrankkompressor verbunden, der zum Erzielen der Saugwirkung falsch herum angeschlossen war. Die Hitze erzeugte er, indem er einen sargartigen Eisenbehälter zusammenschweißte, ihn mit altem Motoröl füllte und dieses übelriechende Gebräu mit zwei Primuskochern aus dem Kaufhaus auf 350 Grad erhitzte. Dann versenkte er den Gummisack mit der Skiform in den Behälter mit kochendem Öl und wartete – wie ein Küchenmeister auf den richtigen Bräunungsgrad seiner Bratkartoffeln.

Nach sechs Wochen hatte Head inmitten von Gestank und Qualm seine ersten sechs Paar Ski produziert und raste nach Stowe, um sie von Profis testen zu lassen. Um die Elastizität des Skis zu messen, steckte ein Skilehrer einen Ski mit dem Ende in den Schnee und bog ihn. Er zerbrach. So geschah es schließlich mit allen sechs Paar. »Jedesmal, wenn einer zerbrach«, sagt Head, »ging auch in mir etwas zu Bruch.«

Statt daraufhin seinen Gummisack an den Nagel zu hängen, kündigte Head am Tag nach Neujahr 1948 seine Stelle bei Martin, holte 6.000 Dollar Pokergewinne unter seiner Matratze hervor und machte sich ernsthaft an die Arbeit. Jede Woche schickte er Neil Robinson, einem Skilehrer in Bromley, Vermont, ein neues, verbessertes Paar Ski zum Testen, und jede Woche schickte Robinson es ihm zerbrochen zurück. »Hätte ich damals gewußt, daß 40 Runden nötig sein würden, bevor der Ski überhaupt etwas taugte, hätte ich wohl aufgegeben«, sagt Head. »Doch glücklicherweise redet man sich mit der Zeit ein, die nächste Konstruktion werde es bringen.«

Drei quälende Winter lang führte Head einen verbissenen Kampf. Ihm fielen immer neue Verbesserungen ein: Stahlkanten für den richtigen Halt, ein Sperrholzkern für mehr Festigkeit und ein Kunststoffbelag für die Lauffläche zur Erhöhung der Gleitfähigkeit und gegen Vereisung. An einem frostklirrenden Tag des Jahres 1950 stand Head in der Talschüssel von Tuckerman's Ravine in New Hampshire und sah Skilehrer Clif Taylor zu, der über den Rand der Kammlinie fegte, wedelnd den Hang herunterkam, sich in eine lange, anmutige Kurve legte und vor dem strahlenden Erfinder zum Stehen kam.

»Die sind toll, Mr. Head, einfach toll!« rief Taylor. In diesem Augenblick, sagt Head, »wußte ich in meinem Innersten, daß ich es geschafft hatte.«

Vor kurzem führte TI eine faszinierende Analyse durch, in der die letzten 50 erfolgreichen und erfolglosen Produktneueinführungen untersucht wurden. Man stellte fest, daß *alle* Mißerfolge eines gemeinsam hatten: »In all diesen Fällen hatten wir keinen *freiwilligen* Champion gehabt. Wir hatten nur irgend jemanden zu dieser Aufgabe überredet.« Der Manager, der uns das berichtete, setzte hinzu: »Wenn wir uns heute ein Produkt ansehen und uns überlegen, ob wir es vorantreiben sollen oder nicht, dann haben wir andere Kriterien. Voraussetzung Nummer 1 ist das Vorhandensein eines überzeugten, freiwilligen Champions. Marktpotential und Wirtschaftlichkeit des Projekts kommen abgeschlagen auf den zweiten und dritten Platz.«

Parallel zu dem TI-Projekt analysierten wir die Leistungen von etwa einem Dutzend großer amerikanischer und japanischer Unternehmen während der letzten 20 Jahre. Teil dieser Arbeit war eine eingehende Studie über 24 bedeutende unternehmerische Initiativen, wie zum Beispiel den erfolglosen Ausflug von GE ins Computergeschäft und den erfolgreichen Einstieg des Unternehmens in technische Kunststoffe und Flugzeugtriebwerke. Auch hier erwies sich die Rolle des Champions als entscheidend. Bei 14 der 15 erfolgreichen Initiativen war eindeutig ein Champion beteiligt, während nur drei der neun Mißerfolge einer Gruppe mit Champion widerfuhren. (Sechs der fehlgeschlagenen Projekte hatten entweder nie einen Champion gehabt, oder der Champion war frühzeitig ausgestiegen und das Projekt daraufhin geplatzt.) Zu unserer Überraschung stimmten außerdem die japanischen und die amerikanischen Daten überein. Bei den angeblich so kollektivistischen japanischen Verhältnissen hatten wir eigentlich wenige Champions erwartet. Doch 100 Prozent der japanischen Erfolge (sechs von sechs) waren unter einem Champion zustande gekommen, während es bei drei der vier japanischen Mißerfolge keinen gegeben hatte.

Natürlich ist Head das perfekte Klischee vom typischen Erfinder, der in seinem muffigen, übelriechenden Verschlag vor sich hinarbeitet. Aber ordentlich angestellte Mitarbeiter von Hitachi und GE? Jawohl, und auch die von IBM! James Brian Quinn sagt in einem Rückblick auf ein Vierteljahrhundert IBM: »Engagierte Champions wurden ermutigt, wichtige Entwicklungen voranzutreiben. Chairman Vincent Learson prägte diesen Stil bei IBM während der innovationsfreudigsten Phase des Unternehmens. Er spornte verschiedene Gruppen an, ihre Konstruktionsvorschläge in einem regelrechten »Leistungsstechen« gegen konkurrierende Vorschläge antreten zu lassen. In der Tat war es schwierig, bei IBM irgendeine wichtige, erfolgreiche Innovation zu finden, die einer formalen Produktplanung entstammte und nicht diesem Champion-System.«

Ein ehemaliger IBM-Mann, der zur Zeit von Watson Senior dabei war, bemerkt im gleichen Tenor: »Der 650 (ein früher, wichtiger IBM-Computer) war ein typischer Fall. Die Jungs in Poughkeepsie (das Zentrallabor) arbeiteten brav vor sich hin. Gleichzeitig hatte eine Gruppe in Endicott (die zentrale Fertigung und Technik) auf eigene Faust ein einfaches, kleines Projekt angefangen, von dem dann Armonk (die Unternehmenszentrale) Wind bekam. Diese Lösung war so viel besser – einfacher, preiswerter – als das Produkt des Zentrallabors: Sie wurde der 650.« Weitere Bestätigung brachte ein Gespräch mit einem IBM-Manager in San Jose:

Parallelprojekte sind ganz entscheidend. Daran kann kein Zweifel bestehen. Wenn ich auf das letzte Dutzend Produkte zurückblicke, die wir eingeführt haben, dann sehe ich, daß in mehr als der Hälfte aller Fälle das große Entwicklungsprojekt, auf das wir offiziell unsere Hoffnungen gesetzt hatten, irgendwo auf der Strecke geblieben ist. Jedesmal – und wir haben das zurückverfolgt und genau nachgeprüft –, wirklich in *jedem einzelnen* Fall gab es zwei oder drei (einmal sogar fünf) andere kleine Projekte, so vier bis sechs Leute, einmal sogar nur zwei, die an einer parallelen Technik oder Entwicklung arbeiteten. Die Zeit und das Personal dafür waren irgendwo abgezweigt worden. So etwas hat schon Tradition. Wir drücken da gern ein Auge zu. Es lohnt sich. Wenn wir die Projekte nehmen, bei denen aus dem ursprünglichen offiziellen Vorhaben nichts wurde, so war in drei Fällen die »Nebenentwicklung« noch vor dem anfänglich vorgesehenen Termin fertig. Es ist einfach erstaunlich, was eine Handvoll einsatzwilliger Leute schafft, wenn ein Projekt sie wirklich begeistert. Natürlich hatten sie auch einen Vorteil: Wegen ihrer knappen Mittel blieb ihnen gar nichts übrig, als von vornherein ein einfacheres Produkt zu entwerfen.

Bei GE ist es das gleiche. Wenn man an der Oberfläche kratzt, kommt eine solche Anekdote nach der anderen zum Vorschein. Abgesehen von Akquisitionen, gehören zu den größten wirtschaftlichen Erfolgen von GE in jüngster Zeit die technischen Kunststoffe (von null im Jahre 1970 auf 1 Milliarde Dollar 1980). Die Idee zu diesen Kunststoffen entstand am Rande der offiziellen Aktivitäten, heißt es in einem Bericht von *Dun's Review:*

Wie in anderen Unternehmen erfüllen auch bei GE die Ideen der Forscher oft nicht ohne weiteres die Kriterien für eine Finanzierung durch das Labor in Schenectady (das F & E-Zentrallabor). Das Unternehmen läßt daher bewußt genug Spielraum, daß ein ehrgeiziger Forscher heimlich mit Mitteln, die er unauffällig von einem anderen Projekt abzweigt, an etwas eigenem arbeiten kann. Bei GE nennt man dieses Verfahren »bootlegging«, und eine solche nicht genehmigte Forschung trägt bisweilen reiche Früchte. In den 50er Jahren kam einmal ein Forscher namens Daniel W. Fox, der an einem neuen Isoliermaterial für Elektrokabel arbeitete, mit einem großen braunen Kunststoffklumpen am Ende einer Glasstange in das Büro von Beuche (dem technischen Leiter). Fox legte den Klumpen ab, schlug mit einem Hammer darauf, und der Hammer zerbrach. Er versuchte, die Masse mit einem Messer zu zerschneiden, doch vergebens. Das Material wurde der Abteilung für chemische Neuentwicklungen vorgeführt, wo es zu einem Lexan genannten Polycarbonat-Kunststoff weiterentwickelt wurde; kein anderer Sektor bei GE wächst heute schneller.

Ganz so einfach, wie sich dies anhört, war es allerdings nicht. Fox, der technologische Champion, reichte allein nicht aus. Eine Reihe anderer Hauptakteure mußten mithelfen, das Produkt erfolgreich durch die Bürokratie hindurch bis auf den Markt zu schleusen. Der jetzige Chairman Jack Welch war als junger Mann der klassische Champion. Er betrieb unaufhörliches »bootlegging«, sondierte zusammen mit Kunden immer neue Marktnischen und stellte von draußen junge Chemieingenieure ein, die das Lexan weiterentwickeln konnten. Außerdem hatte Welch selbst starke Deckung durch die Handvoll bilderstürmender »leitender Champions« auf der Führungsetage.

Wenn nun also Champions nach allgemeiner Auffassung für den Innovationsprozeß so entscheidend sind, warum gehen die Unternehmen nicht einfach dazu über, mehr von ihnen einzustellen oder intern aufzubauen? Ein Teil der Antwort dürfte darin liegen, daß die Arbeitsweise der Champions sich mit konventioneller Unternehmensführung nicht gut verträgt. Wir zitieren nun noch einmal James Brian Quinn:

Die meisten Unternehmen versagen dem kreativen Fanatiker, der treibenden Kraft hinter den meisten wichtigen Innovationen, die Existenz. Da sie abseits von der Haupttätigkeit des Unternehmens liegen, wirken Innovationen in den ersten Entwicklungsstadien wenig vielversprechend. Außerdem ist der Champion ein unangenehmer Zeitgenosse, ungeduldig, egozentrisch und vielleicht aus der Sicht des Unternehmens auch nicht ganz richtig im Kopf. Daher wird er meist erst gar nicht eingestellt. Hat man ihn dennoch eingestellt, wird er nicht befördert oder mit Anerkennung bedacht. Er gilt als »unseriös«, »unbequem«, ein »Störenfried«.

Darüber hinaus wird nicht immer ausreichend zwischen Kreativität und Innovation unterschieden. Theodore Levitt von Harvard macht das deutlich:

Viele der heute gängigen Aufrufe an die Unternehmen, mehr kreative Energie zu entwickeln, haben eine schwache Stelle: sie unterscheiden oft nicht zwischen Kreativität und Innovation. Kreativ sein heißt, etwas Neues erdenken. Innovieren heißt, etwas Neues tun. ... Eine zündende neue Idee kann in einem Unternehmen jahrelang ungenutzt herumgeistern, nicht weil man ihre Vorzüge nicht erkannt hätte, sondern weil niemand es übernommen hat, die Worte in Taten umzusetzen. Nicht genutzte Ideen bleiben nutzlos. Ihr Wert zeigt sich erst bei der Durchführung. Vorher besitzen sie keinerlei praktische Bedeutung.

Wenn Sie mit ihren Mitarbeitern sprechen, dann werden Sie merken, daß es an Kreativität oder an kreativen Menschen in der Wirtschaft nicht mangelt. Nur Innovatoren sind Mangelware. Allzu häufig wird Innovation als automatische Folge der Kreativität angesehen. Dem ist aber nicht so. Kreative Menschen neigen dazu, das »Nägel-mit-Köpfen-Machen« anderen zu überlassen. Bei diesen anderen liegt der Engpaß. Sie geben sich nicht die richtige Mühe, den Ideen Gehör und einen Probelauf zu verschaffen. ...

Man kann ein Dutzend unerfahrener Leute in einen Raum stecken und in einer »Brainstorming«-Sitzung die aufregendsten neuen Ideen finden – Beweis genug, wie relativ wenig Bedeutung Ideen an sich haben. ... Leute mit Ideen bombardieren laufend alle Welt mit Vorschlägen und Memoranden, gerade knapp genug, um Aufmerksamkeit und auch nachhaltiges Interesse zu wecken, aber zu kurz, um irgendwelche sinnvollen Durchführungsvorschläge enthalten zu können. Nur ganz wenige Menschen haben das Know-how, die Energie, den Wagemut und das Stehvermögen, um Ideen zu verwirklichen. ... Da in der Wirtschaft zählt, »was herauskommt«, ist Kreativität ohne aktionsorientierte

Durchführung eine brotlose Kunst. In gewisser Weise ist sie verantwortungslos.

Ein Topmanager eines erfolgreichen Konsumgüterunternehmens steuert zu Levitts Bemerkung ein praktisches Beispiel bei. »Erfolgreiche Produkte haben immer einen Champion«, sagt er,

> ... nämlich einen Produkt-Manager, der sich weit über die Grenzen seiner Vorschriften hinausgewagt hat. Er arbeitet persönlich eng mit der F & E-Abteilung zusammen (die meisten seiner weniger erfolgreichen Kollegen haben nur sehr formale Kontakte zu den Forschern). Dadurch sichert er sich mehr Zeit und Aufmerksamkeit der F & E-Leute als ihm »zusteht«; und weil er so weit von seinem offiziellen Tätigkeitsfeld abschweift, kommt er auch mit Pilotprojekten in der Fertigung in hautnahen Kontakt. Seinem nie ermüdenden Einsatz verdankt er es, daß er mehr ausprobiert und schneller lernt, daß andere Funktionen ihm mehr Zeit und Aufmerksamkeit schenken – und daß er schließlich Erfolg hat. Das ist keine Hexerei. Ich kann an jedem beliebigen Nachmittag fünf F & E-Leute zusammenbringen, die dann 75 bis 100 einleuchtende neue Produktideen hervorbringen. Worauf es aber ankommt, sind die Tests und der praktische Fortschritt. Dazu braucht es keine Genies. Man muß nur am Ball bleiben.

Der Champion sitzt nicht im Wolkenkuckucksheim und ist auch keine Intelligenzbestie. Möglicherweise ist der Champion sogar ein Ideenklau. Vor allem aber ist er der Pragmatiker, der sich, wenn nötig, auch die Theorie eines anderen greift und sie stur bis zum Erfolg durchboxt.

Champion-Systeme

In Kapitel 5 haben wir über Sam Neaman berichtet. Er war ein echter Champion bei McCrory's, aber keineswegs der einzige. Man denke nur an den Mann in Indianapolis, der für ihn das erste Mustergeschäft aufzog. Bei dem Einstieg von GE in die technischen Kunststoffe haben wir gleich mehrere Hauptakteure ausgemacht: den Erfinder, den »Unternehmer im Unternehmen« und die leitenden Champions, die den anderen gegen die Bürokratie den Rücken stärkten.

In *Research Management* hieß es vor kurzem: »Ein-Mann-Shows sind selten erfolgreich. ... Unternehmerische Mitarbeiter brauchen oft einen Sponsor.« Die zahlreichen Modelle zum Champion-Phänomen laufen allesamt auf dasselbe Grundmuster hinaus: irgendein Ur-Champion und ein Förderer. In der Gesamtorganisation muß eine ganze Reihe von Leuten mitmachen, um den Innovationsprozeß voranzutreiben.

Wir haben drei Hauptakteure ermittelt: den Produkt-Champion, den leitenden Champion und den »Paten«*. (Den technischen Innovator, den Erfinder, haben wir bewußt ausgeklammert, weil wir die technische Basisarbeit, die Ideenentwicklung, nicht als eine Hauptvariable im Innovationsprozeß ansehen. Was die Innovation bremst, ist nach unserer Auffassung fast immer das Fehlen eines Produkt-Champions, eines leitenden Champions oder eines »Paten«. Besonders wichtig scheinen der leitende Champion und der Pate.)

Der *Produkt-Champion* ist der Enthusiast oder Fanatiker unter dem Fußvolk, den wir als Gegenbild des typischen Bürokraten beschrieben haben. Oft ist er ein egozentrischer, verschrobener Einzelgänger. Aber er *glaubt* an das Produkt, das er im Sinn hat.

Der erfolgreiche *leitende Champion* ist unweigerlich ein ehemaliger Produkt-Champion. Er weiß Bescheid – er hat selbst erlebt, wie langwierig es ist, eine Idee hochzupäppeln; er weiß, was es braucht, den Ansatz zu einer neuen Idee vor der formalen Organisation mit ihrem »Geist, der stets verneint«, zu retten.

Der *»Pate«* ist zumeist eine reife Führungspersönlichkeit, die das Rollenmodell des Champions verkörpert. Bei 3M, HP, IBM, DEC, TI, McDonald's und GE ist diese Art Heldenverehrung für den langwierigen praktischen Prozeß der Produktinnovation von überragender Bedeutung. Lewis Lehr, Raymond Herzog und andere (3M), oder Edison, Welch und andere (GE), Hewlett (HP), Olsen (Digital), Wang (Wang) und Learson (IBM) haben einen Nimbus, der entscheidend ist für die innere Glaubwürdigkeit, von der das Champion-System lebt. Denn ein junger Ingenieur oder Vertriebsmann wagt sich nicht einfach mit einer riskanten Idee vor, weil »sein Gefühl« es ihm rät. Er wagt sich vor und geht ein Risiko ein, weil die Unternehmensgeschichte dieses Verhalten

* Wir sind nicht die ersten, die ein solches Modell vorlegen. Edward Roberts vom MIT, James Brian Quinn von Dartmouth und Modesto Maidique von Stanford und andere haben verschiedene Champion-Hierarchien dargestellt.

als Weg zum Erfolg sanktioniert. Wenn das gegeben ist, kann ihn auch die Gewißheit wiederholter Fehlschläge nicht abschrecken.

Das Gesetz der großen Zahl. Wie nicht anders zu erwarten, erleben die meisten Champions mehr Mißerfolge als Erfolge. Wenn wir aber nun behaupten, Champions und Champion-Systeme seien in den besonders erfolgreichen Unternehmen der eine entscheidende Schlüssel zu nachhaltigem Innovationserfolg – wie verträgt sich dieser Gesamterfolg dann mit den wiederholten Mißerfolgen? Hierfür gibt es nur eine Erklärung: der Innovationserfolg gehorcht dem Gesetz der großen Zahl.
Nehmen wir an, ein neues Vorhaben wird eingeleitet und hat eine Erfolgswahrscheinlichkeit von nur zehn Prozent. Werden zehn derartige Vorhaben eingeleitet, so lehrt uns die Wahrscheinlichkeitsrechnung, daß die Aussicht auf Erfolg bei wenigstens einem Vorhaben schlagartig auf 65 Prozent steigt. Bei 25 Vorhaben liegt die Wahrscheinlichkeit wenigstens eines Einzelerfolgs über 90 Prozent. (Mit fast 75 Prozent Wahrscheinlichkeit sind wenigstens zwei Erfolge zu erwarten.) Hieraus folgt eines glasklar: Die Erfolgswahrscheinlichkeit bei einer Sache kann noch so gering sein, sobald man eine große Zahl von Versuchen unternimmt, schnellen die Erfolgsaussichten in die Höhe. James Brian Quinn sagt dazu: »Das Management muß eine genügende Zahl von Projekten mit ausreichend langer Vorlaufzeit zulassen, damit die charakteristische Erfolgsquote von 1:20 wirksam werden kann. Am Anfang sollten vielleicht Projekte mit etwas geringerem Risiko stehen, damit eine ausreichende Vertrauensgrundlage entsteht.«

Mehr »Treffer« lassen sich nur erzielen, wenn mehr »Würfe« gemacht werden. Digital, HP, 3M, TI, Bloomingdale's, IBM, McDonald's, GE, Wang, J & J und die anderen haben also ganz einfach mehr Champion-Anwärter in Aktion als die Konkurrenz. Digital sieht jeden Kunden praktisch als Versuchsgelände für neue Produkte.

Eine kürzliche Untersuchung des Erfolges von Bristol-Myers liefert ein schlagendes Beispiel für die Bedeutung der großen Zahlen. Als Chairman von Bristol hat Richard Gelb eine glänzende Erfolgsbilanz aufzuweisen. *Forbes* erklärt, Gelb gebe sich immer gerne mit dem zweiten Platz zufrieden: »Dick Gelb sagt dazu, 'Wenn wir zwei zweite Plätze bekommen, schneiden wir unter dem Strich besser ab. Marktzweite verdienen mehr Geld.« Und *Forbes* weist darauf hin, daß »Gelb an so vielen Fronten gleichzeitig angreift, daß er sich leicht von einem Produkt trennen kann, wenn es nach einer gewissen Zeit immer noch nicht läuft.« Die Zahlen sprechen für die Richtigkeit von Gelbs Strategie. Aus den letzten fünf Jahren können im Breitengeschäft mit Produkten der Gesundheits- und Schönheitspflege insgesamt 33 Artikel als Markterfolg gelten (Jahresumsatz über den Lebensmittelhandel mindestens 5 Millionen Dollar). Nach *Forbes* »entfielen acht davon auf Bristol-Myers. Auf den zweitbesten Hersteller: drei«. Gelb kommentierte: »So richtige Umsatzschlager sind natürlich sehr schön, aber bei verschreibungspflichtigen Medikamenten gibt es noch andere Wege zum Erfolg. Wir setzen nicht alles auf die eine Karte einer künftigen Wunderdroge. Wenn mein Pharmaumsatz eine Milliarde Dollar beträgt, dann verdiene ich ihn weitaus lieber mit zehn Einzelgeschäften von je 100 Millionen Dollar als mit zwei Abschlüssen von je 500 Millionen.« *Forbes* faßt zusammen: »Bristol schlägt also schnell zu, bringt eine ganze Reihe von Produkten heraus und verdient sofort daran. Bristols größte Stärke liegt gerade darin, daß es *nicht* 250 Millionen Dollar in die Forschung pumpt und sich dann zurücklehnt und hofft, daß doch bitte irgendwann jemand damit ein Heilmittel gegen den Krebs finden möge.«

Am offensichtlichsten wirkt das Gesetz der großen Zahl in Bereichen wie dem Ölgeschäft. Amoco zum Beispiel hat unter Chairman John Swearingen in der inländischen Ölexploration Erfolge erzielt, die das Unternehmen an die Spitze der Branche gesetzt haben – noch vor Exxon, Arco oder Shell. Die Hauptursache ist allein die große Zahl. »Standard bringt so viele Bohrungen nieder wie nur möglich,« heißt es in *Fortune*. »Die Leidenschaft für Exploration mit allen verfügbaren Mitteln hebt Amoco deutlich von den anderen großen Ölgesellschaften ab. So bringt Exxon zum Beispiel selten eine Bohrung nieder, wenn es nicht die alleinigen Rechte hat. Und George Galloway (Amoco-Produktionsleiter) erfuhr zu seiner Verblüffung vor kurzem auf einer Tagung in Houston, daß Mobil nur 200.000 Hektar in einer Gegend gepachtet hatte, wo sich Amoco 20mal so viel gesichert hatte.« Galloway kommentiert: »Mobil muß sich seiner Sache schon sehr sicher sein, wenn es sein Explorationsgebiet so genau eingrenzt. Uns traue ich soviel Geschicklichkeit nicht zu.«

Die ganze Zahlengeschichte würde sich kaum zu erzählen lohnen, wäre nicht das Denken an den großen Wurf, den einen »Verkaufsknüller«, in den meisten Unternehmen, selbst im Ölgeschäft, so außerordentlich verbreitet. Dieses »Knüllerdenken« entspringt verfehlter Planungsgläubigkeit, falschen Vorstellungen über den erratischen Ablauf des Innovationsprozesses, irrigem Volumendenken sowie mangelndem Sinn für organisiertes Chaos und vielfältige solide Einzelerfolge.

Unterstützung für Champions. Champions sind Pioniere, und auf Pioniere wird geschossen. Darum ziehen diejenigen Unternehmen den größten Nutzen aus ihren Champions, die ein starkes Netz unterstützender Systeme geknüpft haben, damit ihre Pioniere auch wirklich zum Zuge kommen. Diesen Punkt kann man gar nicht genug betonen. Ohne System-Unterstützung keine Champions. Ohne Champions keine Innovation.

Bei den besonders erfolgreichen Unternehmen fällt auf, wie umfassend sie ihre Champions unterstützen. Die exzellenten Unternehmen sind eigens so aufgebaut, daß sie Champions hervorbringen. Insbesondere sind ihre Systeme so durchlässig angelegt, daß »nassauernde« Champions für ihre eigenen Zwecke etwas auf die Seite bringen können.

Das geschieht häufig in »Genieschuppen«. So stammen bei einem Unternehmen der Vermessungstechnik mit einem Umsatz von fünf Milliarden Dollar von den letzten fünf neu eingeführten Produkten drei aus einem klassischen Genieschuppen. Ihm gehören im allgemeinen acht bis zehn Leute an, und er ist sechs Meilen von der Unternehmenszentrale entfernt auf einem schäbigen Dachboden untergebracht. Das technische Genie der Gruppe hat es in der schulischen Ausbildung bis zum Oberschulabschluß gebracht, den er bei der Armee in Korea nachholte (dabei beschäftigt das Unternehmen buchstäblich Tausende promovierter Naturwissenschaftler und Ingenieure). Ein anderes Gruppenmitglied wurde einmal festgenommen, weil es sich widerrechtlich Zugang zu einer Fertigungshalle verschafft hatte, um sich Material für ein Experiment zu besorgen.

Ihr erstes Produkt, das mittlerweile einen Jahresumsatz von 300 Millionen Dollar erzielt, entwickelte diese Gruppe innerhalb von 28 Tagen bis zum Prototyp. Letztes Jahr schien ein wichtiges neues Produkt des Unternehmens zum gigantischen Fehlschlag zu werden. Ein Mitarbeiter des Genieschuppens holte die Erlaubnis ein, zwei Geräte zu Hause in seinem Keller aufzustellen. Das eine Gerät diente ihm als Vergleichsgrundlage. An dem anderen machte er sich rund drei Wochen lang zu schaffen und behob praktisch alle Unzulänglichkeiten (mit spottbilligen Hilfsmitteln), bis er die Leistung gegenüber der Ausgangsversion um das Dreifache gesteigert hatte. Sein President besuchte ihn in seinem Keller und billigte die Konstruktionsänderungen auf der Stelle.

Der jüngste Erfolg der Gruppe schließlich wurde im (heimlichen) Wettbewerb mit einem offiziellen Konstruktions-»Team« von fast 700 Mitarbeitern entwickelt.

In solchen Genieschuppen arbeiten notorische Pragmatiker, wie eine weitere Episode aus der Tätigkeit dieser Gruppe verdeutlicht. Bei einer wichtigen neuen Maschine war ein Teil ständig überhitzt. Ganze Geschwader von Ingenieuren schlugen sich monatelang mit dem Problem herum. Schließlich wurde beschlossen, auf der Maschine eine tonnenschwere Klimaanlage zu montieren. Da kam zufällig einer der Burschen aus dem Genieschuppen vorbei. Er sah sich die Bescherung an, ging zum Laden an der nächsten Ecke und kaufte für 8,95 Dollar einen Tischventilator. Der reichte aus, um die Temperatur genügend zu senken.

Von Genieschuppen hörten wir vor allem dort, wo es keine ausgebauten Systeme zur Unterstützung oder Förderung von Champions gab. In den ausgesprochenen Spitzenunternehmen war häufiger von etwas die Rede, das unser Kollege David Anderson als »quasi-autonome Positionen« bezeichnet hat. Gemeint sind Positionen, deren Inhaber ein hohes Maß an Unternehmergeist entfalten können, die aber in Wirklichkeit doch beträchtlichen Beschränkungen unterworfen und in einen weitaus größeren Rahmen eingebunden sind, als auf den ersten Blick erkennbar ist.

Zum ersten Mal stießen wir auf dieses Konzept in einer Untersuchung bei United Airlines, als das Unternehmen unter der Führung von Ed Carlson prosperierte. Carlson sprach von einer »simulierten Unternehmerfunktion«. Er gab den 1.900 »Station Managers« bei United ein gewisses Maß an Selbstbestimmung. Erstmals wurden sie nicht nach dem Gesamtergebnis eingestuft oder beurteilt, sondern nach denjenigen Variablen, auf die sie Einfluß hatten. Carlson sagt dazu: »Wir versuchten, jedem Station Manager eine machbare Aufgabe zu stellen, so daß er nach einem halben Jahr zu seinem Chef oder seiner Frau sagen konnte: »Ich habe Gewinn gemacht.«

Danach begegneten wir diesem Prinzip bei Dana, wo Chairman René McPherson das schon früher erwähnte Konzept des »store manager« erfand. In der Praxis gab er damit seinen rund 90 Betriebsleitern ein hohes Maß an Autorität. Sie hatten ungewöhnlich großen Einfluß bei Einstellungen und Entlassungen, hatte ihre eigene Finanzkontrolle und ihren eigenen Einkauf – alles Aufgaben, die normalerweise zentralisiert sind. McPherson vertrat die Ansicht, diese Männer seien die wahren

»Frontkämpfer«; auf lange Sicht würden sie bessere Entscheidungen treffen als jeder zentrale Stab.

Bei Procter & Gamble und Frito-Lay verbirgt sich das gleiche Konzept hinter der Bezeichnung »brand manager«. Der Brand Manager ist in Wirklichkeit alles andere als ein selbstherrlicher Macher. Andererseits zielt das gesamte soziale Umfeld zum Beispiel im P & G-System darauf ab, ihm genau diesen Glauben zu vermitteln: daß er der Größte ist. Immer wieder erklingt im firmeneigenen Legenden- und Anekdotenschatz das Loblied auf den tapferen Brand Manager, der sich gegen viel erfahrenere Kollegen durchgesetzt und seiner Marke gegen widrigste Umstände (und in Konkurrenz mit allen anderen Brand Managern) zu einem neuen Aufschwung verholfen hat.

Bei Schlumberger, einem Hersteller von Produkten für die Ölindustrie, sind die »simulierten Unternehmer« die 2.000 in abgelegene Weltgegenden entsandten jungen Bohringenieure. Von ihnen sagte Dr. Euan Baird, zuständiger Leiter für Bohrlochmessungen: »Für mich ist ‚Schlumberger' der Bursche, der mit leicht bangen Gefühlen zur Bohrstelle fährt, dem Kunden gute Lösungen vorschlägt und sich bei der Abreise wie King Kong fühlt.« Die Verschleißquote ist hoch. Doch sie *sind* Schlumberger, dort wo es darauf ankommt – mitten in der Wildnis. Die Verantwortung des einzelnen ist eigentlich recht begrenzt. Doch jeder von ihnen hat gelernt, sich als Bevollmächtigter zu fühlen.

Bei IBM, Digital und Raychem ist die quasi-autonome Position die des »Verkäufers als Problemlöser«. Tom Watson führte das Konzept um 1920 bei IBM ein. Digital praktiziert es heute und nennt sein Rezept für die Nähe zum Kunden »Marketing durch Tuchfühlung«. 3M ist Außenstehenden als »die Verkäuferfirma« bekannt. Das Unternehmen verdankt seine Entstehung den Verkäufern, die um die Einkäufer potentieller Kunden einen Bogen machten und direkt zum Anwender in die Werkshalle vordrangen. Dieser Methode bleibt die 3M-Verkäufermannschaft bis heute treu. Raychem holt sich praktisch alle Verkäufer von der Harvard Business School. Sie treten als Verkäufer an, arbeiten aber als hochqualifizierte Problemlöser.

Nach unserer Meinung gibt es nur eine Voraussetzung für den erfolgreichen Einsatz derartiger Positionen; gerade sie ist allerdings sehr schwer zu erfüllen: Die Manager müssen konditioniert werden, sich als potentielle Champions zu sehen, gleichzeitig muß aber an den entscheidenden Stellen eine sehr weitreichende Kontrolle erhalten bleiben. Die meisten Unternehmen, die nicht über Gemeinplätze wie »Übereinstimmung von Kompetenzen und Verantwortung« hinausdenken können, sind mit dieser schwierigen Doppelaufgabe überfordert. Viele Unternehmen führen Marken- oder Produktmanagement-Programme ein: wer hat nicht alles schon versucht, P & G zu kopieren. Sie alle nehmen sich jedoch nur selten die Zeit, den so wichtigen »Helden«-Mythos zu schaffen, der mit seinen Rollenvorbildern und Strukturen die Last (des Engagements und der Initiative) dem Brand Manager auferlegt. Oder wenn diese Übertragung der Last auf den Brand Manager gelingt, wie es in manchen Unternehmen der Fall ist, dann hapert es an der zweiten Grundvoraussetzung – dem unglaublich dichten und zuverlässigen Netz unterstützender Systeme, die den P & G-Brand Manager aus dem Hintergrund »aufrüsten« und ihm helfen, seiner Aufgabe gerecht zu werden. P & G ist *das* klassische Beispiel. Einerseits wird dem Markenmanager beigebracht, wenn er sich im Markt wie King Kong gebärde, könne er es eines Tages bis zum Chairman bringen. Doch durch die eingebaute Disziplin der vertikalen Brand-Management-Struktur und durch die wenigen Systeme, die wie mit einer tiefen Fahrspur die Richtung vorgeben, ist seine Autonomie in Wirklichkeit überaus begrenzt. Ein wahrer Balanceakt.

»Suboptimale« Divisions. In einem 6-Milliarden-Dollar-Unternehmen beobachteten wir vor einigen Jahren, daß die technische Organisation in »Fachbereiche« – Physik, Chemie usw. – unterteilt war. Diese Fachbereiche waren zu den wichtigsten Strukturelementen geworden, weitaus wichtiger als Projekte und Produkte. In der Praxis wurde jedoch durch diese Unausgewogenheit die Zeit des einzelnen Mitarbeiters hoffnungslos zersplittert. So war es durchaus üblich, daß der einzelne an bis zu einem halben Dutzend Projekten innerhalb seines engen Fachgebietes arbeitete. Die Projekte wiederum konnten sich ohne weiteres jeweils über drei oder vier Divisions und zwei bis drei Unternehmensbereiche erstrecken. Dieser Aufbau war eine Katastrophe. Sehr wenig wurde pünktlich fertig – nach unserer Meinung vor allem bedingt durch mangelndes Engagement und Konzentration auf die falschen Dinge, also auf technische Sachgebiete statt auf Produkte, Projekte und Kunden. Als das Unternehmen nach fünfjähriger Unterbrechung wieder zur Projektorganisation zurückkehrte (in der technische Sachgebiete eine untergeordnete Rolle spielten), nahm die Entwicklungsarbeit – fast über Nacht – einen spürbaren Aufschwung.

Das Gegenbeispiel ist HP. Bei einem Umsatz von 3,5 Milliarden Dollar hat das Unternehmen 50 kleine Divisions (im Durchschnitt 70 Millionen Dollar). Jede Division ist etwa auf 1.200 Beschäftigte beschränkt. Als eine der Divisions kürzlich auf 2.000 Leute angewachsen war, stand die natürliche HP-Lösung außer Frage: Aufgliederung in drei Einheiten, jede wie gewohnt voll verantwortlich für ihre eigene Produktentwicklung. Ebenso wie 3M ist auch HP nicht daran gelegen, die Divisions immer größer werden zu lassen, sondern in einer Art Zellteilung neue »abzuspalten« oder hervorzubringen. Ein Kommentator erläutert: »Bei der Ausübung ihres Unternehmenszwecks verhält sich eine HP-Division ganz wie ein selbständiges Unternehmen. Sie ist verantwortlich für ihr eigenes Rechnungs- und Personalwesen, für die Qualitätssicherung und für die Durchsetzung ihres Produktes am Markt.«

Wie bei 3M hat jede Division eine eigene Produktentwicklung. Das ist aber noch nicht alles. Ein Geschäftsführer sagte uns: »An sich sollen wir die Software ja zentralisieren. Aber jede meiner Einheiten sichert sich mit ausgeprägtem Hamstertrieb ihre eigene Versorgung. Ohne das ist ihnen nicht wohl. Offen gestanden, ich übersehe das einfach. Mir selbst ist sonst nämlich auch nicht sehr wohl. Ebenso macht auch jeder seine eigenen Chips.« (»Ganz von Anfang an?« fragten wir.) »Ja, vom Rohsilizium an ... Mich stören natürlich die kurzen Produktionsläufe und die fehlende Automatisierung. Aber die neuen Produkte sind mir wichtiger, sogar die Doubletten. Eine ganze Menge von dem, was wir hier tun, gehört an sich in irgendwelche anderen Divisions«.

Dasselbe Bild fand sich ausnahmslos bei allen exzellenten Unternehmen unserer Studie. Kleine, unabhängige Projektteams bei 3M (zu Hunderten); kleine Divisions bei J & J (mehr als 150 in einem Fünf-Millarden-Dollar-Unternehmen); 90 Produkt/Kundenzentren (»PCCs«) bei TI; von Produkt-Champions geführte Arbeitsgruppen bei IBM; »Hamster«-Teams bei GE; kleine, ständig wechselnde Segmente bei Digital; allmonatlich neue Boutiquen bei Bloomingdale's. Das, in einem Wort, ist Portionierung. Klein *ist* schön.

Interner Wettbewerb. Das Zusammenspiel innerhalb einer Organisation läßt sich grundsätzlich auf zweierlei Weise regeln. Einmal durch Vorschriften oder per Algorithmus, wie es die Rationalisten verlangen und wie es dem Wesen der Bürokratie entspricht; dabei entstehen dann eben Strukturen wie die 223 Ausschüsse zur Genehmigung eines neuen Produktes. Am anderen Ende des Spektrums wird der »Markt« in das

Unternehmen hineingetragen. Zur treibenden Kraft der Organisation werden interne Märkte und interner Wettbewerb. Da gibt es Märkte für Mitarbeiter, die – zum Beispiel bei 3M, Fluor, TI und Bechtel – in Projektgruppen eingesetzt werden wollen. Es findet ein direkter Projektwettbewerb statt, wie das »Leistungsstechen« bei IBM. Alleingänge in der Produktentwicklung werden nicht nur stillschweigend geduldet, sondern sogar verstohlen unterstützt, zum Beispiel bei GE und IBM. Bei Procter & Gamble konkurrieren die verschiedenen Marken miteinander. Überschneidungen und Doppelarbeit zwischen Divisions und Produktlinien werden bei P & G, Digital, HP, 3M, J & J und Wang bewußt herbeigeführt.

Für uns war es in den besonders erfolgreichen Unternehmen interessant zu beobachten, in welchem Umfang formale, rationale Ordnungsmechanismen umgangen werden. Bei 3M zum Beispiel stehen die Divisions und sogar die einzelnen Unternehmensbereiche in gewolltem Wettbewerb miteinander. Innerhalb jedes Unternehmensbereichs überschneiden sich die Aufgabengebiete der Divisions („Uns ist es lieber, wenn das zweiterfolgreichste Produkt am Markt von einer unserer eigenen Divisions kommt.«) Manager werden gezielt belohnt, wenn sie Ideen für die Entwicklung neuer Produkte von *anderen* Divisions oder Unternehmensbereichen übernehmen.

Dieser Gedanke ist nicht neu. Bei GM schuf Alfred Sloan aus einem wahren Flickenteppich von kleinen Autofirmen die GM-Spartenstruktur. Er sorgte bewußt für Überschneidungen nach allen Seiten: Pontiac mit Buick, Pontiac mit Chevrolet und so weiter. Im Laufe der Jahre rückte GM von Sloans Grundsätzen ab und wurde mehr zum Gebilde aus einem Guß. Aber eines der Ziele, die Roger Smith bei seiner kürzlichen Ernennung zum Chairman in den Vordergrund stellte, ist die Wiederherstellung des alten Wettbewerbsgeistes. Jede Division soll sich völlig frei ihr eigenes Profil schaffen können.

Noch schärfer kann der interne Wettbewerb unterhalb der Division-Ebene werden. Bei Bloomingdale's liefern sich Merchandiser, Einkäufer und Modedirektricen ein endloses Gerangel um knappe Verkaufsflächen. Je nach dem Ausgang des Tauziehens wird dann regelmäßig umstrukturiert.

Das Musterbeispiel für internen Wettbewerb ist das Brand Management von P & G. Das Unternehmen gab den Startschuß für den Wettbewerb zwischen den Brand Managern im Jahre 1931, als das

»Freistilringen« zwischen den Marken zur offiziellen Politik erklärt wurde. Schon damals war das Management der Ansicht, interner Wettbewerb sei »der einzige Weg, um Schwerfälligkeit zu vermeiden«. Heute erhalten die Brand Manager außer publizierten Daten keine Informationen über die Entwicklung bei den anderen P & G-Marken. Sie werden zum Wettbewerb angehalten. Um diesen Wettbewerb hat sich ein ganzes Vokabular entwickelt – »Gegenspieler«, »kreativer Konflikt«, »Abschleifen von Ideen«. P & G verstößt gegen die Regeln der Rationalität. Einer von uns bemerkte einmal gegenüber einem P & G-Mitarbeiter, die Brand Manager hätten schon fast mehr Freude daran, ein anderes P & G-Produkt zu »kannibalisieren«, als die Konkurrenz aus dem Feld zu schlagen. Er stimmte zu: »Vor ein paar Jahren war ich für die Qualitätskontrolle zuständig, als unsere Zahnpasta ‚Crest' von der Amerikanischen Zahnärztlichen Vereinigung zugelassen wurde. In der Woche darauf traf ich den Brand Manager einer anderen unserer Zahnpasten. Er sagte, nur halb im Scherz: 'Können Sie nicht ein paar Bazillen in das Zeug tun?«' Ein großer Teil der neuen Produkte von P & G ist wahrscheinlich dem Ehrgeiz der Brand Manager zu verdanken, ihre Kollegen auszustechen. Die Brand Manager eines Jahres werden zu »Jahrgangsklassen« zusammengefaßt, und die verschiedenen Jahrgänge liefern sich einen unerbittlichen Wettbewerb.

IBM ist der anerkannte Meister im Anheizen des Wettbewerbs zwischen Produktideen. Das Unternehmen fördert ausdrücklich Alleingänge in der Produktentwicklung und die Mehrfachbearbeitung desselben Problems. Irgendwann werden dann »Leistungsstechen« zwischen den konkurrierenden Gruppen durchgeführt – *echte* Leistungsvergleiche mit fertiger Hardware und Software (nicht der weitaus üblichere »Wettbewerb« zwischen Plänen auf Papier).

HP hat ein Wettbewerbsprogramm: »Verkauf's den Verkäufern!« Die Verkaufsmannschaft braucht ein von einem Unternehmensbereich entwickeltes Produkt nur abzunehmen, wenn sie es wirklich haben will. Es hat zahlreiche Fälle gegeben, in denen ein Unternehmensbereich Millionen Dollar an Entwicklungsgeldern aufgewandt hatte, die Verkäufer dann aber »nein, danke« sagten. TI hat ein ähnliches Verfahren. Der TI-Außendienst ist gewöhnlich ebenfalls unabhängig von dem marketingorientierten »PCC« (Produkt-/Kundenbereich). Den Konkurrenzdruck erzeugt TI dadurch, daß die Vertriebsleute und Produktingenieure gezwungen werden, mit einem Verkaufsmuster direkt zum Kunden zu fahren, um dort die neuen Prototypen erstmals vorzustellen. Eine wahre Feuerprobe.

In ähnlicher Weise gestattet Digital seinen Bereichsleitern und seinen Verkäufern, überlappende Produkte in das Angebot aufzunehmen. Digital lebt seine starke Benutzerorientierung. Seine Produkte sind für die Bedürfnisse der Benutzer extrem maßgeschneidert. Eine säuberliche Produktabgrenzung ist nicht gefragt. *Fortune* bemerkt dazu: »Digitals besondere Wachstumsstrategie hat auch ihre Nachteile. Viele der 10.000 Artikel auf der Preisliste überschneiden sich. Bei bestimmten Anwendungen sind zwei Digital-Systeme austauschbar, mit mehr oder weniger dem gleichen Ergebnis.« Wie P & G zahlt auch Digital bewußt den durchaus bezifferbaren Preis doppelter Entwicklungsarbeit und geht davon aus (mit beeindruckend regelmäßigem Erfolg), daß der Lohn dafür sich in der Ertragsrechnung niederschlagen wird.

Interner Wettbewerb anstelle eines formalen Vorschriften- und Ausschußwesens ist in den erfolgreichen Unternehmen allgegenwärtig. Hohe Kosten an Doppelarbeit sind die Folge – Kannibalisierung, Produktüberlappungen, Überschneidungen zwischen Unternehmensbereichen, parallele Entwicklungsprojekte oder auch verlorene Entwicklungskosten, wenn die Verkäufer eine Lieblingsidee eines Marktforschers nicht abnehmen. Doch unter dem Strich ergeben sich vielfache, wenn auch weniger genau bezifferbare Vorteile, vor allem in Form von Engagement, Innovation und Konzentration auf die Ertragsseite.

Intensive Kommunikation. Ein Topmanager von HP erklärte uns: »Wir sind eigentlich nicht ganz sicher, was sich im Innovationsprozeß tatsächlich abspielt. Aber eines wissen wir genau: problemlose Kommunikation, das Fehlen von Gesprächsbarrieren, ist ganz entscheidend. Was wir auch tun, welche Struktur wir auch wählen, welches System wir auch ausprobieren, das ist der Dreh- und Angelpunkt – das werden wir nie aufs Spiel setzen.«

In den exzellenten Unternehmen scheinen fünf Merkmale der Kommunikationssysteme die Innovation zu begünstigen:

1. Die Kommunikationssysteme sind informell. Bei 3 M finden ständig Besprechungen statt, obwohl nur wenige davon eigens offiziell angesetzt werden. Meist kommen die Mitarbeiter – unterschiedlicher Bereiche – ganz zwanglos zusammen, um Probleme durchzusprechen. Der campus-artige Rahmen in St. Paul ist dabei eine große Hilfe, ebenso die ungezwungene Atmosphäre, die nüchterne Technikermentalität der Ingenieure aus dem Mittleren Westen und die innere Geschlossenheit des Unternehmens, die bewirkt, daß »man« sich im Laufe der Zeit kennenlernt. Alles zusammen wirkt darauf hin, daß die richtigen Leute sehr regelmäßig miteinander zu tun haben.

Bei McDonald's gehen die Spitzenleute ausgesprochen zwanglos miteinander um und setzen damit ein Zeichen für das ganze Unternehmen. Digital-Chef Ken Olsen »trifft sich regelmäßig mit einem Technischen Ausschuß aus rund 20 Ingenieuren aller Bereiche (von Digital). Olsen stellt die Tagesordnung auf; in regelmäßigen Abständen wird der Ausschuß aufgelöst und neu gebildet, um für einen steten Fluß neuer Ideen zu sorgen. Olsen sieht seine Rolle dabei als Katalysator oder advocatus diaboli.« In seiner Zusammenfassung einer großen Untersuchung zum Phänomen der Champions weist der Wissenschaftler Ed Schon auf die Bedeutung eines derartigen Zusammenwirkens hin: »Erfolgreiche Ideen kommen im wesentlichen durch die informelle und nicht die formale Organisation zum Tragen. Ein Champion-System im Kern eines Unternehmens bedeutet eine de facto informelle Kultur.«

2. *Die Kommunikationsdichte ist außerordentlich hoch.* Zwei für ihre rückhaltlose Kommunikation bekannte Unternehmen in traditionell wenig kommunikationsfreudigen Wirtschaftzweigen sind Exxon und die Citibank. Bei beiden konnten wir leitende Manager in Aktion erleben. Der Unterschied zwischen ihrem Verhalten und dem ihrer Konkurrenten ist erstaunlich. Sie halten einen kurzen Vortrag, und dann bricht der Tumult los. Die Fragesteller nehmen kein Blatt vor den Mund – der Meinungsaustausch ist völlig frei, und jeder beteiligt sich. Niemand zögert, dem Chairman, dem President oder einem Vorstandsmitglied ins Wort zu fallen.

Welch ein Gegensatz zur gängigen Praxis in den meisten Unternehmen! Führungkräfte, die teilweise schon 20 Jahre oder länger zusammenarbeiten, nehmen an Besprechungen nur teil, wenn eine förmliche Tagesordnung vorliegt. Anscheinend können sie sich zu nichts anderem durchringen, als sich Referate anzuhören und dann höflich zu kommentieren. Im Extremfall verkehren Mitarbeiter mit Büros auf demselben Flur nur schriftlich miteinander. Derartiges Verhalten steht in krassem Gegensatz zu der täglichen Besprechung »ohne Tagesordnung und Protokoll« der »oberen Zehn« von Caterpillar, zum täglichen „Kaffeeklatsch" der zehn bis 15 Topmanager von Fluor und Delta und zu der täglichen zwanglosen Zusammenkunft der Unternehmenspitze von McDonald's.

Die Intel-Manager sprechen von »Entscheidungsfindung durch Gleiche unter Gleichen«, ein offener konfrontationsorientierter Führungsstil, bei dem Probleme unverblümt und direkt angesprochen werden. Daß die Teilnehmer mit ihrer Meinung nicht hinter dem Berg zu halten brauchen, liegt vor allem daran, daß sie laufend miteinander reden. Eine Besprechung ist somit kein seltenes, förmliches – und damit politisch aufgeladenes – Ereignis.

3. Praktische Hilfsmittel erleichtern den Kommunikationsprozeß. Ein leitender Mitarbeiter von IBM wechselte vor kurzem in die Forschung eines anderen Unternehmens der Spitzentechnologie. Einige Wochen nach seiner Ankunft betrat er das Büro eines Managers, schloß die Tür und sagte: »Ich habe ein Problem«. Der Manager erbleichte – dieser Mensch wollte seine Pläne kritisieren. »Ich verstehe nicht, warum Sie hier keine Wandtafeln haben«, sagte der Ex-IBMler. »Wie kann man denn miteinander reden und Gedanken austauschen, wenn nicht überall Tafeln hängen?« Sein Rat fand Gehör. Den Anfang machte Tom Watson Senior bei IBM, als er an allen Ecken Ständer mit Packpapier verwendete. Solche praktischen Hilfsmittel fördern die intensive, zwanglose Kommunikation, den Urquell laufender Innovation.

Der President eines Unternehmens auf unserer Liste berichtete uns von einer, wie er meinte, wichtigen Maßnahme aus jüngster Zeit: »Ich habe die kleinen runden Vierertische aus unserer Kantine rausgeworfen und lange rechteckige Militär-Kasinotische aufstellen lassen. Das ist wichtig. An einem kleinen, runden Tisch essen tagein, tagaus vier Leute zusammen, die sich ohnehin schon kennen. An langen Kasinotischen kommen auch Fremde miteinander in Kontakt. Irgendwelche Wissenschaftler reden mit irgendwelchen Vertriebs- oder Fertigungsleuten aus einem anderen Unternehmensbereich. Da wirkt das Gesetz der Wahrscheinlichkeit. Jedes bißchen mehr macht es wahrscheinlicher, daß es zum Austausch wichtiger Ideen kommt.«

Das neue Gebäude von Intel im Silicon Valley enthält eine Unzahl kleiner Konferenzräume. Das Management will, daß die Mitarbeiter dort zu Mittag essen und dort Probleme lösen. Die Räume sind voller Wandtafeln. (Vielleicht sollten wir diesen ganzen Komplex unserer Ergebnisse den »Tafelfaktor« nennen.)

Thomas Allen vom MIT beschäftigt sich seit Jahren mit Fragen der räumlichen Gestaltung. Er ist für die Bereiche Forschung und Technik zu verblüffenden Ergebnissen gelangt: Sind Menschen mehr als zehn Meter auseinander, so liegt die Wahrscheinlichkeit, daß sie wenigstens einmal in der Woche miteinander kommunizieren, nur bei rund acht bis neun Prozent (gegenüber 20 Prozent bei fünf Metern Abstand). Das folgende Diagramm verdeutlicht diesen eindrucksvollen Zusammenhang:

Auswirkungen der räumlichen Nähe auf die Kommunikation
F&E-Laboratorien und Konstruktionsabteilungen

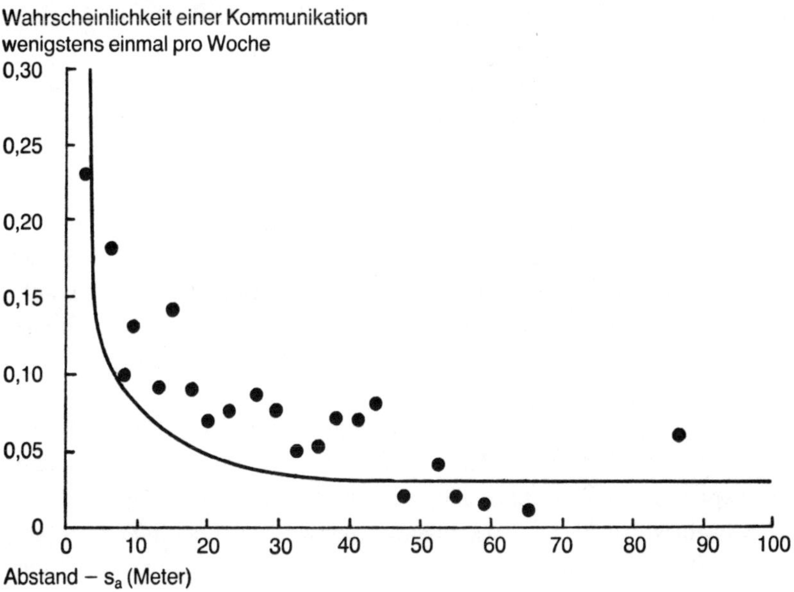

In der Gesamtbetrachtung läßt sich sagen, daß bei unverhältnismäßig vielen erfolgreichen Unternehmen das Firmengelände »Campus«-Charakter hat. Es dürfte kaum ein Zufall sein, daß von unseren Spitzenunternehmen so wenige ihren Sitz in New York City, Chicago und Los Angeles haben. Stattdessen liegt der Komplex von Deere in Moline, Illinois, das Caterpillar-Werk in Peoria, Illinois, der »Campus« von 3M in St. Paul, Minnesota, der Sitz von P & G in Cincinnati, Ohio, die Zentrale von Dana in Toledo, Ohio, das Hauptquartier von Dow in Midlands, Michigan, das Bienenhaus von HP in Palo Alto, Kalifornien, der große TI-Komplex in Dallas, Texas, und schließlich der »Kodak Park« in Rochester, N.Y. Die meisten dieser Unternehmen haben vergleichsweise viele ihrer wichtigsten Bereiche auf einem einzigen Gelände abseits der großen Ballungszentren zusammengefaßt.

4. Kommunikations-Routinen geben Innovationsanstöße. Noch auf andere Weise bringt Kommunikation Innovation hervor: durch Programme, die Innovation praktisch institutionalisieren. Das »Fellow«-Programm von IBM ist das klassische Beispiel. Die IBM-Fellows gehen auf den Wunsch von Watson Senior zurück, »Wildenten« heranzuziehen (das Bild entlehnte er bei Ibsen). Heute gibt es vielleicht 45 solcher Fellows, die in einer Anzeige in *Newsweek* vor kurzem als »Träumer, Ketzer, Störenfriede, Einzelgänger und Genies« vorgestellt wurden. »Wir sind seltener als unsere Vice Presidents,« wie einer von ihnen es ausdrückte. Ein Fellow kann fünf Jahre lang fast völlig frei schalten und walten. Seine Aufgabe ist ganz einfach: für Unruhe im System sorgen.

Und genau das tun die Fellows. Auf einem Nachtflug von San Jose nach New York traf einer unserer Kollegen einen Fellow, der gerade für mehrere Millionen Dollar im Silicon Valley Mikroprozessoren gekauft hatte – hauptsächlich nach Katalog. »Wir haben wohl sechs verschiedene Labors (bei IBM), die an Mikroprozessoren arbeiten. Aber noch niemand hat sich wirklich die Mühe gemacht herauszufinden, was es alles schon gibt. Deshalb habe ich gerade einige meiner Leute losgeschickt, um einiges zusammenzukaufen, damit wir damit experimentieren und herumspielen können«. Es ist schon erstaunlich, was ein wild entschlossener, leicht verrückter Einzelgänger zustande bringen kann. Wir untersuchten einige Projekte, an denen dieser Bekannte beteiligt war (und ließen unsere Beurteilung durch einen Außenstehenden überprüfen): er hat bei nicht weniger als einem halben Dutzend wesentlicher IBM-Innovationen eine wichtige Rolle gespielt.

Dieser Fellow läßt Hunderte von Mitarbeitern zwischen San Jose und Armonk nach seiner Pfeife tanzen. Sie sind ihm nicht direkt unterstellt, er kann sie aber nach Bedarf bei seinen Projekten einsetzen. Von seiner Ausbildung her ist er Teilchenphysiker. Seine Lieblingsbeschäftigung: der Umgang mit seinen Kunden.

IBM ist immer noch ein konservatives Unternehmen, wenn auch die Kleiderordnung nicht mehr zwingend ein weißes Hemd vorschreibt. Dieser IBM-Fellow jedoch trägt Lederjacke, Perlenketten und ein goldenes Armband; er besitzt zwei Weinkellereien. Das alles kann nur heißen, daß IBM viel an ihm liegt – und zwar sehr viel.

Eine ähnliche Lokomotiv-Funktion erfüllen das Einzelkämpfer-Programm (Individual Contributor Programm) von TI und die New Business Ventures Division bei 3M. Und wir haben noch weitere Beispiele endeckt: Harris und United Technologies verwenden vielfältige Anreize für hervorragende Leistungen im Technologietransfer zwischen Unternehmensbereichen. Bechtel verlangt, daß jeder Projekt-Manager volle 20 Prozent seiner Zeit für das Experimentieren mit neuen Technologien aufwendet. Bei GE dachte man sich das »Spielzimmer« aus (eine Einrichtung, in der die Mitarbeiter sich Roboter ansehen oder ausleihen können), um beim Marsch in die »Fabrik der Zukunft« schneller voranzukommen. Mit dem gleichen Ziel hat Datapoint »Technologiezentren« eingerichtet; dort sollen Vertreter verschiedener Fachgebiete im Interesse der Innovation zusammenkommen. In allen geschilderten Fällen geht es unmittelbar darum, das Unternehmen auf den Weg der Innovation zu zwingen.

5. Die intensive, zwanglose Kommunikation zeitigt bemerkenswert straffe Führung, obwohl sie die Innovation nicht einschränkt, sondern direkt auslöst. 3M ist ein besonders gutes Beispiel. »Natürlich stehen wir unter Kontrolle. Kein Team kann mehr als ein paar tausend Dollar ausgeben, ohne daß ihm eine ganze Schar von Leuten über die Schulter sieht – nicht um ihm Vorschriften zu machen, sondern aus echtem Interesse an dem, was vorgeht.« Wir glauben, daß ähnliche Systeme überall bei den besonders erfolgreichen Unternehmen die wirklich straffe Form der Mitarbeiterführung darstellen. In diesen Unternehmen kann sich niemand lange aufhalten, ohne daß eine Menge Leute sich ganz *informell* erkundigen kommen, wie die Dinge denn so laufen. In manchen anderen Unternehmen mit »starrer, formaler« Kontrolle dagegen kann man fünf Millionen Dollar ausgeben, ohne auch nur ein Stück Blech angefaßt zu haben, und niemand erfährt etwas davon – solange die Formulare richtig und rechtzeitig ausgefüllt werden.

Mißerfolge tolerieren

Das erfolgsorientierte, positive und innovative Klima im Unternehmen ist unvorstellbar ohne ein weiteres charakteristisches Merkmal: ein hohes Maß an Toleranz gegenüber Fehlschlägen. James Burke, Vorstandsvorsitzender von J&J, erklärt, eines der Grundprinzipien bei J&J sei die »Bereitschaft zum Mißerfolg«. Er setzt hinzu, General Johnson, der Gründer von J & J, habe zu ihm gesagt: »Wenn ich keine Fehler machte, würde ich auch keine Entscheidungen treffen.« Charles Knight von Emerson meint: »Man muß Fehlschläge einstecken können. Man kann nicht innovieren, wenn man nicht bereit ist, Fehler zu akzeptieren.« Toleranz gegenüber Mißerfolgen hat in der Kultur der erfolgreichen Unternehmen einen besonderen Stellenwert – und die entsprechenden Signale kommen von ganz oben. Champions müssen immer neue Versuche – und somit auch Fehler – machen, sonst kann das Unternehmen nichts hinzulernen.

Eines sollte man über den Mißerfolg wissen: er verliert viel von seinem Schrecken, wenn ein regelmäßiger Dialog stattfindet. Die ganz großen Fehlschläge, die wirkliche Wunden schlagen, kommen meist dann zustande, wenn ein Projekt sich ohne rechte Betreuung jahrelang hinziehen konnte. In dem Klima freimütiger Kommunikation bei den exzellenten Unternehmen passiert das selten. Der Meinungsaustausch ist offen und ehrlich. Man kann die wirklich schlechten Nachrichten nicht geheimhalten; man will und braucht es aber auch gar nicht.

Nach allem oben Gesagten genießt der Champion also vielerlei Unterstützung. Wir haben Hunderte von konkreten Hilfsmitteln ausfindig gemacht; die hier aufgeführten Beispiele sind nur eine winzige Probe aus unserem Erfahrungsschatz. Ein Patentrezept ist nicht dabei. Jedes einzelne Beispiel kann nur einen kleinen Einblick vermitteln. Das eigentliche Lehrstück ist die Existenz eines ganzen Netzes an Beistand, intelligent verknüpft und ständig in Bewegung.

Insbesondere gilt eines: Champions kommen nicht von ungefähr. Sie treten in Erscheinung, weil die Geschichte des Unternehmens und vielfältige Hilfsquellen sie dazu ermutigen, ihnen in schweren Zeiten Kraft geben, ihren Erfolgen Anerkennung sichern und sie über gelegentliche Fehlschläge hinwegtrösten. Wenn aber diese Unterstützung vorhanden ist, zeigt sich, daß die Spezies der potentiellen Champions außerordentlich verbreitet ist und sich keineswegs auf ein paar kreative Genies beschränkt.

Für alle Aussagen in diesem Kapitel – über Champions, Champion-Systeme, die Anzahl von Experimenten, die vielfältigen ineinandergreifenden Hilfsmittel – kommt die beste Bestätigung aus St. Paul, Minnesota. Dort hat 3M eine bewundernswerte Leistungsbilanz aufzuweisen, einmal sicherlich in finanzieller Hinsicht, noch mehr aber durch den steten Fluß neuer Produkte. Und diese Leistung war kein Kinderspiel, denn 3M schwimmt nicht auf der Woge einer Wachstumsindustrie oder einer ausgefallenen Technologie; es hat wenigstens so viele langsam wachsende wie schnell wachsende Geschäftszweige.

3M – Ein Musterbeispiel

Unsere Studie fand vorwiegend im Land der Riesen statt – bei den großen Konzernen, die selten so innovativ sind, wie sie es »eigentlich sein sollten«. 3M gehört durchaus in die Reihe dieser Giganten: Platz 51 auf der *Fortune*- Liste der 500 größten US-Unternehmen, 6,1 Milliarden Dollar Umsatz für 1980. Und doch *hat* 3M innoviert: mit insgesamt mehr als 50.000 Produkten, jährlich mehr als 100 wichtigen Produktneueinführungen, über 40 Divisions, zu denen jedes Jahr neue hinzukommen. Und das alles mit Erfolg. Ein ansehnlicher Gewinn nach Steuern von 678 Millionen Dollar auf den Umsatz von knapp über 6 Milliarden setzt das Unternehmen in der Umsatzrendite auf Platz 5 unter den ganz Großen (die *Fortune* 100) – vor ihm nur Sohio, Kodak, IBM und American Home Products.

3M arbeitet in vielen Bereichen. Der größte Sektor, mit rund 17 % des Umsatzes, sind Klebebänder und verwandte Produkte. Hinzu kommen graphische Produkte, Schleifmittel, Klebstoffe, Baustoffe, chemische Produkte, Sicherheitsprodukte, photographische Produkte, drucktechnische Erzeugnisse, Antistatik-Produkte, Datenspeichermedien, elektrotechnische Erzeugnisse und Artikel der Gesundheitspflege. Bei all dieser Vielfalt bewahrt 3M jedoch ein gemeinsames Grundmotiv: Das Unternehmen ist von Chemieingenieuren beherrscht, die sich vor allem in der Beschichtungs- und Klebetechnik hervortun. Die Konzentration auf diesen Sektor bedeutet allerdings nicht Phantasielosigkeit beim Ausbau der Produktlinien. Zu den neu eingeführten Produkten der letzten beiden Jahren, schreibt *Fortune,* gehören »eine Bräunungslotion, die beim Schwimmen nicht abgeht, ein Hefter, mit dem Chirurgen Schnittwunden schnell mit Metallheftklammern schließen können, ein Film für Offsetdruck, für den kein teures Silber benötigt wird, und ein Wachstumsverlangsamer für Gras.«

Peter Drucker merkt an: »Jede einzelne Leistung ist nach meiner Erfahrung das Werk eines sendungsbewußten Monomanen, und 3M huldigt der Einstellung, daß persönliches Engagement das A und O gelungener Produktentwicklung ist.« *Fortune* kommentiert einen Aspekt dieses Engagements: »Was sie in St. Paul bei der Stange hält, ist die Gewißheit, daß jeder, der ein neues Produkt erfindet oder es weiter fördert, wenn andere den Mut verlieren, oder der herausfindet, wie es rentabel in Serie gefertigt werden kann, dieses Produkt so betreuen kann, als hätte er sein eigenes Unternehmen, und daß er kaum Einmischung von oben zu erwarten hat.«

Zum Unterstützungssystem für die Champions, dessen Bedeutung wir oben herausgestellt haben, gehört auch ein gewisser Schutz, eine Art Puffer. Einer dieser Puffer bei 3M ist der »leitende Champion«. Bei diesem Unternehmen, wo Innovation Tradition hat, ist der leitende Champion unweigerlich selbst ein ehemaliger Produktchampion, der sich zu seiner Zeit »unvernünftig« verhielt, unter Beschuß genommen wurde, sich für etwas engagierte und dann vermutlich zehn oder mehr Jahre mit seinem Lieblingsprojekt zubrachte. Als leitender Champion ist er jetzt dazu da, den Nachwuchs vor verfrühten Eingriffen der Unternehmensleitung zu schützen und die Jungen aus dem Nest zu stoßen, wenn sie flügge sind. Wie fast für alles hat 3M auch für die Rolle des leitenden Champions eine Spruchweisheit parat: »Der Kapitän beißt sich auf die Zunge, bis es blutet.« Dieser Ausdruck aus der Marine bezieht sich auf die Erfahrung beim ersten Anlegemanöver eines frischgebackenen jungen Offiziers mit einem großen Schiff. 3M bezieht ihn auf die Qualen, die es verursacht, die so überaus wichtige Betreuung neuer Produkte an den Nachwuchs zu delegieren. Der leitende Champion bei 3M ist kein »Chef«. Er ist ein Trainer, ein Mentor. Er wird bezahlt für seine Geduld und sein Geschick, andere Champions zu entwickeln und zu fördern; im Bild von James March ist er der Aufsteller der Schneezäune.

Unterstützung erhält der Champion bei 3M vor allem durch das *New Venture Team.* Diese Task force zur Entwicklung neuer Geschäftsvorhaben zeichnet sich durch einige besondere Merkmale aus. Wohl die wichtigsten sind der zeitlich unbeschränkte, vollzeitige Einsatz von Fachleuten verschiedener Disziplinen, Freiwilligkeit und Stehvermögen.

Wenn bei 3M ein New Venture Team gebildet wird, hat es sehr bald hauptamtliche Mitglieder, zumindest aus Technik, Fertigung, Marketing und Vertrieb, vielleicht auch aus dem Finanzwesen. Sie werden vollzeitig abgestellt, auch wenn dies zu Anfang nicht nötig sein sollte. Das Unternehmen weiß sehr wohl, daß diese Praxis ineffizient sein kann, insbesondere ganz zu Anfang, wenn etwa der Fertigungsmann eigentlich nur für ein Drittel seiner Zeit benötigt wird. Den Preis der Ineffizienz zahlt man aber anscheinend gerne, um Engagement zu erzeugen. Und nur der vollzeitige Einsatz, so die einleuchtende Argumentation von 3M, bewirkt uneingeschränktes Engagement.

Auf Engagement zielt auch die ausschließlich freiwillige Beteiligung aller Teammitglieder. Ein Manager von 3M erläutert dies: »Die Teammitglieder werden angeworben, nicht zugeteilt. Das ist ein gewaltiger Unterschied. Wenn ich als Marketingmann abgestellt bin, um die Idee des Technikers zu beurteilen, dann kann ich mich bei dem üblichen Anreizsystem der meisten Unternehmen dadurch aus der Affäre ziehen, daß ich sage, die Idee tauge nichts, und daß ich auf alle ihre Mängel hinweise. ... So etwas gibt es einfach nicht, wenn ich dem Team freiwillig angehöre.«

Schließlich fördert 3M auch Eigenständigkeit und Stehvermögen des New Venture Teams. Das Unternehmen besteht darauf, daß das Team von der Anfangsphase bis zur Produkteinführung zusammenbleibt. »Die Unternehmensleitung sagt den Teammitgliedern«, schreibt Edward Roberts vom MIT, der sich seit 20 Jahren mit 3M beschäftigt, »wir stehen hinter euch als Gruppe. Ihr entwickelt euch mit eurem Produkt weiter, bringt es auf den Markt und profitiert von seinem Erfolg, solange ihr den üblichen Leistungsstandards unseres Unternehmens gerecht werdet. Wenn Ihr keinen Erfolg habt, sichern wir euch einen Arbeitsplatz zu, der eurer Position vor der Mitarbeit im Team entspricht.« (Diese Aussage verdeutlicht eine weitere Form der Unterstützung: Rückendeckung für sinnvolle Versuche, auch wenn sie fehlschlagen.)

Das Belohnungssystem enthält Anreize sowohl für das Team als auch für das einzelne Mitglied. Die ganze Gruppe wird befördert, wenn das gemeinsame Projekt eine Hürde nach der anderen nimmt. Der Champion zieht Nutzen aus dem Aufstieg der Gruppe und umgekehrt. Hier noch einmal Roberts zum beruflichen Aufstieg eines Mitglieds in einem erfolgreichen New Venture Team:

Für den Mitarbeiter bei einem neuen Geschäftsvorhaben wirkt sich die Steigerung im Umsatz seines Produktes direkt auf seine Position und sein Einkommen aus. Angenommen, er beginnt als einfacher Ingenieur am oberen oder unteren Ende der Gehaltsskala für diese Tätigkeit. Sobald sein Produkt auf den Markt kommt, wird er »Produktingenieur«. Wenn der Jahresumsatz 1 Million Dollar erreicht, wird daraus automatisch ein vollwertiges Produkt, und seine Positionsbezeichnung ändert sich. Auch in der Gehaltsskala steigt er auf, denn jetzt ist er zuständig für etwas, das jährlich 1 Million Dollar einbringt. Wenn sein Produkt die 5-Millionen-Dollar-Grenze übersteigt, nimmt er die nächste Hürde. Er ist jetzt »Technischer Produktlinien-Manager«. Erreicht das Produkt 20 Millionen Dollar, wird es zu einem selbständigen Produktbereich, und wenn er der wichtigste beteiligte Techniker ist, wird er nun »Technischer Leiter« oder »F & E-Leiter« dieser Abteilung.

Wer die Firmenkultur verstehen will, die den Unternehmergeist bei 3M trägt, findet einen guten Ansatzpunkt im *Wertsystem* des Unternehmens, vor allem in dessen »Elftem Gebot«. Es lautet: »Du sollst eine neue Produktidee nicht töten.« Das Unternehmen wird vielleicht einmal das Tempo der Entwicklung drosseln. Oder es setzt vielleicht kein New Venture Team ein. Doch es schießt seine Pioniere nicht ab. Wie ein Beobachter von 3M unterstreicht, steht das Elfte Gebot zu den meisten Aktivitäten in Großunternehmen im Widerspruch. Er setzt hinzu: »Wer gegen ein Projekt ist, in dem ein neues Produkt entwickelt werden soll, bei dem liegt die Beweislast – nicht bei dem, der das Projekt vorschlägt. Wenn man die Beweislast so umkehrt, daß nachgewiesen werden muß, daß die Idee *nicht* gut ist, statt beweisen zu müssen, was an der Idee gut ist, dann entsteht ein ganz anderes Klima für die Förderung unternehmerisch denkender Mitarbeiter.«

Die Pflege des Wertsystems – Eigenständigkeit, Innovation, Einzelinitiative und Unternehmergeist – hat die Führung des Unternehmens früher wie heute zu ihrem persönlichen Anliegen gemacht. Während unserer Untersuchung sprach einer von uns mit einem Manager von 3M über die Chairmen und Topmanager der letzten Zeit. So gut wie alle hatten sich selber als Champions hervorgetan. Somit wirkten das gesamte Topmanagement und viele seiner Vorgänger für den Führungsnachwuchs als Rollenmodell. Der angehende Champion fühlt sich durch die Erfolgsrezepte der großen Vorbilder ermutigt: keine Ideen abwürgen; »Nassauern« ist erlaubt; Versuch macht klug; Mißerfolge müssen auch sein; Ideen brauchen Jahre bis zum marktreifen Produkt. Lehrstücke für den Nachwuchs sind zum Beispiel die Anekdoten über den legendären

Richard Drew und seinen Mitstreiter John Borden. Chairman Lewis Lehr erzählt: »Die Verkäufer stellten in den Autofabriken immer wieder fest, daß die Arbeiter beim Lackieren der neuen zweifarbigen Wagen Schwierigkeiten hatten, das Verlaufen der Farben zu verhindern. Richard G. Drew, ein junger Entwicklungstechniker von 3M, fand die Lösung: Abdeckband, das erste Klebeband des Unternehmens. 1930, sechs Jahre nachdem Du Pont das Cellophan eingeführt hatte, fand Drew heraus, wie man darauf Klebstoff aufbringen konnte: das Scotch-Klebeband war geboren, allerdings zunächst nur als Verpackungshilfe für die Industrie. Richtig in Gang kam das Geschäft erst, als ein anderer Kreativer aus der Heldenriege von 3M, der Verkaufsmanager John Borden, einen Abroller mit eingebauter Abreißvorrichtung erfand.«

Dies ist aus verschiedenen Gründen eine typische und wichtige Episode. Zunächst einmal bestätigt sie die enge Wechselbeziehung zwischen dem Unternehmen und dem Kunden. Zweitens wird deutlich, daß nicht immer nur der Techniker die Erfindungen machen muß. Drittens zeigt es, daß 3M Projekte nicht deshalb beschneidet, weil der potentielle Markt klein erscheint; denn die ursprüngliche Verwendung sagt oft gar nichts aus über das endgültige Produktpotential (z. B. war die Urform des Scotch-Klebebandes mit seiner industriellen Anwendung auf einen engen Einsatzbereich beschränkt). Innovationsforscher stellen dieses Phänomen immer wieder fest, praktisch bei jedem neuen Produkt.

Wenn die Champions bei 3M einen Erfolg erringen, werden sie gebührend gefeiert. Lehr sagt dazu: »15 bis 20 mal pro Jahr, oder auch öfter, erreicht irgend ein neues, vielversprechendes Projekt einen gewinnbringenden Umsatz von 1 Million Dollar. Sie meinen vielleicht, das nimmt keiner zur Kenntnis ... weit gefehlt! Lichter gehen an, Glocken läuten, und Videokameras werden ausgefahren, um das Unternehmer-Team zu feiern, dem die Leistung zu verdanken ist.« Auf diese Weise ermutigt das Unternehmen den jungen Ingenieur, mit seiner glänzenden Idee vorzupreschen und Risiken einzugehen.

Das Wertsystem von 3M macht auch ausdrücklich klar, daß praktisch *jede* Idee willkommen ist. »Wegen der Vielfalt von 3M kann sich jeder leicht vorstellen, irgend jemand bei 3M werde schon etwas damit anfangen können,« bemerkt ein Kommentator. Die klassische Anekdote hierzu handelt von einem mißlungenen Bandmaterial, das zu einer mißlungenen Plastikeinlage für Büstenhalter wurde, aus der dann nach der Gründung des Amtes für Arbeitsschutz und Arbeitshygiene

(OSHA) schließlich *die* Schutzmaske für den amerikanischen Arbeiter wurde. Zwar bleibt das Unternehmen immer seinem angestammten Geschäft, der Beschichtungs- und Verbindungstechnik, verhaftet, die Art der in Frage kommenden Produkte jedoch unterliegt keinerlei Einschränkungen. Roberts schreibt: »Genügt die Produktidee den wirtschaftlichen Anforderungen an Wachstum, Rentabilität und dergleichen, so nimmt 3M es mit offenen Armen auf, ob es nun im Hauptgeschäftsbereich des Unternehmens liegt oder nicht.« Eine ähnliche Bemerkung kam von einem anderen 3M-Manager: »Wir halten nichts vom Konzept der 'cash cow' (Produkte, die man nur noch mitlaufen läßt, um aus ihrem Ertrag andere zu finanzieren). Die besten Garanten für ständige Innovation sind erfolgsgewohnte Leute in erfolgreichen Unternehmensbereichen.« 3M hat das sehr menschliche Phänomen verstanden, daß Erfolg weiteren Erfolg nach sich zieht.

Aber auch Mißerfolge finden Rückendeckung. Einmal mehr gibt die Firmenlegende Aufschluß. Chairman Lehr predigt:

Zu dem Geschäft mit dem Besandungsmaterial für Bitumenbedachungen sind wir gekommen, weil ein Mitarbeiter unablässig versuchte, eine Verwendung für Sandpapierabfälle zu finden. Er wurde schließlich entlassen (anscheinend werden sogar bei 3M bisweilen Champions vor die Tür gesetzt), weil er zu viel Zeit und Mühe auf diese eine Sache verwandt hatte. Dennoch kam er einfach immer weiter zur Arbeit. Heute erzielt unser Bereich Bedachungsmineralien ansehnliche Erträge. Der Vater des Gedankens trat vor zehn Jahren als Vice President des Bereichs in den Ruhestand. ... Kurz nach dem Zweiten Weltkrieg hatten wir ein Programm zur Entwicklung steriler Tücher für die Chirurgie. Das Programm wurde von der Unternehmensleitung zweimal eingestellt.* Aber mit steter Beharrlichkeit kamen wir schließlich doch zu einem geeigneten Produkt und legten damit den Grundstein für unseren heutigen Gesundheitspflege-Umsatz von 400 Millionen Dollar pro Jahr. ... Wir halten diese Geschichten wach und erzählen sie immer wieder, damit jeder Mitarbeiter mit Unternehmergeist, der sich in einem großen Unternehmen entmutigt, frustriert und ausgeliefert fühlt, erfährt, daß er nicht der erste ist, der auf gewaltige Widerstände stößt. ... Die Freiheit,

* Auch der Champion, der die Entwicklung »Band – BH – Schutzmaske« vorangetrieben hatte, wurde angewiesen, die Arbeit daran einzustellen. Schließlich führte er aber doch den größten Teil der Produktentwicklung selbst durch – zu Hause!

beharrlich weiterzumachen, schließt jedoch die Freiheit ein, Fehler zu machen und Fehlschläge zu haben.

Wer durchhält, wird gefeiert. Ein anderer Manager meint dazu: »Wir würgen zwar keine Ideen endgültig ab, doch lenken wir sie durchaus schon einmal in eine andere Richtung. Wir setzen auf unsere Mitarbeiter.« Er fügt hinzu: »Man muß ein Programm wenigstens einmal abwürgen, bevor es Erfolg haben kann. So weckt man die Fanatiker, die wirklich mit innerem Engagement sich darin verbeißen, einen Weg zu finden – irgend einen – der die Lösung bringt.«

Was bedeutet dies nun alles? Unter anderem bedeutet es, mit Widersprüchen zu leben (und sie zu bewältigen): nachhaltige Unterstützung für eine möglicherweise gute Idee, jedoch ohne übertrieben hohe Ausgaben, denn 3M ist in erster Linie ein sehr pragmatisches Unternehmen. Der übliche Ablauf sieht so aus: Der Champion sucht sich, sobald seine Idee sich vom reinen Entwurf zum Prototyp entwickelt, ein Team zusammen. Es umfaßt schließlich fünf oder sechs Mitarbeiter. Dann stößt das Programm irgendwann (mit statistischer Wahrscheinlichkeit) auf eine Schwierigkeit. 3M nimmt vermutlich sehr bald Streichungen vor und zieht einige Teammitglieder ab. Ganz wie der Firmenmythos es verlangt, wird jedoch der Champion – wenn er sich wirklich engagiert – ermutigt, allein oder vielleicht auch zusammen mit einem Kollegen mit vielleicht 30 Prozent des bisherigen Arbeitseinsatzes weiterzumachen. Nach 3M-Erfahrung hat jedes Produkt eine Vorgeschichte von mindestens einem *Jahrzehnt,* bis der Markt wirklich reif dafür ist. (Ein Jahrzehnt hört sich lang an, doch aus einer Vielzahl systematischer Untersuchungen geht hervor, daß der zeitliche Abstand zwischen der ersten Idee und der kommerziellen Nutzung auf fast allen Gebieten, bei der Spitzen- wie bei der Basistechnologie, im Schnitt zehn bis zwanzig Jahre beträgt.) Der Champion überlebt also das Auf und Ab. Schließlich wird der Markt oft doch noch reif. Das Team des Champions wird wieder aufgebaut.

»Wir glauben, daß wir praktische Probleme lösen können«, erklärt ein 3M-Manager, und genau so ist 3M auch: ein Unternehmen praktischer Problemlöser, ob sie nun Verkäufer oder technische Champions sind. So hatte auch alles angefangen. Ein Beobachter bemerkt dazu: »Die Erfindungsbesessenheit stammt noch aus der Anfangszeit des Unternehmens. Mehrere örtliche Investoren kauften eine Mine, in der sie wertvollen

Korund vermuteten, ein sehr hartes Mineral für hochwertige Schleifmittel. Das Mineral erwies sich jedoch als minderwertig. Die Anleger kamen zu dem Schluß, um zu überleben, müßten sie wohl in verwandte Geschäfte mit hoher Wertschöpfung ausweichen.« Dazu Lehr: »Die Verkäufer gingen von Fabrik zu Fabrik und klopften an alle Türen. Sie machten jedoch nicht bei den Einkaufsabteilungen halt. Sie sprachen auch mit den Arbeitern in den Werkshallen und sahen nach, was vielleicht gebraucht, aber noch nirgendwo hergestellt wurde.« Die Verkäufer wurden zu Problemlösern, und heute noch ist der Verkäufer, mit seinem Kollegen von der Technik im Schlepptau, der Dreh- und Angelpunkt der 3M-Strategie.

3M hat als erstes Unternehmen erkannt, daß Innovation vom *Gesetz der großen Zahl* bestimmt wird. »Wir machen das so, daß wir ein bißchen produzieren, ein bißchen verkaufen, dann ein bißchen mehr produzieren,« erklärt F&E-Chef Robert M. Adams. Einer seiner Kollegen spricht von »großen Ergebnissen aus kleinen Anfängen. ... Gerade so viel Geld aufwenden, wie nötig ist, um in kleinen Schritten das Unwissen zu verringern. ... Viele kleine Versuche innerhalb kurzer Zeit. ... Entwicklungsarbeit ist eine Reihe von Stippvisiten in unterschiedlichen Gebieten. ... Die Aussichten, daß irgendeine einzelne Idee zur kommerziellen Nutzung gelangt, sind praktisch gleich null. ... Für Rohideen gibt es keinen Numerus clausus.« Überall tummeln sich also die Champions und machen für wenig Geld kleine Experimente. Meistens haben sie Pech. Manche jedoch nehmen eine Hürde nach der anderen; und einige wenige schaffen es ganz.

3M stellt Mittel bereit für alle, die irgendeine Gruppe oder Arbeitsgemeinschaft bilden wollen, ob das gewählte Thema nun Korbflechten, Festkörperphysik oder Mikroelektronik heißt. Außerdem ist der »Campus« geradezu ein Sammelbecken von Testeinrichtungen. Es ist verblüffend, wie schnell eine Idee in ein Stück Blech und dann in einen Prototyp verwandelt wird. Auch die Benutzer werden vom Entwurf bis zur Markteinführung intensiv in die Produktentwicklung einbezogen.

Während erster Gespräche bei 3M hörten wir, daß ein Vorschlag für ein neues Produkt durchschnittlich fünf Seiten lang ist, und wir waren über diese Kürze sehr erstaunt. In einem Vortrag ging einer von uns auf diese Beobachtung ein. Ein Vice President von 3M, der auch unter den Vortragenden war, stand auf und sagte, im allgemeinen sei unsere Beurteilung von 3M zwar richtig, aber »In diesem Punkt liegen Sie völlig falsch.« Wir machten uns auf einen zweiten Schlag gefaßt: Gab es etwa bei 3M auch 200 Seiten starke Produktvorschläge wie bei den meisten anderen Unternehmen, die wir kannten? Er fuhr fort: »Ein einziger zusammenhängender Satz ist für uns ein brauchbarer erster Entwurf eines Entwicklungsprogramms.«

Das ganze System – Champions, New Venture Teams, zwanglose Kommunikation, freiwillige Mitarbeit in Teams, Rückhalt auch bei Mißerfolgen usw. – lebt vor allem von dem unablässigen Bemühen um möglichst wenig Bürokratie. Derselbe Vice President fügte hinzu: »Wir engen uns nicht schon am Anfang, wenn man noch am wenigsten weiß, durch Pläne ein. Natürlich planen wir auch. Für den Verkauf stellen wir sogar sehr detaillierte Pläne auf. Aber in dem Stadium wissen wir dann auch schon etwas. Weshalb sollten wir ganz zu Anfang Zeit darauf verwenden, einen Plan von 250 Seiten zu verfassen, der Informationen geben soll, bevor wir noch beim Kunden oder in irgend einer Pilotanlage einige einfache Tests gemacht haben?«

Aus ähnlichen Gründen lehnt 3M den Gedanken an einen »Mindestabsatz« für jedes Produkt ab. »Unsere Erfahrung sagt uns«, erklärt ein Manager, »daß wir vor der Markteinführung überhaupt nicht wissen, wie wir die Absatzentwicklung eines neuen Produkts einschätzen sollen. Darum machen wir Absatzprognosen lieber erst, nachdem wir auf dem Markt sind, nicht vorher.« Und der Leiter des Unternehmensbereichs Neue Geschäftsvorhaben bekräftigt: »Eine Produktentwicklung wird *nie* analytisch begründet; sie ist Glaubenssache.«

Einerseits ist die *Organisationsstruktur* bei 3M nicht wichtig. Roberts bemerkt dazu: »An der Unternehmensstruktur von 3M ist, wenn man sie sich so auf dem Papier ansieht, auf den ersten Blick nichts Besonderes.« Noch eindeutiger äußerte sich ein 3M-Manager: »Die Struktur ist für uns ohne Belang.«

Trotzdem gibt es eine Reihe mehr oder weniger strukturbezogener Merkmale, die durchaus wesentlich sind. Erstens: Ungeachtet einer gemeinsamen technischen Basis, die andere zu einer Funktional- oder Matrixstruktur verführen könnte, bleibt 3M ein konsequent dezentralisiertes Unternehmen. Es hat vielleicht 40 Divisions. Zweitens gehört es zum guten Ton, immer neue Divisions zu schaffen. Noch vor einem Jahrzehnt gab es erst rund 25 statt der heutigen 40. Teile abzutrennen, statt mehr Umsatz für den eigenen Bereich zu suchen, ist der altbewährte (wenn auch unorthodoxe) Weg zum Erfolg.

Diese Art Flexibilität geht aber noch viel weiter, besonders bei Startversuchen. Nehmen wir einmal an, ein Mitarbeiter der Produktentwicklung einer 3M-Division hat eine Idee. Zuerst tut er das übliche: Er bittet seinen Chef um die Mittel dafür. Nehmen wir an, sein Chef lehnt ab. In dem Moment setzt das Wunder von 3M ein. Der Mitarbeiter geht zu einer anderen Division seines Unternehmensbereichs. Blitzt er wieder ab, geht er nach nebenan zur nächsten Division des Unternehmensbereichs. Er arbeitet vielleicht im Unternehmensbereich Klebstoffe, aber es ist durchaus nicht ungewöhnlich, wenn er sich auch an den Bereich Bürobedarf wendet. Wenn man auch dort und überall sonst nicht von ihm wissen will, geht er zur letzten Instanz: der New Business Ventures Division. Dort landen die wirklich ausgefallenen Ideen.

Wie kommt es, daß 3M mit einem solchen Verfahren Erfolg hat? Ganz einfach: Die Manager werden dazu mit allen Mitteln angespornt. Die Vergütung eines Unternehmensbereichsleiters richtet sich zum Teil nach dem Betrag, den er zur Finanzierung neuer Vorhaben aufwendet, die von außerhalb seines Bereichs an ihn herangetragen worden sind. Die gleiche Regel gilt auch für die Leiter der Divisions. Ein ganzes Prämiensystem ist darauf ausgelegt, daß jeder, der eine Idee zu verkaufen hat oder auf der Suche nach Ideen ist, nach allen Seiten Ausschau hält. Entsprechend flexibel ist das Unternehmen auch bei Umbesetzungen. Wenn ein Mitarbeiter des Unternehmensbereiches A zum Beispiel eine Idee an der Leiter einer Division des Unternehmensbereichs B verkauft, arbeitet er unter Umständen dort weiter.

Eine unumstößliche Regel verpflichtet jede Division, wenigstens 25 Prozent ihres Umsatzes mit Produkten zu erzielen, die es vor fünf Jahren noch nicht gab. Nach herkömmlichen Vorstellungen ist es bemerkenswert, daß dieses Ziel wirklich für *alle* der über 40 Divisions gilt (ob sie nun in einem schnell oder langsam wachsenden Sektor tätig sind). In anderen Unternehmen gelten solche Ziele häufiger auf Unternehmens- oder Unternehmensbereichsebene; dabei leidet aber das Engagement genau dort, wo es am dringendsten benötigt wird: in der Division, wo sich konkret etwas ausrichten läßt. Bei 3M, wo die Ziele immer auf Division-Ebene erreicht werden müssen, sind 40 Unternehmer, nicht fünf oder zehn, ständig auf der Jagd nach neuen Produkten.

Die wichtigste Erkenntnis jedoch, wie man nicht oft genug betonen kann, ist, daß der Erfolg nicht von ein oder zwei einzelnen Faktoren abhängt. Sicherlich sind der Champion, der leitende Champion und das

Venture Team die Seele dieses Prozesses. Aber wenn sie Erfolg haben, dann nur aus folgenden Gründen: es gibt Vorbilder in Hülle und Fülle; das Wertsystem konzentriert sich auf das »Schnorren« von Mitteln und Ideen; Mißerfolge sind normal; es wird Wert auf Nischendenken und engen Kundenkontakt gelegt; man versteht die Kunst kleiner, beherrschbarer Schritte; rege, zwanglose Kommunikation ist an der Tagesordnung; die räumlichen Verhältnisse bieten zahlreiche Experimentiermöglichkeiten; die Unternehmensstruktur läßt Innovationen nach Art von 3M nicht nur zu, sondern fördert sie ausdrücklich; übermäßige Planung und Papierberge gibt es nicht, dafür aber scharfen internen Wettbewerb. Im ganzen sind es vielleicht ein Dutzend Faktoren. Ihr harmonisches Zusammenwirken – über Jahrzehnte hinweg –, das ist der Motor der Innovation bei 3M.

8. Produktivität durch Menschen

Die Marine, erklärte Elmo Zumwalt, ehemaliger Chef des Oberkommandos der US-Marine, geht davon aus, »daß jeder unterhalb des Kommandeursrangs nicht die nötige Reife hat.« Und ein Freund von uns, der mehrere Werke von General Motors leitet, zeigte uns ein Gedicht aus dem Untergrund der Automobilarbeiter; die Aussage ist verblüffend ähnlich:

> *Sind diese Männer und Frauen die Werktätigen aller Länder? Oder ist dies ein überalterter Kindergarten – die Jungen dauernd am Fummeln und Betatschen, die Mädchen albern und frech?*
>
> *Was hat es mit der Einfahrt, den Werkstoren auf sich. Liegt es an den Wachmännern, der Ausweiskontrolle – dem Geruch? Durchdringt dich ein unsichtbares Auge bis ins Innerste und verändert dein Wesen? Eine Aura, ein Äther, die Herz und Hirn dir waschen und befehlen: »Für acht Stunden bist du nun anders.« Was macht einen Mann mit einem Schlag zum unmündigen Kind? Augenblicke zuvor war er noch ein Vater, ein Ehemann, ein Hausbesitzer, ein Wähler, ein Liebhaber, ein Erwachsener. Wenn er sprach, hörten wenigstens einige zu. Verkäufer warben um seine Gunst. Versicherungsvertreter appellierten an seinen Familiensinn, und auch die Kirche bat um seine Hilfe. ...*
>
> *Doch das war, bevor er am Werkschutz vorbeischlurfte, die Stufen hinaufstieg, den Mantel aufhängte und seinen Platz am Band einnahm.*

Der Mann, von dem wir dies haben, sieht nur einen Schlüssel zur Mitarbeiterorientierung: Vertrauen. Einige werden es mißbrauchen. »3 bis 8%«, sagt er und lächelt über die Genauigkeit der Schätzung. Wer nicht daran glaubt, nennt »unzählige Gründe, weshalb den Arbeitern nicht zu trauen ist. Die meisten Unternehmen werden nach Regeln geführt, die in dem *durchschnittlichen* Arbeiter einen unfähigen Taugenichts sehen, der geradezu darauf brennt, alles zu verpfuschen.« Er gebraucht ein Bild: »Gehen Sie schon mal in Parks? Die meisten sind mit Schildern zugestellt, auf denen steht, Nicht den Rasen betreten, Parken verboten, Dies verboten, Das verboten. Auf einigen wenigen steht Zelten erlaubt oder Benutzung der Picknicktische frei. Auf den einen steht, was man alles *nicht darf*. Die anderen sagen, daß man *darf*, fordern zum Mitmachen, zur Nutzung der Einrichtungen auf.« Dieser Unterschied in der Einstellung hat auf die Menschen einen gewaltigen Einfluß, sagt er mit Nachdruck.

In den wenigen Jahren, in denen Zumwalt bei der Marine das Ruder führte, veränderte er von Grund auf die Führungsmethoden. Dabei lag allem, was er tat, letztlich seine einfache Überzeugung zugrunde, daß Menschen es zu schätzen wissen, wenn man sie als Erwachsene behandelt. Diese Grundhaltung führt er auf einen frühen Kommandoauftrag zurück:

Vor allem versuchte ich, dafür zu sorgen, daß alle Offiziere und Mannschaften auf dem Schiff nicht nur wußten, was wir tun wollten und warum wir jedes auch noch so lästige taktische Manöver ausführten, sondern daß sie verstehen lernten, wie alles miteinander zusammenhing; alle sollten etwas von dem Spaß und dem Gefühl der Herausforderung mitbekommen, die wir in den vordersten Rängen dabei hatten. Dazu wandten wir keineswegs besonders ausgefallene Techniken an. Wir machten häufig Lautsprecherdurchsagen und erklärten, was gerade vorging. Morgens und abends diskutierte ich mit den Offizieren – und diese diskutierten wiederum mit ihren Untergebenen – die Ereignisse des kommenden und des vergangenen Tages, die Maßnahmen des Gegners und unsere Gegenmaßnahmen. Wir gaben innerhalb des Tagesplanes schriftliche Mitteilungen heraus, um der Besatzung etwas von der farbigen, menschlichen Seite der Arbeit auf dem Schiff zu vermitteln. Ich unterhielt mich angeregt in der Unteroffiziersmesse, wo ich oft auf eine Tasse Kaffee vorbeikam. Aber wichtiger als all diese Einzelheiten war natürlich das grundsätzliche Bemühen, für unsere ganze Arbeit eine Atmosphäre von Einsatzfreude, Spaß und Begeisterung zu schaffen.

Zumwalt setzt hinzu, in nur 18 Monaten hätten diese Methoden sein Schiff innerhalb des Geschwaders in der Effizienzwertung vom letzten auf den ersten Platz gebracht. »Ich wußte also aus Erfahrung«, sagt er, »wie sehr es sich bezahlt macht, wenn man Seeleute als Erwachsene behandelt.« Chairman James Treybig von Tandem stößt in das gleiche Horn: »Wir gehen davon aus, daß wir es mit Erwachsenen zu tun haben.« Unser Kollege Ken Ohmae in Tokio erklärt dazu: »Das japanische Management sagt den Arbeitern immer wieder, daß die an der »Front« das Geschäft am besten kennen und daß Innovationen und Verbesserungen vom *genba* (Ort des Geschehens) ausgehen müssen.« Ein frisch gebackener Wharton-MBA, der sich kürzlich statt für eine akademische Laufbahn für eine Position als Betriebsleiter bei General Signal entschied, sieht es ähnlich: »Die Leute überschwemmen einen geradezu mit Ideen, wenn man sie nur läßt.«

Die folgende Episode aus dem Arbeitsleben, die ein Student der Managementlehre erzählt, verleiht all diesen Äußerungen Nachdruck:

Ich leitete die Einsatzplanung in der Niederlassung eines großen Speditionsunternehmens in San Francisco. Unser Terminal war in keiner Weise führend, außer bei den roten Zahlen. Ich trug meine Sorgen einigen Fernfahrern vor. Sie erwiderten, sie seien gerne Fernfahrer und hielten sich auch für gute Leute, doch noch *nie* habe sie ein Vorgesetzter gebeten, ihm bei Problemen der Streckenplanung zu helfen, oder habe ihnen das Gefühl gegeben, sie spielten in dem ganzen Geschehen eine wichtige Rolle. Ich sorgte dann zunächst einmal dafür, daß die Fahrer, wenn sie morgens zur Arbeit kamen, ihre Zugmaschinen startklar aufgetankt, angewärmt und gewaschen vorfanden. Ich hoffte, das würde ihnen das Gefühl geben, daß sie eine wichtige, dringliche Aufgabe hatten. Außerdem gab ich jedem einige Firmenmützen und Werbebroschüren mit, die sie nach eigenem Gutdünken an die Kunden verteilen konnten. (Das war streng verboten; nur Vertreter waren dazu berechtigt. Ich mußte die Mützen eines Morgens einem Vertreter aus dem Auto stehlen.)

Die Streckenplanung für den gesamten Güternahverkehr hatten bisher die Disponenten gemacht (gewöhnlich ohne viel Erfolg); ich wies sie nun an, auf jedem dritten oder vierten Frachtbrief die Streckenangabe wegzulassen, so daß sie den Rampenmeister, wenn er sie nach der Streckenführung fragte, um Vorschläge bitten konnten. Die meisten dieser Ideen hielt ich vor meinen Vorgesetzten und der Gewerkschaft geheim. Zu meiner Überraschung kam der Betrieb wieder in die Gewinnzone. Ich schlug die Ergebnisse am *Gewerkschaftsbrett* an (auch das war strikt gegen die Vorschrift), ohne daß sich jemand beschwerte. Es kam sogar so weit, daß die Vertreter aufmerksam wurden, weil die Fahrer mehr neue Kunden anbrachten als sie – weshalb mehrere von ihnen beschlossen, die Fahrer auf ihrer Tour zu begleiten, um ihren »Geheimnissen« auf die Spur zu kommen.

Die gute Ertragslage blieb eine ganze Zeitlang erhalten, bis mein Chef merkte, was vorging, und nervös wurde, weil die Fahrer soviel Freiheiten hatten. Ungefähr zur gleichen Zeit führte das Unternehmen ein Kontrollsystem ein, nach dem jeder Fernfahrer über seinen Arbeitstag auf eine Viertelstunde genau Rechenschaft abzulegen hatte. Mit der Rentabilität war es aus, und die Kundenbeschwerden nahmen zu. Ich setzte mich ab zur Business School.

Behandele Menschen wie Erwachsene. Behandele sie wie Partner; behandele sie mit Würde und Achtung. Behandele *sie* – nicht Investitionen oder Automation – als die wichtigste Quelle für Produktivitätssteigerung. Das sind Grunderkenntnisse aus unserer Untersuchung über die besonders erfolgreichen Unternehmen. Wer hohe Produktivität und die entsprechenden finanziellen Ergebnisse erreichen will, muß seine Mitarbeiter als sein wichtigstes Kapital behandeln. In *A Business and Its Beliefs* bringt Thomas J. Watson Junior das sehr gut zum Ausdruck: »Die IBM-Philosophie besteht im wesentlichen aus drei einfachen Überzeugungen. Ich möchte mit der beginnen, die ich für die wichtigste halte: *unserer Achtung vor dem einzelnen.* Das ist ein sehr einfacher Begriff, doch bei IBM verwendet das Management darauf einen großen Teil seiner Zeit. Von dieser Überzeugung war mein Vater zutiefst durchdrungen.«

Bei den exzellenten Unternehmen war nichts häufiger zu spüren als die *Achtung vor dem einzelnen.* Diese Grundhaltung war allgegenwärtig. Aber wie bei so vielen anderen Dingen, die wir angesprochen haben, kommt auch diese Haltung nicht in irgendeiner Einzelheit zum Ausdruck und zur Wirkung – in einer Annahme, Überzeugung oder Aussage, einem Ziel, einer bestimmten Wertvorstellung oder einem System oder Programm. Lebendig erhalten wird diese Idee in den Unternehmen durch eine Vielzahl struktureller Hilfsmittel, Systeme, Stile und Werte, die sich alle wechselseitig verstärken und diesen Unternehmen ihre außerordentliche Fähigkeit verleihen, mit ganz gewöhnlichen Menschen außergewöhnliche Ergebnisse zu erzielen. Damit sind wir wieder bei den Aussagen in unserem früheren Kapitel über die »Triebfeder Motivation«. Diese Unternehmen geben ihren Mitarbeitern die Möglichkeit, ihr Geschick selbst zu beeinflussen; sie vermitteln den Menschen einen Sinn. Sie machen aus Lieschen und Otto Müller Erfolgsmenschen. Sie lassen es zu, daß Mitarbeiter sich hervortun, ja, sie drängen sogar darauf. Sie betonen das Positive.

Noch eine letzte klärende Vorbemerkung: Wir plädieren nicht dafür, daß Mitarbeiter in Watte gepackt werden sollen. Wir plädieren für die illusionslose Achtung vor dem einzelnen und die Bereitschaft, ihn weiterzubilden, ihm vernünftige und klare Ziele zu setzen und ihm in der Praxis so viel an Freiraum einzuräumen, daß er an seinem Platz einen eigenen Beitrag leisten kann.

Echte Mitarbeiterorientierung steht in ausgesprochenem Gegensatz zu den beiden Verhaltensweisen, durch die sie in allzuvielen Unternehmen ersetzt wird: Lippenbekenntnisse und Modemaschen, beides eine Katastrophe.

Dabei sind die Lippenbekenntnisse wahrscheinlich sogar die größere Katastrophe. Fast alle Unternehmensleitungen, mit denen wir zu tun haben, erklären, ihre Mitarbeiter seien wichtig, ja sogar lebenswichtig für das Unternehmen. Doch über diese Worte hinaus schenken sie den Mitarbeitern nicht mehr viel Beachtung. Wahrscheinlich fällt ihnen ihr Versäumnis nicht einmal auf. »Mitarbeiterfragen nehmen meine ganze Zeit in Anspruch«, lautet die typische Erwiderung. Im Klartext heißt das oft: »Alles wäre so einfach, wenn nicht immer das Personal wäre.«

Erst im Vergleich mit den Spitzenunternehmen wird der Unterschied deutlich. Dort hat die Mitarbeiterorientierung häufig schon vor Jahrzehnten begonnen – Vollbeschäftigungspolitik in Zeiten der Rezession, umfassende Schulung, als in der Regel noch gar nicht geschult wurde, allgemeine Anrede mit dem Vornamen in einer Zeit, die viel förmlicher war als unsere, und so weiter. Anteilnahme liegt den Managern dieser Unternehmen im Blut. Die Mitarbeiter sind Sinn und Zweck ihrer Managementaufgabe; und die Manager wissen das und leben es vor.

Diese Einstellung ist tief verwurzelt und bis in typische Redewendungen hinein zu merken. Bei Delta ist vom »Familiensinn« die Rede. Bei Hewlett-Packard spricht man vom »HP-Stil« und von dem »Management durch Herumwandern«. Bei Dana kommt einfach ständig das Wort »Menschen« vor – ob nun im Jahresbericht, in Vorträgen der Unternehmensspitze oder in Grundsatzerklärungen. (René McPherson, der ehemalige Chairman, legt darauf den größten Nachdruck. In einem Gespräch geht er auf eine neue große Anzeigenkampagne von Ford ein. »So was!« sagt er: »Da reden die von ›Arbeitnehmern‹. Weshalb nicht von ›Menschen‹?«) Statt als Personal, bezeichnet man die Beschäftigten bei McDonald's als »Mitglieder der Mannschaft«, bei Disney Productions sind sie »Mitglieder des Ensembles« und bei J. C. Penney »Partner«.

Diese Firmen haben keine Angst, zuviel »Tamtam zu machen«; sie schrecken nicht davor zurück, das Ganze könnte abgeschmackt oder zu dick aufgetragen wirken; und die Menschen sprechen darauf an. Anfangs dachten wir, an der Tagesordnung wäre diese Art Jubel und Trubel nur in Unternehmen wie Tupperware, wo es heißt, daß der President und seine Spitzenmanager 30 Tage im Jahr auf dem »Jubilee«-Fest zubringen, um den Erfolg ihrer *15000* besten Verkäufer und Manager zu feiern. Aber dann begegneten wir selbst in Unternehmen der Spitzentechnologie ganz ähnlichem Rummel (man denke nur an das HP-Lied »Grab a Grizzly« (»Schnapp Dir einen Grizzly-Bär«), mit dem der erste Computer der 3.000er-Serie gefeiert wurde). Und bei Caterpillar soll es eine Veranstaltung gegeben haben, auf der gewaltige Erdbewegungsmaschinen in Kostümen »auftraten«.

Die – vielleicht unerwartete – Kehrseite dieser Mitarbeiterorientierung ist ein sehr hohes Anspruchsniveau: Die besonders erfolgreichen Unternehmen sind meßwütig und leistungsorientiert. Aber dieses Anspruchsniveau zeigt sich mehr in wechselseitig hohen Erwartungen und ständigem Leistungsvergleich als in der eisernen Faust der Manager und in komplizierten Kontrollsystemen. Trotzdem ist der Anspruchsdruck wahrscheinlich eher stärker als bei den weniger erfolgreichen Unternehmen mit ihren formalen Systemen, denn nichts wirkt anspornender als das Gefühl, gebraucht zu werden, und genau das macht die Wirkung hoher Erwartungen aus. Gehen diese hohen Erwartungen darüber hinaus von den eigenen Kollegen aus, so ist der Leistungsdruck noch weitaus stärker. Menschen vergleichen sich gerne mit anderen, wie wir schon in Kapitel 3 darstellen konnten, und sie messen sich auch gerne an

Normen – wenn die Norm erreichbar ist, und insbesondere dann, wenn sie bei ihrer Festlegung mitgewirkt haben.

Entscheidend ist also die wirklich *allumfassende* Mitarbeiterorientierung in den besonders erfolgreichen Unternehmen. Den Unternehmen, die sich auf Lippenbekenntnisse beschränken, fehlt fast alles, was wir gerade beschrieben haben. Zwar werden auch dort Entlassungen nicht leichtfertig beschlossen, doch finden wir nur wenig Vergleichbares zu den wirklich ungewöhnlichen Anstrengungen, die IBM, Delta, Levi's oder HP unternehmen, um Beschäftigungsschwankungen zu vermeiden. Und selbst die Art zu reden ist anders. Wenn in den weniger gut geführten Unternehmen aus dem Nähkästchen geplaudert wird, ist bei weitem nicht so oft von Anteilnahme und Fürsorge für das Wohl der Beschäftigten und vom Umgang mit ihnen die Rede wie bei Dana, Digital oder IBM. In den »Unternehmen der Lippenbekenntnisse« bezeichnet das Wort »Manager« häufig nicht jemanden, der sich die Ärmel aufkrempelt, um zusammen mit dem Arbeiter eine Sache durchzuziehen, sondern jemanden, der dafür Assistenten einstellt. Von einem Leistungsvergleich zwischen Kollegen ist in diesen Unternehmen nie die Rede. Sie neigen zu Geheimniskrämerei und halten bewußt Informationen vor ihren Beschäftigten zurück. Was das bedeutet, ist klar: Die Beschäftigten gelten als nicht reif genug, um die Wahrheit zu verkraften. Und all der Rummel, das Remmidemmi, die ständig wechselnden Preise, Belohnungen und sonstigen Anreize? Das alles fehlt in diesen Unternehmen ebenfalls! Sicherlich wird ab und zu etwas Neues ausprobiert, wie »MBO« (Management durch Zielvorgabe), Qualitätszirkel oder der Scanlon-Plan, je nachdem, was gerade in Mode kommt. Doch alles wird sehr bald wieder verworfen oder verbürokratisiert. Die Schuld am Mißerfolg gibt man dann häufig »den Gewerkschaften« oder dem »mangelnden Mitziehen des Personals«. Nur selten werden Mangel an Beharrlichkeit und echtem Interesse beim Management dafür verantwortlich gemacht.

Das führt uns unmittelbar zu dem zweiten Problem: den Modemaschen. Die neueste dieser »Maschen« ist der Qualitätszirkel. Gegen die Idee ist überhaupt nichts einzuwenden, wie es uns die Japaner so nachdrücklich vor Augen geführt haben. Aber die Qualitätszirkel sind nur das jüngste Glied in einer ganzen Kette ähnlicher Hilfmittel; sie alle können entweder sehr nützlich sein, oder sie können auch nur als Nebelschleier dienen, hinter dem sich das Management weiterhin um seine Aufgabe echter Menschenführung drücken kann. Vor zehn Jahren war der neueste Schrei das Job Enlargement. Davor war es die scheinbar allgegenwärtige Organisationsentwicklungs-Bewegung, die Teams und T-Gruppen aus dem Boden schießen ließ und zahllose Konfliktlösungsstrategien und Management-Typologien hervorbrachte. Heute bleichen die Gebeine dieser Programme in der Wüste der amerikanischen Produktivitätsschwäche. Geändert hat sich sehr wenig. Unternehmensberater und andere verkauften damals ihre Programme an die unteren Führungsebenen, z. B. die Schulungsleiter; das Top-Management ließ sie gewähren, nicht zuletzt, um sich nicht selbst damit abgeben zu müssen. Doch diese vermeintlichen Allheilmittel konnten keinen Erfolg haben, solange sie ausschließlich von unten her angesetzt wurden – d. h. ohne intensive Beteiligung des Top-Managements. So etwas kann nicht funktionieren – dazu sind die Veränderungen, die solche Programme mit sich bringen, viel zu einschneidend.

Ebenso wie es undenkbar ist, daß einige wenige Programme einen grundlegenden Wandel bewirken, so darf man auch nicht erwarten, daß irgendeine einzelne Methode mehr als ein paar Jahre überdauert. Die meisten Spitzenunternehmen *haben* MBO-Systeme, sie *haben* Qualitätszirkel, und sie *haben* wahrscheinlich auch Projektmanagement; vielleicht arbeiten sie mit all diesen Methoden. Aber sie haben viel mehr als das. Im Laufe unserer Untersuchung erstaunte uns allein schon die Zahl der mitarbeiterbezogenen Programme und die Häufigkeit, mit der sie ergänzt oder neu gestaltet werden. Und diese Programme sind weder ein Lippenbekenntnis noch eine Modemasche. Wir fanden gut ausgebaute Geldprämiensysteme, aber damit hatten wir auch gerechnet. Daneben entdeckten wir jedoch eine unglaubliche Vielfalt immaterieller Anreize und eine erstaunliche Fülle experimenteller oder gerade neu eingeführter Programme. Kein Mittel bleibt unbegrenzt wirksam, nicht einmal in den besten Unternehmen. Es kommt darauf an, das Problem in gleicher Weise zu behandeln wie die Entwicklung neuer Produkte: Es muß für steten Nachschub an neuen Programmvorschlägen gesorgt sein, von denen die meisten – ganz wie neue Produktideen – sich als unbrauchbar erweisen werden. Wenn im Werk Milwaukee das Job Enrichment nicht funktioniert, dann muß man es dort eben mit sieben anderen Programmen versuchen, die in anderen Werken Erfolg haben oder die sich bei anderen Firmen bewährt haben.

Erfolgsbeispiele

Fast alle Topmanager versichern, daß ihrem Unternehmen die Mitarbeiter am Herzen liegen. Die exzellenten Unternehmen aber zeichnen sich dadurch aus, daß dieses Anliegen bei ihnen jederzeit und überall unübersehbar zum Ausdruck kommt. Beschreiben läßt sich das nur anhand konkreter Beispiele.

RMI

RMI gibt einen guten Anfang ab. Diese gemeinsame Tochtergesellschaft von U. S. Steel und National Distillers, Hersteller von Titanprodukten, lag jahrelang unter dem Durchschnitt der Branche. Produktivität und Ertragslage waren in trostlosem Zustand. Während der letzten fünf Jahre jedoch hat RMI bemerkenswerte Erfolge erzielt, die fast ausschließlich auf das Konto eines neuen, stark mitarbeiterorientierten Produktivitätsprogramms gehen.

Es begann damit, daß »Big Jim« Daniell, ein ehemaliger Football-Profi und früher Kapitän der Cleveland Browns, an die Unternehmensspitze berufen wurde. Das von ihm eingeleitete Programm beschrieb das *Wall Street Journal* als »wahres Rührstück – eine Mischung aus schmalzigem Sprücheklopfen, Kommunikation und einem Lächeln zu jeder Gelegenheit«. Überall in den Werken hängen Sprüche. »Wenn Du einen Menschen ohne Lächeln siehst, schenk ihm Deines« oder »Erfolg hat man nur, wenn's Spaß macht«. Alles unterschrieben mit »Big Jim«.

Und das ist eigentlich schon alles. Das Unternehmenssignet ist ein lächelndes Gesicht, das auch auf dem Briefpapier, an der Werksfassade, auf Schildern im Werk und auf den Schutzhelmen der Arbeiter auftaucht. Die Zentrale von RMI liegt in Niles, Ohio, das jeder jetzt »Smiles, Ohio« nennt. Big Jim verbringt einen großen Teil seiner Zeit damit, in einem Golfwägelchen auf dem Werksgelände herumzufahren, seinen Arbeitern zuzuwinken, mit ihnen zu scherzen und ihnen zuzuhören. Und dabei redet er alle mit dem Vornamen an – sämtliche 2.000 Mitarbeiter. Außerdem verbringt er sehr viel Zeit bei der Gewerkschaft. Der örtliche Gewerkschaftsvorsitzende macht ihm ein Kompliment: »Er lädt uns zu seinen Sitzungen ein und sagt uns, wie die Dinge stehen, – was anderswo einfach undenkbar wäre.«

Und was kommt dabei heraus? Nun, in den letzten drei Jahren hat Big Jim praktisch ohne jeden Investitionsaufwand die Produktivität um fast 80 Prozent gesteigert. Und die Zahl der anhängigen Schlichtungsverfahren mit der Gewerkschaft ging von durchschnittlich 300 auf rund 20 zurück. Big Jim, sagen seine Kunden (z. B. bei Northrop), strahlt ganz einfach Anteilnahme aus – für seine Kunden wie seine Mitarbeiter.

Hewlett-Packard

In einer Umfrage erklärten 18 von 20 befragten HP-Managern spontan, der Erfolg ihres Unternehmens beruhe auf der mitarbeiterorientierten Firmenphilosophie. Sie wird »The HP Way« genannt – »der HP-Stil«. Unternehmensgründer Bill Hewlett beschreibt sie wie folgt:

> Ganz allgemein geht es dabei um Grundsätze und Handlungen, die der Überzeugung entspringen, daß Männer und Frauen gute Arbeit, schöpferische Arbeit, leisten wollen und daß sie das in dem richtigen Umfeld auch tun. Es geht um die Tradition, jedem einzelnen mit Wertschätzung und Achtung zu begegnen und persönliche Leistungen anzuerkennen. Das hört sich banal an, aber Dave (Mitbegründer Pakkard) und ich glauben aufrichtig an diese Philosophie. ... Die Würde und der Wert des einzelnen sind darum ein sehr wichtiger Bestandteil des HP-Stils. Darum haben wir schon vor vielen Jahren die Stempeluhren abgeschafft und vor kurzem die Gleitzeit eingeführt. Auch damit wollen wir unser Vertrauen zu unseren Mitarbeitern zum Ausdruck bringen und natürlich ihnen die Möglichkeit geben, ihre Arbeitszeit individuell zu gestalten. ... Viele neue Mitarbeiter bei HP und auch viele Besucher machen uns noch auf einen ganz anderen Aspekt des HP-Stils aufmerksam – unsere zwanglose Atmosphäre und die Anrede mit dem Vornamen. Ich könnte noch weitere Beispiele anführen, doch bringt keines für sich allein zum Ausdruck, was es mit dem HP-Stil wirklich auf sich hat. Er läßt sich ganz einfach nicht mit Zahlen und Statistiken umschreiben. Letzten Endes geht es um eine bestimmte Geisteshaltung, eine Sichtweise. Alle fühlen sich als Mitglieder eines Teams, und dieses Team ist HP. Das ganze Konzept beruht, wie schon gesagt, auf dem einzelnen Menschen. Es ist immer noch lebendig, weil die Menschen in unserem Unternehmen gesehen haben, daß es uns hilft, und weil sie glauben, daß dieses Gefühl HP zu dem macht, was es ist.

Die Mitarbeiterorientierung begann bei HP schon früh. In den 40er Jahren beschlossen Hewlett und Packard, in ihrem Unternehmen solle nicht das Prinzip »Heuern und Feuern« gelten. Das war damals eine mutige Entscheidung, denn die Elektronikbranche lebte fast ausschließlich von einzelnen Regierungsaufträgen. Später wurde das kollektive Stehvermögen von HP dann auch auf eine harte Probe gestellt, als das Geschäft in der Rezession von 1970 fast ganz zum Erliegen kam. Statt Leute zu entlassen, nahmen Hewlett, Packard und alle anderen im Unternehmen eine zehnprozentige Gehaltskürzung in Kauf. Jeder arbeitete 10 Prozent weniger Stunden. Und HP ging erfolgreich aus der Rezession hervor, ohne die Vollbeschäftigung preisgeben zu müssen.

Die lange Tradition der HP-Mitarbeiterphilosophie erhält laufend neue Impulse. Soeben sind die Unternehmensziele für alle Beschäftigten neu gefaßt und veröffentlicht worden, darunter auch ein Neudarstellung der Unternehmensphilosophie. Der allererste Satz lautet: »Die Leistungen eines Unternehmens sind das Ergebnis der gemeinsamen Anstrengungen der einzelnen Mitarbeiter...« Und einige Sätze später bekräftigt HP sein Engagement für innovative Mitarbeiter, eine Philosophie, die wesentlich zum Erfolg des Unternehmens beigetragen hat. »ERSTENS sollte das gesamte Unternehmen voll überaus fähiger, innovativer Mitarbeiter sein ... ZWEITENS sollten die Ziele und die Führung des Unternehmens so beschaffen sein, daß sie auf allen Ebenen Begeisterung wecken können. Wer eine wichtige Führungsposition einnimmt, sollte nicht nur selbst mit Begeisterung dabei sein, sondern er sollte ausgewählt worden sein, weil er auch seine Mitarbeiter mit dieser Begeisterung anstecken kann.« In der Einführung zu der Neufassung heißt es abschließend: »Hewlett-Packard (sollte keine) militärisch straffe Organisationsstruktur besitzen, sonder statt dessen ... den Menschen im Unternehmen den Freiraum geben, (die übergeordneten Ziele) auf den Wegen anzusteuern, die jeder in seinem eigenen Verantwortungsbereich für die besten hält.«

Das Vertrauen von HP in seine Mitarbeiter wird deutlich sichtbar in der Politik des »offenen Materiallagers«, zum Beispiel in der Division Santa Rosa. In diesem Lager werden elektrische und mechanische Bauteile aufbewahrt. Die Politik des offenen Materiallagers heißt nun, daß die Ingenieure nicht nur freien Zugang zu den Vorräten haben, sondern ausdrücklich aufgefordert werden, *sich daraus für den persönlichen Gebrauch zu Hause zu bedienen!* Der Grundgedanke dabei ist, daß die

Ingenieure, selbst wenn sie das Material nicht für ihr derzeitiges Projekt verwenden, auf jeden Fall im Umgang damit etwas lernen – und daß das alles dem Innovationsgeist des Unternehmens zugute kommt. Eine Anekdote berichtet, daß Bill* (Hewlett) an einem Samstag ins Werk kam und das Materiallager verschlossen fand. Er ging sofort in die Reparaturabteilung, griff sich einen Bolzenschneider und entfernte das Vorhängeschloß von der Tür. Er hinterließ einen Zettel, den man am Montagmorgen fand: »Diese Tür bitte nie wieder abschließen! Danke. Bill.«

Der gleiche Tenor zog sich durch ein Gespräch mit einem 24jährigen Ingenieur, der seit kaum mehr als einem Jahr dabei war. Zu Problemen mit einer neuen Methode im Personalwesen sagte er: »Ich bin nicht sicher, ob Bill oder Dave das so gemacht hätten.« Es ist schon beeindruckend, wenn die Wertvorstellungen eines Unternehmens sich so schnell und deutlich einprägen. Anschließend beschrieb der junge Mann das HP-Credo des »Weitermachens«; die Notwendigkeit, erfolgreiche neue Produkte einzuführen um voranzukommen; das Bekenntnis zum Erfolg als Frucht harter Arbeit an konkreten Aufgaben und nicht als das Ergebnis vieler Seiten Papier; die Möglichkeit für jeden, mit allen überall sprechen zu können. Von dem Leiter und den führenden Managern seines Unternehmensbereichs spricht er, als sei er mit ihnen persönlich befreundet und ihr einziger Beschäftigter. Dann kommt er auf das Management durch Herumwandern zu sprechen. Und schließlich gleitet das Gespräch hinüber zu den öffentlich so viel bejubelten Kommunikationsformen wie dem »Kaffeeklatsch«, bei dem einmal wöchentlich (unter Beteiligung aller Mitarbeiter) zwanglos Problemlösungen gesucht werden. Die PR-Floskeln erweisen sich als Realität.

Kurzum, das ungewöhnlichste Merkmal von HP ist das Engagement, die Übereinstimmung von Anspruch und Wirklichkeit. Überall im HP-Reich hört man Menschen über Produktqualität reden, spürt ihren Stolz auf die Leistungen ihrer Sparte. HP-Leute aller Ebenen schäumen über vor Energie und Begeisterung, so daß uns viele unserer Kollegen nach einer ersten Begegnung mit einem Manager, Ingenieur oder einfachen Arbeiter von HP fragen: »Ist der Typ echt?« Aber dann begegnen sie immer mehr solcher »Typen«, und auch die größte Skepsis beginnt zu schwinden. Auch wir haben uns bemüht, einen kühlen Kopf zu behalten und nicht zu Fans zu werden. Doch das war unmöglich.

---

* In allen Anekdoten über Hewlett oder Packard ist, unabhängig vom Alter des Erzählers, immer nur von »Bill« oder »Dave« die Rede.

Wal-Mart

Mit mehr als 26.000 Mitarbeitern ist Wal-Mart der viertgrößte Einzelhändler in den Vereinigten Staaten. In den 70er Jahren steigerte das Unternehmen seinen Umsatz von 45 Millionen auf 1,6 Milliarden Dollar und die Zahl der Geschäfte von 18 auf 330. Die treibende Kraft hinter diesem Erfolg ist Sam Walton oder »Mr. Sam«, wie man ihn in der Firma nennt. Und Walton liegt etwas an seinen Mitarbeitern. Auf sein Betreiben tragen auch fast alle seine Manager Plaketten mit der Aufschrift »Uns liegt an unseren Leuten«.

Die Kunst der Menschenführung lernte Walton bei J.C.Penney. Wie bei Penney werden die Menschen in seinem Unternehmen als »Partner« bezeichnet, nicht als Beschäftigte. Und er hört ihnen zu. »Vor allem muß man in die Läden gehen und sich anhören, was die Partner zu sagen haben«, erklärt er. »Es ist unheimlich wichtig, daß jeder mitredet. Unsere besten Ideen kommen von Bürokräften und Lagergehilfen.« Walton-Anekdoten sind zu Legenden geworden. So schrieb das *Wall Street Journal:*»Vor einigen Wochen konnte Mr. Walton nicht schlafen. Er stand auf und kaufte in einer Nachtbäckerei vier Dutzend Hefeteilchen. Um 2.30 Uhr morgens ging er damit zu einem Auslieferungslager und unterhielt sich eine Zeitlang mit den Arbeitern an den Verladerampen. Dabei entdeckte er, daß zwei weitere Duschen benötigt wurden.« Das Erstaunliche ist auch hier nicht die Geschichte selbst: Jeder kleine Geschäftsmann könnte mit einer ganzen Reihe ähnlicher Anekdoten aufwarten. Überraschend ist, daß der Topmanager eines *2-Milliarden-Dollar-Unternehmens* immer noch diese tief verwurzelte Fürsorglichkeit für seine Mitarbeiter zeigt.

Daß die einfachen Mitarbeiter etwas gelten, wird an allen Enden deutlich. Die Büros des Managements stehen praktisch leer. Die Unternehmenszentrale gleicht einem Lagerhaus. Die Manager von Walton verbringen den größten Teil ihrer Zeit vor Ort in den elf Bundesstaaten, in denen Wal-Mart vertreten ist. Und was tun sie dort? »Sie rühren die Trommel bei der Eröffnung neuer Geschäfte, gehen auf Erkundung in Läden des Konkurrenten K mart und setzen sich zu freimütigen Gesprächen mit den Beschäftigten zusammen.« Walton selbst besucht jedes Geschäft (mittlerweile sind es 330) wenigstens einmal im Jahr, und das seit 1962.

Bei Wal-Mart hat jeder das Gefühl, wichtig und erfolgreich zu sein. Jeden Samstagmorgen um 7.30 Uhr trifft sich das Management. Jeden Monat wird der »Einkäufer des Monats« mit einer Plakette ausgezeichnet. Jede *Woche* kommen Läden auf die »Ehrenliste«. Und jede Woche berichtet das Sonder-Team für die laufende Neugestaltung von Geschäften, wo gute Arbeit geleistet wurde. Mr. Sam steht auf und schreit: »Wer ist Nr. 1?« und alle schreien natürlich zurück »Wal-Mart!«

Alles in allem: Stimmungsmache, Mätzchen und – wie in so vielen anderen Fällen auch – eine Menge Spaß. Das *Wall Street Journal* schreibt dazu: »Den meisten Spaß scheint Mr. Walton selbst zu haben. Vor kurzem flog er mit seiner Privatmaschine nach Mt. Pleasant, Texas, verließ dort das Flugzeug und wies den Kopiloten an, ihn 100 Meilen weiter die Straße entlang wieder abzuholen. Dann hielt er einen Wal-Mart-Lastwagen an und fuhr den Rest der Strecke mit, 'um mit dem Fahrer zu reden – das machte großen Spaß'.«

Das Thema »Spaß am Geschäft« taucht in unserer Studie über die Spitzenunternehmen immer wieder auf. Die Unternehmensführer und Manager tun ihre Arbeit gern, sie können sich regelrecht dafür begeistern. Howard Head sagte darüber vor kurzem in einer Ansprache: »Ich glaube, daß man zu dem, was man tut, eine persönliche Beziehung haben muß. Ich bin nun einmal leidenschaftlich gern Konstrukteur. Wenn es keinen Spaß machte, würde ich es nicht tun.«

Dana

Eines der eindrucksvollsten Erfolgsbeispiele für Produktivität und Mitarbeiterorientierung ist die Dana Corporation unter Rene McPherson. Dana hat einen Umsatz von 3 Milliarden Dollar, den sie mit so prosaischen Produkten wie Messingpropellern und Getrieben erzielt, zumeist für den ebenfalls nicht gerade aufregenden Pkw- und Lkw-Ersatzteilmarkt. Als Aufgabe für strategisches Management würde Dana also kaum große Hoffnungen wecken. Und doch erreichte dieses altmodische Unternehmen aus dem Mittleren Westen in den 70er Jahren bei der Kapitalrendite Platz 2 der 500er Liste von *Fortune*. Noch Anfang der 70er Jahre hatte der Umsatz je Beschäftigten bei Dana dem Industriedurchschnitt entsprochen. Bis Ende der 70er Jahre war diese Kennzahl ohne größere Investitionen auf das Dreifache gestiegen, während sich der Industriedurchschnitt nicht einmal verdoppelt hatte (und in Danas

Marktsegment hatte die Produktivität fast gar nicht zugenommen); das ist ein phänomenaler Produktivitätsrekord für ein Riesenunternehmen in einer undynamischen Branche. Darüber hinaus haben die Gewerkschaften bei Dana eine starke Stellung, und die United Auto Workers (die Automobilarbeiter-Gewerkschaft UAW) sind in den meisten Werken vertreten. Trotzdem sank während desselben Jahrzehnts die Zahl der Schlichtungsverfahren mit den Gewerkschaften auf einen winzigen Bruchteil des bei der UAW üblichen Niveaus.

Die wichtigste Erklärung liegt, schlicht und einfach, in der Produktivität durch Menschen. Wie schon erwähnt, hatte McPherson, als er 1973 seine neue Aufgabe übernahm, als eine seiner ersten Amtshandlungen einen halben Meter hohen Stapel interner Firmenanweisungen vernichtet. Er ersetzte sie durch eine einfache Grundsatzerklärung auf einem einzigen Blatt Papier. Ihre wichtigsten Punkte:

- – Nichts holt Menschen wirksamer aus der Reserve, nichts tut mehr für Glaubwürdigkeit und allgemeine Begeisterung als die persönliche Kommunikation. Es ist unbedingt erforderlich, alle Geschäftsergebnisse mit allen Menschen in unserem Unternehmen zu besprechen.

- Wir haben die Verpflichtung, den produktiven Menschen in unserem Unternehmen Ausbildungs- und Entwicklungsmöglichkeiten zu bieten, wenn sie ihre Spezialkenntnisse, ihre Berufaussichten oder ganz einfach ihre Allgemeinbildung verbessern wollen.

- Die Menschen in unserem Unternehmen müssen unbedingt einen sicheren Arbeitsplatz haben.

- Es sind Prämienprogramme zu entwickeln, die auch Ideen und Vorschläge anerkennen und nicht nur harte Arbeit.

McPherson sagt dazu: »Zuerst kommt die Philosophie. Fast jeder Manager wird zustimmen, daß Menschen das wichtigste Kapital sind. Aber fast keiner handelt danach.«

In kurzer Zeit verminderte McPherson die Zahl der Mitarbeiter in der Zentrale von 500 auf 100 und die Zahl der Führungsebenen im Unternehmen von elf auf fünf. Seine Werksleiter – rund 90 an der Zahl – wurden allesamt zu »store managers« ernannt. Wie bei Delta und Disney hatten sie sich mit sämtlichen Arbeiten in ihrem Werk vertraut zu machen. Und sie erhielten ausreichenden Handlungsspielraum, um ihre Führungsaufgabe erfüllen zu können. Ihr Erfolg veranlaßte McPherson zu einer Erklärung, die andere Vorstandsmitglieder in Amerika die Stellung kosten würde: »Ich bin nicht der Auffassung, daß wir zur Produktivitätssteigerung vor allem weniger Regierungseingriffe und -auflagen, mehr Anreize für die Kapitalbildung und erhöhte F&E-Aktivitäten brauchen. Mein Gegenvorschlag: Laßt das nur die Menschen im Unternehmen machen.«

Bei Dana ist jeder dafür verantwortlich, daß die Produktivität steigt. McPherson schlägt den richtigen Ansatzpunkt vor: »Die persönliche Produktivität der Topmanager ist ein wichtiges Signal.« Aber was genau zu tun ist, wird niemandem vorgeschrieben. Wenn es überhaupt ein allgemeingültiges »Wie« gibt, dann ist es der einfache Glaube an den natürlichen Leistungswillen des Mitarbeiters auf der untersten Ebene. McPherson bemerkt:

Solange wir nicht einsehen, daß der wirkliche Experte für irgendeine Aufgabe meistens derjenige ist, der diese Arbeit in der Praxis ausführt, werden wir immer das Potential dieses Menschen einschränken, sowohl was seinen Beitrag zum Unternehmen als auch seine persönliche Entwicklung angeht. Nehmen wir die Fertigung: innerhalb ihrer drei Quadratmeter weiß niemand mehr über den Betrieb einer Maschine, die Maximierung ihrer Leistung, die Verbesserung ihrer Qualität, die Optimierung des Materialflusses und die Sicherung effizienter Abläufe als das Bedienungs- und Wartungspersonal. Niemand.

Er fügt hinzu:

Wir haben keine Zeit verschwendet. Wir hatten keine besonderen Ausführungsbestimmungen und auch keine riesigen Stabsabteilungen. Wir lassen jeden seine Arbeit tun und achten lediglich auf seine Bedürfnisse, seine erklärten Absichten und die erzielten Ergebnisse. Und wir lassen ihm genug Zeit dafür. ... Wir sollten endlich einsehen, daß die wichtigsten Leute in einem Unternehmen diejenigen sind, die tatsächlich eine Dienstleistung erbringen oder Produkte herstellen oder veredeln, nicht aber die Verwalter dieser Tätigkeiten. ... Wenn ich mich also innerhalb Ihrer drei Quadratmeter befinde, so tue ich gut daran, auf Sie zu hören!

McPhersons zentrales Thema bleibt immer gleich. Ob im zwangslosen Gespräch oder bei einem offiziellen Vortrag, nie wird er müde, den Menschen in den Vordergrund zu stellen. Einer seiner früheren Mitarbeiter bei Dana sagte zu uns: »Ich habe nie von ihm irgendeine Erklärung gehört, in der es nicht irgendwie um Menschen ging.« McPherson sagt: »Sehen Sie sich die Fotos in den Geschäftsberichten an – nicht die mit dem Chairman; der taucht stets mit vollem Namen in der Bildunterschrift auf – und sogar richtig geschrieben. Nehmen Sie sich die Fotos der Menschen (der einfachen Mitarbeiter) vor! Wieviele von ihnen sind namentlich aufgeführt?«

Wie HP hat auch Dana die Stempeluhren abgeschafft. »Alle jammerten«, sagt McPherson. »Was sollen wir denn nur ohne Stempeluhren machen?« Ich antwortete: ›Wie führen Sie denn Ihre zehn Mitarbeiter? Wenn sie regelmäßig zu spät kommen, dann reden Sie mit ihnen. Weshalb brauchen Sie Stempeluhren, um zu erfahren, ob ihre Mitarbeiter zu spät kommen?« Er bekräftigt auch, wie wichtig es ist, von positiven Erwartungen auszugehen, und erzählt weiter: »Meine Stäbe sagten mir, ›Stempeluhren kann man nicht einfach abschaffen. Die Regierung verlangt, daß die Anwesenheits- und Arbeitszeiten jedes Beschäftigten registriert werden.‹ Ich erwiderte, ›Schön! Ab jetzt kommt jeder pünktlich zur Arbeit und geht auch pünktlich. So wird es in den Unterlagen stehen. Größere Ausnahmen regeln wir im Einzelfall.‹«

McPherson ist ein begeisterter Verfechter der direkten Kommunikation und der Erörterung *aller* Ergebnisse mit *allen* Beteiligten. Er verlangte, daß jeden Monat das Management jedes Unternehmensbereichs mit *jedem* Mitarbeiter des Bereichs persönlich sämtliche Einzelheiten der Unternehmensergebnisse erörterte. (Das fällt bei den besonders erfolgreichen Unternehmen immer wieder auf. Sie sind geradezu besessen von dem Gedanken, Informationen möglichst breit zu streuen und Geheimniskrämerei zu vermeiden. Was dabei vielleicht gelegentlich an Wettbewerbsvorsprung verlorengeht, tauschen sie gerne für den Gewinn an Engagement der Mitarbeiter ein.) McPherson betonte persönlichen Kontakt sogar in Imageanzeigen der Firma. Er ließ Anzeigen drucken, die, wie er sagt, »mein mittleres Management anfangs *sehr* nervös machten«. In einer hieß es: »Laß Dir vom Chef nicht alles gefallen!« , in einer anderen: »Stell' dumme Fragen!« McPherson beklagt die mangelnde Bereitschaft des Managements zum Zuhören: »Für einen Diavortrag brauchte ich einmal ein Bild, auf dem ein Arbeiter mit seinem Vorgesetzten sprach. Wir hatten 14.000 Fotos im Archiv, doch keines, auf dem ein Vorgesetzter einem Arbeiter *zuhörte*.«

McPherson wandte 40 bis 50 Prozent seiner Zeit für Ansprachen auf, in denen er sich direkt an seine Mitarbeiter wandte. Er bestand auf »Town Meetings«, wie er es nannte, örtlichen Veranstaltungen, an denen alle teilnahmen. Er erinnert sich an ein Erlebnis in Reading, Pennsylvania: »Ich wollte zu allen Mitarbeitern im Unternehmen sprechen. Der Leiter sagte, dafür sei nirgendwo genug Platz. So ging das drei Jahre. Schließlich entschied ich, »Räumt die Versandabteilung aus!« 16.000 Leute kamen. Während all der Jahre, die ich herumgereist bin, hat mir nie ein Beschäftigter eine sinnlose Frage gestellt. Trotzdem wollten Werksleiter und Unternehmensbereichsleiter auch auf mein Drängen nie mitkommen ... Sehen sie sich diese Bilder an,« fügt er hinzu und schiebt uns den Stapel herüber. »Die sind von diesen Veranstaltungen. Immer stellen nur Produktionsarbeiter Fragen, niemals Manager. Wissen Sie weshalb? Manager stellen keine Fragen. Sie haben Angst.«

Eine andere fixe Idee von McPherson ist die Schulung, die ständige Weiterentwicklung des einzelnen. Sein ganzer Stolz ist die Dana-Universität. Allein letztes Jahr wurden durch die Dana-Uni mehrere tausend Dana-Mitarbeiter geschleust. Die Kurse sind praxisbezogen, legen aber auch großen Nachdruck auf die Mitarbeiterphilosophie. Viele Kurse werden von leitenden Managern gehalten – Vice Presidents der Unternehmenszentrale (ähnliches beobachten wir an der Disney-Universität und McDonald's Hamburger-Universität). McPherson zufolge ist die angesehenste Position, die ein Mitglied des Managements erreichen kann, die Berufung in das Aufsichtskomitee der Dana-Universität. Dem Gremium gehören gewöhnlich neun Leiter von Unternehmensbereichen an.

Nichts wird bei Dana mit Zwang durchgesetzt. Der Scanlon-Gewinnplan, der Dana soviel Publizität eingebracht hat, ist ein gutes Beispiel. Zu unserer großen Überraschung fanden wir den Scanlon-Plan nur in sieben der 40 Unternehmensbereiche von Dana. McPherson sagt dazu: »Das wird nur gemacht, wo es funktioniert. So einfach ist das. Kein Bereichsleiter wird gezwungen, damit zu arbeiten.«

Der größte Druck – und zwar ein sehr realer Druck, wie auch bei den meisten anderen Spitzenunternehmen – entsteht bei Dana aus dem Wettbewerb unter Kollegen. Bei Dana erreicht dieser Wettbewerb seinen Höhepunkt in der »Höllenwoche«. Dazu kommen rund 100 Manager zweimal jährlich fünf Tage lang zusammen, um Ereignisse und Erfahrungsberichte über Produktivitätsverbesserungen auszutauschen. McPherson fördert diese Einrichtung, weil er den Wettbewerb unter Gleichgestellten für die eigentliche Triebfeder des Erfolges hält. Er sagt: »Den Chef kann man immer hinters Licht führen. Das habe ich auch getan. Aber den Kollegen kann man nichts vormachen. Die wissen, wie es wirklich aussieht.« Und natürlich kommt es während der »Höllenwoche« zu freimütiger und offener Kommunikation, »Freistil«-Wortgefechten mit harten Bandagen. McPherson ließ auch darüber Anzeigen drucken: »Wir lassen sie durch die Hölle gehen.«

Auf eine harte Probe gestellt wurde in der jüngsten schweren Krise der amerikanischen Autoindustrie die Einstellung McPhersons zur Arbeitsplatzsicherheit. Das Unternehmen kam nicht umhin, Mitarbeiter zu entlassen. Aber selbst diese Maßnahmen gingen mit ständiger, intensiver Kommunikation einher. Jeder erfuhr, was sich abspielte – und zwar sofort. McPherson sagt über die praktischen Ergebnisse: »1979 hatten sich 80 Prozent für die Teilnahme an unserem Gewinnbeteiligungsplan entschieden. Dann kam es zu 9.000 Entlassungen. Wie sieht unsere Beteiligungsquote jetzt aus, einschließlich der Entlassenen? Immer noch 80 Prozent.« Ein weiterer phänomenaler Erfolg ist die Ertragsverbesserung, die Dana 1981 entgegen dem Branchentrend erreichte.

Ein Kernstück von McPhersons Philosophie ist das Anliegen, daß jeder Ideen beitragen soll, statt nur am Band das Tempo mitzuhalten. »Man bleibt jung«, betont McPherson, »wenn man nie aufhört zu reisen und zuzuhören. Man darf nie damit aufhören, andere Menschen nach ihrer Meinung zu fragen.« Zum Vergleich ein Kommentar eines Mitarbeiters von General Motors, der vor kurzem nach 16 Jahren im Unternehmensbereich Pontiac entlassen wurde: »Ich nehme an, daß ich entlassen wurde, weil ich schlechte Autos baue. Aber in den ganzen 16 Jahren hat man mich kein einziges Mal gefragt, wie man meine Arbeit vielleicht besser machen könnte. Kein einziges Mal.«

Delta Airlines

Delta Airlines ist als eines von ganz wenigen Unternehmen aus der Liberalisierung der Zivilluftfahrt fast ohne Schaden für seine tadellose Ertragslage hervorgegangen. Der letzte Streik bei Delta fand 1942 statt, die letzte Urabstimmung 1955. Francis O'Connell von der Gewerkschaft Transport Workers of America sagt über Delta: »(Das Unternehmen) hat ein Verhältnis zu seinen Mitarbeitern, in das man nur sehr schwer einbrechen kann.«

Delta ist ein mitarbeiterorientiertes Unternehmen. Es bekennt sich in seinen Anzeigen zum »Delta-Familiensinn« und praktiziert diese Philosophie auch. Das Unternehmen zieht den Führungsnachwuchs aus den eigenen Reihen heran, zahlt besser als die meisten Fluggesellschaften und gibt sich in einer traditionell konjunkturabhängigen Branche jede erdenkliche Mühe, Entlassungen zu vermeiden.

Wie viele überragende Unternehmen unterzieht Delta alle Stellenbewerber einer sorgfältigen und langwierigen Auslese, um festzustellen, ob sie in die Firmenkultur passen würden. Das *Wall Street Journal* schreibt: »Die Stewardessen zum Beispiel werden aus Tausenden von Bewerberinnen ausgesucht, zweimal ausführlich interviewt und dann zu Dr. Sidney Janus, dem Psychologen von Delta, geschickt. ›Ich versuche, ihre Kooperationsbereitschaft oder ihren Teamgeist zu beurteilen.‹ Bei Delta läßt man sich nicht einfach von einer Firma engagieren – man engagiert sich für eine Zielsetzung.«

Der Erfolg von Delta erwächst aus einem ganzen Mosaik von Kleinigkeiten. Prägend ist die Politik der offenen Tür. Der ehemalige President William Beebe erklärt dazu: »Mein Teppich muß einmal im Monat gereinigt werden. Mechaniker, Piloten, Flugbegleiter – alle kommen zu mir herein: Wenn sie uns wirklich etwas zu sagen haben, dann geben wir ihnen auch die Zeit dafür. Sie brauchen sich nicht zuerst an irgend jemand anderen zu wenden. Der Chairman, der President, der Vice President – niemand von uns hat auch nur einen einzigen ›Referenten,‹ der die Leute vorsortiert; niemand ist dazwischengeschaltet.« Das System funktioniert natürlich vor allem deshalb, weil tatsächlich etwas geschieht, wenn jemand von der offenen Tür Gebrauch macht. Delta wendet sehr viel Zeit und Geld auf (unvorstellbar für alle, die eine solche Praxis nicht kennen), um den Angaben eines Mitarbeiters nachzugehen. Häufig ergibt sich daraus eine wesentliche Kursänderung – zum Beispiel im Vergütungssystem oder in der Kostenrechnung. Möglich wird all das »durch die traditionelle Bereitschaft der Mitarbeiter, die offene Tür zu nutzen, und die traditionelle Bereitschaft des Topmanagements, die Tür offen zu lassen,« erklärt ein Beobachter.

Das *Wall Street Journal* bringt ein sehr bezeichnendes Beispiel für die praktische Wirkungsweise des Verfahrens:

Im Februar 1979 fehlten auf James Burnetts Gehaltsabrechnung 38 Dollar. Delta Airlines hatte ihm nicht genug Überstunden für den Tag bezahlt, an dem er um 2.00 Uhr morgens mit der Reparatur eines

L-1011-Triebwerks begonnen hatte. Als sein Vorgesetzter ihm nicht helfen wollte, wandte sich der 41jährige Mechaniker an Delta-President David C. Garret jun. Er beklagte sich, »das bei uns aufgetretene Gehaltsproblem (sei) eine schlimme Sache und (habe) eine Reihe guter Leute auf die Firma sauer werden lassen.« Drei Tage später bekam Mr. Burnett sein Geld zusammen mit einer Entschuldigung des Top-Managements. Delta änderte sogar die Gehaltspolitik und erhöhte den Überstundenzuschlag für Mechaniker, die außerhalb der Regelarbeitszeit eingesetzt werden.

Zu den ausgefalleneren Eigenheiten von Delta gehört die Auffassung, daß Managementaufgaben austauschbar sein müssen. So besteht der Chairman zum Beispiel darauf, daß alle Senior Vice Presidents in der Lage sein müssen, in dem Unternehmen jede Aufgabe zu erfüllen (außer dem Führen der Flugzeuge vermutlich). Die Senior Vice Presidents sollen sogar die Fachgebiete ihrer Kollegen so gut kennen, daß sie bei Bedarf einspringen können. Im übrigen ist es Tradition, daß das Top-Management zur Weihnachtszeit bei der Gepäckverladung mit Hand anlegt.

Wie bei Dana wendet auch das Management bei Delta außerordentlich viel Zeit einfach für Gespräche mit den Mitarbeitern auf. Das Spitzenmanagement trifft wenigstens einmal jährlich mit allen Beschäftigten zu einem »offenen Forum« zusammen, auf dem es zu einer direkten Kommunikation zwischen der obersten und der untersten Ebene in der Hierarchie kommt. Der Zeitaufwand für diese vielfältigen Arten der Kommunikation ist gewaltig – wiederum fast unvorstellbar für alle, die nicht in einem solchen Umfeld arbeiten. So trifft sich zum Beispiel die Unternehmensspitze jedes Jahr vier volle Tage lang allein mit in Atlanta stationierten Flugbegleitern. Die Senior Vice Presidents sind normalerweise jedes Jahr mehr als 100 Tage mit dem Auto unterwegs – nicht gerade erholsame Tage, denn dazu gehört zum Beispiel auch der Besuch bei den Mitarbeitern der Nachtschicht um 1 Uhr oder 2 Uhr morgens. Die intensive Kommunikation beginnt ganz oben. Zum Ritual des Montagmorgens gehört eine Stabssitzung, auf der alle Programme, Probleme und Finanzfragen des Unternehmens durchgesprochen werden. Danach gehen die Senior Vice Presidents mit ihren Abteilungsleitern essen, um diese zu informieren. Und so setzt sich die Informationskette schnell und zuverlässig im Unternehmen fort.

Mitarbeiter finden stets Gehör. Ein Flugbegleiterausschuß sucht zum Beispiel die Uniformen für die 6.000 Stewardessen und Stewards von

Delta aus. »Das ist wichtig, denn darin muß man ja leben«, erklärt ein Flugbegleiter dazu. Die Mechaniker wählen sogar ihren unmittelbaren Vorgesetzten.

McDonald's

Fred Turner, der derzeitige Chairman von McDonald's, begann seine Laufbahn als Schuhverkäufer. Auf ähnliche Weise haben viele Führer mitarbeiterorientierter Unternehmen gelernt, was es heißt, die Grundtugenden zu beherrschen – mit den Kunden zusammenzukommen, vor Ort direkt Dienstleistungen zu erbringen, eine glanzlose Aufgabe mit Sorgfalt und Verantwortung auszuführen. Vor allem in diesen Grundtugenden ist McDonald's besser als die anderen. Turner sagt dazu: »Wir wissen aus Erfahrung, daß (bei den Konkurrenten) das Interesse des Managements nicht anhält. Sie kümmern sich ganz einfach nicht nachhaltig genug um die Einzelheiten.«

McDonald's ist der Überzeugung, daß leitende Manager vor Ort arbeiten sollten, um sich dort um die Mitarbeiter, die Schulung und die Ausführung der konkreten Arbeit zu kümmern. Unternehmensgründer Ray Kroc meint dazu: »Ich glaube, daß im obersten Management *weniger mehr ist;* McDonald's ist heute das am wenigsten strukturierte Unternehmen seiner Größe, das ich kenne, aber ich glaube nicht, daß es irgendwo sonst ein Managementteam gibt, das zufriedener ist, sich besser aufgehoben fühlt und härter arbeitet.«

Bei McDonald's ist ständig vom Beitrag des einzelnen die Rede. Kroc erklärt: »Ein gut geführtes Restaurant ist wie ein siegreiches Baseballteam, das aus der Begabung jedes Mitspielers das Beste macht und in Sekundenbruchteilen jede Gelegenheit nutzt, um den Service zu beschleunigen.« Kroc konzentriert sich auf Kleinigkeiten: »Ich weise immer wieder darauf hin, wie wichtig die Details sind. Man muß jeden Handgriff des Geschäfts vervollkommnen, wenn man wirklich gute Leistungen erzielen will.« Die Details nach McDonald's-Art richtig zu machen, verlangt ein Höchstmaß an Lernbereitschaft und Einsatz. Ein früherer Mitarbeiter berichtet: »Als ich anfing, bekam ich eine kleine weiße Kappe mit der Aufschrift ›Trainee.‹ Ich erhielt zuerst die allerleichteste Aufgabe: Pommes frites braten. Dann kamen Bratkartoffeln und Shakes. Und so ging es weiter, bis ich die Brötchen herrichten und die Hamburger braten durfte. Wir hatten nur einen einzigen kleinen Pausenraum. Dort lief ständig der Fernseher mit einem Videofilm über den einen oder anderen Aspekt der Arbeit bei McDonald's. Wie man Hamburger besser brät, die Fritten knusprig hält und all das.«

»Das Buch« von McDonald's beschreibt die Arbeit in allen Einzelheiten. So heißt es zum Beispiel: »Der Koch darf den Hamburger immer nur wenden, niemals werfen!« oder, »Nicht verkaufte Big Macs müssen zehn Minuten nach dem Braten weggeworfen werden, Pommes frites nach sieben Minuten. Die Kassierer müssen mit jedem Kunden Augenkontakt aufnehmen und ihn anlächeln.« Und so weiter und so fort.

Trotz der recht starren Verfahren für viele Bereiche sind die Geschäftsführer angehalten, Freiräume zu nutzen und für Leben zu sorgen. So berichtet *Fortune* über »Debbie Thompson, die vor acht Jahren bei McDonald's als Kassiererin begann und jetzt, mit 24, das Restaurant der Kette in Elk Grove Village leitet; sie belebt bisweilen die mittägliche Stoßzeit dadurch, daß sie den Kassierern 5-Dollar-Prämien in Aussicht stellt, wenn sie die größte Einnahme erzielen und die meisten Kunden bedienen. Dem ›Mannschaftmitglied des Monats‹ verleiht sie eine Plakette.«* Ein anderer Mitarbeiter fügt hinzu: »Für einen Rekordumsatz innerhalb einer Stunde bekamen wir immer einen Dollar. Auch wer (im Lebensmittelverkauf) 300 Dollar in der Stunde machte, bekam einen Dollar. Jeder, der während dieser Zeit gearbeitet hatte, bekam einen Dollar. An Rekordtagen gab es zwei Dollar. Auf diese Dollarprämien waren wir alle aus. Das war wichtig für uns.«

Ein ganz wesentlicher Bestandteil des Systems ist die Hamburger-Uni. Die *New York Times* berichtet:

Die amerikanische Flagge und die Firmenfahne von McDonald's wehen hoch über der Schnellstraße, die hinter der Hamburger-Uni in einem Vorort von Chicago vorbeiführt. Drinnen lernen die Konzessionäre und Manager von McDonald's, wie sie noch bessser zu dem beitragen können, wofür die mittlerweile 614.000 ähnlich aussehenden Ziegelbauten vor allem in Vorstädten und Landgemeinden stehen: Ein-

* Manche halten solche Belohnungen für belanglos. Demgegenüber erinnert sich ein MBA-Student in Stanford daran, wie er einmal bei jack in the Box einen ähnlichen Preis gewann. »Es mag sich albern anhören, aber ich habe ihn sieben Jahre lang mit mir herumgetragen.« Ein Freund von uns gewann als Verkäufer einmal bei einem Verkaufswettbewerb einen großen Grill. Sein Barbecuegerät zu Hause war viel besser als das gewonnene Modell. Dennoch baute er sein eigenes Gerät aus und ersetzte es durch das neue Gerät, seinen Preis.

heitlichkeit der Atmosphäre und stets gleichbleibender Geschmack oder, wie Ray Kroc, der Gründer von McDonald's es formulierte, »das Evangelium von Qualität, Service, Sauberkeit und Preiswürdigkeit«. Kroc, der die Schule ohne Abschluß verließ, hat Millionen für wohltätige Zwecke gestiftet und fordert seine Mitarbeiter auf, sich in den Wohltätigkeitsorganisationen ihrer Gemeinden zu betätigen, um zum Image von McDonald's beizutragen; er lehnt es jedoch ab, etwas für die höhere Schulbildung zu tun. In seinem Buch *(Grinding It Out)* schreibt er: »Ich habe es schlankweg abgelehnt, irgendein College mit Geld zu unterstützen. Einige der besten Einrichtungen im Lande sind bei mir vorstellig geworden, doch ich erkläre ihnen immer wieder, daß sie von mir keinen Cent bekommen, außer sie machen eine gewerbliche Ausbildungstätte auf.« ... 2.000 Studenten machten letztes Jahr den »Abschluß« an der Schule (der Hamburger-Uni) ... Je ein Teilnehmer pro Kurs bekommt eine goldene Kochmütze für Beteiligung an der Diskussion in seiner Klasse.... Ein anderer bekommt die höchste Auszeichnung für akademische Leistungen, einen abstrakten Keramik-Hamburger. ... McDonald's weist darauf hin, daß der American Council of Education (der Amerikanische Bildungsrat) empfielt, bei Absolventen der Hamburger-Uni, die zwei- oder vierjährige College-Kurse belegen, die Kurse an der Hamburger-Uni mit bis zu sechs Semesterstunden anzuerkennen. (Es gibt) 18 Kurse, von ein- oder zweitägigen Seminaren bis zu einwöchigen Veranstaltungen über »Marktanalyse«, »Menschenführung« und »Gebietsleitung«. ... Der Erfolg von McDonald's beruht auf schneller und freundlicher Bedienung zu niedrigen Preisen. In den Kursen werden der McDonald's-Stil behandelt und die Motivation in den Vordergrund gestellt. ...

McDonald's ist auch für Rummel und Remmidemmi zu haben. Ein Mitarbeiter erinnert sich:

Einer der Jungs in unserem Restaurant war »Amerika-Meister im Hamburgerbraten«. Er war der beste Hamburgerkoch von allen McDonald's-Restaurants des Landes. Der Wettbewerb beginnt im Frühjahr. Die Amerika-Meisterschaften sollen zeigen, wer der wirklich beste Hamburgerkoch des ganzen Landes ist. Dabei geht es darum, der schnellste zu sein, aber auch am nächsten an vollkommene Qualität heranzukommen und die Hamburger genauso zu braten, wie sie sein sollen. Um die Sache wirklich gut zu machen, bekommt jeder ein kleines

Thermometer, das er oben am Grill befestigt. Der Grill sollte in makellosem Glanz erstrahlen. Dann werden die Hamburger daraufgelegt, sechs in einer völlig geraden Reihe. Dann bekommen alle mit der Rückseite eines Wenders ein Grillmuster, werden im richtigen Augenblick mit Zwiebeln belegt. Anschließend werden sie sorgfältig abgenommen und auf die Brötchen gelegt. ... Zuerst findet in jedem Restaurant ein interner Wettkampf statt. Wer dabei gewinnt, kommt in die Regionalmeisterschaften. Dann folgt die nächsthöhere Ebene. Schließlich kommt die Amerika-Meisterschaft – ich glaube, damals war das in Chicago. Es ging um eine große Siegestrophäe und wohl auch um Geld, aber ich weiß nicht mehr, wieviel. Das Wichtigste war, daß man auf dem Hemd den Aufnäher »Amerika-Meister« tragen konnte.

IBM

Von McDonald's schlagen wir den Bogen zu IBM, wohl einem der größten und ältesten amerikanischen Unternehmen mit ausgeprägter Mitarbeiterorientierung. Nur, wo soll man mit der Beschreibung von IBM beginnen? Mit der 70 Jahre alten Politik der offenen Tür? Mit dem vom alten Watson schon in den 20er Jahren gegründeten Country Club für alle Mitarbeiter mit einem Jahresbeitrag von einem Dollar? Mit der Philosophie, die von der »Achtung vor dem einzelnen« ausgeht? Mit der Lebensstellung bei IBM? Der Betonung der Aufstiegsmöglichkeiten für Mitarbeiter? Mit den IBM-Kindertagesstätten, IBM-Hotels, IBM-Sportstadien und -tennisplätzen? Den *monatlichen* Meinungsumfragen durch die Personalabteilung? Der sehr hohen Erfolgsquote der Verkäufer? Der intensiven Schulung? Die gesamte Geschichte von IBM ist von ausgesprochener Mitarbeiterorientierung geprägt. Und wie bei McDonald's äußert sich dies noch in den winzigsten Einzelheiten. Man gehe zum Beispiel in den Finanzbereich von IBM in New York. Sofort beim Eintritt fällt der Blick auf eine riesige, vom Boden bis zur Decke reichende Anschlagtafel mit Hochglanzfotos *jedes einzelnen* Mitarbeiters der Abteilung unter dem Spruchband: *Finanzbereich New York ... Die Menschen sind der Unterschied.*

Watson begann schon früh mit einer Politik der offenen Tür, die bis heute beibehalten wird. Einige seiner Manager beklagten sich, daß er sich regelmäßig auf die Seite der Beschäftigten schlug. Ein ehemaliger Kollege des alten Watson sagt, er könne sich in der Tat kaum erinnern, daß dieser jemals für einen Manager Partei ergriffen hätte. Auf diese Weise wird eine solche Politik erfolgreich. Sie ist glaubwürdig. Die Manager machen sich wirklich die Mühe, allem sorgfältig nachzugehen, genau wie bei den sehr ähnlichen Systemen der offenen Tür bei Levi, HP, Tandem und Delta Airlines. Die Tür wird genutzt. Und wenn sie genutzt wird, geschieht auch etwas.

Thomas Watson Junior beschreibt, wie sein Vater anfing und wie er schon damals den Grundstein für vieles legte, was noch heute zum Fundament der IBM-Unternehmenspolitik gehört: »T. J. Watson stellte nach seinem Einzug nicht zuerst einmal die ganze Organisation auf den Kopf. Statt dessen machte er sich auf, durch intensive Arbeit an und mit den Menschen, die er vorfand, das Bestehende zum Erfolg zu führen. Diese Entscheidung von 1914 führte zur IBM-Politik der Arbeitsplatzsicherheit, die unseren Mitarbeitern seither viel bedeutet.« Watson unterstreicht, daß sein Vater dieser Politik selbst mitten in der schweren Weltwirtschaftskrise treu blieb. »IBM produzierte auf Lager und bildete hohe Bestände. Demselben Geist entspringt unsere Politik der Mitarbeiterentwicklung aus den eigenen Reihen. Wir geben uns die größte Mühe, unsere Leute voranzubringen, sie umzuschulen, wenn die Anforderungen sich verändern, und ihnen anderswo eine Chance zu bieten, wenn sie in ihrer derzeitigen Stelle Schwierigkeiten haben.« Watson Senior entwickelte seine fortschrittlichen Vorstellungen unter dem Einfluß des berühmten John Patterson, des Gründers von NCR. Dem jüngeren Watson zufolge erschloß Patterson Neuland, als er, während andere Unternehmen die Gewerkschaft bekämpften, »auf dem Werksgelände Duschen einrichten ließ, die in der Arbeitszeit benutzt werden konnten, ebenso Speisesäle, in denen zum Selbstkostenpreis warme Mahlzeiten angeboten wurden; außerdem sorgte er für Unterhaltung, Schulen, Clubs, Büchereien und Parks. Andere Unternehmer reagierten entsetzt, doch Patterson erklärte, diese Investitionen würden sich auszahlen, und damit behielt er ja auch recht.«

Watson trat noch in manch anderer Hinsicht in Pattersons Fußstapfen. Er sagt dazu selbst: »Wir waren uns für kaum einen Rummel zu schade, um für Begeisterung zu sorgen. ... Unsere frühzeitige Betonung der ›Human Relations‹ entstand nicht aus Altruismus, sondern wurzelte in der einfachen Überzeugung, wenn wir die Menschen in unserem

Betrieb achten und ihnen auch zu Selbstachtung verhelfen würden, dann würde davon das Unternehmen am meisten profitieren.«

Zahllose Einzelheiten bestätigen die Mitarbeiterorientierung von IBM. Schon 1940 ist in einem *Fortune*-Artikel über IBM, damals ein 35-Millionen-Dollar-Unternehmen, die Rede von makellos sauberen Fabriken, dem Country Club mit 1 Dollar Jahresbeitrag für alle Mitarbeiter und dem IBM-Liederbuch (»Wir kennen und wir lieben Dich und wissen, daß Dir unser Wohl am Herzen liegt«- wobei sich das »Du« im Lied natürlich auf den alten Watson bezieht).

Über den alten Watson sagt *Fortune,* er sei der »geborene Prediger, der schon früh die altruistischen Faustregeln zusammenzustellen begann, die seitdem sein Leben und seine Strategie bestimmt haben. Er ist die Hälfte der Zeit auf Reisen, arbeitet 16 Stunden am Tag und verbringt fast jeden Abend auf den Veranstaltungen und Feiern der zahllosen Clubs seiner Beschäftigten. ... Er genießt es, mit den Mitarbeitern zu reden, nicht als neugieriger Vorgesetzter, sondern als alter Freund.«

Den Watson-Anekdoten ist nicht viel hinzuzufügen, höchstens der bemerkenswerte Umstand, daß IBM sich seitdem im Grunde nicht geändert hat. Die Politik der offenen Tür, die Clubs, die Einfachheit, die Predigten, der Rummel und die Schulung sind, gemessen an der heute gängigen Praxis, noch genauso extrem wie vor 50 oder 60 Jahren. Ein IBM-Manager brachte es auf folgende kurze Formel: »Du kannst so ziemlich alles in den Sand setzen und bekommst immer noch einmal eine Chance. Wenn du aber bei der Menschenführung schluderst, auch nur ein kleines bißchen, ist es um dich geschehen. Dann ist Schluß, und wenn du noch so gut bist.«

Zur Geschichte über die Mitarbeiterorientierung bei IBM wie bei den anderen Unternehmen ist abschließend noch eines zu sagen: diese Politik würde wahrscheinlich nicht funktionieren, wenn die einfachen Mitarbeiter nicht auf ihr Unternehmen stolz wären. IBM-Marketingchef Buck Rodgers sagt dazu: »Vor allem geht es uns um den Ruf, daß wir die Kleinigkeiten gut machen.« All das, wofür IBM steht, ebenso wie die Qualität von Hewlett-Packard oder McDonald's, das Recht an den eigenen Produktivitätsideen bei Dana – überall wird der Stolz auf die Leistung des Unternehmens zum Eckpfeiler einer umfassenden Mitarbeiterorientierung.

Gemeinsamkeiten

Wenn wir uns etwas von der Analyse der reinen Personal- und Produktivitätspolitik lösen, so finden wir bei den exzellenten Unternehmen noch eine ganze Anzahl überraschend ähnlicher Charakteristiken. Allen voran die Sprache. *In mitarbeiterorientierten Unternehmen hat die »Umgangssprache« einen gemeinsamen Zungenschlag.* In vieler Hinsicht ist hier die Form der Wegbereiter der Substanz. Das haben wir bei einigen unserer Klienten erlebt. Sobald sie beginnen, eine Firmenphilosophie in Worte zu fassen, fangen sie auch damit an, sie mit Leben zu erfüllen, selbst wenn ihnen zunächst die Worte noch wenig bedeuten. So bezweifeln wir zum Beispiel, daß der »HP-Stil« irgend jemandem bei Hewlett-Packard sehr viel bedeutete, als diese Formulierung erstmals eingeführt wurde. Mit der Zeit nahm dann der Ausdruck eine Bedeutungsfülle und -tiefe an, mit der wohl niemand gerechnet hatte – nicht einmal Hewlett oder Packard.

Wir bezweifeln in der Tat, daß es wirkliche Mitarbeiterorientierung geben kann, wenn sie nicht in einer eigenen Sprache mit eigenen Begriffen zum Ausdruck kommt. Redewendungen wie Familiensinn, offene Tür, Rally, Jubilee, Management durch Herumwandern, Bühnenauftritt usw. – all diese Wortschöpfungen geben den Menschen in diesen Unternehmen zu verstehen, daß die Mitarbeiterorientierung tief sitzt. Die Eskimos haben im Gegensatz zu Briten oder Amerikanern viele Ausdrücke für die verschiedenen Arten von Schnee; eine genaue Beschreibung der Schneeverhältnisse ist für ihr Alltagsleben, ihr Überleben und ihre Kultur von entscheidender Bedeutung. Wenn ein Untenehmen wirklich mitarbeiterorientiert sein soll, dann braucht es viele Ausdrücke, um zu beschreiben, wie Menschen miteinander umgehen sollten.

Die eindrucksvollsten sprachlichen Besonderheiten der Spitzenunternehmen sind die Bezeichnungen, die den einzelnen Beschäftigten aufwerten. So banal und abgedroschen es sich anhört, aber Wörter wie »Partner« (Wal-Mart), »Mannschaftsmitglied« (McDonald's) und »Mitglieder des Ensembles« (Disney) umschreiben die ganz besondere Bedeutung des einzelnen in den besonders erfolgreichen Unternehmen.

Viele der besten Unternehmen sehen sich tatsächlich als Großfamilie. Die Ausdrücke »Familie«, »Großfamilie« oder »Familiensinn« fanden wir in ständigem Gebrauch bei Wal-Mart, Tandem, HP, Disney, Dana, Tupperware, McDonald's, Delta, IBM, TI, Levi Strauss, Blue Bell, Kodak und P & G. Den Nagel auf den Kopf trifft 3M-Chairman Lew Lehr mit seinen Ausführungen zu dem Phänomen:

Wer sich den Unternehmergeist in der amerikanischen Industrie ansieht, der wird begeistert sein. Andererseits sind auch der Paternalismus und die Disziplin der japanischen Unternehmen ebenso beeindruckend. Einige Unternehmen haben nun eine Mischung aus diesen beiden Systemen zustandegebracht, und zu ihnen gehört 3M. ... Unternehmen wie 3M sind zu einer Art Kulturzentrum für die Beschäftigten geworden, also nicht nur eine Arbeitsstätte. Wir haben Mitarbeiterclubs, Betriebssportvereine, Reiseclubs und einen Firmenchor. Dazu ist es gekommen, weil das übrige Beziehungsgefüge, in das die Menschen eingebunden sind, an Stabilität verloren hat und dem einzelnen nicht mehr genügend Entfaltungsmöglichkeiten bietet. Die Schulen sind keine Kontakt- und Begegnungsstätte für die Familie mehr. Die Kirchen haben ihre Anziehungskraft als Mittelpunkt des geselligen und familiären Lebens eingebüßt. Das Vakuum, das mit dem Zusammenbrechen dieser überkommenen Strukturen entstanden ist, haben einige Unternehmen gefüllt. Sie sind zu einer Art Heimathafen geworden, haben jedoch gleichzeitig ihren Unternehmergeist zu bewahren gewußt.

Diese »Familie« geht, wie Lehr betont, über die direkten 3M-Mitarbeiter hinaus. Auch die Familien der Mitarbeiter gehören dazu. Einer unserer Kollegen arbeitete einmal während eines Sommerpraktikums drei Monate im Brand Management von P & G. Er erinnert sich, daß seine Familie noch fünf Jahre später zum Erntedankfest von P & G einen Truthahn bekam.

Besonders auffallend an den Spitzenunternehmen ist auch das *scheinbare Fehlen eines streng eingehaltenen Instanzenweges.* Natürlich gibt es diesen Dienstweg bei wichtigen Entscheidungen, doch im alltäglichen Umgang wird er kaum genutzt. Beim Informationsaustausch ist Zwanglosigkeit die Regel. Die Mitarbeiter wandern wirklich herum, das Topmanagement ist in regelmäßigem Kontakt mit den Beschäftigten an der Basis (und mit den Kunden), die Anrede mit dem Vornamen ist gängig. Im extremen Fall von Activision, dem Videospielehersteller mit 50 Millionen Dollar Umsatz und Rekord-Wachstumsraten von 100 Prozent, ist das Telefonverzeichnis alphabetisch nach Vornamen geordnet!

In einem Gespräch über dieses Phänomen der Zwanglosigkeit berichtete ein GM-Manager über einen gewaltigen Leistungsunterschied zwischen zwei großen Werken. Dabei verwies er auf einen entscheidenden Aspekt: »Ich weiß, das hört sich jetzt vielleicht übertrieben an, aber so ist das Leben nun mal. In dem wenig erfolgreichen Werk begab sich der Betriebsleiter wohl einmal in der Woche in die Werkshalle, und zwar immer im Anzug. Seine Bemerkungen waren distanziert und oberflächlich. In South Gate, dem besseren Werk, war der Betriebsleiter ständig vor Ort. Er trug eine Baseballmütze und eine Jacke der Automobilarbeitergewerkschaft. Was meinen Sie – welches Werk war wohl tadellos aufgeräumt und sauber? Und wo sah es aus wie auf dem Schrottplatz?«

Herumwandern ist wahrscheinlich nicht jedermanns Sache. Viele Manager tun sich damit etwas schwer. Wenn sie sich aber in einer so informellen Rolle nicht wohl fühlen, können ihre Rundgänge leicht als Herablassung oder Kontrollmaßnahme wirken, und wenn sie ihre Besuche für spontane Entscheidungen benutzen, so unterlaufen sie den Dienstweg, statt einfach nur die Gelegenheit zum Informationsaustausch wahrzunehmen. Nein, das Herumwandern und die Zwanglosigkeit, von denen hier die Rede ist, sind offenbar nicht jedem ohne weiteres gegeben. Andererseits fragen wir uns, wie lebendig ein Unternehmen ohne solch »ambulanten« Führungsstil wirklich sein kann.

Zwanglosigkeit kommt auch in vielen anderen Anzeichen zum Ausdruck. So sind in den Spitzenunternehmen schon die räumlichen Gegebenheiten anders. Zwanglosigkeit äußert sich gewöhnlich in spartanischer Einrichtung, offenstehenden Türen, weniger Trennwänden und weniger Büros. Es fällt schwer, sich einen ungehinderten Informationsaustausch in den palastartigen, vornehmen und kostspielig ausgestatteten Zimmerfluchten vorzustellen, die für so viele Unternehmenszentralen, ja sogar für einzelne Unternehmensbereiche, typisch sind.

Jubel, Trubel, Heiterkeit

Stellen Sie sich folgendes Gespräch vor:

Ein Finanzmann von General Motors: Also, ich war gerade in der Gießerei; die Jungs dort kriegt bestimmt keiner dazu, Liedchen zu singen wie irgendwelche Japaner oder Tupperware-Mädchen.

Ein Gesprächspartner (aus dem Mittleren Westen): Caterpillar baut tolle Maschinen. Die Arbeiter dort sind in der UAW. Für Hokuspokus haben die nichts übrig.

Ein Dritter (ebenfalls aus dem Mittleren Westen): Ich war mal einige Zeit nach Peoria versetzt. Ich habe dort nicht selbst für Cat gearbeitet. Aber jedes Jahr haben die einen »Maschinentag« veranstaltet. Alle Cat-Leute gehen dann mit ihren Familien 'raus auf das Testgelände, wo es Freibier und Sandwiches gibt. Letztes Jahr war das Thema »Cowboys und Indianer«. Alle Maschinen waren kostümiert und hatten Namen bekommen. Dann machten die Maschinen Wettkämpfe, putzten Sandhügel weg und dergleichen. Alle waren hingerissen.

Ein weiterer GM-Mann: Sie sollten einmal South Gate sehen. Der Betriebsleiter dort ist eine richtige Stimmungskanone. Die ganze Anlage ist voller Schilder: »Schlagt Japan!« und dergleichen. Vor kurzem haben sie auf einer Versammlung sogar ein paar Hell's-Angel-Rocker dazu gebracht, »God Bless America« zu singen.

Amerikaner haben also nichts für Tamtam übrig? Wollen Sie noch mehr Beweise? Als Zumwalt auf seinem Marine-Zerstörer seine Mitarbeiterorientierung lernte, wandte er unverhältnismäßig viel Zeit für eine scheinbare Trivialität auf – die Änderung des Rufzeichens seines Schiffes. In einer Nachricht an seine Vorgesetzten trug er das Anliegen vor:

Seit meiner kürzlichen Übernahme des Kommandos der ISBELL stört mich als kommandierenden Offizier die Farblosigkeit des derzeitigen Funkrufzeichens. Neben so stolzen Namen wie »FIREBALL«, »VIPER« usw. ist es ein wenig peinlich und überhaupt nicht mit der hervorragenden Mannschaft an Bord zu vereinbaren, wenn das Schiff die nicht gerade ruhmreiche Kennung »SAPWORTH« führt.

Sechs Monate später wurde nach langem Tauziehen eine Änderung des Rufzeichens genehmigt, die einschneidende Folgen hatte. Zumwalt kommt zu dem Schluß: »Das Rufzeichen ›*Hellcat*‹ wurde ungeheuer beliebt. Offiziere und Mannschaften der ›Arnold J. Isbell‹ trugen stolz auf Ärmeln und Mützen Aufnäher – eine schwarze Katze mit gegabeltem Schwanz, die dem Höllenfeuer entstieg und mit den Pfoten ein U-Boot zerbrach. Die Auswirkungen auf die Moral waren ganz beachtlich.«

In San Diego und Umgebung arbeiten 2.000 Beschäftigte bei der

Firma Kyocera. Das Unternehmen ist eine Tochtergesellschaft von Kyoto Ceramic, das vor kurzem als das »fortschrittlichste Unternehmen Japans« bezeichnet wurde. Jeden Tag kommen die 2000 Beschäftigten in den sechs amerikanischen Werken morgens zuerst einmal zusammen, um sich einen Vortrag der Unternehmensführung über die Lage der Firma anzuhören. Dann folgt eine flotte Gymnastik. Das Management ist der Auffassung, daß »schon eine gemeinsame Handlung am Tag die Einheit des Unternehmens stärkt. Außerdem macht es Spaß. Der Blutdruck kommt in Schwung.« Die Topmanager wechseln sich bei den Vorträgen ab. Viele der Ansprachen »sind sehr persönlich und emotional gehalten, nicht vorher abgesegnet und von niemandem gefiltert«.

Bei unserer zweiten Begegnung mit den Leuten von Hewlett-Packard warteten wir gerade in der Lobby, als die Stimme von HP-Chef Young über den Lautsprecher kam; er teilte allen Mitarbeitern des Unternehmens die Ergebnisse des letzten Quartals mit. Young hat nichts Lärmendes an sich, doch wenn es so etwas wie leise Stimmungsmache gibt, dann hat Young damals genau das praktiziert.

Peter Vaill beschäftigt sich wissenschaftlich mit »Hochleistungssystemen« – Unternehmen, Orchestern, Fußballmannschaften. Solche Systeme entwickeln, Vaill zufolge, aus sich selbst heraus eine Erfolgsautomatik – etwas funktioniert, aus erkennbaren Gründen; dann kommt, so Vaill, unweigerlich eine »eigene Sprache und Symbolik« auf: Die Menschen fühlen sich beschwingt, weil etwas geklappt hat, und, wenn man sie läßt, beginnen sie, ihr Verhalten zu ändern. Und das veränderte Verhalten führt dann wieder zu guten Ergebnissen. Durch Erfolgserlebnisse ... begeistern sich die Mitglieder der Gruppe für ihr Ziel, sie strahlen Freude und Triumphgefühl aus. ... Sie leben mit ihrer Aufgabe Tag und Nacht. ... Eine Art Elitebewußtsein bildet sich heraus ... bei den Mitgliedern entsteht eine ästhetische Motivation«. Und schließlich macht die Aura der Unbesiegbarkeit in der Praxis tatsächlich unbesiegbar.

Über den Zeitaufwand für Schulung haben wir keine systematisch aufbereiteten Daten vorliegen, wir können also nicht eindeutig feststellen, ob unsere Spitzenunternehmen hier weit über dem Durchschnitt liegen. Allerdings gibt es zahlreiche Anzeichen für *intensive Schulung*, die das vermuten lassen. Der offensichtlichste Beweis sind die »Universitäten« – die Disney-Uni, die Dana-Uni, die Hamburger-Uni. Wie schon erwähnt, investiert IBM sehr viel in Schulung. Auch die Mitarbeiter von

Caterpillar müssen sich einem gründlichen Training unterziehen; so verbringen zum Beispiel alle Verkaufsingenieure Monate auf einem Testgelände, wo sie mit der Arbeitsweise der Maschinen vertraut gemacht werden. Ebenso spielt bei HP, P & G und Schlumberger die praktische Ausbildung von Anfang an eine große Rolle.

Besonders ungewöhnlich wirkt ein Aspekt der praktischen Ausbildung bei Bechtel. Dieses Unternehmen, das für fünf Milliarden Dollar ganze Städte in die arabische Wüste gesetzt hat, nimmt sich bewußt auch kleine, unrentable Projekte vor. »Dabei geht es einzig darum, aufstrebenden jungen Projektmanagern praktische Möglichkeiten zu bieten, sich schon frühzeitig in der Alleinverantwortung für ein ganzes Projekt zu üben,« erklärt ein leitender Manager. (Dies entspricht im übrigen genau der Tradition von Alfred Sloan bei GM. Er steckte seine Überflieger fast immer in die kleinsten Unternehmensbereiche, damit sie schon frühzeitig ein Gespür für den Gesamtvorgang bekamen, statt sich in einer Sackgasse des Chevrolet-Labyrinths zu verlieren.)

Ein weiteres auffallendes Merkmal der Spitzenunternehmen ist die *Integration neu eingestellter Manager.* Sie beginnt natürlich mit dem Auswahlvorgang. Die Auslese ist überaus gründlich. Bei vielen der Unternehmen, mit denen wir uns unterhalten haben, werden Stellenbewerber sieben- oder achtmal zu einem Gespräch gebeten. Man möchte wissen, wen man einstellt, und man sagt auch den Bewerbern gleich: »Lernen Sie unser Unternehmen erst einmal kennen. Machen Sie sich selbst ein Bild, ob unsere Firmenkultur für Sie das Richtige ist.«

Dann erhält der neu eingestellte Mitarbeiter seine erste Aufgabe, und das ist vielleicht der wichtigste Faktor. Die Spitzenunternehmen sehen es gerne, wenn ihre angehenden Manager sich zunächst einmal »vor Ort die Hände schmutzig machen«. Über diese Praxis bei HP sagt Firmenchef Young: »Die frischgebackenen Wirtschaftler und Ingenieure müssen die Einführung neuer Produkte aus eigener Anschauung kennenlernen. Das ist ein typischer Anfangsjob. Dabei wird ihnen das ganze Konzept der Produktneueinführung nahegebracht, das so eine wichtige Rolle in unserem Wertsystem spielt.« Ebenso schreibt *Business Week,* daß »Caterpillar seine künftigen Manager immer ziemlich weit unten anfangen läßt, gewöhnlich direkt an der Fertigungsstraße. Niemand wird in diesem Unternehmen über Nacht zum Star.«

Diese Form der Integration neuer Manager durch den Einstieg in untergeordnete, praktische Aufgaben unterscheidet sich auffällig von

Beobachtungen in vielen anderen Großunternehmen. MBAs und andere angehende Manager fangen, weil sie teuer sind, gleich in Stabsstellen an, und dort bleiben sie dann auf Jahre, ohne jemals die praktische Seite des Geschäfts kennenzulernen.

Was die exzellenten Unternehmen durch ihre Verfahren gewinnen, ist vor allem Wirklichkeitsnähe. Wer sich zu Anfang mit dem Basisgeschäft des Unternehmens abgibt, in der Fertigung oder im Verkauf, der wird sich auch nach seiner Beförderung kaum durch abstrakte Planung, Marktforschung oder Managementsysteme blenden lassen. Außerdem entwickeln diese Jungmanager ihre unternehmerischen Instinkte. Sie lernen, nicht nur in Zahlen zu denken, sondern sich auch – vielleicht sogar vorwiegend – von einem wirklichen Gespür für das Geschäft leiten zu lassen. Sie kennen die Praxis. Sie haben den richtigen Instinkt. Bechtels Devise »Ein gutes Gespür für das Machbare« trifft ins Schwarze.

Die nächste Phase dieses entscheidenden Integrationsprozesses ist das Lernen durch Rollenmodelle – Vorbilder und Firmenlegenden. Der Neue lernt aus »Frontberichten«, was er zu tun hat. Bei IBM handeln diese »Frontberichte« vom Kundendienst. Bei 3M drehen sich die Anekdoten um das Innovationsstreben, bei dem man bisweilen Fehlschläge einstecken muß, aber nie nachlassen darf. Bei P & G steht die Qualität im Mittelpunkt aller Erzählungen. HP geht ganz direkt vor und füllt sein Einführungshandbuch *The HP Way* mit Berichten über Mitarbeiter, die ganz unten anfingen und es bis zur Spitze geschafft haben; im Vorschlagskasten sammelt HP sogar systematisch »Geschichten über den HP-Stil«, um den Vorrat zu ergänzen und aufzufrischen.

Information und Vergleich

Offen zugängliche Informationen als Grundlage für Vergleiche mit Kollegen – überraschenderweise ist dies der grundlegende Kontrollmechanismus in den Spitzenunternehmen. Das militärische Modell hat hier überhaupt keine Geltung. Hier gibt es keine Befehlskette, bei der so lange nichts geschieht, bis der Chef jemandem einen bestimmten Auftrag erteilt. Die allgemeinen Ziele und Wertvorstellungen werden vorgegeben und Informationen werden so weit verbreitet, daß alle schnell wissen, wie die Dinge laufen – und wer seine Sache gut oder schlecht macht.

Für manche Unternehmen ist ein umfassender Informationsfluß wirklich Überzeugungssache. So offensichtlich für Crompton Corduroy. *Fortune* beschreibt, wie in einem älteren Werk die Maschinenbediener durch Drücken einiger Knöpfe auf einer Konsole ihre Produktion abfragen und mit der ihrer Kollegen vergleichen können. Sie kontrollieren sich auf diese Weise selbst, ohne jeden Zwang, und nutzen häufig einen Teil der Mittagspause, um am Terminal ihre Ergebnisse abzurufen. Ebenfalls aus *Fortune* stammt ein Bericht über den jüngsten Beschluß von GM, für breitere Information zu sorgen:

Den einfachen Mitarbeitern Finanzinformationen mitzuteilen, trägt wesentlich zur Überbrückung der Kluft zwischen Management und Belegschaft bei; *keine andere Maßnahme bringt so deutlich die Ziele und die konkrete Art der Partnerschaft zum Ausdruck* (Kursivschrift durch uns). In (dem riesigen alten Chevrolet-Werk) Gear informieren die Manager die Arbeiter über die direkten Arbeitskosten ihres Werkes, die Ausschußkosten und die Gewinne (oder Verluste) – und geben einen Vergleich mit den Zielen. Früher hätten bei GM nicht einmal die Werkmeister solche Informationen erhalten. Nach der Auffassung von GM wiegen die Vorzüge jeglichen Schaden auf, der eventuell entstehen könnte, wenn auf diese Weise für die Konkurrenz interessante Informationen bekannt werden.

Als Ed Carlson President von United Airlines war, sagte er: »Nichts ist schlechter für die Arbeitsmoral als unzureichende Information auf den unteren Ebenen. Ich nenne das NETMA – Nobody Ever Tells Me Anything (Mir sagt ja nie einer was) –, und ich habe mich wirklich bemüht, dieses Problem in den Griff zu bekommen«. Ein Beobachter bemerkt dazu, daß Carlson »den Außendienstlern vertrauliche Tagesstatistiken mitteilte, die vorher als viel zu brisant gegolten hatten.«

Ähnlich großzügig verfährt Blue Bell mit seinen vergleichenden Produktivitätsdaten. Jeder hat Zugang zu den Ergebnissen der einzelnen Mitarbeiter, der Teams und Abteilungen. (Auf die Fülle allgemein zugänglicher Informationen bei Unternehmen wie Dana haben wir schon hingewiesen.)

Vielleicht der wichtigste Faktor bei dieser Informationsverbreitung – und umfassende psychologische Untersuchungen stützen diese These – ist die Wertfreiheit des Vorgangs. Natürlich wandert man hier auf sehr schmalem Grat; wir meinen jedoch eine bestimmte Form der Wertfreiheit: Das Management schüchtert die Mitarbeiter nicht mit Zahlen ein; da sagen keine »Vorgesetzten« ihren »Untergebenen«, was sie zu tun haben. Andererseits ist die Information insofern durchaus wertend, als sie eine sehr starke Kraft ins Spiel bringt – den Wettbewerb unter Gleichgestellten. Bei Dana zum Beispiel wird nicht versucht, den Leitern der Unternehmensbereiche irgend etwas aufzuzwingen; diese Manager werden nur an zehn Tagen pro Jahr für zwei »Höllenwochen« von je fünf Tagen zu einem Erfahrungsaustausch über Produktivitätssteigerungen zusammengebracht. Intel hat bekanntgegeben, daß seine Manager MBO-Ergebnisse austauschen – und zwar alle mit allen, wöchentlich.

Schon vor langer Zeit erklärte der Organisationstheoretiker Mason Haire: »Was gemessen wird, wird auch getan.« Er sagte, schon die Festsetzung einer Meßzahl für eine Aufgabe sei gleichbedeutend mit der Erledigung dieser Aufgabe. Die Meßgröße lenkt die Aufmerksamkeit des Managements auf den Bereich. Informationen werden ganz einfach zugänglich gemacht, und die Mitarbeiter reagieren darauf. Unsere Lieblingsgeschichte über einfache Systeme, Wettbewerb unter Gleichgestellten und problemlose Messungen spielt in einem Werk von Western Electric, wo es trotz aller Bemühungen immer wieder zu beträchtlichen Fehlzeiten kam. Das Management versuchte alles; die Abwesenheitsquote wollte einfach nicht sinken. Schließlich wurde eine riesige, weithin sichtbare Tafel mit den Namen aller Beschäftigten aufgestellt, und jeder bekam bei Arbeitsantritt einen goldenen Stern neben seinen Namen. Die Fehlquote ging fast über Nacht stark zurück. Ein Bekannter von uns erzählt von einem Werkmeister, der nach jeder Schicht die Produktionsergebnisse mit Kreide auf den Fußboden im Maschinensaal schrieb. Daraus entwickelte sich schnell eine lebhafte Konkurrenz zwischen den Schichten. Die Produktivität schnellte nach oben.

Im Grunde sind wir wohl alle wie die Maschinenbediener bei Crompton Corduroy. Wir gehen auf leisen Sohlen zur Leistungsanzeige, um nachzusehen, wie wir dastehen. Auf Leistungsvergleiche sprechen wir stärker an, als wir uns meist klarmachen. Den Laien überrascht dabei, daß wir besser und stärker darauf ansprechen, wenn die Informationen keine allzu offensichtliche Wertung mit erhobenem Zeigefinger enthalten. Ohne viel Aufhebens mitgeteilte Informationen scheinen uns zu größeren Anstrengungn zu beflügeln. Leider steht die offene Informationspolitik der Spitzenunternehmen in krassem Gegensatz zum weithin üblichen Verhalten von Managern, die so häufig fürchten, »die da« könnten die Informationen mißbrauchen, und letzten Endes werde nur die Konkurrenz daraus Nutzen ziehen. Auch hier kommt es teuer zu stehen, wenn die Menschen im Unternehmen nicht als Erwachsene – oder als Sieger – behandelt werden.

»Ein Mann würde dir sein Leben nie verkaufen, doch für ein Stück buntes Band schenkt er es dir,« behauptet William Manchester in der Beschreibung seiner Erlebnisse als Infanterist im Zweiten Weltkrieg. Er greift damit ein Motiv auf, das mindestens bis auf Napoleon zurückgeht, der ein Meister im Verteilen »bunter Bänder« war. Wer hier noch weitere Beweise will, sollte, wie wir es neulich getan haben, einmal zu Hause in Schränken und Schubladen nachsehen. Da lagern immer noch Pfadfinder-Verdienstabzeichen, verstaubte Siegestrophäen und ein oder zwei Medaillen von irgendwelchen belanglosen Skirennen, die vor Jahrzehnten stattfanden.

Während unserer Studie verblüffte uns immer wieder die Vielzahl der immateriellen Erfolgsprämien in den exzellenten Unternehmen. Nichts wirkt nachhaltiger als positive Verstärkung. Eingesetzt wird sie überall. Wirklich umfassend genutzt wird dieses Mittel jedoch fast nur bei den Spitzenunternehmen. Sie führen in geradezu schwindelerregender Zahl Gelegenheiten herbei, Mitarbeiter mit Ansteckadeln, Spangen, Abzeichen und Medaillen zu überhäufen – bei McDonald's wie bei Tupperware und IBM und bei vielen anderen der erfolgreichsten Unternehmen. Sie alle suchen bewußt nach immer neuen Vorwänden, um Belohnungen zu verteilen.

Bei Mars, Inc., bekommt jeder Beschäftigte, auch der President, jede Woche eine Prämie von zehn Prozent, wenn er die ganze Woche pünktlich zur Arbeit gekommen ist. Das ist ein besonders schönes Beispiel für eine Umgebung, in der praktisch jeder regelmäßig unter den Gewinnern ist. Wie gesagt, alle Menschen sehen sich gerne als Sieger. IBM hat für die besten zehn Prozent seiner Verkäufer einen »Goldenen Kreis« ins Leben gerufen; für wichtiger halten wir es aber, daß in dem Unternehmen viel Rummel um den »Hundert-Prozent-Club« gemacht wird, dem mehr als zwei Drittel der Verkäufer angehören. Wenn viele Preise vergeben werden, wird die Wahrscheinlichkeit, etwas zu gewinnen, ebenfalls hoch eingeschätzt. Und dann gibt sich auch der durchschnittliche Mitarbeiter Mühe. Viele Unternehmen halten besondere Belohnungen durchaus für wichtig, gewähren diese jedoch ausschließlich den wenigen Spitzenkräften (die ohnehin so motiviert sind, daß sie ihr Bestes geben). Weit wichtiger sind die Ehrenschleifen für gute Leistungen der durchschnittlichen Mitarbeiter. McPherson sagt dazu, der wahre Schlüssel zum Erfolg bestehe darin, den 60 Prozent Mittelmaß im Unternehmen einige Stufen die Leiter hinaufzuhelfen.

Unser Kollege Ken Ohmae beschrieb für *Chief Executive*, wie schwach die formale Struktur in Japan ausgeprägt ist: »Die meisten japanischen Unternehmen haben nicht einmal Ansätze eines Organigramms. Geschäftsführende Direktoren mit viel Einfluß auf das Tagesgeschäft tauchen im Organigramm nur selten auf. ... Viele stellvertretende Geschäftsführer tragen Linienverantwortung, fehlen jedoch ebenfalls auf diesen Diagrammen. So ist zum Beispiel keineswegs klar, wie Honda organisiert ist, außer daß dort recht häufig mit Projektteams gearbeitet wird.« Ohmae weist auch darauf hin, daß es in Japan ungewöhnlich ist, das Wort »Organisation« im Sinne von »Struktur« zu verwenden oder in irgendeiner Weise vom Begriff des Gesamtunternehmens zu trennen.

Bei den meisten Spitzenunternehmen fanden wir *weniger äußere Anzeichen für Strukturiertheit und sicherlich weniger Führungsebenen als anderswo.* Man denke nur an Delta, Dana und Disney, wo die Austauschbarkeit der Mitarbeiter und der Aufgaben ein eiserner Grundsatz ist. Und Rene McPherson verblüfft eine Klasse an der Stanford Business School mit der Frage: »Wieviele Führungsebenen braucht wohl die katholische Kirche?« Die Studenten denken nach und kommen auf höchstens fünf – den Laienstand, den Priester, den Bischof, den Kardinal und den Papst. Selbst in einer so riesigen Organisation wie der Kirche sind zur Funktionsfähigkeit also nur sehr wenige Ebenen nötig. Allzu viele hierarchische Ebenen sind vielleicht das größte Problem der schwerfälligen, verkrusteten Bürokratie. Bisweilen sieht es so aus, als werde hauptsächlich deswegen so verfahren, um in einer Organisation Platz für mehr Manager zu schaffen. Daß all diese Ebenen notwendig sind, stellt die Erfahrung der Spitzenunternehmen jedoch in Frage. Wenn es diese Ebenen gibt, beginnt eine Art Parkinsonsches Gesetz der Managementstruktur zu wirken: zusätzliche Führungsebenen verursachen vor allem mehr Arbeit für andere, um damit ihre eigene Existenz zu rechtfertigen. Jeder wirkt äußerst beschäftigt; in Wirklichkeit aber sind nur neue Management-Pfründen geschaffen worden.

Neben der weniger ausgeprägten Struktur und der geringeren Zahl von Führungsebenen zeichnen sich die Spitzenunternehmen durch ein weiteres entscheidendes Strukturmerkmal aus. Wir sind weiter vorn schon kurz darauf eingegangen, doch wir halten es im Zusammenhang mit Mitarbeitern und Produktivität für so bedeutend, daß hier ausdrücklich darauf verwiesen werden soll: Produktivität durch kleine Einheiten.

Kleine Einheiten

Vor über zehn Jahren fand an der Universität Chicago eine richtungweisende Tagung über »Das kreative Unternehmen« statt. Während der Veranstaltung kam es zu folgendem Austausch:

Peter Peterson (damals President von Bell & Howell): In der Industrie neigen wir dazu, eine Art sterilen, professionellen Manager heranzuzüchten, der mit dem Produkt keine Gefühle verbindet, das Produkt nicht »liebt«. Er arbeitet nicht schöpferisch, er verwaltet irgend etwas auf ziemlich künstliche Weise. Ich habe Ted Bensinger über Bowling sprechen hören und darüber, was er für den Bowlingsport getan hat – er ist mit Gefühl dabei, genau wie Ogilvy mit Gefühl an die Werbung herangeht. Ich frage mich nur, ob wir unser emotionales Engagement für große Küche oder große Werbung oder sonst was Großes genügend betont haben.

David Ogilvy (Gründer von Ogilvy and Mather): Es ist genau das Gegenteil von Gleichgültigkeit.

Gary Steiner (Universität Chicago, der Tagungspräsident): Die Vorstellung, daß der beste Koch in der Küche der beste Menschenführer wäre, scheint vernünftig, aber ist das nicht vielleicht doch auf Firmen oder Organisationen beschränkt, in denen eine einzige, ganz bestimmte berufliche Fertigkeit verlangt wird? Wie wäre das zum Beispiel bei General Motors oder der Universität Chicago, wo es nicht um so eine einzige, klar umrissene berufliche Fertigkeit geht, wo nicht alles eindimensional ist?

Ogilvy: Das ist eben eine schlechte Institution, weil sie zu stark diversifiziert ist.

Steiner: Wie kann man einer solchen Institution zur Kreativität verhelfen, ohne zu sagen: »Teilen wir doch alles auf!«

Ogilvy: Ja, alles aufteilen!

Peterson: Nehmt die Unternehmen auseinander!

Das amerikanische Bankwesen erlebt zur Zeit durch die Lockerung gesetzlicher Beschränkungen eine wahre Revolution. Eine Folge davon ist die Notwendigkeit, maßgeschneiderte Dienstleistungen, zum Beispiel Cash Management für Unternehmen, anzubieten. Bisher wurden diese Leistungen zumeist recht undifferenziert »abgewickelt«; sie galten als wenig qualifizierte und schlecht bezahlte Routinearbeiten. Barry Sullivan, der Chairman der First Chicago, schlug vor kurzem in einer Ansprache vor dem Amerikanischen Bankenverband eine Lösung vor. »Worum es mir wirklich geht, das ist die Aufteilung des ganzen Routinebetriebs in getrennte Geschäftsbereiche.« Tom Vanderslice, der vor kurzem GE verließ und Chairman von GTE wurde, beschreibt sein wichtigstes Ziel in dem neuen Unternehmen so: »Ich bin sehr dafür, dieses Unternehmen – so gut es nur geht – in eine ganze Reihe überschaubarer Einheiten aufzuteilen.« In einem Kommentar über die Ursachen für den anhaltenden Erfolg von 3M hieß es vor kurzem: »Wenn die Divisions eine bestimmte Größe erreichen, dann teilen sie sich amöbenhaft irgendwie in kleinere, beherrschbarere Divisions auf.« Und ein anderer 3Mler bestätigte: »Da gibt es nur eines: Alles aufteilen! Wettbewerbsdynamik und Effizienz können uns gestohlen bleiben. Nur was klein ist, bleibt lebendig.«

Der Vorzug der Kleinheit liegt darin, daß sie Überschaubarkeit und vor allem Engagement schafft. In einer kleinen Einheit mit einer vorherrschenden Fachrichtung kann ein Manager verstehen, was vorgeht. Wichtiger noch ist jedoch, daß selbst in Unternehmen mit Hunderttausenden von Beschäftigten, wenn die Unternehmensbereiche klein genug sind oder Freiräume auf andere Weise geschaffen werden können, der einzelne immer noch zählt und sich abheben kann. Wir haben früher schon darauf hingewiesen, wie lebenswichtig das Bedürfnis ist, sich von anderen abzuheben, als einzelner zu zählen. Und wir kennen keinen anderen Weg, den einzelnen diese Möglichkeit zu bieten, als die jeweiligen Einheiten – Unternehmensbereiche, Werke, Teams – in einer menschengerechten Größenordnung zu halten. Das Kleine funktioniert. Klein *ist* schön. Die Wirtschaftstheoretiker mögen das anders sehen, aber die Indizien aus den Spitzenunternehmen sprechen eine deutliche Sprache.

Emerson Electric und Dana sind kostenorientierte Unternehmen, und sie haben mit dieser Strategie Erfolg. Aber trotzdem halten beide ihre Divisions weit unter 100 Millionen Dollar Umsatz. HP und 3M beschränken die Größe ihrer Divisions, wie bereits gezeigt, auch wenn dies Überlappungen und Doppelarbeit bedeutet. TI hat 90 Product Customer Centers mit im Durchschnitt 40 bis 50 Millionen Dollar Umsatz.

Johnson & Johnson verfährt sogar im Konsumgüterbereich auf die Weise, obgleich dort in der Regel Volumen als erfolgsentscheidend gilt. Bei fünf Milliarden Dollar Gesamtumsatz hat J & J rund 150 Divisions – mit einer Durchschnittsgröße von 30 oder 40 Millionen Dollar. Digital arbeitet im wesentlichen nach derselben Strategie. »Im Grunde verfahren wir wie eine Gruppe kleinerer Unternehmen«, sagt Ted Johnson, Vice President für Verkauf und Kundendienst. Bei Digital bedeutet dies ständige Reorganisation, aber auch Vielfalt und Überlappung von Produktlinien sowie Verkäufer, die an der Front »eine Marktnische nach der anderen auftun«. Bei Digital und vielen anderen Spitzenunternehmen wird regelmäßig gejammert über zu kurze Produktionsläufe, ein Durcheinander in der Bestandsführung und bisweilen auch Doppelbearbeitung von Kunden. Es ist, möchten wir dazu sagen, ein Jammern mit zwei lachenden Augen.

Für das Bemühen um Kleinheit ist es nie zu früh. ROLM ist ein überaus erfolgreiches Unternehmen der Nachrichtentechnik mit 200 Millionen Dollar Umsatz. Es schneidet gegen Giganten wie Western Electric gut ab, vor allem weil das Unternehmen sich auf Problemlösungen für relativ kleine Kundengruppen spezialisiert. Nach den Worten eines der Unternehmensgründer ist das Erfolgsrezept, daß »wir ständig neue Divisions bilden und für die neuen Einheiten sogar eigene kleine Gebäude errichten« – und das Unternehmen wächst und wächst.

Allmählich zeichnet sich eine Faustregel ab. Wir stellen fest, daß die meisten Spitzenunternehmen die Größe ihrer Divisions zwischen 50 und 100 Millionen Dollar belassen, mit höchstens 1.000 Beschäftigten pro Division. Außerdem haben die Divisions ein hohes Maß an Unabhängigkeit – und sie erhalten die Funktionen und die Mittel, um sie auch zu nutzen.

Geradezu verblüffend für uns waren die Beobachtungen über die Größe der einzelnen Werke. Wiederholt stellten wir fest, daß die besseren Unternehmen ihre kleineren Werke, nicht die größeren, für die effizientesten hielten. Das Paradebeispiel ist Emerson. Bei der Erwähnung in *Duns's Review* als eines der »bestgeführten Unternehmen« wurde ein einfacher Erfolgsfaktor in den Vordergrund gerückt: »Emerson vermeidet Riesenfabriken, wie sie Konkurrenten wie General Electric bevorzugen. Nur wenige Werke von Emerson beschäftigen mehr als 600 Menschen, eine Größenordnung von der (Chairman Charles) Knight meint, daß dabei das Management noch mit jedem einzelnen Mitarbeiter persönlichen Kontakt halten kann. ›Wir brauchen kein Werk mit 5.000 Mitarbeitern, um unsere Kosten zu senken‹, sagt er, ›und das gibt uns ein hohes Maß an Flexibilität.‹ Emerson legt auf den persönlichen Kontakt mit den Mitarbeitern großen Wert.«

Blue Bell ist in der Bekleidungsindustrie die Nummer Zwei hinter Levi Strauss. Dieser 1,5-Milliarden-Dollar-Gigant hat es verstanden, wettbewerbsfähig und rentabel zu bleiben, vor allem durch glänzende operative Fähigkeiten und kostengünstige Produktion. Auch im Blue-Bell-System spielt die »Kleinheit« eine entscheidende Rolle. Der Chairman des Unternehmens, Kimsey Mann, läßt seine Fertigungsbetriebe nicht über 300 Mitarbeiter anwachsen. Nach eigener Aussage bringt ihm das folgendes ein: »Ein Management, das schnell auf Probleme reagiert ... ein Stab, der für die Arbeiter da ist.« Er fügt hinzu: »Wir bekommen mehr persönlichen Kontakt. Unsere Vorarbeiter müssen die Familienverhältnisse und die Sorgen jedes einzelnen ihrer Mitarbeiter kennen.« Er glaubt, daß solche kleinen Einheiten Kreativität und Vielfalt mit sich bringen. »Wer kennt die Arbeit besser als die, die damit direkt zu tun haben?« fragt er und fügt hinzu: »In großen Betrieben ist es doch so: bis da einmal etwas genehmigt wird, kann derjenige, der ursprünglich die Idee gehabt hat, sich entweder nicht mehr daran erinnern, oder er erkennt sie nicht mehr als seine eigene wieder.« Zusammenfassend meint Mann: »Wir wollen lauter Betriebe, in denen ein Mann das Gefühl hat, ›Hier könnten meine Frau und meine Tochter arbeiten‹. Wir wollen, daß jeder einzelne für das Image des Unternehmens verantwortlich ist.« Mann glaubt, daß dieses Ziel nur bei kleinen Betriebsgrößen erreichbar ist.

Bei Motorola ist es ähnlich. Präsident John Mitchell sagt ganz einfach: »Wenn sich ein Werk allmählich auf 1.500 Beschäftigte zubewegt, beginnen rätselhafterweise Dinge schiefzugehen.« Selbst Dana mit seinen außerordentlichen Produktivitätserfolgen ist entschlossen bemüht, seine Betriebe nicht auf mehr als 500 Beschäftigte anwachsen zu lassen. Westinghouse führt soeben ein großes Produktivitätssteigerungs-Programm durch; ein Hauptbestandteil des Programms ist die Schaffung einer Kette von 30 bis 40 kleinen Werksanlagen. Auch die jüngsten Bemühungen von GM um Produktivitätssteigerungen richten sich zum

Teil darauf, in neuen Werken deutlich unter 1.000 Mitarbeitern zu bleiben.

Nicht weniger überzeugend wirken die negativen Beispiele. Ein ehemaliger Präsident von Consolidated Edison erklärte: »Während des letzten Jahrzehnts hat sich die Branche (die Elektrizitätsversorgungsunternehmen) einzelne Kraftwerkseinheiten aufschwatzen lassen, die so groß sind, daß sie beim derzeitigen Stand der Technik nicht mehr zuverlässig gebaut und betrieben werden können.« In das gleiche Horn stieß bei einem unserer Gespräche der Leiter der Elektrizitätsgesellschaft Georgia Power. »Große Anlagen sind eine feine Sache«, sagte er, *»wenn sie funktionieren.«* Alle lachten. Er wies dann darauf hin, seine großen Werke müßten viel zu oft stillgelegt werden und blieben darum hinter ihrem theoretischen Auslastungsgrad weit zurück.

Wick Skinner von Harvard, der große alte Mann der Produktionswissenschaft, erzählt eine typische Geschichte, die deutlich macht, was hinter den Kulissen dazu führt, daß »Kleinheit« sich auszahlt. *Fortune* berichtet:

Skinner schildert einen Vorfall bei Honeywell, wo er zehn Jahre lang gearbeitet hatte, bevor er nach Harvard ging. In einem Werk von Honeywell wurden Kreiselsysteme für hochspezialisierte wissenschaftliche und technische Anwendungen und Kraftstoffvorratsanzeiger für Flugzeuge gebaut. Beide Fertigungsstraßen waren zusammen in einer Werkshalle untergebracht, und dort kam es schließlich zu Problemen. »Kreisel waren zehnmal schwieriger zu produzieren«, erinnert sich Skinner, »aber Wettbewerbsprobleme hatte Honeywell bei den Kraftstoffanzeigern. Sie versuchten mit allen Mitteln herauszubekommen, weshalb sich die Kosten nicht unter Kontrolle bringen ließen. Es wurden umfangreiche Geschäftsanalysen gemacht und ein MBA eingestellt. Nichts half, so daß man beschloß, aus diesem Produktionszweig auszusteigen. Dann flüsterte einer der Manager dem Betriebsleiter einen Vorschlag zu, worauf dieser die Unternehmensleitung um 20.000 Dollar bat. ... Man kaufte Sperrholz und einige Balken und teilte eine Ecke der Werkshalle ab ... und trennte die Arbeiter. Innerhalb von sechs Monaten war das Problem vom Tisch.«

Die theoretische Bestätigung kommt kurz und knapp von dem britischen Forscher John Child, der Hunderte von Analysen zur Kostendegression überprüft hat: »Der wirtschaftliche Nutzen steigender Unternehmens- und Anlagengrößen ist insgesamt beträchtlich überschätzt worden, vor allem während des Fusions- und Rationalisierungsfiebers, das Europa in den 60er Jahren erfaßte. Aus Untersuchungen der Kostendegression in der Industrieproduktion läßt sich der allgemeine Schluß ziehen, daß es zwar für kleine Firmen, die in eine mittlere Größenordnung hineinwachsen wollen, wichtige Rentabilitätsschwellen geben kann, daß diese aber bei größeren Einheiten nicht mehr sehr ins Gewicht zu fallen scheinen.« Anschließend führt er einige Gründe dafür an. »Es besteht eine ausgeprägte Korrelation zwischen der Betriebsgröße und Arbeitskonflikten, Fluktuation und anderen kostspieligen Erscheinungsformen der Unzufriedenheit der Beschäftigten.«

Als Schlußfolgerung läßt sich aus alldem eine grobe Richtgröße ableiten. Unabhängig von der Branche scheinen bei mehr als etwa 500 Menschen unter einem Dach beträchtliche, unerwartete Probleme aufzutreten. Wichtiger noch, sogar bei kostenorientierten Unternehmen bedeutet »klein« nicht nur größere Innovationskraft, sondern auch höhere Produktivität.

Am allerdeutlichsten werden die bestechenden Vorzüge kleiner Einheiten noch weiter unten in der Organisation – im Team, in der Unterabteilung oder im Qualitätszirkel. In den meisten Unternehmen außerhalb unserer Liste gilt die strategische Unternehmenseinheit oder irgend eine andere große Gruppe von Menschen als grundlegender Baustein der Gesamtorganisation. In unseren Spitzenreitern ist der kritische Faktor das Team – sei es für Service, Innovation oder Produktivität. Eine einleuchtende Erklärung gab uns ein Manager der Bank of America (er leitet einen großen Innenbereich):

Es scheint immer dasselbe zu sein. Wir bemühen uns stets, alles ganz genau zu treffen. Wir wollen immer optimieren. Wir suchen nach dem perfekten, gigantischen System. Ich erinnere mich noch an meine Zeit in London. Endlich war ich weit genug vom Schuß, um experimentieren zu können. Seit langem hatten wir das (branchenübliche) Problem, die für Abwicklung, Systeme und Kundenbetreuung zuständigen Leute zusammenzubringen. Wir nahmen uns einen kleinen Servicebereich vor. Ich hielt das für eine glänzende Gelegenheit, mit einem Minicomputer zu experimentieren. Wir konnten ein kleines Team bilden, um an dem Problem zu arbeiten. Das taten wir auch, und die Ergebnisse waren fabelhaft. Man kann sich einfach nicht vorstellen, wieviele Möglichkeiten wir fanden, Hindernisse zu überwinden. Sobald diese Gruppe von zehn oder zwölf Leuten erst einmal gemeinsam an die Arbeit ging, wurde jedem sofort klar, welchen Beitrag die anderen leisteten. Der Kollege aus der Abwicklung war immer ein verschlossener Aktenmensch gewesen. Aber sehr bald wurde seinen Kollegen von der Systemabteilung und der Kundenbetreuung klar, daß er sein Handwerk wirklich verstand. Er wurde de facto zum Leiter der ganzen Gruppe, obwohl er in der Hierarchie beträchtlich niedriger eingestuft war als mehrere seiner Kollegen. Innerhalb von nur drei oder vier Monaten baute die Gruppe ein bemerkenswert leistungsfähiges System auf. Dieses wurde gezielt für ein bestimmtes Kundensegment eingesetzt. Es verdiente Geld. Die Gruppe war in Hochstimmung. Schließlich benutzten wir diese Technik mit großem Erfolg in unserer gesamten Londoner Niederlassung. Es ist ganz erstaunlich, wie leicht man Probleme in kleinere, beherrschbare Teile zerlegen kann – und Menschen motivieren kann –, wenn man es nur versucht.

Wir haben schon darauf hingewiesen, daß ein unverhältnismäßig großer Teil aller Innovationserfolge in der Industrie aus »Genieschuppen« zu kommen scheint, wo hochmotivierte Grüppchen oft mehr leisten als Entwicklungsabteilungen mit Hunderten von Mitarbeitern. Mittlerweile haben wir Dutzende von Beispielen für effiziente Genieschuppen gesammelt. Bei Bloomingdale's, 3M, HP und Digital ist das gesamte Unternehmen eine einzige Ansammlung derartiger Zehnergrüppchen. Das Team ist der eigentliche Eckpfeiler jeder Produktivitätssteigerung. TI besteht darauf, daß praktisch jeder Mitarbeiter des Unternehmens wenigstens einmal im Jahr in einem »PIP«-Team mitarbeitet. Ein solches Produktivitätsteam (PIP = People Involvement Programm, »Mitarbeiter-Beteiligungsprogramm») ist eine regelrechte Lebensform, möglicherweise *der* Lebensnerv von TI schlechthin.

Was zeichnet ein typisches TI-Team aus? Es hat gewöhnlich acht bis zehn Mitglieder – Mitarbeiter aus der Produktion und ein oder zwei Ingenieure, die das Team zumeist auf freiwilliger Basis hinzuzieht. Das Team nimmt sich eine begrenzte Anzahl von Zielen vor; es kommt vor allem darauf an, etwas Konkretes zu erreichen, das sich in absehbarer Zukunft auszahlen kann. Die »Lebensdauer« eines Teams beträgt zwischen drei und sechs Monaten. Besonders wichtig ist, daß die Ziele immer vom Team selbst festgelegt werden. TI-Chairman Mark Shepherd, sagt dazu: »Die Teams setzen sich ihre Ziele selbst und kontrollieren selbst ihren Fortschritt. Immer wieder stellen wir fest, daß sich die Teammitglieder anspruchsvolle, aber realistische Ziele setzen und, wenn das Programm erst einmal in Gang ist, diese Ziele nicht nur erreichen, sondern sogar übertreffen. So etwas geschieht nur selten, wenn die Ziele *für* das Team statt *von* dem Team festgestzt werden. Wenn wir von ›Leistungssteigerung der Mitarbeiter‹ sprechen, dann meinen wir damit, daß wir den Menschen in unserem Unternehmen helfen wollen, ihre Kreativität zu entfalten.« Schließlich wird auch keine Gelegenheit versäumt, Leistungen der Teams gebührend zu feiern; auf allen Ebenen finden häufig »Leistungsschauen« statt, und manche Gruppen berichten regelmäßig direkt dem Board of Directors über ihre Ergebnisse.

Bei TI setzt sich jedes der 9.000 Teams seine Ziele selbst. Bei 3M besteht jedes der New Venture Teams aus freiwilligen Vollzeitmitgliedern unter der Leitung eines Champions. Sie alle, ebenso wie die »Store Manager« bei Dana oder die »Stationsleiter« bei United Airlines, lassen keinen Zweifel: Kleine Einheiten sind *die* Hauptquelle für Engagement. In dem analytischen Modell ist kein Platz für eine solche »weiche« Beweisführung, doch die empirischen Beweise sind offenkundig. E. F. Schumacher sagt dazu: »Menschen können nur in kleinen, überschaubaren Gruppen sie selber sein.«

Philosophie

Die exzellenten Unternehmen haben eine tief verwurzelte Philosophie mit den Geboten: »Achte den einzelnen«, «Laß die Menschen Erfolg haben«, »Laß sie sich hervortun«, »Behandle die Menschen als Erwachsene«.

Wenn wir Anthony Jay folgen, so haben wir Anschauungsunterricht gerade in dieser Lektion (Menschen als Erwachsene zu behandeln) schon vor langer Zeit erhalten:

Einer der Gründe, weshalb das Römische Reich so groß wurde und so lange Bestand hatte – eine gewaltige Managementleistung – lag darin, daß es keine Eisenbahnen, keine Autos, keine Flugzeuge, kein Radio, kein Papier und kein Telefon gab. Vor allem kein Telefon, das ist wichtig. Niemand konnte sich darum der Illusion hingeben, einen General oder einen Provinzgouverneur unmittelbar zu kontrollieren; niemand konnte auf den Gedanken kommen, ihn vielleicht anzurufen oder von ihm angerufen zu werden, wenn er in einer bestimmten Situation einmal überfordert wäre; niemand konnte einfach hinfliegen und für Ordnung sorgen, wenn etwas schief ging. Man ernannte den Mann, sah zu, wie sein Reisewagen und sein ganzer Troß in einer Staubwolke hinter dem nächsten Hügel verschwanden, und das war's dann ... Es ging also nicht an, einen Mann zu ernennen, der unzureichend ausgebildet oder der Aufgabe nicht ganz gewachsen war: Man wußte, daß alles davon abhing, daß man den besten verfügbaren Mann auf die Reise schickte. Deshalb wurde er auch mit großer Sorgfalt ausgewählt; vor allem aber mußte man sicher sein, daß er vor der Abreise alles über Rom, die römische Regierung und die römische Armee wußte.

Nach dem Grundsatz von Anthony Jay zu handeln, ist der einzige Weg, wie ein Unternehmen wie Schlumberger bestehen kann. Dieses Unternehmen muß sich voll auf seine 2.000 gut geschulten jungen Ingenieure verlassen können, die – wie der römische General – für Monate ans Ende der Welt geschickt werden, wo sie auf sich allein gestellt sind und sich nur an der Schlumberger-Philosophie und ihrer gründlichen Ausbildung orientieren können. Dee Hock von Visa brachte das Problem auf den richtigen Nenner: »Wird die menschliche Urteilskraft durch Vorschriften ersetzt, so beginnt ein Teufelskreis, denn Urteilsfähigkeit kann sich nur herausbilden, wenn sie genutzt wird.«

9. Sichtbar gelebtes Wertsystem

Welchen »Rat für Manager«, welche Haupterkenntnis ziehen wir aus unserer Forschungsarbeit über die exzellenten Unternehmen? Auf eine solche Frage würden wir vielleicht antworten: »Machen Sie sich Gedanken über ihr Wertsystem! Werden Sie sich darüber klar, *wofür* Ihr Unternehmen *steht.* Auf welchen Teil Ihrer Arbeit sind alle im Unternehmen am meisten stolz? Versetzen Sie sich um 10 oder 20 Jahre in die Zukunft: worauf würden Sie mit der größten Befriedigung zurückblikken?«

Das fünfte Merkmal der Spitzenunternehmen nennen wir »Sichtbar gelebtes Wertsystem«. Wir sind davon beeindruckt, wie bewußt diese Unternehmen ihre Wertvorstellungen pflegen und wie ihre Führer durch persönliches Interesse, Beharrlichkeit und direkte Eingriffe ein Klima der Einsatzfreude geschaffen haben – bis weit unten in der Hierarchie.

In *Morale* schreibt John Gardner: »Die meisten Autoren von heute haben eine Abneigung dagegen oder finden es peinlich, über Wertvorstellungen konkret zu schreiben«. Wir haben die Erfahrung gemacht, daß bei den meisten Unternehmen die Abneigung eher noch größer ist: über Wertsysteme zu schreiben, zu sprechen und sie ernst zu nehmen, scheint ihnen ein Greuel. Wenn sie den Begriff überhaupt zur Kenntnis nehmen, dann nur als etwas verschwommen Abstraktes. Unsere Kollegen Julien Phillips und Allan Kennedy bemerkten dazu: »Nüchterne Manager und Unternehmensberater schenken dem Wertsystem einer Organisation nur selten wirklich Beachtung. Werte sind keine ›harten‹ Begriffe wie Struktur- und Ablauforganisation, geschäftspolitische Richtlinien, Strategien und Budgets.« Phillips und Kennedy haben recht in der allgemeinen Tendenz, aber glücklicherweise unrecht – wie sie selbst nur allzu gern zugeben – im Fall der exzellenten Unternehmen.

Thomas Watson Junior hat ein ganzes Buch über Wertvorstellungen geschrieben. In *A Business and Its Beliefs* leitet er die Schilderung seiner Erfahrungen bei IBM mit den Worten ein:

> Man kann über die Ursachen des Niedergangs eines Unternehmens viel spekulieren. Die Technologie, Änderungen des Geschmacks und der Mode, alles spielt eine Rolle. Niemand kann die Bedeutung dieser Faktoren bestreiten. Doch möchte ich bezweifeln, daß sie in sich selbst wirklich entscheidend sind. Ich glaube, der wirkliche Unterschied zwischen Erfolg und Mißerfolg läßt sich sehr häufig darauf zurückführen, wie gut das Unternehmen es versteht, die großen Energie- und Talentreserven seiner Mitarbeiter zu nutzen. Was tut das Unternehmen, damit diese Menschen zu einer gemeinsamen Sache finden? Und wie kann es diese gemeinsame Sache und den einheitlichen Kurs bewahren, trotz der vielen Veränderungen, die im Wechsel der Generationen auftreten? Bei jedem erfolgreichen Unternehmen, das über viele Jahre Bestand hat, wird man wahrscheinlich feststellen, daß es seine Widerstandskraft nicht der Organisationsform oder einer gekonnten Verwaltung verdankt, sondern der Kraft der *Überzeugungen* und dem Maß, in dem sich die Menschen im Unternehmen diese Überzeugungen zu eigen machen. Ich möchte daher folgendes sagen: ich bin fest überzeugt, daß jedes Unternehmen, um zu überleben und erfolgreich zu sein, einen soliden Bestand an Grundüberzeugungen braucht, von denen es sich bei allen Entscheidungen und Maßnahmen leiten läßt. Sodann glaube ich, daß der wichtigste Einzelfaktor für den Unternehmenserfolg das getreuliche Festhalten an diesen Überzeugungen ist. Und schließlich glaube ich, daß ein Unternehmen, wenn es die Herausforderung einer Welt im Wandel bestehen will, bereit sein muß, im Laufe seiner Entwicklung alles zu ändern, mit Ausnahme dieser Grundüberzeugungen. Anders ausgedrückt, die grundlegende Philosophie, der Geist und der innere Schwung eines Unternehmens haben mit seinem Abschneiden im Wettbewerb viel mehr zu tun als technologische oder wirtschaftliche Ressourcen, Organisationsstruktur, Innovation und Timing. Alle diese Faktoren sind für den Erfolg von großer Bedeutung. Über ihnen steht aber nach meiner Auffassung die entscheidende Frage, wie fest die Menschen im Unternehmen von dessen Grundprinzipien überzeugt sind und wie getreulich sie diese verwirklichen.

Jedes besonders erfolgreiche Unternehmen, das wir untersucht haben, hat ganz klare Vorstellungen davon, wofür es steht, und nimmt die

Gestaltung seines Wertsystems sehr ernst. Wir fragen uns sogar, ob es überhaupt möglich ist, zu einem Spitzenunternehmen zu werden, ohne über das Wertsystem volle Klarheit erlangt und die richtigen Werte gefunden zu haben.

Unter der Leitung unseres Kollegen Allan Kennedy führten wir vor rund drei Jahren eine Analyse »übergeordneter Zielsetzungen« durch. (Damals entsprach diese Bezeichnung dem heutigen Element »Selbstverständnis« im 7S-Modell von McKinsey. Gemeint war jedoch schon immer dasselbe: Grundüberzeugungen, Leitwerte.) Diese Studie ging der Untersuchung über die exzellenten Unternehmen voraus, doch stimmte das Ergebnis mit unseren späteren Beobachtungen überein. Praktisch alle Spitzenunternehmen, die wir in der ersten Studie erfaßten, besaßen genau umrissene Leitvorstellungen. Die weniger leistungsfähigen Unternehmen dagegen besaßen entweder kein schlüssiges Wertsystem, oder sie hatten zwar klare und viel diskutierte Ziele, Interesse bestand jedoch nur an den quantifizierbaren Größen – Finanzzielen wie Gewinn je Aktie und Wachstumskennziffern. Bezeichnenderweise hatten die Unternehmen, die am stärksten mit quantifizierten Vorgaben und den genauesten Finanzzielen arbeiteten, finanziell *schlechter* abgeschnitten als die Unternehmen, die ihre Ziele allgemeiner, weniger präzise und eher qualitativ beschrieben hatten. (Unternehmen ohne Wertsysteme schnitten ebenfalls schlechter ab.)

Demnach kommt es also nicht nur darauf an, die Wertvorstellungen zu formulieren, sondern auch der Inhalt der Werte muß stimmen. Wir vermuten, daß Unternehmen mit vorrangig finanzieller Zielsetzung recht erfolgreich die obersten 15 – vielleicht sogar 50 – Mitarbeiter motivieren können. Nur selten jedoch wirken diese Ziele anspornend auf die einfachen Mitarbeiter, jene Zehntausende, die das Produkt herstellen, verkaufen und warten.

Wie auch Gardner bemerkt, haben überraschend wenige Management-Autoren bisher den Mut gehabt, über das Thema »Werte« zu schreiben. Unter denen, die es tun, führt keiner eine offenere Sprache als Philip Selznick, den wir in Kapitel 4 bereits vorgestellt haben. In *Leadership and Administration* spricht er über Werte und skizziert die Aufgabe des Unternehmensführers, das Wertsystem mit Leben zu erfüllen:

Der Aufbau eines Unternehmens geht einher mit der Entscheidung für bestimmte Werte, Entscheidungen also, mit denen die Führung ihre Grundvorstellungen zur Art des Unternehmens, seinen spezifischen Zielen, Methoden und Aufgaben festlegt. Diese wesensbestimmenden Entscheidungen werden häufig nicht verbal formuliert, unter Umständen nicht einmal bewußt vollzogen ... Der Unternehmensleiter ist in erster Linie ein Experte für das Verbreiten und Absichern von Wertvorstellungen. ... Die Führung versagt, wenn sie sich auf das bloße Überleben konzentriert. Richtig verstanden, bedeutet das Überleben von Institutionen das Bewahren ihrer Werte und ihrer Identität.

Henry Kissinger hat denselben Gedanken betont: »Die Aufgabe des Führers besteht darin, seine Leute aus bekannten Gefilden in unbekanntes Terrain zu führen. Die breite Öffentlichkeit versteht die Welt, auf die sie zusteuert, nur zum Teil. Die Führer müssen die Alchemie der visionären Gestaltungskraft nutzen. Wer das als Führer nicht tut, wird letzten Endes als gescheitert gelten, selbst wenn er im Augenblick populär ist.«

Die theoretische Argumentation geht noch einen Schritt weiter. Wertvorstellungen werden gewöhnlich nicht durch formale schriftliche Verfahren übermittelt. Häufiger ist die Verbreitung durch »weichere« Mittel, vor allem durch die Anekdoten, Mythen, Legenden und Metaphern, von denen schon die Rede war. Über die Bedeutung von Mythen für die Vermittlung des Wertsystems gibt uns wiederum Selznick interessante Aufschlüsse:

Eine Institution entsteht mit Hilfe zahlreicher Techniken, die alltägliche Verhaltensweisen auf lange Sicht mit Sinn und Zweck erfüllen. Zu diesen Techniken gehört als eine der wichtigsten das Schaffen von Mythen mit sozial integrierender Wirkung. Dabei wird versucht, in der Sprache von Idealismus und Überhöhung darzustellen, was das Besondere an den Zielen und Methoden des Unternehmens ausmacht. Erfolgreiche Mythen sind niemals rein zynisch oder manipulativ. ... Um wirksam zu sein, darf der Mythos nicht auf Sonntagsreden oder Aussagen vor Parlamentsausschüssen beschränkt bleiben. Er bedarf der Interpretation und verlangt jeden Tag viele verschiedene Einzelentscheidungen. Der Mythos trägt zur Befriedigung eines Bedürfnisses bei. Nicht zuletzt besteht die Hoffnung, daß der Mythos zu einer Art gemeinsamen Sendungsbewußtseins beiträgt und damit zur Harmonie innerhalb des Ganzen. Mythen, gleich welcher Herkunft, sind letztlich der Baustoff für Institutionen. Die Kunst der kreativen Führung ist die Kunst, Institutionen aufzubauen, menschliches und technologisches Ausgangsmaterial zu einem Organismus umzuformen, der neue, dauerhafte Werte verkörpert.

Und so frönen dann auch die exzellenten Unternehmen ganz unverhohlen dem Sammeln und Erzählen von Anekdoten, Legenden und Mythen zur Bestätigung ihrer Grundüberzeugungen. Bei Frito-Lay sind es Servicegeschichten. Bei J&J Qualitätsgeschichten. Bei 3M Innovationsgeschichten.

Unser Kollege John Stewart schwört auf folgende Beobachtung: »Wer das Selbstverständnis eines guten Unternehmens kennenlernen will, braucht sich nur den Geschäftsbericht anzusehen.« Und tatsächlich lassen die Spitzenunternehmen in ihren Geschäftsberichten und sonstigen Veröffentlichungen keinen Zweifel daran, worauf sie stolz sind und was ihnen teuer ist.

Delta Airlines: »Zwischen Delta und seinem Personal besteht eine besondere Beziehung, wie man sie nur selten in einer Firma findet. Sie bringt einen Teamgeist hervor, der unübersehbar zum Ausdruck kommt in der Kooperationsbereitschaft zwischen den einzelnen Mitarbeitern, in allgemein guter Laune und in dem Stolz auf die gemeinsame gute Leistung.«

Dana: »Der Führungsstil von Dana besteht darin, alle mit einzubeziehen und nach Kräften alles möglichst einfach zu halten. Es gibt keine Handbücher mit Grundsatzerklärungen und Ausführungsbestimmungen, keine vielschichtige Firmenhierarchie, nicht stapelweise Kontrollberichte oder Blockierung der Informations- und Kommunikationskanäle durch Computer. ... An dem Dana-Stil ist nichts Kompliziertes oder Ausgefallenes. Er lebt davon, daß die Mitarbeiter mit Achtung behandelt werden. Er bezieht alle Dana-Mitarbeiter in das Leben ihres Unternehmens ein.«

Caterpillar: »Die Lieferbereitschaft für Ersatzteile von Händlern und Caterpillar-Lagern erreichte insgesamt 1981 einen neuen Höchststand.« Und: »Die Händlerorganisation von Caterpillar wird von den Kunden immer wieder als ein Hauptgrund für den Kauf von Caterpillar-Produkten genannt. Viele dieser Händler sind schon in der zweiten und der dritten Generation mit dem Unternehmen verbunden«.

Digital: »Digital ist der Überzeugung, daß ein Höchstmaß an partnerschaftlicher Zusammenarbeit vor allem auf dem Gebiet des Service und der Unterstützung für den Kunden stattfinden muß.«
J&J: »Schon 1890 stellte Johnson & Johnson den ersten Verbandkasten zusammen, damit die Eisenbahnarbeiter, die sich mit ihren Schienen quer durch Amerika kämpften, an Ort und Stelle behandelt werden konnten. 90 Jahre später steht der Name Johnson & Johnson immer noch für Erste Hilfe im Haushalt«.

Die obigen Beispiele machen verständlich, warum auf unser Material über die exzellenten Unternehmen manchmal die Reaktion kommt: »Nun ja, eure Verallgemeinerung ist ja schön und gut, aber in Wirklichkeit macht jedes Unternehmen es dann doch ein bißchen anders.« Natürlich, allein schon die Branchenverhältnisse *zwingen* dazu, daß Dana andere Themen in den Vordergrund stellt als zum Beispiel J&J. Darüber hinaus sind praktisch bei jedem dieser Unternehmen die Grundüberzeugungen von einer besonderen Persönlichkeit geprägt worden. Dementsprechend gleicht kein Unternehmen dem anderen. Deshalb haben uns auch die meisten so bereitwillig Auskunft gegeben; sie sind überzeugt, daß niemand sie kopieren kann.

Andererseits stellen wir bei den besonders erfolgreichen Unternehmen einige gemeinsame Merkmale fest, die trotz der sehr unterschiedlichen Wertsysteme ein Bindeglied darstellen. Erstens werden die Wertvorstellungen, wie schon unsere erste Studie zeigte, fast stets qualitativ und nicht quantitativ formuliert. Werden finanzielle Ziele erwähnt, so sind sie fast immer anspruchsvoll, jedoch nie sehr präzise. Darüber hinaus werden finanzielle und strategische Ziele nie isoliert dargestellt. Sie werden immer in Zusammenhang gesetzt zu anderen Zielvorstellungen. Und die Ansicht, daß Gewinn ein selbstverständliches Nebenprodukt guter Leistung ist, nie jedoch Selbstzweck, ist ebenso verbreitet.

Zweitens ist den erfolgreichen Wertsystemen gemeinsam, daß sie auf Motivation der Mitarbeiter am unteren Ende der Hierarchie abzielen. Nehmen wir einmal an, finanzielle Ziele würden 1000 Mitarbeitern, oder auch fünfmal so vielen, etwas sagen. Selbst das reicht im Großunternehmen von heute nicht weit. IBM beschäftigt mehr als 340 000 Menschen und Digital über 60.000. Im Idealfall sollte eine Unternehmensphilosophie, wie Chairman Kazuo Inamori von Kyoto Ceramic es formuliert, darauf abzielen, »den Mitarbeiter mit nur halber Leistungsfähigkeit so weit zu bringen, daß auch er das Beste gibt.«

Die besten serviceorientierten Unternehmen sind sich darüber ganz offensichtlich im klaren, und gerade deshalb können sie ja auch beim Service so glänzen. Doch sogar die kostenorientierten guten Hersteller scheinen den Gedanken erfaßt zu haben. Blue Bell, obwohl besonders kosten- und abwicklungsbewußt, macht bei der Qualität keine Zugeständnisse, schon gar nicht bei dem Spitzenprodukt Wrangler Jeans. Chairman Kimsey Mann sagt unmißverständlich: »Niemand bei uns wird versuchen, bei den Wrangler Jeans eine Gürtelschlaufe wegzulassen, um ein paar Cents zu sparen.« Er erklärt, solche kleinen Einsparungen seien ein wichtiges Ziel für Spartenleiter und Werksleiter. Aber die Qualität und das Qualitätsimage gingen jeden an – müßten ganz einfach jeden angehen – von der letzten Näherin im hintersten North Carolina bis zu Mann selbst.

Diese Geschichte über Blue Bell führt uns zu einem dritten Aspekt, der beim Inhalt von Wertvorstellungen eine Rolle spielt. James McGregor Burns hat gesagt: »Die grundlegende Führungsaufgabe besteht darin, zu jedem Zeitpunkt in der Geschichte den vorherrschenden Widerspruch zu ermitteln.« Jedes Unternehmen steht immer in einem Spannungsfeld bedeutsamer Widersprüche – zwischen Kosten und Service, Tagesgeschäft und Innovation, Förmlichkeit und Zwanglosigkeit, einer »Kontroll«-Orientierung und einer Orientierung auf den »Menschen« und dergleichen. Wir finden es bemerkenswert, daß die Wertsysteme der exzellenten Unternehmen ziemlich eindeutig für eine Seite dieser scheinbaren Widersprüche Position beziehen. Der Vorwurf, die wirksamen Wertsysteme seien leere Floskeln, ist deshalb völlig ungerechtfertigt.

Der spezifische Gehalt der Grundüberzeugungen bei den Spitzenunternehmen ist eng gefaßt und beschränkt sich auf einige wenige Grundwerte:

1. Die Überzeugung, die »Besten« zu sein.
2. Die Überzeugung, daß die Details der Durchführung – das »Handwerkliche« – wichtig sind.
3. Die Überzeugung, daß der einzelne zählt.
4. Die Überzeugung, daß Qualität und Service Spitzenniveau haben müssen.
5. Die Überzeugung, daß die meisten Mitarbeiter innovativ sein sollten und daß Mißerfolge daher ihre Berechtigung haben.
6. Die Überzeugung, daß Zwangslosigkeit die Kommunikation fördert.

7. Die ausdrückliche Überzeugung, daß wirtschaftliches Wachstum und Gewinne wichtig sind.

James Brian Quinn glaubt, daß die übergeordneten Ziele eines Unternehmens »allgemein gehalten sein müssen. Sie müssen jedoch auch klar ›uns‹ von ›den anderen‹ abheben.« Nichts ist dafür besser geeignet, als in irgend etwas »die Besten zu sein«, wie wir eingehend gezeigt haben. David Ogilvy bemerkt dazu: »Ich möchte, daß all unsere Leute überzeugt sind, daß sie in der besten Agentur der Welt arbeiten. Stolz wirkt Wunder.« Charles Knight von Emerson fügt hinzu: »Zeige und verlange überragende Leistungen! Wer sich mit Mittelmäßigkeit abfindet – in der Schule, bei der Arbeit oder im Leben – läßt sich auf Kompromisse ein. Und wenn der Unternehmensleiter Kompromisse macht, macht die ganze Firma Kompromisse.« Entsprechend eindeutig und anspruchsvoll formuliert Thomas Watson Junior das Serviceziel von IBM: »Wir wollen unseren Kunden den besten Service der Welt bieten«.

Die besonders nachhaltigen Wertvorstellungen sind alle auf die eine oder andere Art hochfliegend; viele andere unterstreichen jedoch einfach einzelne Aspekte der praktischen Arbeit, wenn auch immer mit dem Feuer der Begeisterung. Zum Beispiel: »Wir glauben, ein Unternehmen sollte an alle Aufgaben mit der Einstellung herangehen, daß dabei eine überragende Leistung herauskommen kann«, sagt Watson von IBM. »IBM erwartet und verlangt von seinen Leuten bei allem, was sie tun, überragende Leistungen. Eine solche Einstellung läßt vermutlich manisches Perfektionsstreben befürchten, mit allen zugehörigen psychologischen Schrecken. Zugegeben, ein Perfektionist ist selten ein angenehmer Mensch. Ein Umfeld, das Perfektion verlangt, ist kaum jemals bequem. Aber das Streben nach Perfektion verleiht dem Fortschritt Flügel.«

Andrall Pearson, President von PepsiCo, äußert sich ähnlich überzeugt über die Verbesserung der praktischen Ausführung auf allen Ebenen: »Die Erfahrung hat uns gelehrt, daß die besten Produktideen und Wettbewerbsstrategien reine Vergeudung sind, wenn sie nicht wirksam umgesetzt werden. In unserer Art Geschäft ist hervorragende Ausführung oft sogar produktiver – und leichter realisierbar – als die Entwicklung neuer Ideen. Hervorragende Umsetzung ist das Geheimnis vieler unserer Glanzleistungen, wie die Erfolge von Frito-Lay bei Knabbergebäck und von PepsiCola im Lebensmittelhandel.«

Als überraschend häufiges Element im Wertsystem trat das auf, was David Packard als »innovative Menschen auf allen Ebenen des Unternehmens« bezeichnete. Den Spitzenunternehmen ist klar, daß die Ideenfindung ein eher zufälliger und wenig berechenbarer Prozeß ist, jedenfalls kaum ein geeignetes Objekt für die Präzisionslust zentraler Planung. Wer durch Innovation wachsen will, ist auf viele Menschen angewiesen, nicht nur auf einige wenige F&E-Experten.

Untrennbar verbunden mit der Praxis, in jedem einen Neuerer zu sehen, ist die ausdrückliche Rückendeckung auch bei Mißerfolgen. Charles Knight von Emerson, James Burke von J&J und Lewis Lehr von 3M sprechen ausdrücklich von der Notwendigkeit, Fehler zu machen. Steven Jobs, der Vater des überaus erfolgreichen Apple-Computers, der 1981 fast 750 Millionen Dollar Jahresumsatz erzielte, sagt: »Ich mache immer noch Fehler, sehr viele sogar. Vor zwei Wochen frühstückte ich mit einigen unserer Marketingleute und fing an, über all die Dinge zu sprechen, die schief gingen, ohne daß einer von ihnen irgend etwas daran ändern konnte. Danach waren rund 15 Leute stinksauer auf mich, so daß ich ihnen ungefähr eine Woche später einen Brief schrieb. Im letzten Absatz teilte ich ihnen mit, ich sei gerade in Washington, und die Leute fragten mich: 'Wie macht Apple das nur'? Ich hatte geantwortet: »Nun, wir stellen einfach wirklich gute Leute ein und schaffen ein Klima, in dem jeder Fehler machen und daraus lernen kann.«

Das letzte gemeinsame Merkmal der Besten, Zwangslosigkeit zur Förderung von Kommunikation, ist das Leitmotiv des HP-Stils, um nur ein Beispiel zu nennen. Deshalb legt das Unternehmen so großen Wert auf die Anrede mit dem Vornamen, das »Management durch Herumwandern« und das Gefühl der »einen großen Familie« – alles klare Signale der Führungsspitze, die Befehlskette zu umgehen, um die Kommunikation in Gang zu halten und ein Höchstmaß an Beweglichkeit und Flexibilität zu ermöglichen.

Für Manager wie Thomas Watson senior ist die überragende Bedeutung der Wertvorstellungen eine Selbstverständlichkeit. Aber wie werden die Werte festgelegt? Auch hier stießen wir auf überraschende Übereinstimmungen. Ebenso wie die besonders erfolgreichen Unternehmen sich heute alle an schlüssigen Wertsystemen orientieren, so wurden auch praktisch alle in ihrer Frühzeit durch die Persönlichkeit eines Führers geprägt, der ihr Wertsystem erstmals festlegte. Hewlett und Packard bei HP, Olsen bei Digital, Watson bei IBM, Kroc bei McDonald's, Disney bei Disney Productions, Treybig bei Tandem, Walton bei Wal-Mart, Woolman bei Delta, Strauss bei Levi Strauss, Penney bei J.C.

Penney, Johnson bei J&J, Marriott bei Marriott, Wang bei Wang, McPherson bei Dana und so weiter.

Ein erfolgreicher Unternehmensführer muß beide Enden des Spektrums beherrschen: abstrakteste Ideen und prosaischste Detailmaßnahmen. Der Führer als Werte-Gestalter muß mit hochfliegenden, kühnen Visionen Zehn- oder Hunderttausende von Menschen beflügeln und begeistern können. Hier kommt seine Rolle als Erkunder neuer Wege zum Tragen. Vermitteln läßt sich die Begeisterung jedoch offenbar nur durch eine Vielzahl tagtäglicher Geschehnisse, bei denen der Werte gestaltende Manager zum Musterbeispiel des Ausführenden wird. In dieser Rolle ist der Unternehmensführer ein Pedant; er vermittelt Werte durch Handlungen statt durch Worte: keine Gelegenheit ist ihm zu gering. Sinn für Ideen und Sinn für Details sind da nicht zu trennen; er muß beides beherrschen.

Sinn für Ideen – Erkunden neuer Wege und visionäre Höhenflüge – läßt an imposante Ausnahmemenschen denken, die gewissermaßen ihr Wort in Stein meißeln. Doch unsere Kollegen Phillips und Kennedy, die sich damit befaßt haben, wie Führungspersönlichkeiten Werte gestalten, zeichnen ein anderes Bild: »Erfolgreiche Vermittlung von Werten scheint wenig mit charismatischer Persönlichkeit zu tun zu haben. Ausschlaggebend war eher ein offenkundiges, aufrichtiges und nachhaltiges persönliches Engagement für die Werte, die der Führer vermitteln wollte, verbunden mit außerordentlicher Beharrlichkeit bei der Festigung und Verbreitung dieser Wertvorstellungen. Keiner der von uns beobachteten Männer verließ sich auf persönliche Ausstrahlung. Alle hatten sich durch Arbeit an sich selbst zu wirksamen Führern *gemacht.*«

Beharrlichkeit ist entscheidend. Wir vermuten, daß unter anderem deshalb die Gründerväter so lange am Ruder blieben: die Watsons, Hewlett und Packard, Olsen und die anderen.

Führer setzen ihre Visionen um und zeigen ihre Beharrlichkeit allein schon durch ihre ausgeprägte Präsenz. Die meisten Führer von Spitzenunternehmen kommen aus dem operativen Geschäft. Sie haben sich ihre Sporen in der Konstruktion, der Fertigung und dem Verkauf des Produktes verdient, verstehen also das Handwerk vollauf. Ihnen bereitet das »Herumwandern« keine Schwierigkeiten, weil sie ja vor Ort zu Hause sind. Wie Wanderprediger glauben diese Führungspersönlichkeiten an die ständige Verkündigung der »Wahrheit«, nicht von ihrem Büro aus, sondern außerhalb – vor Ort. Sie reisen viel und verbringen viel Zeit an der Basis, vor allem mit dem Nachwuchs.

Auch zu diesem Merkmal bekennen sie sich ausdrücklich. Laut *Business Week* schreibt Harry Gray von United Technologies selbst seine Werbetexte. Gray ist ausgebildeter Verkäufer. Er sagt, einer der Gründe, weshalb er sich mit seiner Pratt & Whitney Aircraft Division so gut gegen die Flugzeugtriebwerke von General Electric behaupte, liege darin, daß »ich mich an Orten blicken lasse, wo die Kunden das Top-Management von General Electric nie zu sehen bekommen«. Lanier-Chairman Gene Milner und President Wes Cantrell denken genauso. Cantrell sagte dazu: »Unter den Teilnehmern an der großen Textverarbeitungskonferenz letztes Jahr waren Gene und ich der einzige President und der einzige Chairman.« Oder wie immer wieder über Boeing-Chef T. Wilson zu hören ist: »Er ist noch im Werk« und gelegentlich »Wichtige Konstruktionsentscheidungen trifft er immer noch selbst.«

Das »Herumwandern« ist bei einigen Unternehmen offizieller Bestandteil der Firmenpolitik. Für HP beschrieb F&E-Manager John Doyle diese Art der »sichtbaren« Führung:

Wenn eine Division oder eine Abteilung einen eigenen Plan entwickelt hat – ihre Arbeitsziele abgesteckt hat –, dann ist es wichtig, daß die Manager und Vorarbeiter den Plan in Gang halten. Hier spielen dann Beobachtung, Messung, Feedback und Anleitung eine Rolle. Das ist unser »Management durch Herumwandern«. So findet man heraus, ob man auf dem richtigen Weg ist und mit der richtigen Geschwindigkeit in die richtige Richtung fährt. Wenn man nicht ständig im Auge behält, was die Mitarbeiter tun, geraten nicht nur einige vom Wege ab, sondern sie beginnen auch zu vermuten, der ganze Plan sei gar nicht so ernst gemeint gewesen. Beim Management durch Herumwandern geht es also darum, jederzeit mit dem Gelände Kontakt zu halten. Ein weiterer Vorzug ist, daß man sich aus dem Sessel erheben muß und im eigenen Bereich herumkommt. Das »Herumwandern« ist wörtlich gemeint – sich von der Stelle rühren und mit den Leuten reden. Alles geschieht sehr zwangslos und spontan, doch muß unbedingt im Laufe der Zeit das gesamte Gelände abgedeckt werden. Erstens zeigt man dabei, daß man erreichbar und ansprechbar ist; vor allem aber muß klar werden, daß man zum Zuhören da ist. Zweitens ist es außerordentlich wichtig, den Mitarbeitern zu berichten, was in der Firma geschieht, vor allem bei

Dingen, die ihnen viel bedeuten. Drittens macht das Ganze einfach Spaß.

David Ogilvy äußert sich sehr ähnlich: »Zitieren Sie niemanden in Ihr Büro – das schüchtert nur ein. Besuchen sie die Mitarbeiter lieber in deren Büro. Damit werden Sie für die ganze Agentur zu einem Wesen aus Fleisch und Blut. Ein Chairman, der nie in seiner Agentur herumwandert, wird zum Eremiten, ohne Tuchfühlung mit seinen Mitarbeitern.«

Ein führender Vertreter der Kunst dieser sichtbaren Unternehmensführung war Ed Carlson von United Airlines. Er beschreibt, wie er bei United das Ruder übernahm, nachdem er zuvor nur im Hotelgewerbe gearbeitet hatte. Damals machte United jährlich 50 Millionen Dollar Verlust. Carlson gelang die Sanierung, jedenfalls für einige Zeit:

Ich legte pro Jahr rund 200 000 Meilen zurück, um zu zeigen, wie sehr mir an »sichtbarem Management«, wie ich es nenne, gelegen war. Wenn ich zum Wochenende nach Hause kam, sagte ich oft zu meiner Frau, ich käme mir vor, als führe ich einen Wahlkampf. Ich stieg aus dem Flugzeug, schüttelte die Hände aller United-Mitarbeiter, derer ich habhaft werden konnte. Ich wollte, daß mich die Leute kennen lernten und keine Hemmungen hatten, Anregungen zu machen oder auch mir zu widersprechen, wenn ihnen danach zumute war. Eines der Probleme in amerikanischen Unternehmen ist, daß der Mann an der Spitze wenig Neigung hat herumzureisen und sich der Kritik zu stellen. Meist neigt er eher zur Isolation und hat am liebsten Leute um sich, die ihm nicht widersprechen. Der Chef hört im Unternehmen nur, was er hören will. Wenn es erst einmal soweit kommt, ist das Unternehmen auf dem besten Wege »Krebs« zu entwickeln, wie ich es nenne. ... Ein Beispiel: Robb Mangold ist bei United Airlines Senior Vice President für die amerikanische Ostküste. Wenn ihm meine Besuche in Boston, La Guardia oder New York nicht gepaßt hätten, dann hätte meine Form des sichtbaren Managements nicht funktioniert. Dort wußte man aber, daß ich nicht zu meinem eigenen höheren Ruhm unterwegs war. Ich wollte niemandem das Wasser abgraben. Mir lag lediglich daran, den Eindruck zu vermitteln, daß der Chef des Unternehmens zugänglich war, daß man mit ihm reden konnte. ... Wer ein gutes Verhältnis zu seinen Mitarbeitern in der Linie pflegt, dürfte dabei nicht auf Schwierigkeiten stoßen. Immer wenn ich irgendeine Information bekam, rief ich den Leiter der jeweiligen

Division an und sagte ihm, ich sei gerade aus Oakland, Reno oder Las Vegas zurückgekommen und hätte das und das erfahren.

Wir haben über den Unternehmensführer als sichtbaren Manager, als Rollenmodell und als Vorbild gesprochen. Eine einzelne Person reicht jedoch offenbar nicht aus; worauf es ankommt, ist das Team an der Spitze. Die Führungsgruppe muß den Ton bestimmen, der die Musik macht. Bei der Vermittlung der entscheidenden Wertvorstellungen hat sie keine Wahl, sie muß ganz einfach mit einer Stimme sprechen, wie auch Philip Selznick unterstreicht: »Ein wichtiger Grundsatz ist die Schaffung einer homogenen Führungsgruppe. Die Entwicklung einer zielgerechten Unternehmenspolitik und deren detaillierte Umsetzung wird dann von der gemeinsamen, übergreifenden Perspektive getragen.« Carlson nahm diese Einstellung ernst. Als er mit seinen 200.000 Meilen pro Jahr begann, bestand er darauf, daß die anderen 15 Leute an der Spitze es ihm gleich taten. Während der ersten eineinhalb Jahre von Carlsons Regentschaft verbrachten alle 15 mindestens zwei Drittel ihrer Zeit vor Ort.

Ein praktisches Mittel, um den Zusammenhalt an der Unternehmensspitze zu stärken, sind regelmäßige Zusammenkünfte. Bei Delta Airlines und Fluor kommen alle leitenden Manager einmal am Tag zu einem zwanglosen »Kaffeeklatsch« zusammen. Bei Caterpillar trifft sich das Führungsteam fast täglich ohne feste Tagesordnung, um Erwartungen und Meinungen über den Lauf der Dinge auszutauschen. Ähnliche informelle Einrichtungen gibt es bei J&J und McDonald's.

Natürlich kann ein allzu großes Maß an Homogenität auch zu »Ja-Sagerei« führen. Man erinnere sich aber an Dean Achesons mahnende Bemerkung zu Richard Neustadt: Präsidenten brauchen Vertrauen, keine warnenden Worte. Bei den entscheidenden Wertvorstellungen des Unternehmens scheinen wiederholtes Ja-Sagen und unablässige Bestätigung eine wichtige Rolle zu spielen.

Schließlich sind die Spitzenunternehmen einander auch darin sehr ähnlich, daß ihre Führer die Mitarbeiter zu beflügeln verstehen. Wie wir sahen, werden bei HP die Manager nach ihrer Fähigkeit beurteilt, Begeisterung zu wecken. Und Präsident Andy Pearson von PepsiCola sagt dazu: »Vielleicht die subtilste Herausforderung, der wir uns in den 80er Jahren gegenüber sehen, ist die Aufgabe, dafür zu sorgen, daß es weiterhin Spaß macht, bei PepsiCola zu arbeiten.« Chuck Knight von

Emerson äußert sich ähnlich: »Wenn es nicht ein bißchen Spaß macht, bekommt man gar nichts zustande.« Und David Ogilvy forderte seine Mitarbeiter auf: »Seht zu, daß die Arbeit bei Ogilvy & Mather Spaß macht. Wer keinen Spaß daran hat, macht nur selten gute Werbung. Lacht den tierischen Ernst aus. Sorgt für eine zwanglose Atmosphäre. Und für gute Laune. Jagt die Trübsalbläser zum Tempel hinaus!«

Ein klares Wertsystem aufzubauen und es mit Leben zu erfüllen sind die größten Leistungen, die ein Führer zu vollbringen vermag. Genau das liegt auch den Spitzenleuten der erfolgreichsten Unternehmen besonders am Herzen. Leicht sind Aufbau und Vermittlung eines Wertsystems allerdings nicht. Zum einen sind nur ganz wenige der denkbaren Wertsysteme für ein bestimmtes Unternehmen wirklich genau richtig. Zum anderen ist die Verbreitung (und Festigung) dieser Wertvorstellungen im Unternehmen regelrechte Schwerarbeit. Sie verlangt Beharrlichkeit, ein endloses Reiseprogramm und lange Arbeitszeiten, doch allein genügt selbst all das noch nicht: ohne das Element des sichtbaren Engagements geschieht offenbar gar nichts.

10. Bindung an das angestammte Geschäft

In den 60er Jahren, der großen Zeit der Mischkonzerne, erschien Jimmy Ling in Washington vor einem Anti-Trust-Untersuchungsausschuß und legte dar, weshalb Mischkonzerne keine Wettbewerbsbeschränkung bedeuteten. Er zeigte ein Dia, auf dem stand: »Wie viele Leute bei LTV (damals Ling-Tempco-Vault) kennen sich im Stahlgeschäft aus?« Er hatte gerade Jones und Laughlin gekauft. Die Antwort? Eine große rote Null auf seinem nächsten Dia. Ich möchte wetten, heute wünscht Jimmy Ling, die Antwort hätte damals nicht »Null« gelautet, denn als es mit Jones und Laughlin bergab ging, verlor Ling die Führung von LTV.

Lew Young, Chefredakteur der Business Week

Texas Instruments setzt mittlerweile mit Unterhaltungselektronik eine Milliarde Dollar um, erzielt damit aber auch nach einem Jahrzehnt immer noch keinen Gewinn. Aus dem Massengeschäft mit Quarzuhren mußte TI ganz ausscheiden. Einer der Hauptkonkurrenten war Casio. Ein Branchenkenner meint dazu: »Im Grunde ist das ganz einfach. Kein Elektroingenieur mit Diplom der University of Texas wird auf die Idee kommen, daß ein elektronischer Taschenrechner mit Wecker für 18,95 Dollar morgens zum Aufwachen Schubert spielen sollte. Das ist ganz einfach nicht drin.«

In einem Artikel in *Forbes* wird beschrieben, wie Heublein zunächst nicht mit dem Erwerb von Colonel Sanders (»Kentucky Fried Chicken«) zurechtkam. Ein Manager von Heublein erklärt es: »Bei Weinen und Spirituosen kommt es nicht darauf an, wie der Laden aussieht. Wenn der Fußboden schmutzig ist, kreidet man das nicht dem Wodka Smirnoff an. Und die Produktqualität kann man ja in der Fabrik kontrollieren. Wir hatten ganz einfach eine Kette von 5.000 kleinen Fabriken auf der ganzen Welt gekauft, hatten aber keine Erfahrung, worauf es in einem solchen Geschäft ankommt.« Hier wartet eine große Geschichte auf ihren Erzähler, doch können wir sie an dieser Stelle nur skizzenhaft umreißen. Die meisten Akquisitionen schlagen fehl, das ist eine einfache Erfahrung. Nicht nur kommen die Synergien, von denen immer soviel die Rede ist, selten wirklich zum Tragen, sondern in den meisten Fällen ist das Ergebnis insgesamt einfach katastrophal. Häufig verlassen die Manager der aufgekauften Firmen das Unternehmen und zurück bleiben praktisch nur eine leblose Hülle und ein paar nicht besonders wertvolle Werksanlagen. Noch wichtiger, selbst relativ kleine Akquisitionen kosten das Top-Management unverhältnismäßig viel Zeit, die dann für das Hauptgeschäft verlorengeht. Zum Beispiel sind wir überzeugt, daß die Unternehmensführung von Du Pont – trotz der relativ engen Verwandtschaft zum Geschäft von Conoco – während der nächsten Jahre stark damit beschäftigt sein wird, in die Geheimnisse des Ölgeschäftes einzudringen, um mit der Neuerwerbung fertig zu werden. Und das, obwohl – auch dies eine typische Beteuerung – Conoco und Du Pont »getrennt geführt werden sollen«.

Eigentlich verträgt sich eine Diversifizierungstrategie weder mit dem Wertsystem (zumeist eine Mischung aus Qualitäts-/Service-Bewußtsein, Mitarbeiterorientierung und Innovation) noch mit der Art, wie es gelebt und umgesetzt wird. Die typische Diversifizierungsstrategie verwässert in der Regel das Wertsystem – weil das erworbene Unternehmen zweifellos ein anderes Selbstverständnis hat, aber auch, weil sogar allgemein gehaltene Ziele wie »Qualität« an Sinngehalt verlieren, wenn das Unternehmen auf zu vielen Hochzeiten tanzt. Es wirkt einfach nicht glaubwürdig, wenn ein Manager aus einem Elektronikkonzern in einem Konsumgüterunternehmen über Qualität redet. Wertsysteme sind nur tragfähig, wenn sie für die einfachen Mitarbeiter uneingeschränkt glaubwürdig sind. Diese Glaubwürdigkeit entsteht aber fast ausschließlich durch persönliche Erfahrung. Ohne gefühlsmäßiges Engagement, ohne wirkliches Produktverständnis werden die Zweifel nicht schwinden.

Ein Ergebnis kam bei unserer Untersuchung ganz klar heraus: Unternehmen, die ihren Tätigkeitsbereich ausweiten (ob nun durch Akquisition oder interne Diversifikation), dabei aber möglichst eng mit ihrem angestammten Geschäft verbunden bleiben, fahren besser als die anderen.

Am erfolgreichsten sind die Unternehmen, die um ein einziges Spezialgebiet herum diversifizieren – bei 3M zum Beispiel die Beschichtungs- und Klebetechnik. Die zweitbeste Wahl treffen die Unternehmen, die in verwandte Gebiete einsteigen – bei GE zum Beispiel der Sprung von Kraftwerksturbinen zu Düsentriebwerken (einer anderen Turbinenform).

Den geringsten Erfolg haben in der Regel Unternehmen, die eine große Zahl verschiedener Gebiete diversifizieren. Die hinzugekauften Firmen führen hier häufig ein Kümmerdasein.

Ein gewisses Maß an Diversifikation kann also durchaus eine Grundlage für Stabilisierung durch Anpassung sein, Diversifikation um jeden Preis zahlt sich jedoch in der Regel nicht aus.

Zu diesem Ergebnis gelangen wir, wenn wir die Spitzenunternehmen anderen Firmen gegenüberstellen. Aber auch die wissenschaftlichen Untersuchungen zeigen, daß ungezielte Diversifikation zum Scheitern verurteilt ist. So wurde zum Beispiel die erste systematische Untersuchung über Diversifikation in der amerikanischen Wirtschaft 1962 von Michael Gort vom National Bureau of Economic Research veröffentlicht. Aus Gorts Daten ergab sich eine leicht positive Korrelation zwischen der Zahl der Produkte, die Unternehmen zwischen 1939 und 1954 neu in ihr Angebot aufgenommen hatten, und ihrem Umsatzwachstum im gleichen Zeitraum. Keinerlei positive Korrelation ergab sich dagegen zwischen Diversifikation und Rentabilität.

Die umfassendste Studie über diversifizierte Unternehmen erstellte Richard Rumelt von der University of California in Los Angeles für seine Dissertation an der Harvard Business School; sie erschien 1954 unter dem Titel *Strategy, Structure, and Economic Performance.* Auf der Basis einer breiten Stichprobe amerikanischer Großunternehmen stellte Rumelt fest, daß »fraglos die beste Gesamtleistung« von den Unternehmen erreicht wurde, deren Diversifikationsstrategien »auf das angestammte Geschäft beschränkt« oder »auf verwandte Sektoren beschränkt« (zwei von acht Kategorien)* waren.

* In den Kategorien »auf das angestammte Geschäft beschränkt« und »auf verwandte Sektoren beschränkt« erfolgte die Diversifikation »durch die Entwicklung von besonderen Stärken, speziellem Know-how oder Ressourcen, die mit der ursprünglich vorherrschenden Tätigkeit zusammenhingen«. Der Unterschied zwischen beiden Kategorien liegt darin, daß die erste sehr eng mit einer bestimmten Spezialtechnik verknüpft ist (z. B. bei 3M Beschichten und Kleben), während es im zweiten Fall zwar um engverwandte Geschäftszweige geht, die aber unter Umständen unterschiedliche Technologien einsetzen (z. B. ein Speditionsunternehmen, das in den Schienenverkehr einsteigt).

Beide Strategien beruhen auf dem Konzept der kontrollierten Vielfalt. Rumelt sagt dazu: »Diese Unternehmen verfolgen die Strategie, nur in solche Geschäftszweige einzusteigen, in denen sie ihre besonderen Stärken nutzen oder Fähigkeiten weiter ausbauen und vertiefen können. Solche Firmen entwickeln zwar durchaus häufig neue Produkte und dringen oft in neue Sektoren vor, doch sind sie nicht bereit, in Branchen zu investieren, mit denen das Management nicht vertraut ist.« Rumelts Analyse stützte sich auf eine repräsentative Stichprobe von Firmen der Fortune-500er-Liste während eines Zeitraums von 20 Jahren.

Rumelt unterzog die Unternehmen in seiner Stichprobe zehn verschiedenen Finanzanalysen. Dabei betrachtete er unter anderem das »jährliche Umsatzwachstum«, das »Kurs/Gewinn-Verhältnis der Aktie« und die »Kapitalrendite nach Steuern.«

Beispielsweise erreichten während der 50er und 60er Jahre die beiden besten Gruppen durchschnittlich 14,6 Prozent Eigenkapitalrendite, eine Gesamtkapitalrendite von 12,4 Prozent und ein Kurs/Gewinn-Verhältnis von 17,5. In den beiden schlechtesten Kategorien – darunter »passive Diversifikation in nicht verwandte Bereiche« – lag die Eigenkapitalrendite bei 10,2 Prozent, (31 Prozent niedriger als die Besten), die Gesamtkapitalrendite bei 8,6 Prozent (30 Prozent niedriger) und das Kurs/Gewinn-Verhältnis bei 14,7 Prozent (16 Prozent niedriger). Alle Ergebnisse waren statistisch signifikant. Ausgehend von den Ergebnissen von Rumelt hat unsere eigene Arbeit, die David Anderson leitete, gezeigt, daß in den 70er Jahren die Kluft zwischen den Besten und den Schlechtesten viel größer geworden ist.

Rumelts Hauptergebnis ist eindeutig. Unternehmen, die zwar ihren Tätigkeitsbereich ausweiten, sich dabei aber eng an ihre zentrale Stärke oder Fähigkeit halten, schneiden besser ab als alle anderen. Seine Analysen führen nicht zu dem Schluß: »je einfacher, desto besser«. Im Gegenteil, ein allzu einfaches Unternehmen, das in einem einzigen Bereich vertikal integriert ist, schneidet in der Regel schlecht ab. Die überragenden Ergebnisse sind bei Firmen zu beobachten, die ein *gewisses Maß* an Diversifikation betreiben – als Grundlage für Stabilität durch Anpassung –, die aber die Bindung an ihr angestammtes Geschäft trotzdem bewahren. Rumelts Modell deckt beide Aspekte ab: sowohl die Notwendigkeit der Anpassung (durch Aufnahme verwandter Bereiche) als auch gezielte Anpassungen innerhalb des eigenen Spezialgebiets eines Unternehmens.

Spätere Untersuchungen haben die Ergebnisse von Gort und Rumelt bestätigt. In einer Studie, die 1975 im *Journal of Finance* veröffentlicht wurde, gingen Robert Haugen und Terence Langetieg der verbreiteten Vorstellung nach, daß Fusionen operative oder strategische Synergien auslösen, die keine der Firmen allein erzielen kann. Ihr Kriterium für die Beurteilung der synergetischen Effekte von Fusionen war die Rendite für die jeweiligen Aktionäre. Für 59 Fusionen im Zeitraum 1951 bis 1968 untersuchten Haugen und Langetieg die Auswirkungen auf die Aktienkurse; sie kamen zu dem Schluß: »In unserer Stichprobe sehen wir wenig Anzeichen für Synergien. ... Jeder Aktionär hätte dieselben Ergebnisse auch selbst erzielen können, wenn er die Aktien der beiden (miteinander fusionierten) Unternehmen im entsprechenden Verhältnis in sein Portefeuille aufgenommen hätte.«

Die einzige eindeutige Wirkung, die Haugen und Langetieg schließlich ermitteln konnten, war eine größere Schwankung der Rendite für die Aktionäre bei den fusionierten Firmen. Mit anderen Worten, eine Investition in den beiden Unternehmen, die ihre Vermögen in einer gemeinsamen Eigentumsstruktur zusammengeführt hatten, war risikoreicher als die Investition in zwei Unternehmen, die sich für den Verbleib in ihrem angestammten Geschäft entschieden hatten. Dieser auch von anderen Forschern bestätigte Befund stellt eines der Hauptargumente für Fusionen in Frage – Diversifizierung zum Ausgleich unternehmerischer Risiken.

Über eine weitere Studie berichtete Ende 1981 die *Financial Times*. Schon der Titel weist in eine ähnliche Richtung: »Pioniere – die Anti-Fusions-Spezialisten«. Der Artikel von Christopher Lorenz gelangt zu dem Schluß: »Bahnbrechende europäische Unternehmen legen mehr Wert auf Spezialisierung als auf Diversifizierung und geben der internen Expansion Vorrang vor Fusionen oder Akquisitionen .« Zu den erfolgreichen Unternehmen, die in die Analyse aufgenommen wurden, gehörten unter anderem Airbus Industries, Club Mediterranée, Daimler-Benz und Nixdorf.

Fast möchten wir den Leser um Nachsicht bitten, daß wir auf diese vielen Analysen eingehen. Da jedoch die Fusionswelle ungebrochen weiterrollt, halten wir es für sinnvoll, etwas ausführlicher zu dokumentieren, daß es für eine sehr starke Diversifizierung innerhalb eines Unternehmens so gut wie *keine* wirklich stichhaltige Begründung gibt.

Ein Fall nach dem anderen beweist, wie schwierig es ist, das Fremde zu integrieren. ITT ist ein Paradebeispiel. Jahrelang war das Unternehmen der Liebling der Börse mit Wachstumsraten, die die Konkurrenz vor Neid erblassen ließen. Harold Geneen gelang es kraft seines Verstandes und harter Arbeit, dieses gewaltige Imperium unter Kontrolle zu halten. Doch in vieler Hinsicht hatte es schon vor seinem Ausscheiden zu wanken begonnen. Von Oberst Sosthenes Behn, dem Gründer von ITT, hatte Geneen seinerzeit eine Firma übernommen, die im großen und ganzen eine internationale Telefongesellschaft war. Die damit verbundene Mentalität, die unter Geneen unaufdringlich fortbestand, wollte zu vielen der Neuerwerbungen nicht recht passen. Ein Beobachter schreibt dazu: »Die Instrumente, mit denen man in Chile eine Telefongesellschaft führen kann, sind für das Management von Continental Baking oder Sheraton-Hotels unbrauchbar.« Schließlich geriet dann sogar die Telefongesellschaft in Bedrängnis, als sich am Markt die Schwerpunkte verlagerten – vom Verkauf amerikanischer und europäischer Technologie an Länder der Dritten Welt (die ursprüngliche Stärke von ITT) zu so exotischen Dingen wie elektronischen Wählsystemen und Satellitenkommunikation. Für die Innovationswelle in der Nachrichtentechnik Anfang der 70er Jahre war ITT auch in den Telefongesellschaften nicht gerüstet.

An weiteren Beispielen mangelt es nicht. Doch die Schwierigkeiten von ITT sind praktisch das Abbild der typischen Probleme, wie sie besonders Unternehmen mit nicht verwandten Tätigkeitsbereichen erleben. Der Mischkonzern Transamerica, zum Beispiel, der an sich recht gute Ergebnisse erzielt, mußte im Filmgeschäft mit seiner Beteiligung (United Artists) große Verluste hinnehmen. Das Unternehmen, das seine Basis im Bereich der Finanzdienstleistungen hat (z. B. Versicherungsgesellschaften), konnte offenbar mit dem wechselhaften Filmgeschäft nicht fertigwerden.

Das Problem ist mit Sicherheit nicht auf die ausgesprochenen Mischkonzerne beschränkt. In den letzten Jahren hat man Ölgesellschaften über die verschiedensten Diversifikationen straucheln sehen. Mobil versuchte sich mit der Übernahme von Marcor (früher Montgomery Ward, dazu noch allerlei kleinere Firmen) an der ersten Diversifikation im ganz großen Stil. Aber die Ölexperten verstanden nichts vom Einzelhandel, und das Ergebnis war katastrophal. Exxon dagegen hatte nach Meinung vieler sachkundiger Beobachter Ende der 70er Jahre das schwierige Geschäft des Wachsens durch Akquisition gemeistert. Exxon Enterprises wurde überall als Modell präsentiert. *Business Week* brachte sogar eine Titelgeschichte über die mutmaßliche Rolle von Exxon als künftigem riesenhaften Konkurrenten von AT & T und IBM in der Nachrichtentechnik. Aber mittlerweile ist auch Exxon Enterprises, gelinde gesagt, unter Druck geraten.

Das Experiment von Exxon funktionierte, solange noch alles klein war. Die von Exxon aufgekauften Unternehmer mit ihren kleinen Firmen durften im großen und ganzen nach ihren eigenen Vorstellungen weiterarbeiten. Dann erzielten sie jedoch einige so beeindruckende Erfolge, daß unglücklicherweise die zentrale Unternehmensführung von Exxon aufmerksam wurde. Exxon beschloß, »Hilfestellung« zu geben, und beschritt damit den üblichen Weg, mit dem Großunternehmen den Mißerfolg neuer Geschäftsvorhaben vorprogrammieren. Die Unternehmen wurden schnell rationalisiert und zu »logischen« Gruppierungen zusammengeschlossen, natürlich um »Marktsynergien« zu nutzen. Exxon leistete auch finanzielle »Hilfe«. Ein leitender Finanzmann aus der Unternehmenszentrale eilte herbei, um den kleinen Firmen im Finanz- und Rechnungswesen auf die Sprünge zu helfen. Die Rationalisierung war für eine unternehmerisch geführte Firma ausgesprochen verfrüht. Die ursprünglichen Unternehmer verließen das Schiff. Zurück blieb eine schwerfällige Infrastruktur in einem dynamischen Markt.

Aber sogar bei kleineren Abstechern wird schon deutlich, wie schwierig es sein kann, Fremdes zu integrieren. Während General Electric mit großem Erfolg in die Produktion von Flugzeugtriebwerken einstieg, wurde derselbe Versuch für Westinghouse zum schweren Fehlschlag. Westinghouse scheiterte, weil man dort glaubte, »Turbine sei gleich Turbine«. Man versuchte, das Triebwerksgeschäft innerhalb des Bereichs Kraftwerksturbinen zu führen. Doch zeigte sich, daß Toleranzen und dergleichen bei Flugzeugturbinen völlig anders aussehen als bei Turbinen für die Stromerzeugung. Gerhard Neumann und Jack Parker bei GE hatten das erkannt. Sie hielten die ersten Gehversuche ihres Flugzeugtriebwerke-Geschäfts aus den festgefügten Strukturen des Kraftwerksbereichs heraus, legten es sogar an einen anderen Ort, nach Lynn, Massachusetts. Sie stellten Fachingenieure von draußen ein, die mit den Besonderheiten der Konstuktion und Produktion von Flugzeugtriebwerken vertraut waren. Ihr Erfolg übertraf die kühnsten Erwartungen von GE; Westinghouse hingegen scheiterte.

Eine neuere Parallele zu dieser GE/Westinghouse-Erfahrung liegt auf der Hand: der Übergang von der Elektromechanik zur Elektronik. Die Denkweisen in elektromechanischen Unternehmen sind offenbar nur sehr entfernt mit denen im Elektronikgeschäft verwandt. So stellen wir fest, daß keiner der führenden zehn Hersteller von Vakuumröhren des Jahres 1965 zehn Jahre später zu den führenden Halbleiterproduzenten gehörte. Auf der Strecke blieben, weil sie den geistigen Sprung nicht schafften, auch so große und ehemals musterhafte Unternehmen wie GE, RCA und Sylvania. Zwei dieser drei Spitzenreiter der Elektromechanik, GE und RCA, erlebten dann noch einmal ein ähnliches Desaster, als sie in das Computergeschäft einsteigen wollten. Theoretisch hätte sie das nur ein paar kleine Schritte kosten dürfen. *Aber in der Praxis bedeuten wenige kleine Schritte für ein Großunternehmen fast immer einen riesigen Sprung.*

Noch enger als bei den Flugzeugtriebwerken und Kraftwerksturbinen von GE und Westinghouse war die Verwandtschaft bei der Fusion zwischen National und Pan Am. Nicht gerade ein Sprung ins Ungewisse. Ein und dieselbe Branche. Nur ging die Rechnung dann eben doch nicht auf. Pan Am, der Riese des internationalen Personenluftverkehrs, hatte offenbar die Struktur des Inlandsstreckennetzes von National und die Eignung der Gesellschaft als Zubringer für Pan Am falsch eingeschätzt. Die DC 10-Jets von National erwiesen sich für das kombinierte Streckennetz als viel zu groß.

Damit stellt sich die Frage: Wie haben die exzellenten Unternehmen diese Klippen umschifft? Die Antwort ist einfach. Die bestgeführten Unternehmen wagen sich nicht gleich bis zum Hals in unbekannte Gewässer. Wenn sie die Zehe eintauchen und merken, daß es nichts wird, dann brechen sie den Versuch schnell ab. In der Regel haben die Spitzenunternehmen von innen heraus diversifiziert und dabei vorsichtig einen Fuß vor den anderen gesetzt.

Wir konnten feststellen, daß die exzellenten Unternehmen so handeln, als hätten sie alles, was die Wissenschaft über Diversifikation zu sagen hat, zu ihrem Evangelium erhoben. Wie schon erwähnt, gab Robert Wood Johnson, der Gründer von J & J, seinem designierten Nachfolger den Rat mit auf den Weg: »Kaufen Sie nie eine Firma, die Sie nicht zu führen verstehen.« Oder wie Ed Harness, der frühere Chef von P&G,

sagte: »Unser Unternehmen ist stets seinen Ursprüngen treu geblieben. Wir wollen um keinen Preis zum Mischkonzern werden.«

Und doch sind die Spitzenunternehmen keineswegs übermäßig einseitig. 3M stellt 50.000 Produkte her und bringt jedes Jahr mehr als 100 völlig neue auf den Markt. Das Bindeglied dazwischen ist die Beschichtungs- und Klebetechnologie des Unternehmens. Was 3M darüber hinaus zusammenhält, ist eine spezifische Stärke dieses Unternehmens, die andererseits aber doch typisch ist: Die oberste Führung besteht vor allem aus Chemieingenieuren, die fast allesamt im Verkauf gearbeitet und sich mit praktischen Anwendungen beschäftigt haben. Die wichtigste Stärke des Unternehmens – die Lösung von Kundenproblemen in speziellen Marktnischen auf der Grundlage der 3M-Technologie – geht somit direkt vom Top-Management aus.

Die konsequente Bindung an das angestammte Geschäft, wie sie bei 3M zum Ausdruck kommt, wiederholt sich bei vielen der bestgeführten Unternehmen. Um bei HP den Aufstieg zu schaffen, ist es fast unerläßlich, Elektroingenieur zu sein; bei Fluor oder Bechtel gilt dasselbe für Maschinenbauingenieure, bei Boeing für Luftfahrtingenieure, bei Procter & Gamble für Produktmanager und bei IBM für Verkäufer. Nur ihnen steht der Weg an die Unternehmensspitze offen. Im Top-Management der Spitzenunternehmen ist daher immer entweder das spezifische technische Fachgebiet oder der wichtigste Funktionalbereich »überrepräsentiert«.

Dazu noch folgende Beispiele:

Boeing: »Beobachter«, schreibt das *Wall Street Journal,* »erklären die starke Position von Boeing mit der fast ausschließlichen Konzentration auf den Markt der Zivilluftfahrt, die fast 90 Prozent des Geschäfts ausmacht. »Die anderen sind viel zu sehr mit der Jagd nach Militäraufträgen beschäftigt«, sagt der Vertreter einer Fluggesellschaft. »Bei Boeing kommen zuerst die Airlines!«

Fluor: Chairman Bob Fluor kommentiert: »Wir können nicht jedem alles sein.«

Wal-Mart: Wal-Marts außerordentliche Wachstumserfolge sind das Ergebnis einer rigorosen Nischenstrategie. Das Unternehmen hat sich auf zwölf Bundesstaaten beschränkt. Da es sich an das hält, was es am besten beherrscht, kann es in dem gewählten Bereich finanzkräftigere und erfahrenere Unternehmen wie K mart überrunden.

Deere: Deere-Präsident Robert Hanson erklärt: »Wir halten uns an die Kunden, die wir kennen.« *Forbes* fügt hinzu: »Seit Jahren läßt Deere seinen Erzrivalen International Harvester hinter sich. Harvester hat immer zwischen seinem LKW-Geschäft und seinen Landmaschinen geschwankt. Deere hingegen wußte, was sein Geschäft war, wer seine Kunden waren und was sie wollten.«
Amoco: Das *Wall Street Journal* stellt die erfolgreiche Strategie von Amoco der von Konkurrenten gegenüber: »'Den gewaltigen Akquisitionen in der Ölindustrie in diesem Jahr lag die Überlegung zugrunde, daß es billiger ist, jemand anderem die Reserven abzukaufen, als sie mit eigenen Mitteln zu erschließen. Doch wir bei Standard Oil Co. (Indiana) glauben das nicht, jedenfalls nicht für uns selbst', sagt Chairman John Swearingen.«

Praktisch alles Wachstum der Spitzenunternehmen ist hausgemacht. Die wenigen Akquisitionen folgen einer einfachen Regel: Beschränkung auf kleine Unternehmen, die integriert werden konnten, ohne das Wesen des aufkaufenden Unternehmens zu verändern. Bei einem Mißerfolg kann das Unternehmen sich ohne nennenswerten finanziellen Schaden wieder von diesen kleinen Akquisitionen trennen oder sie abschreiben.

Ein paar Unternehmen sind allerdings auch durch Aufkäufe erstarkt, vor allem Emerson und Beatrice Food; aber auch sie sind nach dem Motto »small is beautiful« vorgegangen. Diese Giganten mit ihren vier bzw. zehn Milliarden Dollar Umsatz sind hauptsächlich durch Übernahme von 20 bis 50-Millionen-Dollar-Unternehmen gewachsen. Sie scheinen nicht die verbreitete Meinung zu teilen, die Übernahme eines 500-Millionen-Dollar-Unternehmens sei nicht schwerer zu verkraften als eine 50-Millionen-Dollar Akquisition, so daß man besser statt zehn kleiner Geschäfte lieber gleich ein großes machen sollte. Emerson und Beatrice halten ständig Ausschau. Und wachsen in kleinen Schritten. Haben die kleinen Neuerwerbungen besondere (z. B. funktionale) Stärken in das Stammgeschäft einzubringen, so läßt man diesen Vorgang ganz selbstverständlich durch zwanglosen Austausch und natürliche Verbreitung vonstatten gehen. Die Stärken dürfen in das Großunternehmen »einsickern«.

In ähnlicher Weise ist auch bei HP oder 3M ständig im kleinen Maßstab ein Akquisitionsprozeß im Gang. Die Kandidaten sind gewöhnlich Firmen mit einer Million bis zehn Millionen Dollar Umsatz.

Häufig ist die Übernahme eindeutig darauf ausgerichtet, Zugang zu einer neuen Technologie zu erhalten, doch immer wird die Größenordnung so gewählt, daß eine schnelle und reibungslose Eingliederung möglich ist. In manchen Fällen werden auch nur einige Arbeitsverträge übernommen. Kleine Akquisitionen oder selbst große strategische Vorstöße auf der Basis zahlreicher kleiner Akquisitionen können also durchaus sinnvoll und erfolgreich sein.

Auf einen kurzen Nenner gebracht, halten die exzellenten Unternehmen es so: sie akquirieren; aber ihre Akquisitionen und Diversifikationen haben den Charakter von Experimenten. Sie kaufen ein kleines Unternehmen oder gründen einen neuen Geschäftszweig. Sie gehen dabei in beherrschbaren Schritten vor ... und halten die Risiken bewußt in Grenzen. Und sie sind bereit, wieder auszusteigen, wenn es schiefgeht.

Wir können also bei den Spitzenunternehmen mit zahlreichen Beispielen kleiner Mißerfolge rechnen – und die sind in der Tat auch zu finden. Und manchmal sind sie nicht einmal so ganz klein! Das zeigt aber nur, daß auch die besten Unternehmen, wenn sie sich bei ihren Abstechern allzuweit vorwagen, leicht in Schwierigkeiten geraten.

Möglicherweise fällt es sogar den Spitzenunternehmen ganz besonders schwer, solche großen Abstecher zu machen. Denn die Firmenkulturen, die ihre überragende Leistung ermöglichen, stützen sich ja gerade auf eine Konzentration der Kräfte. Niemand versteht sich besser darauf, kleine Marktnischen (bis zu etwa 100 Millionen Dollar) zu erkennen und zu erschließen, als 3M. Und doch gibt es anscheinend auch Dinge, die nicht einmal 3M vermag.

Wie auch unsere besten Unternehmen gelegentlich auf Abwege geraten können, zeigen die folgenden Beispiele:

3M: 3M ist es nicht gelungen, im Konsumgütergeschäft seine technische Überlegenheit voll zur Geltung zu bringen. Beobachter erklären hierzu, die Zersplitterung von 3M (und der stark personenbezogene Verkauf an Industriekunden) stehe einer groß angelegten Absatzförderung im Wege, so daß sich das Konsumgüter-Marketing auf eine kleine Zahl von Produkten konzentriere. Zwar hat 3M durchaus einige Erfolge aufzuzeigen, doch sind seine Konsumgüteraktivitäten im großen und ganzen weniger rentabel als das übrige Geschäft. Am anderen Ende des Spektrums hat 3M in jüngster Zeit einige Schwierigkeiten gehabt, auf dem Markt für das »Büro der Zukunft« mitzuhalten. Das Problem liegt hier ähnlich wie bei den Konsumgütern. Die höher entwickelten Produkte für das Büro der Zukunft sind »Systemprodukte«; und auch hier verträgt sich die außerordentlich große Selbständigkeit der Unternehmensbereiche von 3M nicht mit der engen Zusammenarbeit zwischen den verschiedenen Divisions, die für Entwicklung und Verkauf komplexer Systemprodukte oft nötig ist.

Hewlett-Packard: Die oben schon erwähnten Anfangsschwierigkeiten von HP bei der Vermarktung seiner Taschenrechner hatten Ähnlichkeit mit der Erfahrung von 3M. Im Instrumenten- und Elektroniksektor versteht sich HP auf seine Marktnische, den professionellen Benutzer; mit Kunden, die Rechner für 9,95 Dollar kaufen, weiß man dagegen nichts anzufangen. Ebenso erlebte HP mit einer elektronischen Armbanduhr ein Desaster. Dieser Fehler war allerdings erklärlich: HP nahm an, der Durchschnittskunde würde die Elektronik als etwas ganz Besonderes zu honorieren bereit sein; das erwies sich jedoch als Trugschluß, und die TI-Armbanduhren für 8,95 Dollar fegten HP vom Markt. (Mit dem Übergang zur Massenelektronik hat ein Unternehmen nach dem anderen Schwierigkeiten erlebt. Auch National Semiconductor, Massenproduzent von Chips, erlebte einen Reinfall beim Einstieg in den Endverbrauchermarkt – wiederum mit Armbanduhren. Und nicht anders erging es Fairchild Semiconductor.)

Texas Instruments: TI tut sich, wie erwähnt, schwer damit, Schubert spielende Rechner-Wecker zu erfinden – für den verbraucherbewußten japanischen Elektronikingenieur offenbar kein Tabu. Entsprechend hat TI ganz allgemein mit der Massenelektronik Probleme gehabt. Ein Teil der verbliebenen Unterhaltungselektronik ist jetzt in der Gewinnzone, so die sprachgesteuerten Geräte vom Typ »Speak 'N Spell«. Vermutlich ist aber hier ganz einfach die Technologie noch »exotisch« genug, um einen Wettbewerbsvorsprung zu bieten. Wenn die Technik der Steuerung durch Sprache erst einmal so gängig ist wie die Chips in Uhren und Taschenrechnern, dann könnte TI erneut der japanischen Herausforderung weichen müssen.

Procter & Gamble: Ein Beobachter weist darauf hin, daß P&G mit der rein modischen Seite im Konsumgütergeschäft nicht gut zurecht kommt. P&G stand schon immer vor allem für Qualität. Das Unternehmen führt nie ein neues Produkt oder eine neue Form eines alten Produktes ein, wenn es sich damit nicht an der Spitze weiß. So hebt ein Branchenkenner hervor, daß P&G sich auf dem Zahnpastasektor mit den kleinen, grünen Streifen schwer tat, die sich in den letzten Jahren so gut verkauft haben. Dagegen hat das Unternehmen Hunderte Millionen Dollar ausgegeben, um Pringles-Kartoffelchips einzuführen, obwohl der Erfolg beharrlich ausblieb. Einmal mehr demonstrierte damit das Unternehmen sein »Qualität-statt-Firlefanz«-Credo. Der Pringles-Chip ist eine klassische P&G-Idee, bemerkt dazu ein Konkurrent: ein perfekt einheitlicher Chip in einer schönen, ordentlichen Dose. Er entspricht der Qualitätsvorstellung von P&G, wenn er auch aus Verbrauchersicht offenbar ein echter Flop ist.

Sears: Viele Jahre lang wuchs und gedieh Sears, Roebuck mit dem Motto »Qualität zu vernünftigem Preis«. Dann fühlte man sich zu Höherem berufen – und scheiterte kläglich. Der Wirtschaftsjournalist Gordon Weil kommentiert: »Es war, als wollte McDonald's Steaks auf die Speisekarte setzen, den Preis für den Big Mac anheben und den einfachen Hamburger aus dem Angebot nehmen. Das war die Wachstumsstrategie von Sears. Kurz, Sears versuchte, auf zwei Hochzeiten zu tanzen.«

All diese Beispiele nähren Zweifel an der Lebensfähigkeit der verzweigten Mischkonzerne, wie sie in den 60er Jahren so begeistert gebildet wurden. Und mittlerweile scheint sich auch schon der Beginn einer Gegenrevolution abzuzeichnen. So überschrieb das *Wall Street Journal* Ende 1981 einen Artikel: »Colgate bemüht sich sehr, wieder die Firma von vor einem Jahrzehnt zu werden: Es stößt viele Akquisitionen ab und setzt auf die Stärkung seiner traditionellen Produkte«:

David Foster, der Vorgänger von (Firmenchef) Keith Crane, hatte ohne Erfolg versucht, das Unternehmen durch Eingliederung von Sportartikel-, Lebensmittel- und Bekleidungsfirmen aus dem Schatten des Branchenriesen Procter & Gamble herauszuführen. In diesem Kaufrausch handelte sich Colgate beträchtlichen Ärger ein. Es steckte Gewinne aus seinen tradtionellen Bereichen in Geschäfte, die ihre besten Zeiten schon hinter sich hatten. ... Crane vollzog eine einschneidende Kursänderung. Er trennte sich von den meisten der Firmen, die Foster für 935 Millionen Dollar gekauft hatte – wie es heißt mit einem Abschreibungsverlust von mindestens 96,5 Millionen Dollar. Er reorganisierte das Management, änderte die Werbebudgets und konzentrierte sich darauf, Produktion und Rentabilität der Hauptproduktlinien zu stärken.

Foster hatte gesagt: »Einer der interessantesten und produktivsten Aspekte der neuen Ausrichtung unseres Unternehmens ist die verstärkte Entwicklung neuer Produktgruppen außerhalb unserer herkömmlichen Produktlinien, bei denen Wachstum im allgemeinen nur noch im Rahmen der Bevölkerungsentwicklung zu erwarten ist.«

»Das waren alles Prestigekäufe,« sagt dagegen ein Werbemanager. »Nach Kendall (Krankenhausbedarf) und Riviana (Reis) war alles andere nur noch Ramsch.« Auch die Versuche mit der Einführung neuer Produkte schlugen unter Foster allgemein fehl. Oft wählte man eine bequeme Abkürzung, um neue Artikel auf den Markt zu werfen; man trat praktisch nur als Verteiler auf, statt eigene Produkte zu entwickeln. ... »Das sind Fehler, die P&G niemals machen würde«, erklärt ein ehemaliger Colgate-Berater. »Auf diesem Markt lernt man, einfache und zweckmäßige Produkte herzustellen. Colgate dagegen hatte es das Beiwerk angetan.«

Geschichten wie diese – von dem möglicherweise glücklichen Ausgang der Kursänderung einmal abgesehen – sind immer häufiger zu hören. Ein Unternehmen kommt zu dem Schluß, sein Markt sei zu undynamisch. Es beschließt, sich anderweitig umzutun. Es kauft drauflos. Es kauft Unternehmen, die ihren Höhepunkt erreicht oder bereits überschritten haben. Es kennt sich in dem Geschäft nicht aus (z. B. bei Prestigekäufen). Schließlich, und das ist wohl das Verhängnisvollste, wird das ohnehin angeschlagene Stammgeschäft weiter geschwächt, weil das Management zuviel Aufmerksamkeit auf die Neuerwerbungen verwenden muß. Neue Produkte (Programmerweiterungen oder Änderungen bestehender Produkte) kommen zu kurz, oder sie werden, wie bei Colgate, über »Abkürzungen« auf den Markt gebracht. Und schon nimmt die Talfahrt ihren Lauf.

Allerdings wird inzwischen auch das glückliche Ende durch Desinvestition schon etwas häufiger. An einem einzigen Tag Ende 1980 berichtet die New York Times über Unternehmensverkäufe durch Litton, Textron und GAF. Solche Nachrichten sind heute recht oft zu lesen. So verwies 1981 ein *Business Week*-Artikel darauf, daß ITT seit 1979 nicht weniger als 33 Unternehmen abgestoßen hatte; in einem Bericht in *Fortune* hieß es 1981, Consolidated Foods habe während der letzten fünf

Jahre 50 Firmen wieder verkauft; ein Artikel der *New York Times* berichtete von der britischen GEC, die sich gerade in großem Maßstab von aufgekauften Firmen trennt (der Chairmann wird mit der Bemerkung zitiert: »Man kann sagen, daß Turbinen mit Lastverteilern verbunden sind, diese mit Transformatoren, diese wiederum mit Schaltverteilern, die schließlich mit Lampen verbunden sind. Aber Lampen stehen nicht in direkter Verbindung mit Turbinen»). Ebenfalls 1981 vermerkte *Forbes,* Monsanto-Chef John Hanley habe seit 1972 ein Umsatzvolumen von mehr als 800 Millionen Dollar abgeschrieben, um »zum Stammgeschäft zurückzukehren«, und von Litton hieß es, das Unternehmen betreibe seinen Ausverkauf, um wieder zu einer »geschlossenen technischen Linie« zurückzufinden.

Aus diesen Beobachtungen schon auf eine allgemeine Tendenz zu schließen, wäre vielleicht verfrüht, schon gar in einem Umfeld, in dem Reagan's Federal Trade Commission eindeutig zu verstehen gibt, daß fast jede Fusion vor ihr Gnade findet. Aber nach den Analysen, die wir gesehen haben, und nach der Erfahrung der exzellenten Unternehmen ist *jedes* Bemühen um eine »Rückkehr zum angestammten Geschäft« schon eine wirklich gute Nachricht.

11. Einfacher, flexibler Aufbau

Größe bedeutet leider auch Komplexität. Und die meisten Großunternehmen reagieren auf Komplexität mit der Entwicklung komplexer Systeme und Strukturen. Dann stellen sie mehr Leute ein, um die Komplexität im Griff zu behalten, und damit beginnt der Fehler. Diese Lösung verträgt sich einfach nicht mit dem Verhalten von Menschen in einer Organisation: wenn ein wirklicher Zusammenhalt erreicht werden soll, muß alles möglichst einfach bleiben. Das Dilemma liegt auf der Hand: Einerseits führt Größe zu begründeter Komplexität, und eine Reaktion mit komplexen Systemen oder Strukturen ist durchaus angemessen; andererseits hängt die Funktionsfähigkeit einer Organisation ganz entscheidend von einer Voraussetzung ab – daß für die Zehntausende oder Hunderttausende, die in diesem Gefüge etwas bewirken sollen, das Gefüge verständlich ist. Und das bedeutet, daß es einfach bleiben muß.

Das Musterbeispiel einer komplexen Reaktion der falschen Sorte ist die Matrixstruktur. An sich ist die Matrix eine völlig plausible Idee. Sobald sich ein Unternehmen auf einer Vielzahl von Gebieten betätigt und gezwungen ist, von der einfachsten aller Organisationsformen, der funktionalen Struktur – Entwicklung, Fertigung, Verkauf, Finanzen – abzurücken, kann es in vielen Richtungen dezentralisieren. Das Unternehmen könnte sich zum Beispiel nach Produktgruppen oder Marktsegmenten organisieren. Es könnte seine Organisation nach den geographischen Gebieten ausrichten, in denen es Werke oder Verkaufsniederlassungen unterhält. Und auch die Ur-Funktionen Entwicklung, Fertigung, Verkauf und Finanzierung sind dadurch natürlich nicht aus der Welt geschafft. Versucht man jedoch, alle diese Aspekte in einer formalen Organisationsstruktur zu berücksichtigen, so entsteht eine mindestens vierdimensionale Matrix, das heißt ein hoffnungsloses Chaos.

Nun ist in Wirklichkeit die Welt leider mindestens so komplex. In jeder großen Organisation liegen darum Matrixverhältnisse vor. Noch größer wird das Dilemma, wenn man weitere sinnvolle Organisationsformen einbezieht – zum Beispiel temporäre Einrichtungen wie Projektzentren. Was soll ein Manager da tun?

Einige Unternehmen sind zu dem Schluß gelangt, daß sie zwar nicht alle denkbaren Dimensionen der Matrix formal berücksichtigen können, doch immerhin einige davon. Daraufhin bauen sie eine formale Struktur auf, die den Produktmanagern und den Managern der Funktionsbereiche, wie Entwicklung, Produktion und Vertrieb gleiche Autorität über Abteilungen oder Unternehmensbereiche verleiht. Auch dieses Modell erweist sich jedoch noch als sehr verwirrend. Niemand weiß genau, wem er in welchen Belangen unterstellt ist. Das schwierigste Problem scheint darin zu bestehen, daß im Namen der »Ausgewogenheit« alles irgendwie mit allem anderen verknüpft ist. Die Organisation wird gelähmt, weil die Struktur nicht nur die Prioritäten nicht klärt, sondern *Prioritäten automatisch verwässert.* Den Mitarbeitern wird signalisiert: »Alles ist wichtig; kümmert euch gleichmäßig um alles«. Diese Aufforderung wirkt lähmend.

Von den Spitzenunternehmen gab praktisch kein einziges an, eine formale Matrixstruktur zu haben, abgesehen von Firmen wie Boeing mit ihrem ausgeprägten Projektmanagement. Doch gerade in Unternehmen wie Boeing, wo viele Matrixvorstellungen ihren Ursprung hatten, versteht man Matrix-Management ganz anders. Die Mitarbeiter gehören *entweder* einer Projektgruppe an und sind in diesem Team (praktisch vollzeitig) für eine bestimmte Aufgabe verantwortlich, *oder* sie gehören zu einem technischen Bereich, wo sie dafür Sorge tragen, daß ihre technische Abteilung auf dem neuesten Stand bleibt. Solange sie an einem Projekt mitarbeiten, muß nicht täglich aufs neue geklärt werden, ob sie wirklich dem Projektteam verantwortlich sind oder nicht. Sie sind es.

Um es klar zu sagen: Wir haben gegen die Organisationsform, die einige der ersten Vertreter des Matrix-Managements – wie Boeing und die NASA – »Matrix»-Management nannten, nicht viel einzuwenden. Diese Struktur funktioniert aus dem gleichen Grund wie die Strukturen bei den übrigen exzellenten Unternehmen: *eine Dimension* – zum Beispiel das Produkt *oder* die Region *oder* die Funktion – *hat ganz eindeutig Vorrang.* Unser Einwand gegen die Matrix bezieht sich auf die

Verfälschungen dieses Konzepts, die es fast unmöglich machen zu klären, wer für was und unter welchen Umständen verantwortlich ist – »Welchem Chef melde ich das jetzt, oder muß ich alle davon unterrichten?« Auf diese Weise können sich Stäbe allein dadurch mit einer beträchtlichen Machtfülle umgeben, daß sie alles komplex und nebelhaft lassen (d. h. der Stab wird an den »Schnittstellen« der Matrix, wo zum Beispiel Produkt und Funktion aufeinanderprallen, zum Schiedsrichter).

Wie haben die Spitzenunternehmen diese Gefahr vermieden? Darauf gibt es viele Antworten, grundlegend ist aber wohl das Bekenntnis zum prinzipiell einfachen Aufbau. In den meisten überragenden Unternehmen finden wir ein stabiles, unveränderliches Strukturelement – zum Beispiel die Produktsparte –, das die allgemein anerkannte Orientierungsmarke ist und die alltägliche Komplexität überschaubar macht. Auch klare Wertvorstellungen bilden einen wesentlichen Bestandteil dieses Orientierungsrahmens der Stabilität und Einfachheit.

Jenseits dieser einfachen Grundform erweisen sich die besonders erfolgreichen Unternehmen als äußerst flexibel in ihrer Reaktion auf wechselnde Umweltverhältnisse, und auch mit den Problemen der allgegenwärtigen Matrix-Bedingungen werden sie gut fertig. Durch die Einheitlichkeit ihres organisatorischen Grundmotivs können sie besser kleine Unternehmensbereiche oder sonstige kleine Einheiten einsetzen. Sie können flexibler, häufiger und fließender reorganisieren. Und sie können temporäre Einrichtungen wie Task Forces und Projektzentren besser nutzen. (Natürlich tragen auch noch andere Merkmale zur organisatorischen Flexibilität bei; so zum Beispiel eine Personalpolitik, die den Mitarbeitern Sicherheit gibt und sie weniger abhängig von ihrem besonderen Kästchen im Organigramm sein läßt).

Als häufigste der einfachen Grundstrukturen fanden wir die Produktsparte vor. Mehrere Unternehmen haben jedoch die Matrix auch einfach dadurch umgangen, daß sie eine ungefähre Entsprechung der alten funktionalen Struktur beibehielten. Das gilt für Unternehmen wie Frito-Lay und Kodak. Schließlich haben andere, darunter auch McDonald's, als Grundbausteine ihrer Organisation einfach ihre Restaurants, Läden, Boutiquen oder Fabriken gewählt.

Ein eindrucksvolles Beispiel für einfachen Aufbau trotz beträchtlicher Größe ist Johnson & Johnson. Dieses Unternehmen hat die einfache Spartenstruktur weitgehend autonomer Einheiten im Extrem verwirklicht. Wie erwähnt, ist das 5-Milliarden-Dollar-Unternehmen J&J in

150 unabhängige Sparten mit einer Durchschnittsgröße von etwa 30 Millionen Dollar aufgeteilt. Jede der Sparten wird als »company« bezeichnet und von einem »chairman of the board« geleitet. Diese Einzelunternehmen sind zu acht Gruppen mit jeweils bis zu 20 Sparten zusammengefaßt, und die Unternehmen innerhalb einer Gruppe stehen sich entweder geographisch oder vom Produkt her nahe. Obwohl keines der Unternehmen wirklich eigentumsrechtlich unabhängig ist, sind die »boards of directors« sehr aktiv und schirmen die Sparten gegen unerwünschte (und meist auch unnötige) Eingriffe der Zentrale ab. Im *Wharton Magazine* heißt es dazu: »Die Zentrale (von J & J) ist klein; im Gegensatz zu General Electric sind nicht dauernd irgendwelche Experten zwischen den Tochtergesellschaften unterwegs.«

Im Konsumgütergeschäft, auf das rund 40 Prozent von Umsatz und Gewinn entfallen, hat J & J eine ausgesprochen unkomplizierte Struktur. Es gibt mehr als 55 Konsumgüter-Sparten; jede mit eigener Verantwortung für Marketing, Vertrieb und Forschung. Das ist natürlich ein krasser Verstoß gegen die herrschende Lehre, nach der eine starke Position im Konsumgütermarkt nur von Großanbietern zu erreichen ist. Natürlich könnten die Sparten weniger zahlreich und größer sein, doch daß es nicht so ist, hat nach Aussage von Firmenchef James Burke einen guten Grund. Und was er dazu anführt, erinnert geradezu verblüffend an die Praxis vieler anderer Spitzenunternehmen:

Wir haben immer wieder einmal geprüft, wie wirtschaftlich Zusammenlegungen wären. Nehmen wir zum Beispiel an, wir würden uns für ein gemeinsames Vertriebsnetz für Konsumgüter entscheiden. Auf dem Papier könnten wir mit einigen Einsparungen rechnen. Wir sagen uns aber, diese Einsparungen müßten schon gewaltig sein, bevor wir uns dazu entschließen würden, denn wir meinen nun einmal, daß ein Manager seine Firma viel besser führen kann, wenn er sie in jeder Hinsicht unter Kontrolle hat. Und wir glauben im übrigen auch, daß viele vermeintliche Einsparungen durch Größendegression überhaupt nicht realistisch sind. Sie zerrinnen einem zwischen den Fingern. Wenn das Firmenungetüm erst einmal in Gang kommt, entstehen nämlich Ineffizienzen, von denen man gar nichts ahnt. Und auch wenn das Management auf sie aufmerksam wird, kann es kaum resolut dagegen vorgehen, weil es sie einfach nicht in den Griff bekommt.

Eine Grundeinstellung, wie sie hier zum Ausdruck kommt, führt zwangsläufig zu einer einfachen Unternehmensstruktur. Und diese Einfachheit finden wir ganz ähnlich in anderen eindrucksvollen Beispielen aus unserer Studie wieder. Daß diese Produktsparten-Strukturen funktionieren, verdanken sie unter anderem folgenden Faktoren:

1. Ungewöhnlich große Eigenständigkeit der Sparten. Jede Sparte verfügt über sämtliche Hauptfunktionen, einschließlich Produktentwicklung, Finanzen und Personalwesen.

2. Ständiges Abspalten neuer Sparten, das bewußt gefördert wird. J & J hat heute 150 Sparten gegenüber nur 80 vor zehn Jahren. (Dies ist besonders faszinierend, weil so viele Unternehmen gerade das Gegenteil fördern: den Aufbau großer monolithischer Imperien mit einer Vielzahl von Führungsebenen.)

3. Richtlinien, aus denen klar hervorgeht, ab wann ein neues Produkt oder eine Produktlinie automatisch zu einem eigenständigen Bereich wird. Zum Beispiel bei 3M ab ungefähr 20 Millionen Dollar Umsatz.

4. Regelmäßiger Austausch von Mitarbeitern und selbst von Produkten oder Produktlinien zwischen den Sparten. Das geschieht ohne die atmosphärischen Störungen, die in den meisten Unternehmen zu erwarten wären.

Interessanterweise ist der einfache Aufbau nicht auf Unternehmen beschränkt, die sich auf Marktnischen spezialisiert haben – HP, Emerson, Digital, Dana und 3M – wenngleich die Einfachheit der kleinen Produktsparte dort vielleicht am deutlichsten zu Tage tritt. Unabhängig von der Branche und von scheinbaren Mindestgrößenerfordernissen legten praktisch alle Unternehmen, mit denen wir sprachen, großen Wert darauf, bis weit unten in der Hierarchie Entscheidungsbefugnis und Handlungsspielraum zu gewähren. Das ist ohne eine einfache Grundstruktur nicht möglich. Im Rahmen einer formalen Matrixstruktur ist daran sicherlich nicht zu denken.

Einfache Grundstrukturen erhöhen die organisatorische Flexibilität. Wenn der grundlegende Aufbau klar und überschaubar ist, wird es leichter, innerhalb dieses Rahmens flexibel zu sein. Wie oben schon deutlich wurde, machen die Spitzenunternehmen in der Tat besseren Gebrauch von Task Forces, Projektzentren und anderen Instrumenten für situationsgerechtes, schnelles und gezieltes Handeln. Es hat den Anschein, daß die besonders erfolgreichen Unternehmen dauernd reorganisieren. Und dieser Schein trügt auch nicht, doch wird zumeist in den Randbereichen umorganisiert. Selten ändert sich der grundlegende Aufbau. Boeing ist ein interessantes Beispiel. Oft gilt die Projektstruktur, nicht ganz zu unrecht, als Vorläufer und Musterbeispiel der formalen Matrix. In Wirklichkeit aber behält jeder Projektmanager bei Boeing ein ungewöhnlich hohes Maß an Eigenständigkeit. Und Boeing ist stolz darauf, daß oft Mitarbeiter der unteren Ebenen im technischen Bereich die Leitung von Großprojekten übernehmen und ihnen häufig besser bezahlte und an sich höher gestellte Manager unterstehen.

Nach unserem Eindruck steht gleichbedeutend neben dem einfachen Aufbau in den Spitzenunternehmen noch ein anderes Strukturmerkmal: eine knappe personelle Besetzung, kleine Stäbe, vor allem auf der Ebene des Gesamtunternehmens. Die beiden Merkmale sind natürlich eng miteinander verbunden und bedingen sich gegenseitig. Bei einfachem Aufbau sind weniger Instanzen erforderlich, damit alles läuft.

Die relativ wenigen Mitglieder der Zentrale in den exzellenten Unternehmen sind außerdem zumeist mehr mit der Problemlösung vor Ort beschäftigt als mit Fernsteuerung und -kontrolle. Per Saldo gibt es damit weniger Personal in der Verwaltung und mehr in den operativen Bereichen. Wir leiten aus diesen Beobachtungen unsere »100er-Regel« ab: Von wenigen Ausnahmen abgesehen, scheinen in der Unternehmenszentrale nur selten mehr als 100 Mitarbeiter erforderlich zu sein.

- Emerson Electric hat 54.000 Beschäftigte, davon weniger als 100 in der Firmenzentrale.
- Dana beschäftigt 35.000 Menschen und hat die Besetzung der Zentrale seit 1970 von 500 auf rund 100 Mitarbeiter reduziert.
- Schlumberger, das diversifizierte Dienstleistungsunternehmen für die Ölindustrie, lenkt sein weltweites Imperium mit einem 90köpfigen zentralen Stab.

Auch McDonald's hält die Zahlen ähnlich niedrig, entsprechend Ray Krocs Devise: »Ich glaube, daß in der zentralen Unternehmensführung ›weniger mehr ist.‹« Intel kommt bei 1 Milliarde Dollar Umsatz praktisch ohne Verwaltungsstab aus. Alle Stabsaufgaben werden zeitlich begrenzt an Linienmitarbeiter übertragen. Im 2-Milliarden-Dollar-Unternehmen Wal-Mart erklärt Unternehmensgründer Sam Walton, er halte sich an das Prinzip der leeren Zentrale: »Worauf es ankommt, ist in die Läden gehen und zuhören«. Und bei Ore-Ida, der erfolgreichen Heinz-Tochter mit 1 Milliarde Dollar Umsatz, wird eine der besten strategischen Planungen, die wir je gesehen haben, vom President selbst erarbeitet; seine Unterstützung dabei beschränkt sich auf seine Sekretärin und, teilzeitig, die Leiter der Abteilungen und Unternehmensbereiche. Einen eigenen Stab hat er nicht, einen Planungsstab erst recht nicht.

Die gleiche ungewöhnliche Praxis herrscht bei einigen der besten kleineren Unternehmen. ROLM (200 Millionen Dollar) zum Beispiel hat ein zentrales Management von vielleicht 15 Mitarbeitern. Als Charles Ames an die Spitze des 400-Millionen-Dollar-Unternehmens Acme Cleveland kam, war er über die aufgeblähte Verwaltung entsetzt. Innerhalb weniger Monate hatte er die Firmenzentrale von 120 auf 50 Personen gestrafft.

Die Zahlen in diesen Beispielen sind beeindruckend. Aber mindestens ebenso wichtig ist, was in den kleinen Stäben geschieht. Welche Funktionen bleiben der Zentrale vorbehalten? Bei vielen Spitzenunternehmen lautet die Antwort: praktisch keine. Die Produktentwicklung, gewöhnlich eine zentrale Funktion, ist bei J&J, 3M, HP und anderen voll den dezentralen Divisions übertragen worden. Dana ist stolz auf die Dezentralisierung des Einkaufs, der Finanzen und des Personalwesens, bis hinunter auf Werksebene. Strategische Planung ist sicherlich eine zentrale Unternehmensaufgabe. Dennoch erzielt Fluor seinen Umsatz von 6 Milliarden Dollar mit nur drei Unternehmensplanern. 3M, HP und J&J haben überhaupt keine Planer auf Gesamtunternehmensebene. In den exzellenten Unternehmen wird praktisch jede Funktion radikal dezentralisiert, mindestens bis auf Spartenebene.

Bechtel hat eine sehr aktive F&E-Abteilung, besteht jedoch sogar auf diesem Spezialgebiet darauf, daß praktisch jeder Mitarbeiter Linienaufgaben wahrnimmt. Viele Mitglieder des Forschungsstabes kommen aus einer Linienposition und kehren auch wieder dorthin zurück. Bei IBM hält sich das Management strikt an das Prinzip der dreijährigen Rotation der Stabsmitarbeiter. Stabsstellen werden fast nie mit »hauptberuflichen Stabsleuten« besetzt, so gut wie immer nur mit Linienmitarbeitern. Wer im Zuge der Rotation in den zentralen Führungsstab einzieht, weiß, daß er nach drei Jahren wieder in die Linie zurückkehren wird. Das ist eine wirksame Sicherung gegen das Entstehen komplexer Systeme. Wer weiß, daß er nach 36 Monaten wieder auf der anderen Seite stehen wird, baut während seiner kurzen Zeit in einer Stabsstelle keine gewaltige Bürokratie auf. Digital und 3M halten sich praktisch an die gleichen

Regeln. Ihre Stabsmitarbeiter sind, mit Ausnahme einiger Juristen und Finanzexperten, fast immer Linienleute – und kehren in Linienpositionen zurück.

Ähnliches gilt für die Zahl der Führungsebenen. Vor Jahrzehnten entdeckte Amerika die optimale Kontrollspanne: Niemand kann, so heißt es, mehr als fünf bis sieben Mitarbeiter führen. Die Japaner halten das für Unsinn. Dort unterstehen in einer Bank mehrere hundert Zweigstellenleiter demselben Vorgesetzten. Die »flache« Hierarchie *ist* möglich. Einer der größten Gegensätze zwischen japanischen und amerikanischen Unternehmen ist die Zahl der mittleren Führungsebenen. Wie schon erwähnt, gibt es bei Toyota zwischen dem Chairman und dem Vorarbeiter fünf Ebenen, bei Ford mehr als 15.

Ed Carlson, der ehemalige Chairman von United Airlines, weist darauf hin, daß in den meisten Unternehmen das mittlere Management praktisch nur »Arbeitsbeschaffung« betreibt; es ist im wesentlichen dazu da, Ideen auf dem Wege von oben nach unten oder von unten nach oben aufzufangen. Das »middle management«, sagt Carlson, ist ein Schwamm. Direkte, praxisnahe Unternehmensführung ist viel leichter, wenn in der Mitte weniger Gedränge herrscht.

Bei vielen Unternehmen ist die Anzahl der Führungsebenen und ihre Besetzung geradezu schwindelerregend. Während der letzten zwei Jahre hat Ford in dem Bemühen, besser mit den Japanern konkurrieren zu können, über ein Viertel seiner mittleren Führungskräfte abgebaut; Präsident Donald Petersen sieht dies aber erst als den Anfang. Wenn in Unternehmen überlegt wird, was entbehrlich wäre, so ist nicht selten von einer Verminderung der Führungsebenen um 50 oder gar 75 Prozent die Rede.

Ein Aufbau für die Zukunft

Welche Unternehmensstruktur hat sich nun am besten bewährt? Jede der verschiedenen Formen hat ihre Stärken und Schwächen. Gehen wir sie noch einmal durch:

- Die funktionale Organisation, typisch für den klassischen Konsumgüter-Hersteller, ist effizient und erfüllt wichtige Anforderungen; sie regt allerdings nicht sonderlich zu Kreativität und unternehmerischem Handeln an, ist nicht zu schneller Anpassung fähig und birgt vor allem

rung und Produktivität durch Menschen – verlangt eine Produkt- oder Marktorientierung. Sie ist einfach, klar, direkt, greifbar und leicht verständlich.

Eine weitere Komponente des Stabilitätsprinzips ist das zugrundeliegende Wertsystem, das auch die strukturprägende Unternehmens-»Mission« einschließt. Es mag abwegig erscheinen, unter dem Stichwort Organisationsstruktur über Werte zu sprechen, doch ist ja Struktur im weitesten Sinne ein Kommunikationssystem. Ein Blick auf die stabilen Strukturen bei IBM, HP oder Dana zum Beispiel macht sofort deutlich, wie notwendig und erstrebenswert ein stabiles Wertsystem ist.

Das Kernstück des *Prinzips Unternehmertum* ist die Devise »small is beautiful«. »Kleinheit« ist hier das Mittel zur Sicherung der Anpassungsfähigkeit. Erreicht wird sie über die Abspaltung neuer oder erweiterter Tätigkeiten oder ihre Verlagerung in neue Unternehmensbereiche. Gelegentlich ist dies mit einem geringen Effizienzverlust verbunden; wir haben jedoch immer wieder festgestellt, daß der Effizienzvorteil der Größe gewöhnlich weit überschätzt wird.

Weitere Merkmale des unternehmerischen Prinzips sind die gewählten Kontrollmethoden und der Einsatz zentraler Stäbe. Wer einen einfachen Aufbau wählt und auf riesige Koordinationsmechanismen verzichtet, kommt mit einfacheren Systemen und kleineren Stäben aus. (Riesige, zentralisierte Stäbe sind vor allem für umfassende Koordinierungsaufgaben nützlich.) In unserem Modell haben die Sparten in ihrem eigenen Bereich praktisch alle Stabsfunktionen, die sie brauchen – zum Beispiel Einkauf, Transport, Personalkosten, Finanzen.

Das dritte Prinzip, die *»Mobilität«*, umfaßt vor allem die grundlegende Bereitschaft zu Beweglichkeit – zu laufender Reorganisation, namentlich zur »temporären« Reorganisation für besondere Vorhaben (das »Downsizing«-Projektzentrum von General Motors). Mit laufender Reorganisation meinen wir: 1. die Bereitschaft, regelmäßig neue Sparten »abzuspalten«, wenn die bestehenden zu groß und zu bürokratisch werden, 2. die Bereitschaft, Produkte oder Produktlinien zwischen den Sparten zu verlagern, um besondere Managementkenntnisse zu nutzen oder Marktveränderungen Rechnung zu tragen (3M versteht sich hierauf besonders gut, und es kommt kaum je zu Grabenkämpfen, wenn ein Produkt von einer Division in eine andere verlagert wird), 3. die Bereitschaft, die besten Köpfe in Projektgruppen zusammenzuführen, um zentrale Organisationsprobleme zu lösen oder eine zentrale Maßnahme durchzuführen – immer unter dem Vorbehalt, daß ein solcher Einsatz zeitlich begrenzt sein muß, und 4. die allgemeine Bereitschaft, die Kästchen im Organigramm bei Bedarf umzustellen (ohne den grundlegenden Aufbau zu verändern). Diese »mobilitätsfördernden«Strukturen wirken direkt gegen diejenigen Probleme, die zum Entstehen der Matrixstruktur geführt haben. Laufende Reorganisation ist eine Möglichkeit, wechselnden Anforderungen zu begegnen, ohne gleich als Dauereinrichtung gewaltige Koordinationsgremien ins Leben zu rufen, die theoretisch alle möglichen Probleme in den verschiedensten Bereichen aus der Welt schaffen. Die »Zellteilung« von Sparten und die Verlagerung von Produkten oder ganzen Produktlinien ermöglicht es auch, wechselnden Anforderungen zu begegnen und gleichzeitig die wesentliche Grundstruktur voll beizubehalten.

Diese drei Prinzipien sind also gedacht als »theoretische« Antwort auf die Fragen, die ursprünglich zur Matrixstruktur geführt haben, und auch auf die pathologischen Erscheinungen in der Matrixstruktur selbst. In ihrer Gesamtheit kommen die drei Prinzipien außerdem den Führungssystemen vieler der exzellenten Unternehmen sehr nahe.

12. Straff-lockere Führung

Straff-lockere Führung, die letzte unserer »acht Grundtugenden« exzellenter Unternehmensführung, ist so etwas wie eine Klammer um die ersten sieben. Sie kristallisierte sich bei unserem Versuch einer Synthese heraus: als Nebeneinander von straffer zentraler Führung und möglichst großer Selbständigkeit des einzelnen – also fast eine Quadratur des Kreises, ohne die jedoch vieles von dem, was bisher über besonders erfolgreiche Unternehmen berichtet wurde, nicht möglich wäre. Unternehmen, die eine straff-lockere Führung praktizieren, haben einerseits sehr strenge Regeln, lassen es aber gleichzeitig zu, daß ihre Mitarbeiter sehr selbständig, unternehmerisch und innovativ denken und handeln (ja, sie verlangen das sogar). Sie bewerkstelligen diesen Balanceakt buchstäblich durch »Glauben« – durch die Wertsysteme nämlich, von denen nach der Erfahrung unserer Kollegen Phillips und Kennedy die meisten Manager nichts wissen wollen. Außerdem bewerkstelligen sie ihn durch pedantisches Bemühen um Details, um »all die tausend Kleinigkeiten«, die letztlich überragende Leistung ausmachen.

Straff-locker? Die meisten Unternehmer wenden sich mit Grausen, wenn das Gespräch auf Wertsysteme, Firmenkultur und dergleichen kommt. Aber wir kennen auch Gegenbeispiele. So erinnern wir uns an Bill Blackie, ex-Chairman von Caterpillar, wie er über die Verpflichtung von Cat zum »Achtundvierzig-Stunden-Ersatzteildienst überall auf der Welt« sprach. Wir erinnern uns an einen erbärmlich kalten Tag in Minneapolis-St. Paul, an dem uns Tait Elder von 3M über die »unvernünftigen Champions« bei 3M berichtete. Und wir sehen René McPherson vor seinen Studenten in Stanford: Die Studenten fragen ihn nach seinem Geheimrezept, mit dem er die Produktivitätsprobleme bei Dana löste. Er streckt mit ausdrucksvoller Geste die Hände vor und sagt: »Man muß einfach den Karren schieben. Unablässig weiterschieben. Ich habe jeden erdenklichen Fehler gemacht. Aber ich habe nie locker gelassen.« Man hat den Eindruck, er meint das ernst: mehr steckte *wirklich* nicht dahinter.

Tom Watson Senior fällt uns ein, wie er versuchte, an Bauern Klaviere zu verkaufen, und wie er nach einem solchen schweren Tag seiner Zentrale in Painted Post, New York, Bericht erstatten mußte. Und wir denken daran, was dann noch aus ihm wurde und warum. Wir stellen uns auch J. Willard Marriott Senior vor, an seinem ersten Verkaufsstand in Washington, D.C.. Und wir wissen, daß er jetzt, mit 82 Jahren, sich immer noch über die Sauberkeit der Eingangshalle jedes einzelnen Hotels Gedanken macht, obwohl sein »Lebensmittelstand« inzwischen zu einem 2-Milliarden-Dollar-Unternehmen geworden ist. Eddie Carlson kommt uns ins Gedächtnis – 1929 als Page im Western-International-Hotel Benjamin Franklin – und wir lassen uns beeindrucken von der Legende, zu der er mittlerweile geworden ist.

Carlson spricht über Werte, ohne rot zu werden. Auch Watson tat das – er sagte, im Grunde gehe es immer nur um Werte. Sie alle lebten ihre Wertvorstellungen – Marriott, Ray Kroc, Bill Hewlett und Dave Pakkard, Levi Strauss, James Cash Penney, Robert Wood Johnson. Und sie setzten diese Werte innerhalb ihrer Unternehmen mit Akribie um. Sie *glaubten* an den Kunden. Sie *glaubten* an Selbständigkeit, an Freiraum für persönliche Leistung. Sie *glaubten* an die Politik der offenen Tür und an Qualität. Aber trotzdem hielt jeder von ihnen streng auf Disziplin. Sie hielten die Zügel locker, nahmen aber auch das Risiko in Kauf, daß eben diese lockeren Zügel für einige ihrer Gefolgsleute zum Fallstrick werden könnten. »Straff-locker« hat mit der Zügelführung zu tun – eigentlich aber mit der Unternehmenskultur. Nun ist »Kultur« natürlich der »weicheste« Begriff unter der Sonne. Wer traut schon ihren führenden Verfechtern – den Anthropologen und Soziologen? Die Unternehmer sicherlich nicht. Aber Kultur ist gleichzeitig stahlhart. »IBM heißt Service« – wer gegen diesen hehren Anspruch verstößt, ist in dem Unternehmen seine Stelle los, da hilft ihm auch die Politik des sicheren Arbeitsplatzes nicht mehr. Digital ist »unmöglich« und chaotisch (weich). »Bei Digital wissen die Leute nicht, für wen sie arbeiten«, hört man. Aber sie wissen sehr wohl, was Qualität ist: ihre Produkte funktionieren (hart). Kein Zweifel: »Weich ist hart«.

Patrick Haggerty erklärt, bei Texas Instruments funktioniere das OST-System (hart) einzig und allein durch die »innovative Kultur« von

TI (weich). Und wenn 3M-Chairman Lew Lehr erzählt, wie Menschen es nach gewaltigen Mißerfolgen in jahrzehntelangem Bemühen doch noch zum Vice President des Unternehmens gebracht haben, dann umschreibt er damit die straff-lockere, weich-harte Firmenkultur von 3M. Wir haben in diesem Buch über eine Vielzahl von »weichen« und »lockeren« Merkmalen gesprochen: die Club- oder Campus-Atmosphäre; flexible Organisation (Abspaltung neuer Unternehmensbereiche, temporäre Strukturen, regelmäßige Reorganisation); freiwillige, engagierte Champions; ein Höchstmaß an Unabhängigkeit für den einzelnen wie für Teams und Unternehmensbereiche; regelmäßiges, umfassendes Experimentieren; positives Feedback; starke soziale Bindungen. Aus all diesen Merkmalen spricht eine positive Grundtendenz, der Reiz, in nicht sehr geordneten Verhältnissen immer wieder etwas auszuprobieren (»locker«).

Nicht weniger kennzeichnend für die Spitzenunternehmen ist jedoch eine bemerkenswerte »Straffheit«, bestimmt und gesteuert von der Firmenkultur. Die meisten haben ein verbindliches und kompromißlos akzeptiertes Selbstverständnis. Die Aktionsorientierung lebt, selbst im Experimentierstadium,von überaus regelmäßiger Kommunikation und sehr schnellem Feedback – nichts und niemand kommt sehr weit vom Kurs ab. Gebremste Papierflut (das Ein-Seiten-Memo von P & G) und Pragmatismus sind weitere unaufdringliche Mittel einer äußerst straffen Führung. Wer mit nur drei Richtzahlen auskommt, darf sicher sein, daß alle stimmen. Auch die Vorherrschaft von ein oder zwei Fachgebieten ist ein weiterer entscheidender Beitrag zur »Straffheit«. Daß eine deutliche Mehrheit des Managements bei 3M Chemieingenieure und bei Fluor Maschinenbauingenieure sind, sichert Praxisnähe – auch eine Form der straffen Führung.

Interessanterweise ist die Orientierung nach außen, die Betrachtung des Kunden, eines der allerwichtigsten Elemente der »Straffheit«. Bei den besonders erfolgreichen Unternehmen ist dies vielleicht sogar das wirksamste Mittel der Selbstdisziplinierung. Wer wirklich darauf achtet, was der Kunde sagt, wer sich vom Wind der Kundenwünsche vorantreiben läßt, segelt mit Sicherheit hart am Wind. Hinzu kommt der kollegiale Wettbewerb: wöchentliche »Rallies« bei Tupperware, zweimal jährlich »Höllenwochen« bei Dana. Das ist zwar keine Kontrolle durch umfangreiche Formulare und anhand zahlloser Variablen, und doch ist es das härteste Kontrollsystem, das es gibt. Wie McPherson sagt: den

Chef kann man leicht hinters Licht führen, nicht aber die eigenen Kollegen. Das ist die Art scheinbarer Widersprüche, die sich in der Praxis als keineswegs widersprüchlich erweisen.

Nehmen wir zum Beispiel den Konflikt zwischen Qualität und Kosten oder zwischen »klein« und »groß« (d.h. zwischen Effektivität und Effizienz).

In den Spitzenunternehmen stehen Qualität und Kosten nicht im Widerstreit. Das verdeutlicht die Geschichte von einem Gießereileiter bei GM, der eine eindrucksvolle Aktion zur Kostensenkung durchführte: Er ließ die schmutzigen Innenwände seiner Gießerei weiß streichen und behauptete, er werde auf Qualität (und Instandhaltung und Arbeitssicherheit) achten, dann würde sich auch bei den Kosten der Erfolg schon einstellen. Er erklärte: »Wenn die Qualität stimmt, ist man schon einmal die Sorge los, alles zweimal machen zu müssen«. Nichts geht über Qualität. Sie ist der wichtigste Begriff im Wortschatz der besten Unternehmen. Qualität führt zu Innovationsdenken – mit jedem Produkt soll jeder Kunden bestmöglich bedient werden; Qualität spornt zur Produktivitätssteigerung an, fördert die Einsatzfreude der Mitarbeiter und lenkt den Blick nach draußen. Die Entschlossenheit, das »beste Produkt« herzustellen, prägt praktisch jede einzelne Funktion im Unternehmen.

Ebenso löst sich der scheinbare Widerspruch zwischen Effizienz und Effektivität in Wohlgefallen auf. Qualitätsarbeit wird von Handwerkern geleistet und ist im allgemeinen nur im Kleinbetrieb möglich, sagt man uns; kostengünstiges Arbeiten dagegen verlangt nach landläufiger Auffassung möglichst große Anlagen, in denen sich größenbedingte Kostenvorteile erzielen lassen. Nur trifft gerade dies auf die besonders erfolgreichen Unternehmen nicht zu. In diesen Spitzenunternehmen ist *fast immer* das Kleine auch das Erfolgreiche. Die kleine Produktionsstätte erweist sich als die wirtschaftlichste; ihre engagierten, motivierten und hochproduktiven Mitarbeiter, die untereinander in laufendem Kontakt (und in Konkurrenz) stehen, produzieren die Beschäftigten der Großbetriebe in Grund und Boden. Das gilt für Werke wie für Projektgruppen oder Sparten – für das gesamte Unternehmen. Auf diesem wirklich entscheidenden Gebiet gibt es keinen Konflikt: Kleine Einheiten, Qualität, Engagement, Selbstständigkeit – und Effizienz – sind alle dieselbe Seite der Medaille. Langfristig sind eine günstige Kostenentwicklung und Effizienz *die Folge* von ständigem Qualitätsbewußtsein, Service, Innovation, Beteiligung, Engagement und Ausrichtung auf die Probleme des Kunden. Natürlich muß die Ertragskraft im Vordergrund stehen. Wenn der Ball jedoch erst einmal ins Rollen gekommen ist, werden Kostenkontrolle und erfolgreiche Innovation zu gleichgerichteten Zielen, die völlig vereinbar und beide durchaus erreichbar sind.

Überraschenderweise erscheint auch der Konflikt zwischen Disziplin und Eigenständigkeit als ähnlich paradox. Dieses Paradoxon ist praktisch überall zu beobachten. Untersuchungen in Schulklassen zeigen zum Beispiel, daß in der Regel dort gut gearbeitet wird, wo konsequente Disziplin herrscht: von den Schülern wird Pünktlichkeit erwartet; die Hausaufgaben werden regelmäßig abgegeben und benotet. Andererseits sind das in der Regel aber auch genau die Klassen, in denen positives Feedback, gute Zeugnisse, verdientes Lob und laufende Betreuung durch den Lehrer an der Tagesordnung sind. Ganz ähnlich stellen wir bei McDonald's und praktisch allen anderen besonders erfolgreichen Unternehmen fest, daß *Eigenständigkeit in Disziplin wurzelt. Die Disziplin (das gemeinsame Selbstverständnis) bildet den Rahmen. Sie gibt den Menschen den nötigen Mut (zum Beispiel zu Experimenten), denn sie wissen genau, worauf es letzten Endes ankommt.*

Innerhalb eines solchen Rahmens, eines gemeinsamen Selbstverständnisses und gewisser Regeln, kann Eigenständigkeit zur Selbstverständlichkeit werden. Bei 3M wird laufend und viel experimentiert, und zwar mit Erfolg, weil es zahlreiche Elemente straffer Führung gibt – eine sehr regelmäßige Kommunikation (nichts kann je wirklich weit vom Kurs abkommen), das Wertsystem auf der Basis des gemeinsamen Nenners »Ingenieurausbildung«, die ausgeprägte Kundenorientierung des Topmanagements, dessen Mitglieder praktisch ausnahmslos als ganz gewöhnliche Verkäufer angefangen haben.

3M ist wirklich das am straffsten geführte Unternehmen, das wir erlebt haben; diese straffe Führung ist nach unserer Meinung noch ausgeprägter als bei ITT unter Geneen. Dort gab es zahllose Regeln und Variablen, die gemessen und gemeldet werden mußten. Doch über allem herrschte ein gewisser »Sportsgeist« – das Überlisten des Systems, erfolgreiche Ausweichmanöver, das Zusammenhalten der Linienleute, um sich die berüchtigten »Feuerwehreinsätze« von Stabsleuten zu ersparen. Allzuviel Disziplin der falschen Sorte erstickt die Eigenständigkeit. Die eigentlich straffere Disziplin jedoch, die auf einer kleineren Zahl gemeinsamer Wertvorstellungen beruht, wie wir sie bei 3M, HP, J&J

oder McDonald's finden, führt schließlich zu mehr Eigenständigkeit und Experimentierfreudigkeit im gesamten Unternehmen.

Ganz entscheidend ist natürlich der Inhalt der Regeln. In den exzellenten Unternehmen haben die »Regeln« einen positiven »Zuschnitt«; es geht um Qualität, Service, Innovation und Experimentieren. Sie sind ausgerichtet auf Aufbau und Ausbau – das genaue Gegenteil von Beschränkungen. Die meisten Unternehmen dagegen konzentrieren sich auf Kontrolle, Einengung und Einschränkung. Es scheint keineswegs allgemein verstanden zu sein, daß Regeln ebenso zur Verstärkung positiver Verhaltensweisen eingesetzt werden können wie zur Verhinderung negativen Verhaltens – und daß die erste Variante weitaus wirksamer ist.

Selbst der Widerspruch zwischen Außen- und Innen-Orientierung findet bei den Spitzenunternehmen seine Auflösung. Diese Unternehmen sind gleichzeitig nach außen und nach innen orientiert – nach außen, weil ihnen Service, Qualität und innovative Problemlösung für den Kunden ein echtes Anliegen sind; nach innen, weil sie zum Beispiel die Qualitätskontrolle vorrangig dem einzelnen Linienmitarbeiter übertragen und nicht einer Abteilung für Qualitätskontrolle. Auch das Serviceniveau unterliegt im wesentlichen einer freiwilligen Selbstkontrolle der Beteiligten. Das Lebenselixir des Unternehmens ist der interne Wettbewerb, die intensive Kommunikation, der »Familiensinn«, die Politik der offenen Tür, die Zwangslosigkeit, die Flexibilität und die unpolitische Verlagerung von Ressourcen. Und im Zentrum der gesamten internen Ausrichtung steht die Mitarbeiterorientierung.

Das Geschick, mit dem die erfolgreichsten Unternehmen ihre Mitarbeiter aufbauen, überbrückt auch den zuerst in Kapitel 3 erwähnten scharfen Konflikt zwischen unserem grundlegenden Sicherheitsbedürfnis und dem Bedürfnis, sich von den anderen abzuheben – die »essentielle Spannung«, die der Psychoanalytiker Ernest Becker beschrieb. Auch hier beherrschen die Spitzenunternehmen das Paradoxon. Sie bieten ihren Mitarbeitern nicht nur Geld, sondern auch ein gewisses Zugehörigkeitsgefühl, nicht nur Selbstbestätigung, sondern auch eine »Mission«. Jeder wird zum Pionier, macht Experimente, übernimmt Führungsaufgaben. Das Unternehmen vermittelt das Leitmotiv und schafft ein Klima der Begeisterung, das Gefühl, zu den Besten zu gehören, das Gefühl, selbst an anerkannter Qualität mitzuwirken. Auf diese Weise gibt jeder sein Bestes – Ken Ohmaes »Arbeiter an vorderster Front« genauso wie der »Mitarbeiter mit halber Leistungsfähigkeit« von Kazuo

Inamori, dem Chairman von Kyoto Ceramic. Diese Unternehmen erwarten von ihrem *durchschnittlichen* Beschäftigten, daß er einen eigenen Betrag leistet, neue Ideen einbringt, beim Dienst am Kunden und bei der Produktion von Qualitätserzeugnissen innovativ ist. Jeder einzelne – zum Beispiel die 9.000 Leiter von PIP-Teams bei Texas Instruments – soll sich hervortun und etwas Eigenes leisten. Gleichzeitig ist er Teil eines großartigen Ganzen: Caterpillar, IBM, 3M, Disney Productions.

Bei unserem letzten Paradoxon schließlich geht es um den »Konflikt« zwischen kurzfristiger und langfristiger Sicht – aber auch hier gibt es keinen echten Konflikt. Wir konnten feststellen, daß die besonders erfolgreichen Unternehmen gar nicht besonders »langfristig denken«. Sie haben nicht die besseren Fünf-Jahres-Pläne; häufig enthalten die formalen Pläne der besten Unternehmen sogar ausgesprochen wenig Details, oder es gibt solche Pläne gar nicht (man erinnere sich, daß in vielen Unternehmenszentralen kein einziger Planer sitzt.)

Aber diese Unternehmen haben ein Wertsystem – und zwar ein Wertsystem »für alle Jahreszeiten«. (Man denke an die Inhalte: Qualität, Innovation, Zwanglosigkeit, Dienst am Kunden, Menschen.) In der praktischen Umsetzung beweist sich dieses Wertsystem in ganz prosaischen Einzelheiten und kleinsten Kleinigkeiten. Jede Minute, jede Stunde, jeder Tag bietet Gelegenheit, etwas zur übergreifenden Zielsetzung beizutragen.

Abschließend möchten wir noch einen merkwürdigen Konflikt ansprechen, der ganz wichtig sein kann. Wir nennen ihn die »Dummheitsregel«. Viele Manager von heute – mit den besten Diplomen – sind zu ihrem eigenen Schaden vielleicht ein wenig zu gescheit. Die Gescheiten ändern häufig den Kurs, entsprechend den neuesten Prognosen. Es sind die Manager, die mit leichter Hand mit Modellen von hundert Variablen jonglieren, komplizierte Prämiensysteme ersinnen und Matrixstrukturen austüfteln. Sie haben 200-seitige strategische Pläne und Marktanalysen von 500 Seiten Länge – und dies ist nur der erste Schritt der Produktentwicklung.

Unsere »dümmeren« Freunde sind da ganz anders. Sie verstehen ganz einfach nicht, weshalb nicht jedes Produkt von höchster Qualität sein kann. Sie können nicht begreifen, weshalb nicht jeder Kunde, sogar bei Kartoffelchips, persönlichen Service bekommen kann. Es ist für sie eine persönliche Beleidigung (siehe Heineken), wenn eine Flasche Bier schlecht wird. Sie können nicht einsehen, weshalb kein steter Strom neuer Produkte möglich sein soll, oder weshalb ein Arbeiter nicht alle zwei Wochen einen brauchbaren Vorschlag machen kann. Es sind einfach denkende Menschen, vielleicht sogar große Vereinfacher. Dieses Wort hat einen negativen Beigeschmack. Doch die Menschen an der Spitze der exzellenten Unternehmen *sind* solche Vereinfacher. Sie scheinen ihren Mitarbeitern völlig zu Unrecht viel zuzutrauen. Ebenso scheinen sie zu Unrecht der Auffassung anzuhängen, daß jedes Produkt von höchster Qualität sein muß. Scheinbar zu Unrecht sind sie überzeugt, daß praktisch jedem Kunden, ob nun in Missoula, Montana oder in Manhattan, ein hervorragender Service geboten werden kann. Scheinbar zu Unrecht glauben sie, daß praktisch jeder Arbeiter regelmäßig Ideen beisteuern kann. Es ist eine vereinfachende Sichtweise. Doch möglicherweise liegt gerade darin der Schlüssel zu den erstaunlichen Leistungen von Zehntausenden von Menschen.

Natürlich kommt es entscheidend darauf an, was auf diese Weise vereinfacht wird. Hier geht es um die Konzentration auf Außenorientierung, Service, Qualität, Mitarbeiter, Zwanglosigkeit – die Werte, von denen oben die Rede war. Und es ist durchaus denkbar, daß gerade hierbei – und nur hierbei – eine derart vereinfachende Sicht genau die richtige und sinnvolle ist. Erinnern wir uns an den Manager, den James Brian Quinn interviewte: er erklärte, für seine Mitarbeiter sei es wichtig, bei irgend etwas »die Besten« zu sein. Auf das »Was« kam es ihm dabei nicht so sehr an.

Dafür aber haben viele Manager keinen Blick. Es gibt immer praktische, berechtigte, unausweichliche, vernünftige und einsichtige Gründe, bei einem der Werte einen Kompromiß einzugehen. Nur diese einfach denkenden Menschen – wie Watson, Hewlett, Packard, Kroc, Mars, Olsen, McPherson, Marriott, Procter, Gamble, Johnson – haben ihre simplistische Sicht bewahrt. Und ihre Unternehmen sind damit bemerkenswert gut gefahren.

Anmerkungen

Einführung

Seite

(19) Die Gesellschaft ... ist ein Träger«: Ernest Becker, *Escape from Evil* (New York: Free Press, 1975), S. 3-6, 51; und *The Denial of Death* (New York: Free Press, 1973), S. 3-4.

(19) Das wurde in einem psychologischen Experiment: Herbert M. Lefcourt, *Locus of Control: Current Trends in Theory and Research* (Hillsdale, N.J.: Lawrence Erlbaum Associates, 1976), S. 3-6.

Kapitel 1: Erfolgreiche amerikanische Unternehmen

(26) Schon 1962: Alfred D. Chandler, Jr., *Strategy and Structure: Chapters in the History of the American Industrial Enterprise* (Cambridge, Mass.: MIT Press, 1962).

(27) In den Hawthorne-Werken: F.J. Roethlisberger und William J. Dickson, *Management and the Worker* (Cambridge, Mass.: Harvard University Press, 1939).

(28) Gute Manager, wie er sie verstand: Chester I. Barnard, *The Functions of the Executive* (Cambridge, Mass.: Harvard University Press, 1968), Kap. 5. Deutsche Ausgabe: *Die Führung großer Organisationen*, Essen, Girardet, 1970.

(29) March geht noch weiter als Weick: James G. March und Johan P. Olsen, *Ambiguity and Choice in Organizations* (Bergen, Norwegen: Universitetsforlaget, 1976), S. 26.

(29) »Hier wird er sitzen«: Richard E. Neustadt, *Presidential Power: The Politics of Leadership* (New York: Wiley, 1960), S.9.

(29) So hat Henry Mintzberg: Henry Mintzberg, *The Nature of Managerial Work* (New York: Harper & Row, 1973), S. 31-35.

(30) Andrew Pettigrew, ein britischer Wissenschaftler: Andrew M. Pettigrew, *The Politics of Organizational Decision Making* (London: Tavistock, 1973).

(31) »Ein starres Organigramm«: William F. Dowling und Fletcher Byrom, »Conversation with Fletcher Byrom«, *Organizational Dynamics*, Sommer 1978, S. 44.

(33) *The Art of Japanese Management:* Richard Tanner Pascale und Anthony G. Athos, *The Art of Japanese Management* (New York: Simon & Schuster, 1981).

(33) Fußnote: Leavitts »Diamant«: Harold J. Leavitt, *Managerial Psychology*, 4. Aufl. (Chicago: University of Chicago Press, 1978), S. 282 ff. Deutsche Ausgabe: *Grundlagen der Führungspsychologie*, München, Moderne Industrie, 1974.

Seite

(36) »Es ist eine Schande«:Robert L. Shook, *Ten Greatest Salespersons: What They Say About Selling* (New York: Harper & Row, 1980), S. 68.

(37) »so innovationsbesessen«: Lee Smith, »The Lures and Limits of Innovation: 3M«, *Fortune*, 20. 10. 1980, S. 84.

(37) »Sieh zu, daß du genügend Fehler machst«: Dowling und Byrom, S. 43.

(37) »Die IBM-Philosophie«: Thomas J. Watson, Jr., *A Business and Its Beliefs: The Ideas That Helped Build IBM* (New York: McGraw-Hill, 1963), S. 13.

(37) »als Quelle für Ideen«: Mark Shepherd, Jr. und J. Fred Bucy, »Innovation at Texas Instruments«, *Computer*, September 1979, S. 84.

(37) »Die Grundphilosophie«: Watson, S. 5.

(38) »Kaufe nie eine Firma«: »The Ten Best-Managed Companies«, *Dun's Review*, Dezember 1970, S. 30.

(38) »Unser Unternehmen ist stets seinen Ursprüngen treu geblieben«:»P&G's New New-Product Onslaught«, *Business Week*, 1. 10. 1979, S. 79.

(38) »Selbst Mitglieder einer politischen Sekte«: C. Barron, »British 3M's Multiple Management«, *Management Today*, März 1977, S. 56.

Kapitel 2: Das rationale Modell

(55) »Wer die Pläne *durchführen* soll«: Mariann Jelinek, *Institutionalizing Innovation: A Study of Organizational Learning Systems* (New York: Praeger), S. 124.

(56) In einer der wenigen quantitativen Darstellungen: John Child, *Organization: A Guide to Problems and Practices* (New York: Harper & Row, 1977), S. 222-223.

(56) Ein Forscher kam vor kurzem zu dem Schluß: Stuart S. Blume, »A Managerial View of Research« (Besprechung von *Scientific Productivity*, Hrsg. Frank M. Andrews), *Science*, 4. 1. 1980, S. 48-49.

(57) »die säkulare rationalistische Mythologie«: George Gilder, *Wealth and Poverty* (New York: Basic Books, 1981), S. 264.

(57) »Diese amerikanischen Invasoren«: Steve Lohr, »Overhauling America's Business Management«,*New York Times Magazine*, 1981, S. 15.

(58) Ebensowenig haben die Konkurrenten: Lester C. Thurow, *The Zero-Sum Society: Distribution and the Possibilities for Economic Change* (New York: Basic Books, 1980), S. 7-8.

(58) »Wie schnell sich die Dinge ändern!«: Lohr S. 15.

(58) »Das Investitionsvolumen«: Louis Kraar, »Japan's Automakers Shift Strategies«, *Fortune*, 11. 8. 1980, S. 109.

(59) Nur wenige Wochen später: Robert Ball, »Europe Outgrows Management American Style«, *Fortune*, 20. 10. 1980, S. 147-148.

(59) »Wir haben ein Monstrum geschaffen«: »Don't Blame the System, Blame the Managers«, *Dun's Review*, September 1980, S. 88.

(59) »die weitverbreitete Auffassung«: Lohr, S. 58.

(60) »[Ihnen] fehlt die geisteswissenschaftliche Belesenheit«: Michael M. Thomas, »Businessmen's Shortcomings«, *New York Times*, 21. 8. 1980, S. D2.

(60) »Leute mit Abschlüssen«: Bro Uttal, »The Animals of Silicon Valley«, *Fortune*, 12. 1. 1981, S. 94.

(60) »Das System produziert«: *Dun's Review*, September 1980, S. 82.

(61) »fehlt das innere Gespür«: »Revitalizing the U. S. Economy«, *Business Week*, 30. 6. 1980, S. 78.

(61) »Es ist nicht mehr so«: Robert H. Hayes und William J. Abernathy, »Managing Our Way to Economic Decline«, *Harvard Business Review*, Juli-August 1980, S. 74.

(61) »Unter den Top-Managern«: Lohr, S. 43.

Seite

(61) »Die Manager lieben ihr Produkt nicht«: Charles R. Day, Jr. und Perry Pascarella, »Righting the Productivity Balance«, *Industry Week*, 29. 9. 1980, S. 55.

(61) »Die Japaner verdienen Anerkennung«: Charles G. Burck, »A Comeback Decade for the American Car«, *Fortune*, 2. 6. 1980, S. 63.

(62) »Bei der Arbeit«: Robert M. Pirsig, *Zen and the Art of Motorcycle Maintenance: An Inquiry into Values* (New York: Morrow, 1974), S. 34-35. Deutsche Aussage: *Zen und die Kunst, ein Motorrad zu warten*, Frankfurt/M., Fischer, 1978.

(63) »Die Japaner haben offenbar einen gewaltigen Kostenvorteil«: Norman Gall, »It's Later Than We Think« (Interview mit William J. Abernathy), Forbes, 2. 2. 1981, S. 65.

(63) »Den amerikanischen Managern«: Lohr, S. 23.

(64) »Das japanische Management«: Kenichi Ohmae, »Myths and Realities of Japanese Corporations« (Entwurf), S. 11. Veröffentlicht unter dem Titel »The Myth and Reality of the Japanese Corporation«, *Chief Executive*, Sommer 1981.

(64) »Viele Firmen übertreiben es« : *Dun's Review*, September 1980, S. 84.

(65) «Als Rahmen«: Dowling und Byrom, S. 40.

(65) »Bezeichnenderweise«: *Business Week*, 30. 6. 1980, S. 93.

(65) »Die meisten Geschäftsleute«: David Ogilvy, »The Creative Chef«, in *The Creative Organization*, Hrsg. Gary A. Steiner (Chicago: University of Chicago Press, 1965), S. 206.

(65) »Die Modellbauer«: Theodore Levitt, »A Heretical View of Management Science«, *Fortune*, 18. 12. 1978, S. 50.

(65) »Helle waren die Jungs schon«: When a New Product Strategy Wasn't Enough«, *Business Week*, 18. 2. 1980, S. 143.

(67) *The Structure of Scientific Revolutions:* Thomas Kuhn, *The Structure of Scientific Revolutions*, 2. Aufl. (Chicago: University of Chicago Press, 1970). Deutsche Ausgabe: *Die Struktur wissenschaftlicher Revolutionen*, Frankfurt/M., Suhrkamp, 1967.

(70) »Ist quantitative Genauigkeit verlangt«: John D. Steinbruner, *The Cybernetic Theory of Decision: New Dimensions of Political Analysis* (Princeton, N. J: University Press, 1974), S. 328.

(71) »Mit einem völlig abstrakten Bild«: Thomas O'Hanlon, »A Rejuvenated Litton Is Once Again Off to the Races«, *Fortune*, 8. 10. 1979, S. 160.

(71) »Die drei Weisen«: Lewis H. Lapham, »Gifts of the Magi«, *Harper's*, Februar 1981, S. 11.

(71) »Die mexikanische Sierra«: John Steinbeck, *The Log from the Sea of Cortez* (New York: Viking, 1941). Deutsche Ausgabe: *Logbuch des Lebens*, Zürich, Steinberg, 1953. Zitiert aus Karl Weick, *Social Psychology of Organizing*, 2. Aufl. (Reading, Mass.: Addison-Wesley, 1979), S. 29.

(72) »Das ›professionelle‹ Management von heute«: Peter F. Drucker, *The Age of Discontinuity: Guidelines to Our Changing Society* (New York: Harper & Row, 1969), S. 56-57.

(72) »Es ist in sich leichter«: Steinbruner, S. 333.

(72) »Sie meinen, Präsidenten müßten gewarnt werden«: a.a.O., S. 332.

(72) »Unsere Finanzleute«: »Mobil's Successful Exploration«, *Business Week*, 13. 10. 1980, S. 114.

(72) »Nach unserer Meinung«: Hayes und Abernathy, S. 70-71.

(72) »Schöpferisches Denken«: Gilder, S. 262.

(72) »als sie gebaut wurden«: a.a.O., S. 252.

(73) »[Es besteht ein] himmelweiter Unterschied«: Robert K. Merton, *Social Theory and Social Structure*, erw. Ausg. (New York: Free Press, 1968), S. 4.

(74) »Es hat gar keinen Sinn«: Horace F. Judson, *Search for Solutions* (New York: Holt, Rinehart and Winston, 1980), S. 3.

Seite

(74) »Die Furcht, die Spinney...«: Alexander Cockburn, James Ridgeway und Andrew Cockburn, »The Pentagon Spends Its Way to Impotence«, *Village Voice*, 18. 2. 1981, S. 11.

(74) »Weshalb gibt es Schwierigkeiten«: Chris Argyris, »Today's Problems with Tomorrow's Organizations«, *Journal of Management Studies*,Februar 1967, S. 34-40.

(75) »Was mich in allen Unternehmen«: Fletcher Byrom, Vortrag an der Carnegie-Mellon-Universität, 1976.

(75) »Einen zu starren Aufbau«: »Lessons of Leadership: David Packard«, *Nation's Business*, Januar 1974, S. 42.

(76) »Die meisten japanischen Unternehmen«: Ohmae, S. 5, 20.

(76) Bei TI: Jelinek, S. 54.

Kapitel 3: Triebfeder Motivation

(82) Als vor kurzem bei einer psychologischen Untersuchung: David G. Myers, *The Inflated Self*. Erwähnt in »How Do I Love Me? Let Me Count the Ways«, *Psychology Today*, Mai 1980, S. 16.

(84) »Zurechnungstheorie«: Lee Ross, »The Intuitive Psychologist and His Shortcomings«, in *Advances in Experimental Social Psychology*, Bd. 10, Hrsg. Leonard Berkowitz (New York: Academic Press, 1977), S. 173-220.

(85) Bei einem Versuch: Russell A. Jones, *Self-Fulfilling Prophecies: Social, Psychological and Physiological Effects of Expectancies* (Hillsdale, N. J.: Lawrence Erlbaum Associates, 1977), S. 167.

(85) »Eine Untersuchung unter Lehrern«: Warren Bennis, *The Unconscious Conpiracy: Why Leaders Can't Lead* (New York: AMACOM, 1976), S. 174.

(86) »[unser] Verhalten nach wie vor«: Arthur Koestler, *The Ghost in the Machine* (New York: Macmillan, 1967), S. 274.

(86) »die psychoanalytische Betonung«: Ernest Becker, *The Denial of Death* (New York: Free Press, 1973), S. 94. Deutsche Ausgabe: *Dynamik des Todes*, München, Goldmann, 1981.

(86) »Eine Tatsache«: Henry Mintzberg, »Planning on the Left Side and Managing on the Right«, *Harvard Business Review*, July-August 1976, S. 53.

(87) »Sie ist so schön«: «How to Get a Bright Idea«, *The Economist*,27. 12. 1980, S. 61.

(87) »Wenn man etwas Einfaches gefunden hat«: Horace F. Judson, *Search for Solutions* (New York: Holt, Rinehart and Winston, 1980), S. 22.

(87) Die Psychologen Amos Tversky und Daniel Kahneman: Amos Tversky und Daniel Kahneman, »Judgment Under Uncertainty: Heuristics and Biases«, *Science*, 27. 9. 1974, S. 1124.

(88) »Es gibt eine Geschichte«: Gregory Bateson, *Mind and Nature: A Necessary Unity* (New York: Bantam Books, 1980), S. 14.

(93) Dieses andere, glaubt Simon: H. A. Simon, »Information Processing Models of Cognition«, *Annual Review of Psychology*, Bd. 30 (Palo Alto, Calif.: Annual Reviews, 1979), S. 5.

(94) »Verhaltenstechnologie«: B. F. Skinner, *Beyond Freedom and Dignity* (New York: Knopf, 1971), S. 5. Deutsche Ausgabe: *Jenseits von Freiheit und Würde*, Reinbek, Rowohlt, 1973.

(95) »Der Bestrafte«: a.a.O., S. 81.

(97) Wie Skinner bemerkt: a.a.O., s. 34 ff.

(97) So war Foxboro: Allan A. Kennedy, persönliche Mitteilung.

(98) »Theorie des sozialen Vergleichens«: Leon Festinger, »A Theory of Social Comparison Processes«, *Human Relations* 7 (1954): 117-140.

Seite

(99) In zahllosen Experimenten: Edward L. Deci, »The Effects of Contingent and Non-Contingent Rewards and Controls on Intrinsic Motivations«, *Organizational Behavior and Human Performance* 8 (1972): 217-229.

(100) »Man kommt leichter durch Handeln zu Gefühlen«: Jerome S. Bruner, *On Knowing: Essays for the Left Hand* (New York: Atheneum, 1973), S. 24.

(100) »La Piere, ein weißer Professor«: Jonathan L. Freedman, David O. Sears and J. Merrill Carlsmith, *Social Psychology*, 3. Aufl. (Englewood Cliffs, N.J.: Prentice-Hall, 1978), S. 299.

(101) »Fuß-in-der-Tür-Forschung«: Jonathan L. Freedman und Scott C. Fraser, »Compliance Without Pressure: The Foot-in-the-Door Technique«, *Journal of Personality and Social Psychology* 4 (1966): 195-202.

(101) Als wichtige Führungsaufgaben: James Brian Quinn, »Formulating Strategy One Step at a Time«, *Journal of Business Strategy*, Winter 1981, S. 57-59.

(102) »Die Welt«: Robert L. Forward, »Spinning New Realities«, *Science 80*, Dezember 1980, S. 40.

(102) »Wenn wir hoffen«: Bruno Bettelheim, *On the Uses of Enchantment: The Meaning and Importance of Fairy Tales* (New York: Knopf, 1976), S. 3. Deutsche Ausgabe: *Kinder brauchen Märchen, Science 80*, Dezember 1980, S. 40.

(103) »Sie sprechen über Dinge«: Oscar Shisgall, *Eyes on Tomorrow: The Evolution of Procter & Gamble* (Chicago: J. G. Ferguson, 1981), S. XI.

(103) »wer für ein *Warum* leben kann«: Viktor E. Frankl, *Man's Search for Meaning* (New York: Pocket Books, 1963), S. 164.

(104) »Der Mensch ist ein beharrlicher Sinnsucher«: John W. Gardner, *Morale* (New York: Norton, 1978), S. 15.

(105) Stanley Milgrams bekannte Experimente: Stanley Milgram, *Obedience to Authority: An Experimental View* (New York: Harper & Row, 1974).

(106) ein »Gefängnisexperiment«: Philip Zimbardo und Greg White, »The Stanford Prison Experiment: A Simulation of the Study of the Psychology of Imprisonment Conducted August 1971 at Stanford University« (Manuskript für Diavortrag), o.J.

(107) »Somit lebt der Mensch«: Becker, *Denial of Death*, S. 153-154.

(108) Bei einem typischen Experiment: Jones, S. 133.

(108) Eine Versuchsperson: Gerald R. Salancik, »Commitment and the Control of Organizational Behavior and Belief«, in *New Directions in Organizational Behavior*, Hrsg. Barry M. Staw und Gerald R. Salancik (Chicago: St. Clair Press, 1977), S. 20 ff.

(109) Burns hat jedoch: James McGregor Burns, *Leadership* (New York, Harper & Row, 1978).

(110) »Diese wirklich zentrale Wertvorstellung«: a.a.O., S. 13, 18-19.

(110) »[Transformierende Führung] liegt vor: a.a.O., S. 20.

(111) »Der Grundprozeß«: a.a.O., S. 40.

(111) »Seine wahre Genialität«: a.a.O., S. 254.

(111) »Manager arbeiten mit Menschen«: Abraham Zaleznick, »Managers and Leaders: Are They Different?« *Harvard Business Review*, Mai-Juni 1977, S. 72.

(111) »[Wir] wollten durch ein Experiment«: David C. McClelland, *Power: The Inner Experience* (New York: Irvington, 1975), S. 259-260.

(112) »Ihr müßt an das Unmögliche glauben!«: Ray Kennedy, »Howard Head Says, 'I'm Giving Up the Thing World«, *Sports Illustrated*, 29. 9. 1980, S. 72.

(112) »Wir haben langsam endeckt«: James B. Quinn, »Strategic Goals: Process and Politics«, *Sloan Management Review*, Herbst 1977, S. 26.

(112) der Führer als »Sozialarchitekt«: Bennis, S. 165.

(112) »Die Vermittlung eines sinnvollen Inhalts«: Philip Selznick, *Leadership in Administration: A Sociological Interpretation* (New York: Harper & Row, 1957), S. 17, 28, 149-150, 152-153.

Seite

(113) »unserem eigenen ästhetischen Anspruch treu zu bleiben«: Jill Gerston, »Tiffany's Unabashed Guardian of Good Taste Relinquishes Helm«, *San Francisco Examiner*, 5. 1. 1981, S. C2.

(113) »Schönheit im Hamburger«: Ray Kroc, *Grinding It Out: The Making of McDonald's* (New York: Berkley, 1977), S. 98.

Kapitel 4: Zwiespalt und Widerspruch beherrschen

(117) *Prüfstein einer hervorragenden Intelligenz«:* F. Scott Fitzgerald, »The Crack-Up«, in *American Literary Masters*, Bd. 2, Hrsg. Charles R. Anderson (New York: Holt, Rinehart and Winston, 1965), S. 1007.

(118) William Manchester, in *Good-bye, Darkness:* William Manchester, *Good-bye, Darkness: A Memoir of the Pacific War* (Boston: Little, Brown, 1980), S. 233-237.

(119) Richard Scott aus Stanford: W. Richard Scott, »Theoretical Perspectives«, in *Environments and Organizations*, von Marshall W. Meyer and Associates (San Francisco: Jossey-Bass, 1978).

(122) »Der vorliegende Band«: Douglas McGregor, *The Human Side of Enterprise* (New York: McGrawHill, 1960), S. VI, VII.

(122) »Eine einzige Grundannahme»: a.a.O., S.18.

(123) »die Annahme der Mittelmäßigkeit«: a.a.O., S. 34.

(123) »(1.) Arbeit ist dem Durchschnittsmenschen«: a.a.O., S. 49-50.

(123) »sondern tatsächlich eine Theorie«: a.a.O., S. 35.

(123) »(1.)Körperliche und geistige Anstrengung«: a.a.O., S. 47-48.

(124) »Die Grundannahmen der Theorie Y«: a.a.O., S. 56.

(125) »Barnard setzte sich«: Kenneth R. Andrews, »Introduction to the Anniversary Edition«, in *The Functions of the Executive* von Chester I. Barnard (Cambridge, Mass.: Harvard University Press, 1968), S. VII.

(125) »Die Grundaufgaben«:Chester I. Barnard, *The Functions of the Executive* (Cambridge, Mass.: Harvard University Press, 1968), S. 217.

(125) »Es wurde schon darauf hingewiesen«: a.a.O., S. 231.

(126) »Das Gespür für das Ganze«: a.a.O., S. 238-239.

(126) »Der Begriff 'Organisation'«: Selznick, S. 5 ff., 40, 135-136.

(128) *Organization and Environment:* Paul R. Lawrence und Jay W. Lorsch, *Organization and Environment: Managing Differentation and Integration* (Homewood, Ill.: Richard D. Irwin, 1967).

(129) »Unternehmen haben Stab«: Karl E. Weick, *The Social Psychology of Organizing*, 2. Aufl. (Reading, Mass.: Addison-Wesley, 1979), S. 49.

(129) »Sie zwingt die Menschen« a.a.O., S. 50.

(129) Die neuen Bilder: a.a.O., S. 47.

(130) »Bei aller Verschiedenheit«: a.a.O.

(130) Die Gemeinschaftsarbeit von March und Simon: James G. March und Herbert A. Simon, *Organizations* (New York: Wiley, 1958).

(130) *Ambiguity and Choice in Organizations:* March und Olsen, *Ambiguity and Choice in Organizations.*

(130) »In diesem Buch«: Weick, S. 1.

(132) »Delta hat das große Plus«: »The Five Best-Managed Companies«, *Dun's Review*, Dezember 1977, S. 60.

(132) »Das ganze OST«: Mark Shepherd, Jr. und J. Fred Bucy, »Innovation at Texas Instruments«, *Computer*, September 1979, S. 89.

(132) »Die Zuverlässigkeit der Maytag-Waschmaschinen«: Edmund Faltermayer, »The Man Who Keeps Those Maytag Repairmen Lonely«, *Fortune*, November 1977, S. 192.

Seite

(132) »Firmen in Rochester«: Stanley M. Davis, »Establishing a New Context for Strategy, Organization and Executive Pay«, in *Executive Compensation in the 1980s*, Hrsg. David J. McLaughlin (San Francisco: Pentacle Press, 1980), S. 29.

(132) »beherrschenden Unternehmensidee«: Richard Normann, *Management and Statesmanship* Stockholm: Scandinavian Institutes for Administrative Research, 1976), S. 275.

(132) »Die missionarische (Struktur)Konfiguration«: Henry Mintzberg, *The Structuring of Organizations: A Synthesis of the Research* (Englewood Cliffs, N.J.: Prenice-Hall, 1979), S. 480.

(132) »Der [Unternehmensleiter] schafft«: Andrew M. Pettigrew, »The Creation of Organisational Cultures« (Vortrag auf dem gemeinsamen Forschungsseminar der EIASM und des Dänischen Managementzentrums, Kopenhagen, 18. Mai 1976), S. 11.

(132) »Systeme von Ideen«: Joanne Martin, »Stories and Scripts in Organizational Settings«, Research Report Nr. 543 (rev.) (Graduate School of Business, Stanford University, Juli 1980), S. 3.

(132) »Neue Vorgehensweisen«: Bennis, S. 93.

(134) Von *Business Week* mit einer Titelgeschichte: »Corporate Culture: The Hard-to-Change Values That Spell Success or Failure:, *Business Week*, 27. Oktober 1980, S. 148-160.

(134) The Organization Man: William Foote Whyte, *The Organization Man* (New York: Simon & Schuster, 1956).

(134) »Die Firma läßt mir«: Steven Rothman, »More than Money«, *D & B Reports*, März/April, S. 12.

(136) »[wir] müssen die Technologie«: James G. March, »The Technology of Foolishness«, in *Readings in Managerial Psychology*, 3. Aufl., Hrsg. Harold J. Leavitt, Louis R. Pondy und David M. Boje (Chicago: University of Chicago Press, 1980), S. 576.

(136) »Nicht den Analytiker«: James G. March, »Footnotes to Organizational Chan ge« (unveröffentlichtes Manuskript, o. J.), S. 20.

(136) »Eine solche Sicht«: a.a.O., S. 35.

(136) »Und sein allerschönstes Bild«: a.a.O., S. 22.

(136) »locker gekoppelter Systeme«: Karl E. Weick, »Educational Organizations as Loosely Coupled Systems«, *Administrative Science Quarterly* 21 (1976). 1-19.

(136) »Je tiefer man in die Feinheiten«: Weick, S. 120.

(136) »Ungerechtfertigte Vielfalt«: a.a.O., S. 193.

(136) »Rückblickende Sinngebung«: a.a.O., S. 202.

(137) »unfruchtbaren, seichten Umgebung«: a.a.O., S. 193.

(137) »Niemand kann etwas tun«: a.a.O.

(137) »Wenn man ein halbes Dutzend Bienen«: Karl E. Weick, »The Management of Organizational Change Among Loosely Coupled Elements« (unveröffentlichtes Manuskript, Dezember 1981), S. 3-4.

(137) »Diese Geschichte sagt uns etwas«: a.a.O., S. 4.

(138) »Marketing Myopia«,: Theodore Levitt, »Marketing Myopia«, *Harvard Business Review*, Juli-August 1960.

(139) »Wenn eine Industrie«: Burton H. Klein, *Dynamic Economics* (Cambridge, Mass.: Harvard University Press, 1977), S. 17.

(139) »Derselbe Prozeß«: Gilder, s. 79.

(139) die wirkliche Meisterleistung des IBM-Managements: Robert Sobel, *IBM: Colossus in Transition* (New York: Times Books, 1981), S. 346.

(140) »Die Unternehmer werden lernen müssen«: Drucker, S. 54.

(140) »Ständige Reorganisation«: Norman Macrae, »The Coming Entrepreneurial Revolution: A Survey«, *The Economist*, 25. Dezember 1976, S. 41, 43.

(140) »...können wir vorhersagen«: H. Igor Ansoff, »Corporate Structure Present and Future«, Vanderbilt University Working Paper 74-4, Februar 1974, S. 17.

Seite

(141) »Vor zehn Jahren«: »It Seemed Like a Good Idea at the Time«, *Science 82*, Januar/Februar 1982, S. 86.

(142) *Markets and Hierarchies:* Oliver E. Williamson, *Markets and Hierarchies: Analysis and Antitrust Implications* (New York: Free Press, 1975).

(144) Stephen J. Gould: Stephen J. Gould, *The Panda's Thumb: More Reflections in Natural History* (New York: Norton, 1980), S. 51.

(145) Von IBM behauptete: James Brian Quinn, »Technological Innovation, Entrepreneurship, and Strategy«, *Sloan Management Review*, Frühjahr 1979, S. 25.

(145) Für Computer sah man: James M. Utterback, »Patterns of Industrial Innovation«, in *Technology, Innovation, and Corporate Strategy: A Special Executive Seminar Presented by the Massachusetts Institute of Technology, November 17,1978* (Cambridge, Mass.: Industrial Liaison Programm, MIT, 1978).

(146) »Die Kernaussage«: a.a.O., S. XI.

(146) »Dazu gehören besondere Beziehungen«: Utterback, S. 37-38.

Kapitel 5: Primat des Handelns

(151) Sowohl Warren Bennis: Warren Bennis, »The Temporary Society«, in *The Temporary Society* von Warren G. Bennis und Philip E. Slater (New York: Harper & Row, 1968).

(151) als auch Alvin Toffler, Alwin Toffler, *The Third Wave* (New York: Morrow, 1980).

(152) »sichtbares Management«: Richard T. Pascale, »The Role of the Chief Executive in the Implementation of Corporate Policy: A Conceptual Framework«, Research Paper Nr. 357 (Graduate School of Business, Stanford University, Februar 1977), S. 37, 39.

(152) Bei HP ist das MBWA: William R. Hewlett und David Packard, *The HP Way* (Palo Alto, Calif.: Hewlett-Packard, 1980), S. 10.

(152) So hat Corning Glass: Edward Meadows, »How Three Companies Increased Their Productivity«, *Fortune*, 10. März 1980, S. 95.

(154) »In der Stimme des Chase-Manhattan-Chefs«: Alena Wels, »How Citicorp Restructured for the Eighties«, *Euromoney*, April 1980, S. 13.

(155) »Wenn man gute Mitarbeiter halten will«: Susan Benner, »He Gave Key People a Reason to Stay with the Company«, Inc., September 1980, S. 46.

(155) Das Erfolgsrezept von Harris: Robert J. Flaherty, »Harris Corp.'s Remarkable Metamorphosis«, *Forbes*, 26. Mai 1980, S. 46.

(157) »Der wesentliche Baustein«: Ezra F. Vogel, *Japan as Number One: Lessons for America* (Cambridge, Mass.: Harvard Universitiy Press, 1979), S. 143–145.

(158) »flexiblen, projektorientierten Klima«: Shepherd and Bucy, »Innovation at Texas Instruments«, S. 88.

(161) Die Notwendigkeit offener Kommunikation: Frederick P. Brooks, Jr., *The Mythical Man-Month: Essays on Software Engineering* (Reading, Mass.: Addison-Wesley, 1978).

(162) »Jeder hatte die Befugnis«: a. a. O., S. 67.

(164) Das wichtigste Instrument: Charles G. Burck, »How GM Turned Itself Around«, *Fortune*, 16. Januar 1978.

(166) »Statt jede Triebwerkskomponente«: R. Jeffrey Smith, »Shuttle Problems Compromise Space Program«, *Science*, November 1979, S. 910–911.

(167) »Sie überraschten sich selbst«: Mariann Jelinek, *Institutionalizing Innovation. A Study of Organizational Learning Systems* (New York: Praeger, 1979), S. 78.

(168) »Wir produzieren ein bißchen«: Smith, »3M«, S. 94.

(168) »Testbesessenheit«: *Business Week*, 1. Oktober 1979, S. 80.

Seite

(168) »Bloomie's ist das einzige«: Mark Stevens, *»Like No Other Store in the World«: The Inside Story of Bloomingdale's* (New York: Crowell, 1979), S. 138.

(169) »Ich glaube eher«: William Shockley, »A Case: Observations on the Development of the Transistor«, in *The Creative Organization,* Hrsg. Gary A. Steiner (Chicago: University of Chicago Press, 1965), S. 139–140.

(169) »Das wichtigste Wort«: David Ogilvy, *Confessions of an Advertising Man* (New York: Atheneum, 1980), S. 86.

(170) »Sie kennen Zoom-Objektive?«: Peter G. Peterson, »Some Approaches to Innovation in Industry-Discussion», in *The Creative Organization,* S. 191–192.

(170) In seinem klassischen Werk: S. I. Hayakawa, *Language in Thought and Action* (London: Allen & Unwin, 1974).

(173) »In den meisten Fällen«: Donald D. Holt, »How Amoco Finds All That Oil«, *Fortune,* 8. September 1980, S. 51.

(174) »Ich habe festgestellt«: Harold Guetzkow, »The Creative Person in Organizations«, in *The Creative Organization,* S. 49.

(174) »Ein Plattenlaufwerk«: Bro Uttal, »Storage Technology Goes for the Gold«, *Fortune,* 6. April 1981, S. 58.

(177) »Ich hatte nicht die Befugnis«: Isadore Barmash, *For the Good of the Company: Work and Interplay in a Major American Corporation* (New York: Grosset & Dunlap, 1976), S. 43–44, 52–54.

(181) »Vor allem muß man«: Robert H. Schaffer, »Make Success the Building Block«, *Management Review,* August 1981, S. 47, 49–51.

(181) »Nimm *eine* Filiale«: a. a. O., S. 51.

(183) »Deupree hatte eine starke Abneigung«: Oscar Schisgall, *Eyes on Tomorrow: The Evolution of Procter & Gamble* (Chicago: J. G. Ferguson, 1981), S. 120.

(183) »Eine kurze schriftliche Mitteilung«: Thomas J. Peters, »The 1-Page Memo (and Other Draconian Measures)« (unveröffentlichtes Manuskript, April 1980), S. 1.

(184) »Die sind so gründlich«: »P & G's New New-Product Onslaught«, *Business Week,* 1. Oktober 1979, S. 80.

(184) »Das ist ein sehr zielbewußtes, anspruchsvolles Unternehmen«: Lee Smith, »A Superpower Enters the Soft-Drink Wars«, *Fortune,* 30. Juni 1980, S. 77.

(184) Jorge Diaz Serrano: Alan Riding, »Mexico's Oil Man Proved His Point«, *New York Times,* 16. Juli 1978, S. F5.

(184) »Ich bin als Papierhasser bekannt«: «Paper Work Is Avoidable (If You Call the Shots)«, *Wall Street Journal,* 17. Juni 1977, S. 24.

(185) »Die Division Presidents«: Thomas J. Peters, »Management Systems: The Language of Organizational Character and Competence«, *Organizational Dynamics,* Sommer 1980, S. 15.

(185) »Die Unternehmenszentrale«: Geoffrey Foster, »Dana's Strange Disciplines«, *Management Today,* September 1976, S. 61.

(186) »Drei bis fünf Ziele«: John W. Hanley, »Monsanto: The Management Style« (interne Mitteilung, September 1974), S. 10

Kapitel 6: Nähe zum Kunden

(189) *»Der wichtigste«:* Lewis H. Young, »Views on Management« (Vortrag bei Ward Howell International, Links Club, New York, 2. Dezember 1980), S. 5.

(190) Er ist zwar kein Unternehmen: Die Seiten 157/158 beruhen in hohem Maße aut »Joe Girard«, in Shook, *Ten Greatest Salespersons,* S. 7–24.

(191) »Joes Kunden«: a. a. O., S. 24.

(192) »Mit der Zeit«: Watson, *A Business and Its Beliefs,* S. 29, 32.

(194) »den Auftrag hereinzuholen«: Shook, S. 55–73.

Seite

(194) »Man muß immer daran denken«: »No. 1's Awesome Strategy«, *Business Week*, 8. Juni 1981, S. 86.

(195) »So sorgen wir dafür«: a. a. O., S. 88.

(198) Die beste externe Analyse: Die Seiten 198–199 beruhen in hohem Maße auf Dinah Nemeroff, *Service Delivery Practices and Issues in Leading Consumer Service Businesses: A Report to Participating Companies* (New York: Citibank, April 1980).

(200) Eines der besten Beispiele für Service: Die Seiten 200–201 beruhen in hohem Maße auf N. W. Pope, »Mickey Mouse Marketing«, *American Banker*, 25. Juli 1979 und Pope, »More Mickey Mouse Marketing«, *American Banker*, 12. September 1979.

(201) »Traditions I«: Pope, »Mickey Mouse Marketing«, S. 14.

(202) »Fast jeder Betreiber«: Victor F. Zonana, »Boeing's Sale to Delta Gives It Big Advantage Over U. S. Competitors«, *Wall Street Journal*, 13. November 1980, S. 1, 20.

(203) »Wir haben versucht«: Harold Mansfield, *Vision: The Story of Boeing* (New York: Duell, Sloan & Pearce, 1966), S. 361–362.

(205) Caterpillar bietet seinen Kunden: »Caterpillar: Sticking to Basics to Stay Competitive«, *Business Week*, 4. Mai 1981, S. 74.

(205) »Die Geschäftsgrundsätze des Unternehmens«: Gilbert Cross, »The Gentle Bulldozers of Peoria«, *Fortune*, Juli 1963, S. 167.

(205) »Für die Leute von Cat«: »Caterpillar«, *Business Week*, 4. Mai 1981, S. 74.

(206) »Das Unternehmen veranstaltet sogar«: a. a. O., S. 77.

(206) »Wir einigten uns auf den festen Grundsatz«: William L. Naumann, »The Story of Caterpillar Tractor Co.« (Vortrag vor der Newcomen Society of North America, Chicago, 17. März 1977), S. 16.

(206) »Die Benutzer können sich«: a. a. O.

(206) »Eine Maschine aus dem einen Werk«: a. a. O.

(206) »Wenn ich für jedesmal«: Kroc, *Grinding It Out*, S. 91.

(207) »Qualität ist das erste Wort«: *McDonald's Corporation 1980 Annual Report* (Oak Brook, Ill., 1980), S. 4.

(208) »Die Einheitlichkeit ist das Problem«: »Burger King Looks for Consistency«, *Sun*, Juli 1980.

(208) »Wachstum ist nicht unser Hauptziel«: *Digital Equipment Corporation 1979 Annual Report* (Maynard, Mass.: Digital Equipment Corporation, 1979), S. 3.

(208) »zehn Jahre störungsfreier Betrieb«: Edmund Faltermayer, »The Man Who Keeps Those Maytag Repairmen Lonely«, *Fortune*, November 1977, S. 193.

(208) »Maytag verdankt seinen guten Namen«: Lawrence Ingrassia, »Staid Maytag Puts Its Money on Stoves but May Need to Invest Expertise, Too«, *Wall Street Journal*, 23. Juli 1980, S. 25.

(209) »Die Puritaner in der Sixth Avenue«: Bill Abrams, »P & G May Give Crest a New Look After Failing to Brush Off Rivals«, *Wall Street Journal*, 8. Januar 1981, S. 21.

(209) Der Unternehmensbereich Rechnersysteme: Die Seiten 175–177 beruhen in hohem Maße auf Bill Hooper, Susan Konn, Robin Rakusin, Mike Sanders und Tom Shannon, »The Management of Quality in the Computer Services Division of Hewlett-Packard Company« (unveröffentlichtes Manuskript, Graduate School of Business, Stanford Universitiy, 25. Februar 1982).

(212) »Das Unternehmen ist mit seinen neuen Produkten«: Kathleen K. Wiegner, »The One to Watch«, *Forbes*, 2. März 1981, S. 60.

(212) »Bisweilen kommt zwar ein Konkurrent«: *Dun's Review*, Dezember 1978, S. 40.

(212) »Das Unternehmen hat selten«: Catherine Harris, »What Ails IBM?« *Financial World*, 15. Mai 1981, S. 17.

(213) »Caterpillar stellt auf seinen Märkten«: *Business Week*, 4. Mai 1981, S. 77

Seite

(213) »Deere sagt nicht«: Harlan S. Byrne, »Deere & Co. Farm-Machinery Leadership Helps Firm Weather the Industry's Slump«, *Wall Street Journal,* 20. Februar 1981, S. 48.

(213) »Ich muß meinen Marketingleuten«: David B. Tinnin, »The Heady Success of Holland's Heineken«, *Fortune*, 16. Dezember 1981, S. 169

(214) »Die Kundin, die einen Salat«: Treadwell Davison, persönliche Mitteilung (Graduate School of Business, Stanford University, Februar 1982).

(214) »Auf den ersten Blick«: Alistair Mant, *The Rise and Fall of the British Manager,* verbess. Aufl. (London: Pan Books Ltd.), S. 108–109.

(217) »In jeder Abteilung«: Walter McQuade, »Making a Drama Out of Shopping«, *Fortune*, 24. März 1980, S. 107.

(217) »Auf diesem Markt«: Howard Rudnitsky und Jay Gissen, »Winning Big by Thinking Small«, *Forbes,* 28. September 1981, S. 106.

(217) »Unser Unternehmen hält nichts davon«: Lewis W. Lehr, »How 3M Develops Entrepreneurial Spirit Throughout the Organization«, *Management Review,* Oktober 1980, S. 31.

(218) »Das Eingangstor für die neue Technologie«: James M. Utterback, »Patterns of Industrial Innovations«, in *Technology Innovation and Corporate Strategy: A Special Executive Seminar Presented by the Massachusetts Institute of Technologie, November 17, 1978* (Cambridge, Mass.: Industrial Liaison Program, MIT, 1978), S. 3.

(220) »Solange man genug ausgibt«: Howard Rudnitsky, »Will It Play in Toledo?« *Forbes,* 17. November 1980, S. 103.

(220) »Durch bessere Nutzung unserer Daten«: Herbert Meyer, »How Fingerhut Beat the Recession«, *Fortune*, 17. November 1980, S. 103.

(221) In einem Leitartikel von *Fortune*: Bro Uttal, »The Gentlemen and the Upstarts Meet in a Great Mini Battle«, *Fortune,* 23. April 1979, S. 98–108.

(225) »Einen Monat vor dem achten Geburtstag«: Meyer, S. 103–104.

(226) Als Neiman-Marcus 1907: Stanley Marcus, *Minding the Store* (New York: New American Library, 1975), S. 3.

(229) Im Jahresbericht 1979: *The Procter & Gamble Company Annual Report* (Cincinnati: Procter & Gamble, 1979), S. 13.

(229) Vor kurzem untersuchte Von Hippel: Eric A. Von Hippel, »Users as Innovators«, *Technology Review,* Januar 1978, S. 31–39.

(229) Von Hippel berichtet: a. a. O., S. 32–33.

(230) 1873 erwarb Levi's: Ed Cray, *Levi's* (Boston: Houghton Mifflin, 1978), S. 21–22.

(230) »Sie verlassen sich darauf«: Uttal, S. 100.

(230) »Dort werden alle stark«: »Wang Labs Challenges the Goliaths«, *Business Week,* 4. Juni 1979, S. 100.

(231) Zu den umfassendsten Untersuchungen: Die Seiten 231–232 beruhen in hohem Maße auf *Success and Failure in Industrial Innovation: Report on Project SAPPHO* (Science Policy Research Unit, University of Sussex, London: Centre for the Study of Industrial Innovation, Februar 1972) und Roy Rothwell, »SAPPHO Updated – Project SAPPHO, phase II«, unveröffentlichtes Manuskript (Science Policy Research Unit, University of Sussex, Juli 1973).

Kapitel 7: Freiraum für Unternehmertum

(235) *»Die neue Idee«:* Modesto A. Maidique, »Entrepreneurs, Champions, and Technological Innovation«, *Sloan Management Review,* Winter 1980, S. 60.

(235) »kleine Firmen«: Lucien Rhodes und Cathryn Jakobson, »Small Companies: America's Hope for the 80s«, *Inc.,* April 1981, S. 44.

Seite

(235) Zum gleichen Thema: Burton H. Klein, *Dynamic Economics* (Cambridge, Mass.: Harvard University Press, 1977).

(235) Veronica Stolte-Heiskanen: »A Managerial View of Research«, *Science*, 4. Januar 1980, S. 48.

(237) »Er war von seiner Idee besessen«: Quinn, »Technological Innovation«, S. 20.

(237) »Im Jahr 1946 fuhr Head«: Kennedy, »Howard Head Says, ›I'm Giving Up the Thing World‹«, S. 68–70.

(239) »Engagierte Champions wurden ermutigt«: Quinn, S. 25.

(241) »Wie in anderen Unternehmen«: Niles Howard und Susan Antilla, »Putting Innovation to Work«, *Dun's Review*, S. 78.

(242) »Viele der heute gängigen Aufrufe«: Theodore Levitt, »Ideas Are Useless Unless Used«, *Inc.*, Februar 1981, S. 96.

(244) »Ein-Mann-Shows«: William E. Souder, »Encouraging Entrepreneurship in the Large Corporations«, *Research Management*, Mai 1981, S. 19.

(245) »Dick Gelb sagt dazu«: Thomas Jaffe, »When Opportunity Knocks«, *Forbes*, 13. Oktober 1980, S. 96–100.

(246) »Standard bringt so viele Bohrungen«: Donald D. Holt, »How Amoco Finds All that Oil«, *Fortune*, 8. September 1980, S. 51.

(248) »Wir versuchten, jedem Station Manager«: William Dowling und Edward Carlson, »Conversation with Edward Carlson«, *Organizational Dynamics*, Frühjahr 1979, S. 58.

(249) »Für mich ist ›Schlumberger‹«: »Schlumberger: The Star of the Oil Fields Tackles Semiconductors«, *Business Week*, 16. Februar 1981, S. 60.

(249) »die Verkäuferfirma«: C. Barron, »British 3M's Multiple Management«, *Management Today*, März 1977, S. 57.

(252) Aber eines der Ziele: Amanda Bennett, »GM's Smith Wants Leaner Firm, More Rivalry Among Its Divisions«, *Wall Street Journal*, 21. Mai 1981, S. 43.

(253) Schon damals war das Management der Ansicht: Oscar Schisgall, *Eyes on Tomorrow: The Evolution of Procter & Gamble* (Chicago: J. G. Ferguson, 1981), S. 162.

(254) »Digitals besondere Wachstumsstrategie«: Bro Uttal, »The Gentlemen and the Upstarts«, S. 101.

(255) Digital-Chef Ken Olsen: Maidique, S. 67.

(255) »Erfolgreiche Ideen«: a. a. O., S. 60.

(257) Thomas Allen vom MIT: Thomas J. Allen, »Communications in the Research and Development Laboratory«, *Technology Review*, Oktober-November 1967.

(258) »Träumer, Ketzer, Störenfriede«: Anzeige in *Newsweek*, 11. August 1980, S. 6.

(259) Bei GE dachte man sich das »Spielzimmer« aus: Gene Bylinsky, »Those Smart Young Robots on the Production Line«, *Fortune*, 17. Dezember 1979, S. 93.

(260) eines der Grundprinzipien bei J & J: Lee Smith, »J & J Comes a Long Way from Baby«, *Fortune*, 1. Juni 1981, S. 66.

(260) »Man muß Fehlschläge einstecken können«: Marshall Loeb, »A Guide to Taking Charge«, *Time*, 25. Februar 1980, S. 82.

(261) Zu den neu eingeführten Produkten: Lee Smith, »The Lures and Limits of Innovation: 3M«, *Fortune*, 20. Oktober 1980, S. 84.

(262) »Jede einzelne Leistung«: Peter F. Drucker, *Adventures of a Bystander* (New York: Harper & Row, 1979), S. 255.

(262) »Was sie in St. Paul«: Smith, *Fortune*, 20. Oktober 1980, S. 86.

(263) »Die Teammitglieder werden angeworben«: Edward B. Roberts, »Managing New Technical Ventures«, in *Technology, Innovation, and Corporate Strategy: A Special Executive Seminar* (Cambridge, Mass.: Industrial Liaison Program, MIT, 1978), S. 121–122.

(263) »Die Unternehmensleitung sagt«: a. a. O., S. 122.

(263) »Für den Mitarbeiter«: a. a. O., S. 125–126.

(264) »Wer gegen ein Projekt ist«: a. a. O., S. 120.

Seite
(265) »Die Verkäufer stellten in den Autofabriken«: Smith, *Fortune,* 20. Oktober 1980, S. 90.
(265) »15- bis 20mal pro Jahr«: Lehr, S. 38.
(265) »Wegen der Vielfalt von 3M«: Roberts, S. 123.
(266) »Genügt die Produktidee«: a. a. O.
(266) »Zu dem Geschäft mit dem Besandungsmaterial«: Lehr, S. 31.
(267) »Die Erfindungsbesessenheit«: Smith, *Fortune,* 20. Oktober 1980, S. 90.
(269) »Unsere Erfahrung sagt uns«: Roberts, S. 123.

Kapitel 8: Produktivität durch Menschen

(273) Die Marine ... geht davon aus: Elmo R. Zumwalt Jr., *On Watch: A Memoir* (New York: Times Books, 1976), S. 183.
(273) *»Sind diese Männer und Frauen«:* Den Verfassern übergeben von Gary D. Bello, Stanford Sloan Program, März 1982.
(274) »Vor allem versuchte ich«: Zumwalt, S. 186.
(275) »Ich wußte also aus Erfahrung«: a. a. O., S. 185.
(275) »Das japanische Management«: Kenichi Ohmae, »The Myth and Reality of the Japanese Corporation«, S. 29.
(275) »Die Leute überschwemmen einen«: Robert Lubar, »Rediscovering the Factory«, *Fortune,* 13. Juli 1981, S. 60.
(275) »Ich leitete die Einsatzplanung«: Sam T. Harper, persönliche Mitteilung (Graduate School of Business, Stanford University, Januar 1982).
(276) »Die IBM-Philosophie«: Watson, *A Business and Its Beliefs,* S. 13.
(281) RMI: Die Seiten 281–282 beruhen teilweise auf Cindy Ris, »Big Jim Is Watching at RMI Co., and Its Workers Like It Just Fine«, *Wall Street Journal,* 4. August 1980, S. 15.
(282) »Ganz allgemein geht es dabei«: Hewlett und Packard, *The HP Way,* S. 3.
(285) Wal-Mart: Die Seiten 285–287 beruhen in hohem Maße auf Lynda Schuster, »Wal-Mart Chief's Enthusiastic Approach Infects Employees, Keeps Retailer Growing«, *Wall Street Journal,* 20. April 1982, S. 21.
(288) »Solange wir nicht einsehen«: Rene C. McPherson, »The People Principle«, *Leaders,* Januar-März 1980, S. 52.
(288) »Wir haben keine Zeit verschwendet«: »Rene McPherson: GSB Deanship Is His Way to Reinvest in the System«, *Stanford GSB,* Herbst 1980-1981, S. 15.
(291) »Man bleibt jung«: a. a. O.
(291) »Ich nehme an, daß ich entlassen wurde«: George H. Labovitz, Vortrag auf der Eröffnungsveranstaltung, Western Hospital Association, Anaheim, Calif., 27. April 1981.
(291) Delta Airlines: Die Seiten 291–293 beruhen teilweise auf Margaret R. Keefe Umanzio, »Delta Is Ready«, unveröffentlichtes Manuskript (San Francisco: McKinsey & Co., Juli 1981).
(292) »Die Stewardessen zum Beispiel«: Janet Guyon, »Family Feeling« at Delta Creates Loyal Workers, Enmity of Unions«, *Wall Street Journal,* 7. Juli 1980, S. 13.
(292) »Mein Teppich muß einmal im Monat«: »W. T. Beebe: The Gold Winner« *Financial World,* 15. März 1978, S. 21.
(292) »Im Februar 1979«: Guyon, S. 13.
(294) »Das ist wichtig«: a. a. O.
(294) »Wir wissen aus Erfahrung«: »The Five Best-Managed Companies«, *Dun's Review,* Dezember 1977, S. 50.

Seite

(294) »Ich glaube, daß ... *weniger mehr ist«*: Kroc, *Grinding It Out,* S. 143.

(294) »Ein gut geführtes Restaurant«: a. a. O., S. 99.

(294) »Ich weise immer wieder darauf hin«: a. a. O., S. 101.

(295) »Das Buch«: Jeremy Main, »Toward Service Without a Snarl«, *Fortune,* 23. März 1981, S. 66.

(295) »Debbie Thompson«: a. a. O.

(295) »Die amerikan'sche Flagge«: Susan Saiter Anderson, »Hamburger U. Offers a Break», *Survey of Continuing Education (New York Times),* 30. August 1981, S. 27–28.

(297) Man gehe zum Beispiel: Allan J. Mayer und Michael Ruby, »One Firm's Family«, *Newsweek,* 21. November 1977, S. 84.

(298) »T. J. Watson stellte nach seinem Einzug«: Watson, *A Business and Its Beliefs,* S. 15.

(298) »IBM produzierte auf Lager«: a. a. O., S. 15–16.

(298) »auf dem Werksgelände Duschen einrichten ließ«: a. a. O., S. 17.

(298) »Wir waren uns für kaum einen Rummel zu schade«: a. a. O., S. 18.

(299) »geborene Prediger«: Gil Burck, »International Business Machines«, *Fortune,* Januar 1940, S. 41.

(299) »Vor allem geht es uns um«: Shook, *Ten Greatest Salespersons,* S. 73.

(301) »Wer sich den Unternehmergeist«: Thomas L. Friedman, »Talking Business«, *New York Times,* 9. Juni 1981, S. D2.

(303) »Seit meiner kürzlichen Übernahme«: Zumwalt, S. 187.

(303) »Das Rufzeichen ›Hellcat‹«: a. a. O., S. 189.

(303) In San Diego und Umgebung: Lad Kuzela, »Putting Japanese-Style Management to Work«, *Industry Week,* 1. September 1980, S. 61.

(304) Peter Vaill beschäftigt sich: Peter B. Vaill, »Toward a Behavioral Description of High-Performing Systems«, in *Leadership: Where Else Can We Go?,* Hrsg. Morgan W. McCall, Jr. und Michael M. Lombardo (Durham, N. C.: Duke University Press, 1978), S. 109–111.

(305) »Caterpillar seine künftigen Manager«: »Caterpillar: Sticking to Basics to Stay Competitive«, *Business Week,* 4. Mai 1981, S. 76.

(307) in einem älteren Werk: Edward Meadows, »How Three Companies Increased Their Productivity«, *Fortune,* 10. März 1980, S. 97.

(307) »Den einfachen Mitarbeitern«: Charles G. Burck, »What Happens When Workers Manage Themselves«, *Fortune,* 27. Juli 1981, S. 68.

(307) »Nichts ist schlechter für die Arbeitsmoral«: Richard T. Pascale, »The Role of the Chief Executive in the Implementation of Corporate Policy: A Conceptual Framework«, Research Paper Nr. 357 (Graduate School of Business, Stanford University, Februar 1977), S. 39.

(309) »Ein Mann würde dir sein Leben«: Manchester, *Good-bye, Darkness,* S. 200.

(309) Bei Mars, Inc.: Robert Levy, »Legends of Business«, *Dun's Review,* Juni 1980, S. 92.

(310) »Die meisten japanischen Unternehmen«: Ohmae, S. 27.

(311) *»Peter Peterson«*: Ogilvy, »The Creative Chef«, S. 209.

(312) »Worum es mir wirklich geht«: Barry F. Sullivan, »International Service Products: The Opportunity of the 80s« (Vortrag vor der American Bankers Association, International Banking Symposium, Washington D. C., 29. März 1981), S. 13.

(312) »Ich bin sehr dafür«: John S. McClenahen, »Moving GTE Off Hold«, *Industry Week,* 12. Januar 1981, S. 67.

(312) »Wenn die Divisions eine bestimmte Größe erreichen«: Barron, »British 3M's Multiple Management«, S. 54.

(313) »Im Grunde verfahren wir«: Bro Uttal, »The Gentlemen and the Upstarts«, S. 100.

(314) »Wir brauchen kein Werk mit 5.000 Mitarbeitern«: *Dun's Review,* Dezember 1977, S. 54–55.

Seite

(315) »Während des letzten Jahrzehnts«: Roger L. Cason, »The Right Size: An Organizational Dilemma«, *Management Review,* April 1978, S. 27.

(315) »Skinner schildert einen Vorfall«: Lubar, S. 55.

(315) Die theoretische Bestätigung: John Child, *Organization: A Guide to Problems and Practice* (New York: Harper & Row, 1977), S. 222–223.

(317) »Die Teams setzen sich ihre Ziele selbst«: Shepherd, »Innovation at Texas Instruments«, S. 84.

(318) »Menschen können nur«: E. F. Schumacher, *Small Is Beautiful: Economics as if People Mattered* (New York: Harper & Row, 1973), S. 75.

(318) »Einer der Gründe, weshalb das Römische Reich«: Anthony Jay, *Management and Machiavelli: An Inquiry into the Politics of Corporate Life* (New York: Holt, Rinehart and Winston, 1967), S. 63–64.

(319) »Wird die menschliche Urteilskraft«: »The Iconoclast Who Made Visa No. 1«, *Business Week,* 22. Dezember 1980, S. 44.

Kapitel 9: Sichtbar gelebtes Wertsystem

(321) »Die meisten Autoren von heute«: John W. Gardner, *Morale* (New York: Norton, 1978), S. 28.

(321) »Nüchterne Manager«: Julien R. Phillips und Allan A. Kennedy, »Shaping and Managing Shared Values«, *McKinsey Staff Paper,* Dezember 1980, S. 1.

(322) »Man kann über die Ursachen«: Watson, *A Business and Its Beliefs,* S. 4–6.

(323) »Der Aufbau eines Unternehmens«: Selznick, *Leadership in Administration,* S. 28.

(324) »Die Aufgabe des Führers«: Hugh Sidey, »Majesty, Poetry and Power«, *Time,* 20. Oktober 1980, S. 39.

(324) »Eine Institution entsteht«: Selznick, S. 151–153.

(325) »Zwischen Delta und seinem Personal«: *This Is Delta* (Atlanta: Delta Air Lines, 1981), S. 8.

(325) »Der Führungsstil von Dana«: *Breaking with Tradition: Dana 1981 Annual Report* (Toledo, Ohio: Dana Corporation, 1981), S. 6.

(325) » Die Lieferbereitschaft für Ersatzteile«: *Caterpillar Annual Report 1981* (Peoria, Ill.: Caterpillar Tractor Co., 1981), S. 14.

(326) »Digital ist der Überzeugung«: *Digital Equipment Corporation Annual Report 1981* (Maynard, Mass.: Digital Equipment Corporation, 1981), S. 12.

(326) »Schon 1890«: *Serving Customers Worldwide: Johnson & Johnson 1980 Annual Report* (New Brunswick, N. J.: Johnson & Johnson, 1980), S. 20.

(326) »den Mitarbeiter ›mit nur halber Leistungsfähigkeit‹«: Kathleeen K. Wiegner, »Corporate Samurai«, *Forbes,* 13. Oktober 1980, S. 172.

(327) »Die grundlegende Führungsaufgabe«: James MacGregor Burns, *Leadership,* (New York: Harper & Row, 1978), S. 237.

(328) James Brian Quinn glaubt: James Brian Quinn, »Strategic Goals: Process and Politics«, *Sloan Management Review,* Herbst 1977, S. 26.

(328) »Ich möchte, daß all unsere Leute«: David Ogilvy, *Principles of Management* (New York: Ogilvy & Mather, 1968), S. 2.

(328) »Zeige und verlange überragende Leistungen«: Marshall Loeb, »A Guide to Taking Charge«, *Time,* 25. Februar 1980, S. 82

(328) »Wir wollen unseren Kunden«: Watson, S. 29.

(328) »Wir glauben, ein Unternehmen«: a. a. O., S. 34.

(328) »Die Erfahrung hat uns gelehrt«: A. E. Pearson, *A Look at PepsiCo's Future* (Purchase, N. Y.: PepsiCo, Dezember 1980), S. 10.

Seite

(330) »Erfolgreiche Vermittlung von Werten«: Phillips und Kennedy, S. 8.

(331) Harry Gray von United Technologies: »What Makes Harry Gray Run?« *Business Week*, 10. Dezember 1979, S. 77.

(331) »ich mich an Orten blicken lasse«: a. a. O., S. 80.

(331) »Wenn eine Division«: Hewlett und Packard, *The HP Way*, S. 10.

(332) »Zitieren Sie niemanden in Ihr Büro«: Ogilvy, *Principles of Management*, S. 2.

(332) »Ich legte pro Jahr«: Dowling, »Conversation with Edward Carlson«, S. 52–54.

(333) »Ein wichtiger Grundsatz«: Selznick, S. 110.

(333) Als er mit seinen 200.000 Meilen: Pascale, »The Role of the Chief Executive», S. 37 ff.

(333) »Vielleicht die subtilste Herausforderung«: Pearson, S. 3.

(334) »Wenn es nicht ein bißchen Spaß macht«: Loeb, S. 82.

(334) »Seht zu, daß die Arbeit«: Ogilvy, *Principles*, S. 2.

Kapitel 10: Bindung an das angestammte Geschäft

(335) »In den 60er Jahren«: Young, »Views on Management«, S. 3.

(335) »Bei Weinen und Spirituosen«: Thomas J. Peters, »Structure as a Reorganizing Device: Shifting Attention and Altering the Flow of Biases«, unveröffentlichtes Manuskript (September 1979), S. 34.

(337) die erste systematische Untersuchung: Michael Gort, *Diversification and Integration in American Industry: A Study by the National Bureau of Economic Research* (Princeton, N. J.: Princeton University Pres, 1962).

(337) Die umfassendste Studie: Richard P. Rumelt, *Strategy, Structure and Economic Performance* (Graduate School of Business Administration, Harvard University, 1974).

(338) »Diese Unternehmen verfolgen«: a. a. O., S. 123.

(338) Beispielsweise erreichten: a. a. O., S. 88–122.

(339) In einer Studie, die 1975: Robert Haugen und Terence Langetieg, »An Empirical Test for Synergism in Merger«, *Journal of Finance*, September 1975, S. 1003–1014.

(339) Über eine weitere Studie: Christopher Lorenz, »Pioneers: The Anti-Merger Specialists«, *Financial Times*, 30. Oktober 1981, S. 16.

(342) »Kaufen Sie nie eine Firma«: »The Ten Best-Managed Companies«, S. 30.

(343) »Unser Unternehmen ist stets«: »P & G's New New-Product Onslaught«, *Business Week*, 1. Oktober 1979, S. 79.

(343) »Beobachter ... erklären die starke Position«: Victor F. Zonana, »Boeing's Sale to Delta Gives It Big Advantage over U. S. Competitors«, *Wall Street Journal*, 13. November 1980, S. 1.

(343) »Seit Jahren läßt Deere«: Bob Tamarkin, »The Country Slicker«, *Forbes*, 21. Januar 1980, S. 40.

(344) »Den gewaltigen Akquisitionen«: Thomas Petzinger, Jr., »Indıana Standard Continues Its Strategy for Growth, Bucking the Takeover Trend«, *Wall Street Journal*, 14. Dezember 1981, S. 12.

(347) »Es war, als wollte McDonald's«: Gordon Weil, *Sears, Roebuck, U.S.A.: The Great American Store and How It Grew* (New York: Stein and Day, 1977), S. 255.

(347) »David Foster«: Gail Bronson, »Colgate Works Hard to Become the Firm It Was a Decade Ago«, *Wall Street Journal*, 23. November 1981, S. 1, 8.

(349) »Man kann sagen, daß Turbinen«: Sandra Salmans, »Demerging Britain's G. E.«, *New York Times*, 6. Juli 1980, S. F7.

Seite

(349) Ebenfalls 1981: Thomas Jaffe, »Is This It?« *Forbes,* 2. Februar 1981, S. 48.

(349) von Litton hieß es: Nick Galluccio, »The Housecleaning Is Over«, *Forbes,* 24. November 1980, S. 74.

Kapitel 11: Einfacher, flexibler Aufbau

(353) Ein eindrucksvolles Beispiel für einfachen Aufbau: Nancy Kaible, »Johnson & Johnson«, unveröffentlichtes Manuskript (San Francisco, Calif.: McKinsey & Co., November 1981).

(354) »Die Zentrale [von J & J] ist klein«: Ross A. Webber, »Staying Organized«, *Wharton Magazine,* Frühjahr 1979, S. 22.

(354) »Wir haben immer wieder einmal geprüft«: »The 88 Ventures of Johnson & Johnson«, *Forbes,* 1. Juni 1972, S. 24.

(356) »Worauf es ankommt«: Lynda Schuster, »Wal-Mart Chief's Enthusiastic Approach Infects Employees, Keeps Retailer Growing«, *Wall Street Journal,* 20. April 1981, S. 21.

(358) Während der letzten zwei Jahre hat Ford: »A New Target: Reducing Staff and Levels«, *Business Week,* 21. Dezember 1981, S. 69.

Stichwortverzeichnis

Video
präsentiert
MITARBEITER
MOTIVIEREN UND BEGEISTERN
IHR WEG ZUM
STARVERKÄUFER
Lothar J. Seiwert
Mehr Zeit für
das Wesentliche
COACHING
FÜR MANAGER
PROBLEMBEWÄLTIGUNG UNTER VIER AUGEN
Einstellungs-
gespräche
erfolgreich führen
Der Weg zur
Unternehmens-
persönlichkeit